10. 일상에서 필요한 동굴

> 그렇다. 우리는 스스로를 대면할 동굴 입구를 일상에서 잘 찾아내어야 한다. 일상을 그대로 유지하지 않을 수 없는 현대를 살아가는 우리들, 그 현실을 무시할 수는 없지 않은가. 일상은 그대로 유지하되, 그 속에서 우리는 조용히 벗어날 수 있는 마음의 동굴이 필요할 것 같다.

침대 위에 가만히 누워있어도 무수하게 세상이 움직이는 것을 보게 되는 시대가 온 것 같다. 스마트폰, 노트북, 트위터, 페이스북 등 변화의 시대는 발 빠르게 움직이고 있고, 방안에서 혹은 외출해서, 심지어 숲 속에서조차도 모든 세상을 바라볼 수 있게 되었다.

필자가 머무는 이곳이(울산, 언양) 한적한 시골이라서 그런지는 몰라도, 세상의 움직임이 도시에서 살 때보다 더 크게 느껴질 때가 있다. 지금은 그나마 약간 익숙해졌으나, 한 번씩 서울이나 부산 나들이를 다녀오면 마치 외국에 여행 다녀온 것 마냥, 주변의 것들이 점점 더 새롭게 느껴진다. 처음에 이곳으로 이사 왔을 때는 사람들이나 차들을 구경하러 읍내로 나가기도 했다. 밤이 되면 완전히 깜깜한 주변이 아직 익숙하지 않아, 괜히 TV 켜고, 불 켜고, 달이나 별을 보다가 잠시 나갔다 들어오곤 했다. 꼭 청소년처럼 우리 부부는 괜히 불빛 반짝이는 거리를 한 바퀴 돌고, 이것저것 사기도 하고 집으로 들어왔다. 식물도 과일도 깜깜한 밤이 필요하다는 것을 몰랐고, 도시의 밝음에 익숙한 우리의 몸과 마음은 환한 불빛의 거리에서 필요한 먹이를 찾는 것 마냥 킁킁거리며 다니기도 했다. 동굴과 같은 조용함이 인간에게 사랑을 주어야 할 대상으로 보아야 할 것인가! 어떻게 보는가에 따라서 대상은 완전히 다른 인격체로 태어날 수 있을 것이다. 우리가 이런 감동적인 글이나 강의를 들을 때는, 나도 저렇게 살아야겠구나 하는 마음이 생기다가도, 바로 그 순간을 떠나는 즉시, 다시금 우리 자신의 개인적 이익과 힘듦만을 강조한 채 살아가기 쉽다. 진정 상대방을 위하여 마음을 열고 꾸준한 사랑의 마음을 가질 수 있을까! 오랫동안 습관화된 '자기중심적인 사랑', 자기 욕구를 채우기 위한 '보상을 받기 위한 사랑', '자기가 투사된 사랑' 등, 이러한 것들이 우리가 생각하는 사랑이 되기 쉽다. 이런 사랑은 그것 자체가 진실이 아니기 때문에 사랑을 주는 사람도 힘겹고, 사랑을 받는 사람도 개운치 않으며 행복하지 않을 수 있다. 그러한 사랑은, 마음의 찌꺼기가 남아 있으므로 언젠가는 금이 가고 마침내 쪼개어질 수 있는 약한 구조물일 가능성이 높다. 매일매일 밥을 먹듯 생명의 양식을 먹는 마음으로 참된 사랑을 지니기 위한 자기성찰과 기도가 필요할 것이다. 특히, 가족 중에 어려움이 있는 대상이 있다면, 그 대상에 대하여 어떤 마음으로 살아가야 할 것인가를 깊이 깨달아야 할 것이다.

나와 대상을 구별하지 않는 합일된 사랑은, 어쩌면 가장 본질적인 것을 느끼게 만들고, 그것은 모든 고통을 이겨내는 가장 큰 힘이 될 것이다. 그런 사랑을 받은 사람은, 변화하고 싶은 욕구가 온 몸으로 자연스럽게 흐르고, 그 에너지가 자신과 타인에게 전달될 것이다. 주변에서 보면 맑음과 순수함이 몸에 배어, 아름다운 사람이라는 느낌이 들 것 같다. 특별히 신경을 쓰거나 애쓰지 않아도, 순수한 영혼 그 자체가 자연의 순수한 흐름과 일치되기 때문에, 부담스럽지 않은 편안한 느낌이 자연스럽게 흘러넘칠 것이다.

에게 충고할만한 것은 충고해야 할 것이다. 하지만 그 무엇보다도 자신의 마음을 나이의 그릇에 맞추어 다스려나가는 '지혜와 자비'를 길러야 할 것이다.

'두려움은 피로와 외로움에서 생겨납니다.'라는 말은 현실을 살아가는 우리들에게 많은 것을 생각하게 한다. 피로하면 힘이 든다. 힘이 들면 마음이 좁아지면서 점점 자신을 다스려 나가기 힘들다. 스스로의 마음이 힘들면 세상에 대한 불만도 쌓이면서 불안과 두려움에 휩싸이기도 한다. 그리고 외로워진다. 누구와도 그 외로움을 나누어야 하지만, 깊은 외로움은 우울감으로 빠져 들어가기 쉬워서 타인과의 접촉도 피하게 되고 스스로를 소외시키게 된다. 참으로 두렵게 되는 것이다.

정말이지, 자신의 본연의 모습을 잘 발휘하고 산다는 것, 이것은 하느님이 주신 달란트를 받아들여 존중하는 겸허한 자세일 것이다. 우리의 본연의 모습은 과연 무엇일까! 자신 스스로를 보호하기 위하여 그 무엇보다도 영혼의 힘을 키워야 하는데, 그 힘은 '자신에게 관대해지는 것'부터 시작해야 한다는 말이 와 닿는다. '피곤한 자신', '외로워하는 자신'에게 관대하고 스스로를 보호하고 건강하게 의지하면서 살아가는 자세를 시사해주고 있다. 스스로를 사랑하는 일은 아마도 '자신의 참된 모습이 무엇일까!' 하는 자아탐구와 성찰의 자세부터 시작해야 될 것이다. 사랑의 씨앗을 키우고, 타인을 사랑하는 마음을 키우는 것은, 어쩌면 자신에 대한 진정한 자존감부터 출발해야 한다는 뜻이다.

마지막으로 우리 모두는 꽃과 나무 하늘 구름처럼 우주의 자녀라는 것! 우리가 느끼든 느끼지 못하든, 우리는 우주 만물의 흐름과 꼭 같으며, 이 우주는 그 나름의 질서대로 나아가고 있다는 것이다. 말하자면 그 질서대로 우리는 살아가고 있다는 점을 말한다. 자연의 질서를 따라 만물은 움직일 것이다. 어지러운 삶 속에서도 항상 마음의 평화를 간직해야 하는데, 그 평화는 우주 질서의 흐름과 함께 살아가는 마음자세에서 비롯된다는 것을 암시한다. 세상은 큰 힘의 질서와 아울러 순간순간의 흐름에 따라서 움직일 것이다. 그 흐름을 이해하고 수용하면서 살아가는 것, 즉 하느님과 평화롭게 지낸다는 것, '지금 이 순간'을 그저 여여하게 지낸다는 것, 어쩌면 이 진실이 '현재 내 삶은 그 어떤 상황이나 조건에서도 행복하고 편안하다.'라는 것을 느끼게 하는 중요한 길이지 않을까 싶다.

16. 용서, 내면이 건강한 사람의 힘

용서의 첫 걸음은 우선 용서를 위한 마음의 힘을 비축하는 것이다. 용서의 둘째 걸음은 나의 상처를 '있는 그대로 보여주는', 움켜쥐고 있는 나를 있는 그대로 '놓아주는' 용기이다. 용서의 셋째 걸음은 그 상대방을 이해하고자 시도하는 것이다. 내가 그를 이해하고자 노력하면, 용서는 더 이상 경전의 계명을 따르기 위해 지워진 힘겨운 의무가 아니라 해방의 실천이다. 용서의 넷째 걸음은 나를 해방시키기 위한 목적으로 적극적으로 '그'에게 다가가는 것이다. 즉, 직면하는 것이다.

2015년 시어머님의 임종 직전, 나는 어머님이 누워계시는 중환자실 복도 의자에 앉아서 하염없이 울었었다. 무엇인가 잘 못해드린 것만 생각이 나고, 좀 더 살뜰하게 챙겨드리지 못한 것에 대한 아쉬움과 자책감과 감사의 눈물이 범벅이 되었었다. 용서를 빌었다. '용서'라는 말이 떠오르면 가장 먼저 생각나는 것은 '무엇을 잘못했다고 생각되는 누군가 혹은 어떤 상황'이다. 시간이 흘러 독일에 사는 막내 시누이에게 이런 말을 전했더니 "엄마는 언니를 너무나 고맙고 감사하게 여겼어. 언니 스스로가 언니를 용서할 수 없었나 봐!"라고 하였다. 생각해보면 난 나의 잘못을 용서하기가 쉽지 않았다.

"주님, 제 형제가 저에게 죄를 지으면 몇 번이나 용서해주어야 합니까? 일곱 번까지 해야 합니까?"(마태오 12, 32)라고 베드로가 물었을 때, 예수님께서는 "일곱 번 아니라, 일흔 일곱 번까지 라도 용서해야 한다."(마태오 18, 22)라고 한다. "너희가 마음으로부터 용서하지 않으면…"(마태오 18, 35)라고 덧붙이기까지 한다. 이러한 말씀 때문에 많은 종교인들은 자신에게 상처 입힌 사람을 용서해야 한다는 것을 부담으로 여긴다. 때론 용서하지 못하는 자신에 대하여 죄책감마저 들 정도이다. 특히 '마음으로부터 용서'라는 말씀은 실로 쉽지 않은 주문으로 느껴진다. 명백하게 상대로 인하여 고통당한 입장에서 생각해보면, 이것은 참으로 난감하기 짝이 없는 말씀이다. 이성적으로 생각하고 또 생각하여 사실 용서를 했다고 하지만, 그 뒷맛은 '체념'이기 쉽다. 더욱이 용서하기 위해서는 절대로 화를 내거나 격분해서는 안 된다고 말하는 경우도 있다. 이것 역시 무리이다. 정말이지 '용서'는 대단한 마음의 힘을 요구하며, 그것은 '강한 마음'의 한 표현이지, 결코 우울한 포기나 체념이 아닐 것이다.

용서의 첫 걸음은, 우선 마음의 힘을 비축하는 것이다. 물론 힘의 비축을 위하여, 필요하다면 물리적 거리를 다소 두는 것이 좋을 때도 있다. 더 좋은 것은 일단 심리적 거리를 둘 수 있는 힘, 즉, '그'와 '나'를 분리할 수 있는 내면의 힘이 용서의 첫걸음이지 않을까 싶다.

여기서 '그'라고 하면 사람만 지칭한다고 여길지 모르나, '그'는 '대상'을 뜻하는데, 그 대상은 사람 상황 사건 등, 외부의 모든 것들을 통틀어 생각하여도 좋을 것 같다. 예컨대, '나를 죽일 듯이 때린 그 사람을 용서할 수 없다.' 라고도 말할 수 있지만, '나에게 그런 일이 닥치다니, 어찌 하필 나에게! 난 이런 상황을 결코 용납할 수 없어!', '어릴 때 나에게 닥친 그 사고는 내 평생 용서할 수 없다. 하늘도 무심하시지. 난 그것 자체를 도저히 용납할 수 없다!' 라고 하는 것도 마찬가지라는 뜻이다.

'그'를 나로부터 한 발짝 떨어져서 본다는 것은 쉽지 않은 일이리라. 내 힘이 비축되지 않고는 일단 한 발자국도 떨어질 수 없을 것이다. 붙어있는 상황에서는 아무것도 보이지 않고 나의 내면도 튼튼해질 수 없을 것이다.

즉, 내가 만약 그에게 의존하고 있고, 그에게 사랑받고 싶고, 그에게 바라는 것이 있어 매달려 있고, 그에 대한 나의 마음이 편치 않다면, 그로부터 한 발 떨어질 수 있겠는가! 그를 나로부터 분리시킬 수 있는 힘이 없을 경우에는 용서라는 것은 쉽지 않을 것이다.

그리고 용서의 두 번째 걸음은 나의 상처를 '있는 그대로 보여주는', 움켜쥐고 있는 나를 있는 그대로 '놓아주는' 용기이다. 상대방에게 '당신의 이러이러한 말이나 행위가 나에게는 많은 상처가 된다.'는 것을 알릴 필요도 있을 것이다. 난 그것을 더 이상 받을 수 없다고 표현하는 용기도 필요할 것이다. 그러나 더 중요한 것은 자신을 그대로 '느끼는' 것이다. 상대로 인한 나의 약한 마음, 용서할 수 없는 정도의 힘겨운 마음을 방어 없이, 감싸고 숨기는 일 없이 그냥 '난 이렇게 괴로워. 난 그를 용서할 수 없어.'라고 그대로 내 안에 머무는 것이다. 즉 그대로 나를 '놓아두고 머물면서 느끼는' 것이다. 마치 내가 다른 사람인 것 마냥 그대로 던져버리는 것이 될 수도 있다. '아, 네가 심히 괴로워하고 있구나. 용서하고 싶지 않구나.'라고 마치 남에게 말하듯 스스로를 자기 앞에 놓아두는 것이다. '나'가 '남'인 것 마냥 바라보며 위로하고 관심 가져야 한다는 의미이기도 하다.

용서의 셋째 걸음은 그 상대방을 이해하고자 시도하는 것이다. 내가 그를 이해하고자 노력하면, 용서는 더 이상 경전의 계명을 따르기 위해 지워진 힘겨운 의무가 아니라 해방의 실천이다. '상처받은 아이'가 그 상처를 계속해서 주위 사람들에게 전이시켰기 때문에 또 다른 누군가가 상처를 입게 되었다는 것을 이해한다면, 나는 비로소 그들로부터 입은 상처에서 자유로워질 수 있다. 그렇다. 상처를 주는 그들은 '상처'를 입은 영혼이다. 그들은 상처받지 않기 위하여 상처를 입힌다. 그들은 상대방이 상처받는다는 것을 잘 느끼지 못한다. 본인의 상처가 더 깊기 때문에 자기를 보호하기 위한 것에만 집중될 수밖에 없을 것이다. 정말이지, 우리 모두는 어느 정도는 이렇게 상처받은 마음 때문에 남들에게 상처주고 산다.

용서의 넷째 걸음은, 나를 해방시키기 위한 목적으로 적극적으로 '그'에게 다가가는 것이다. 즉, 직면하는 것이다. 내가 다른 사람을 용서하지 못하는 한, 나는 그 사람에게 묶여 있는 것이다. 내 마음에서 그를 용서하지 않으면, 나를 괴롭히는 것은 '그'가 아니라 '내 마음'이다. '그'는 사실 '나'와 무관하다! 단지 자극을 제공했을 뿐이다. 그의 어떤 것이 나의 마음을 자극했을 뿐이다. 나의 마음이 그것을 받아들인 것이다. 다시 말하면, 그것을 나 스스로가 '들어오세요!'라고 문을 열어 준 셈이다. 침범하게 허용한 셈이다. 들어온 것은 상대방일 수 있지만, 들어오게 한 것은 '내면의 감정세력'인 것이다. 따라서 '나의 감정'은 '나의 몫'이므로, 내 마음을 해방시키기 위하여 그를 적극적으로 용서해야 한다. 어쩌면 들어오게 한 '나'를 용서해야 한다는 의미도 있다. 이렇게 본다면 우리는 주저할 필요가 없다. '그'에게 적극적으로 다가가서 맞닥뜨려야 한다. 용서는 나를 해방시킨다. 많은 사람들은 용서할 수 없기 때문에 건강하지 않다. 용서할 수 없는 내 마음은 정말 괴롭고 아프다. 그리고 몸이 시들시들하게 괴로워질 수도 있다.

예수님이 자기 몸이 낫기를 간절하게 갈구하는 중풍병자에게 '너는 죄를 용서받았다.'고 말씀하시며 그 즉시 중풍을 낫게 하는 기적을 베푸시는 성경구절(마르코 2,9)이 있다. 그 당시의 시대적 배경에서 몸이 아픈 것은 '죄'를 많이 지었기 때문이라는 신념을 배경으로 하여 나온 말일 수도 있을 것이다. 하지만 이 말의 근원을 따지기 전에, 우선 무엇인가 모르는 가슴의 울림이 있다. '네 병을 낫게 해 주겠다.'가 아니라, '너의 죄를 용서하겠다.'는 이야기는 많은 생각을 하게 만든다. 용서하지 못하는 내 마음과 육체적인 병이 연결되어 있다는 사실! 흔히 정신 신체화 장애라는 심리학적 임상 진단을 적용시킬 수도 있겠지만, 이 내용은 그런 차원이 아닌 인간의 의식 너머에 있는 무한한 힘을 느끼게 한다.

용서의 발걸음은 결국 나를 내적으로 강하게 하며 자유롭게 하는 걸음인 것 같다. 용서할 수 없어 아주 오랫동안 혼자서 가슴에 한을 품고, 때로는 다른 사람에게 그 대상을 씹고 또 씹으며, 그를 처단하고(!) 싶은 마음으로 살았던 어느 분이 계셨다. 그 분은 용서의 발걸음을 내딛으며, 그 용서는 타인을 위한 것이 아니라 자신을 위해 필요한 '수행'이었다는 이야기를 나누었던 적이 있다. 더 나아가 스스로의 내면의 힘은 '용서'보다 더 강하게 만드는 것이 없었다는 말을 하였다. 그 과정에서 자신의 핵심역동으로 인한 각종 두려움, 무서움, 강력한 의존심, 사랑받고 인정받고 싶어 하는 마음 등, 자신과의 만남을 할 수 있었다는 것이 참으로 감사하다고 말했다. 그 분은 건강한 홀로서기와 참된 사랑이 밑받침 되어있지 않고는, '용서'는 어렵다는 것을 뼈저리게 느꼈었다는 말도 하였다. '용서'는 결국 내면이 건강한 사람의 힘이었다고 회상했다.

17. 꼴찌도 일등이다!

우리는 '사람'을 보아야 한다. 우리는 자칫 사람을 보는 것이 아니라, 효능감을 가지고 재단하기 쉽다. 사람에 맞는 공정한 평가와 공정한 판단이 필요하다. 몸이 불편한 사람이 긴 마라톤 구간을 통과하여 꼴찌로 들어왔을 때, 우리는 일등으로 들어온 건강한 사람에게만 박수를 보낼 수 있는가!

포도농장에 수확철이 다가오자 일손이 필요했다, 농장 주인은 동이 트자마자 인력시장으로 향했다. 이른 새벽임에도 인력시장에는 품을 팔러 나온 사람들로 가득했다. 농장 주인은 새벽에 한 사람을 구해왔고, 이어 아침에 한 사람, 정오에 한 사람, 오후에 한 사람, 저녁 다섯 시쯤 한 사람, 모두 다섯 사람을 구해 일하게 하였다. 그날 해가 저물자 주인은 일을 마친 일꾼들에게 품삯을 계산하여 지급했다. 그런데 주인은 일꾼들에게 모두 똑같이 1데나리온씩을 주었다. 온종일 일한 사람이나 저녁때 잠깐 일한 사람이나 구별 없이 똑같은 일당을 지급한 것이다. 종일 일한 사람이 "땡볕에 땀 흘려 하루 종일 일한 내가 왜 조금밖에 일하지 않는 사람과 같은 대우를 받아야 합니까?"라고 항의하자 농장 주인은 대답한다. "친구여, 내가 불의를 저지르는 것이 아니라오."

성경 속에 나오는 이야기(마태오 20장)이다. 예수님이 포도농장 주인의 비유를 들어 제자들에게 '꼴찌가 첫째가 되고 첫째가 꼴찌가 될 것'이라는 하늘나라를 설명하는 대목이다.

아침에 온 사람과 저녁에 온 사람에게 똑같은 대우를 하는 농장주인의 비유가, 현대를 살아가는 우리에게는 어쩐지 부당하게 느껴진다. 언뜻 들으면 이해가 되지 않는 예수님의 '공정성'에 대하여 우리는 무엇을 느껴야 하는가! 애쓴 만큼 결과가 맺어지는 것, 노력한 만큼 보상이 주어지는 것이야 말로 공정한 것이며, 당연한 것이라고 생각하는데 말이다. 그렇지 않을 때, 우리는 부당한 처사라고 소리 높여 항의하고 싶은 마음이 생기는 것은 당연한 것인데! 그렇다. 항의하고 싶을 수 있다. "아니, 일한 만큼 보상받지 못한다면 과연 누가 열심히 일 하겠는가!"라고. 또 이런 말을 하고 싶을 것이다. "나 역시 남들만큼 최선을 다해 살았어. 그런데 저 사람은 저렇게 잘 사는데, 나는 왜 이것밖에 되지 않는가!", "저 사람이 나보다 더 똑똑한 것 같지는 않는데, 어째서 저 사람은 좋은 직업의 남편 혹은 아내를 만나 저렇게 잘 사는가!" 등이다. 뭔가 이 세상은 사람이 생각하는 것과는 다르게 나타나는 결과가 꽤 많다는 생각이 든다. 이렇게 우리는, 우리가 생각하는 논리와 이성이 기준이 되어, 세상살이에 대한 부당함, 불공정함을 표현하게 되는 경우가 많다. 이런 기회에, 일반적으로 생각하는 공정성과 진리의 입장에서 보는 관점과는 어떻게 다른가를 생각해 본다.

인권 정책 연구소를 운영하시는 분(김형완, 부산가톨릭주보 2012)의 글, '우리들의 일그러진 공정성'에 나온 일부 내용을 인용해본다.

> 인력시장에는 날품 노동자들이 늘 넘쳐난다. 일꾼이 없어 사람을 못 구하는 일은 거의 없다. 일꾼을 구하는 사람 입장에서는 숙련되고 건강한 인부가 우선 눈에 들기 마련이다. 그러니 쓸 만한 인부들은 새벽부터 모두 팔려나가고 시간이 지날수록 변변한 기술도 없고 몸도 허약한 사람만 남는다. 오후가 다 되도록 남는 사람들은 애가 타들어 간다. 몸은 안 좋지, 일거리는 없지, 게다가 집에는 끼니를 걱정하는 처자식까지 있지 않겠는가.

일용 노동자에게 하루 품삯이란 곧 생존 그 자체로, 자신뿐만 아니라 가족의 생계를 유지하는 절박한 수단이기도 하다. 그러니 건강한 사람이나 허약한 사람이나 생존에 필요한 기본적인 재화는 누구에게나 공통적으로 필요한 것이다. 아니 경우에 따라서는 허약한 사람에게 특별히 더 많은 재화와 편의가 제공되어야 할 때도 있다. 우선 병을 고치고 건강을 회복한 뒤에야 비로소 노동시장에서 공정경쟁이 가능해지기 때문이다. 그런데 시장은 이런 합당한 이치에 눈길 한 번 주지 않는다. 왜? '일을 못(안) 하는 사람은 쓸모가 없고, 이는 곧 사람(!)으로서 가치가 없다.'고 여기기 때문이다. 시장의 질서는 은연중에 "일하지 않는 자, 먹지도 말라!"는 구호를 공정성의 표상으로 삼게 한다. 사회적 약자가 자리할 곳이 없고, 인간 존엄성이 부정된다.

오직 일한 만큼 대가가 지급되며 기여한 만큼 보장된다는 것이 시장의 공정성이라면, 예수가 비유한 포도농장 주인의 공정성은, 사람이 살아가는 데 필요한 기본적인 재화와 편의는 모든 사람에게 차별 없이 제공되어야 한다는 것을 의미한다. 꼴찌는 게으름 때문이 아니라 결핍에서 비롯되는 것이니만큼, 더 각별한 지원과 자원의 제공이 필요하다는 점을 예수는 강조하고 있는 것이다.

그렇다. 우리는 품삯을 공정하게 받아야 한다. 어린이는 어린이에 맞는 품삯이 제공되어야 하고, 어른은 어른에 맞는 품삯이 제공되어야 한다. 허약한 사람과 건강한 사람의 품삯도 마찬가지이다. 노인과 젊은이의 품삯도 그 평가를 달리해야 한다. 1년 배운 학습과 10년 배운 학습을 똑같은 시험으로 잣대를 재어서는 안 된다. 한편 밑바닥에서 고생하면서 번 1억과, 부모에게서 쉽게 얻은 1억이 어떻게 동일한 잣대의 금액이 되겠는가! 우리는 결과만을 가지고 그 사람의 재산의 가치를 평가해서는 안 될 것이다. 즉, '사람'을 보아야 한다. 그 사람 자체를 보면서 어떤 사실을 재어야 한다. 우리는 자칫 사람을 보는 것이 아니라, 효능감을 가지고 재단하기 쉽다. 사람에 맞는 공정한 평가와 공정한 판단이 필요하다는 것이다.

몸이 불편한 사람이 긴 마라톤 구간을 통과하여 꼴찌로 들어왔을 때를 상상해보라. 우리는 일등으로 들어온 건강한 사람에게만 박수를 보낼 수 있는가! 불편한 몸으로 그 긴 고통의 구간을 통과하였을 때, 그 사람은 비록 꼴찌로 들어오지만 사실은 일등과 다름없는 것이다. 그 사람에게는 대회의 공식적인 일등자리가 중요한 것이 아니다. 뛰는 그 자체, 자기의 몸으로 최선을 다하는 그것 자체가 바로 일등인 것이다. 만약 이렇게 생각한다고 하자. 예컨대, '그렇지. 최선을 다했으나 일등을 하지 못한 자는 결국 아무것도 아닌 거야. 사실 결과밖에는 남는 것이 없잖아.', '아, 나는 이렇게 열심히 최선을 다했으며, 그리고 일류학교에 다니고 있으니, 이것은 바로 나의 노력의 참된 결과야.'라는 생각이다. 사실, 이것은 일등이라는 결과물에만 치중하는 단편적인 미성숙한 생각이 아닐까!

어린 유아가 일을 하지 않았다고 해서 밥을 주지 않는 것이 아니다. 나이 들어 아무 일도 하지 못하는 분들께 일을 하지 않았다고 식사를 준비해 드리지 않는 것은 아니다. 사람에게는 각자 처해진 환경적 상황이 있고 내외적 심리상태가 있다. 그 모든 것들은 어느 누구라도 어쩔 수 없고 또 당면한 삶의 과정일 때도 있다. 그리고 사람에게는 각자 주어진 길이 있고, 시기와 때가 있는 것이며, 각자의 달란트가 있다. 한 개인 혹은 상황을 바라보는 데 있어서 이 모든 것들은 통합되어야 하고 지혜롭게 분별되어져야 한다. 부분적인 잣대로 공정성과 효능감을 논하는 것은 실로 다른 측면을 전체적으로 보지 못한다는 한계점이 제기될 수 있다. 비록 세상의 눈으로 볼 때는 부족하고 약한 모습이지만, 그 모습 자체로서 그들은 똑같은 대우를 받아야 하는 것이 하늘의 공정성이다. 더욱이 남들의 눈에는 꼴찌같이 보이지만,

그런 달란트로서 나름대로 최선을 다해 보려는 자세를 취하는 이는, 바로 일등과 다름없는 값어치를 지닌 사람이다. 다른 어떤 사람과도 꼭 같은 대우를 받아야 한다. 이제는 단순한 이익의 논리가 공정성으로 둔갑하는 세상의 이치를, 진리의 눈으로 새롭게 느끼는 자세가 필요할 것 같다.

18. 교만, 낮은 자존감의 산물

> 그렇다면 교만에 빠지지 않으려면 어떻게 해야 하는가!
> "교만에 빠지지 않는 길은, 무아(無我)가 되는 것입니다. 자신을 잊고, 자신 안에 있는 것을 비우는 자세입니다. 자신을 비우는 사람은 가진 것이 없으니 내세울 것도 없고, 내세울 것이 없으니 겸손하게 됩니다."

맹자의 제자인 공손추가 스승에게 "선생님께서는 이미 성인이십니다." 하고 말했다. 그러자 맹자는 이렇게 대답한다. "아니, 그게 무슨 말이냐? 성인이라는 말은 공자께서도 자신에게 당치 않다고 하셨다. 성인 가운데 교만한 사람은 한 사람도 없다."

교만이라는 것은 흔히 겸손과 반대되는 개념으로 쓰이는데, 자신의 능력과 재주가 다른 사람보다 특별하다고 느껴서 타인의 것들을 내려다보는 자세를 말한다. 사실 우리네 인간관계에서 발생하는 큰 어려움 중의 하나가, 바로 교만한 태도라고 볼 수 있다. 교만한 사람을 만나면, 자동적으로 고개가 돌려지고 더 이상 말을 섞기가 싫어지는 등, 거부반응이 일어날 가능성이 많다. 왜 그럴까! 상대방의 자존감을 건드리기 때문이다. 잘났든 못났든, 이 세상의 모든 유기체는 그 나름의 존재성을 지니고, 그 존재는 각각 다 고귀하다. 그런데, 교만한 사람들은 상대방의 존재를 낮추면서 자신 스스로를 높이려는 태도를 취하는 것이므로, 자동적으로 상대방에게 불쾌감을 조성한다. 상대방의 존재에 상처를 입히는 것이다. 어느 누가 자신의 존재가 짓밟히는 수모를 겪으려고 하겠는가!

교만한 사람들을 가만히 보면, 그들의 문제점의 시작은 무지에서 출발된 어리석음이라는 생각이 든다. 즉, 무지란 인간존재의 고귀성과 근본성에 대한 개념이 부족하거나 혹은 아예 모르거나 하는 상태를 말한다. 교만감이 싹트는 배경에는 '내가 누구누구보다 더 나아야 한다.', '사회적 기준에 의하여 적어도 이 정도는 되어야 한다. 그 정도가 되는 사람이 바로 나이다!', '난 어디에 내어놓아도 다른 사람보다 잘났다!', '내가 옛날에는 그러그러했었지만, 지금은 내가 이 정도로 인정받을 만하다.'라는 등의 배경을 깔고 있다. 대부분의 보통 사람들은 끝없는 경쟁구도의 현실 속에서 살아왔기 때문에 교만한 정도는 아니라 할지라도 '잘나야 돼!', '뒤쳐지면 안 돼!', '잘난 사람 보면 너무 부러워!'라는 생각을 가지지 않는 사람이 몇이나 되겠는가! 기존의 사회문화적 역사적 배경 아래 살아온 우리네들이 이런 생각을 가지지 않고 살아가기가 과연 쉽겠는가! 만약 그런 생각을 가지지 않는다는 것은, 어쩌면 사회적 낙오자가 될 수 있는데 말이다.

누구나 가질 수밖에 없는 이 교만함은, 바로 '살아가는 공부'에 대한 교육적 한계, 사회적 기준에 함몰된 혼란스러움, 무지의 어리석음에서부터 출발한다는 점을 생각해 봐야 할 것이다. 이러한 무지의 상태인 대부분의 사람들은, '나', '내가' 라는 식으로 자신 스스로를 다른 사람보다 더 돋보이고 싶다는 욕구가 가득한 채로 살아간다. 즉, 각자가 자기 나름대로의 고귀한 존재가치를 가진다는 것을 이해하기 어려운 것이다. 늘 상대적인 것이다. 그리고 나와 상대의 깊은 유기성에 대한 인식이 약한 것이다.

위축되어 있거나 겸손하게 보이는 사람들은 교만은 자신과는 상관없는 것이라고 생각할지 모른다. 사실 그럴 경우도 있을 것이다. 그러나 '왜 위축되겠는가'를 생각해 보자. 더 잘나고 싶은 마음이 있기 때문에 위축되는 것이 아니겠는가. 스스로의 상태에 대한 자신감이 있고 편안하다면 상대적인 것으로 위축될 리는 없지 않을까! 잘나면서도 겸손한 태도를 가진 사람은 성숙한 사람일 가능성이 있다. 하지만 겸손함 속에 숨겨진 은밀한 '자기애적 도취'와 '위축됨을 방어하는 편안함'도 있을 수 있으므로, 주체성 있는 겸손함인지 방어적인 겸손함인지를 생각해 보아야 할 것이다. 스스로를 진솔하게 바라본다면, 우리 자신들 역시 마음속에서 교만한 부분이 상당히 있을 수 있다. 어느 누가 자신 스스로를 돋보이고 싶지 않겠는가! 은밀한 교만이 잠재해 있을 수 있다. 우리는 자신의 능력과 가치를 진심으로 인정받고 존중받고 싶어 한다. 때로는 나보다 더 잘난 사람을 보면 자동으로 상처받고, 다가가기를 꺼리고, 은근히 질투하고 시기하며, 그들을 깎아 내리기까지 한다. 그토록 '내가 괜찮은 사람이라고, 이 정도면 충분하다.'라고 스스로에게 말하였건만, 나보다 더 잘난 사람이 나타나는 순간, 나의 존재는 자동적으로 낮아지게 되는 것이다. 즉 교만한 사람들은 '나'를 내세우지만, '나'보다 더 잘난 사람에 대한 위축감과 두려움을 함께 지니고 있다고 볼 수 있다. 낮은 자존감이 도사리고 있다는 뜻이다. 교만은 이러한 낮은 자존감의 산물일 가능성이 높다.

그렇다. 교만한 사람의 존재감은 진정 낮은 것이 아닐까 다시 한 번 생각해 보아야 한다. 여기서 '낮다'라는 것은, 어떤 사회적 기준이나 객관적 사실에 근거한 것이라기보다는, 상대적 평가에서 오는 낮음을 말한다. 자신의 존재가치에 대한 평가가 늘 상대방이 기준이 되어 있기 때문에, 자아도취적인 교만감 아니면 자기비하적인 위축감이 든다. 이들의 사회적인 관계는, 늘 자존감이 낮아질 준비(?)를 하고 있는 셈이다. 누구를 만나든지 나보다 더 잘났다 혹은 못났다를 정해야 하고, 잘난 사람은 잘나서 싫고, 낮은 사람은 낮아서 무시하게 된다. 관계 자체가 바로 '교만' 아니면, '위축'이므로, 언제든지 내 자존감은 무너질(!) 태세를 갖추고 있는 것이다. 그러다보면 사람을 만나기가 꺼려지고 힘들어지고 기쁘지 않을 수도 있다. 큰 틀에서 보면, 인생의 큰 병폐가 바로 교만이 아닐까 여겨질 정도로, 우리는 자신 스스로에 대한 진정한 자존감을 가지지 못한 채로 살아간다.

그렇다면 교만에 빠지지 않으려면 어떻게 해야 하는가!

> "교만에 빠지지 않는 길은, 무아(無我)가 되는 것입니다. 자신을 잊고, 자신 안에 있는 것을 비우는 자세입니다. 자신을 비우는 사람은 가진 것이 없으니 내세울 것도 없고, 내세울 것이 없으니 겸손하게 됩니다." (2012. 11. 매일미사)

너무 평범한 말 같지만, 교만에 빠지지 않는 유일한 길은 바로 '자신 안에 있는 것을 비우는 자세'일 것이다. 정말이지 보통의 우리들은 평생을 '채우려고' 산다. 늘 '해야 하는 것들'로 짐을 지면서 말이다. 오늘은 이것을 해야 하고, 내일은 저것을 해야 하고, 끝없이 우리는 무엇인가를 '해야 한다.' 그렇다. 해야 한다!

어차피 해야 한다면, '채우기 위하여' 무엇인가를 해야 하는 것이 아니라, '비우기 위하여' 무엇인가를 해야 하면 어떨까 생각해보자. 비우기 위하여 무엇인가를 해야 할 때는, 채우기 위하여 무엇인가를 해야 할 때보다 능률이 더 잘 오르지 않을까! 채움을 위한 행함은, 계속 쫓기고 불안하고 두렵기도 하다. 채우지 못하게 될 때 오는 상실감이 뒤따르기 때문이다. 목적이 지금-여기에서의 행복과 만족감에 있지 않고, 더 큰 채움에 있기 때문에 늘 현재는 비어있다. 그래서 지금-여기는 항상 불만족스럽다.

그러나 비움을 위한 행함은, 어차피 할 일은 다 하지만 그 목적이 '비움'이기 때문에, '되면 좋고, 안 되도 상관없다.'라는 마음가짐이 나온다. 그렇게 마음을 먹다보면 편안하고 쫓기지 않고 즐기듯 무엇인가를 할 수 있게 된다. 목적이 '비움'에 있기 때문에 지금-여기는 항상 차 있는 느낌이다. 뭔가 가득 찬 느낌이다. '비움'이 내가 가야할 길이기 때문에, 현재가 늘 차 있을 수밖에 없지 않겠는가! 예컨대, 부모-자식관계에서, '내가 저 애에게 얼마나 기대한 것이 많은데!'라고 생각하면, 아, 아직, 저 애는 저것 밖에 안 돼!! 정말 속상해.'라고 생각된다. 그러나 '난 저 애에게 뭔가를 바라는 것보다는, 그냥 저 애 존재 자체가 좋아.'라고 생각하면, '아, 정말 놀라워. 신기해. 별로 바란 것도 없는데 저 애가 뭘 하는 것 보면 모든 것이 다 신통해.'라고 할 것이다. 어느 쪽의 아이가 더 안정되게 자신의 길을 가겠는가!

효율적인 면에서 보아도, 비움을 위한 행함은 채움을 위한 행함보다 결코 뒤떨어지지 않는다고 본다. 비움을 위한 행함은, 오히려 실수가 적고 차분하고, 안정된 내면 상태에서 하는 것이라 창조력도 발휘된다. 흔히 사람들은 '비워야 한다.'라는 말은 자주 쓴다. 그러나 막상 '호주머니를 다 털어라!'고 하면, 그것은 그리 쉽지 않은 화두다. 하지만, 조금만 더 생각해 보면, '채움을 위한 행함'보다 '비움을 위한 행함'이 훨씬 심리적으로 안정되고 더 효과적인 기능이 나오지 않겠는가!

실로, 교만은 '나'의 자리를 채우는 것으로부터 시작된다. 거의 대대수의 우리는 채우려고 살아가기 쉽다. 혹여나 '비움'이 좋을 거라는 믿음이 있다 할지라도, 현실은 그렇게 할 수밖에 없다는 생각을 떨칠 수 없을 것이다. 충분히 이해되고 공감된다. 어차피 채워야 한다는 생각을 털어버릴 수 없다면, 과연 우리 내면에는 무엇을 채워야 할까!

성인들은 '나'라는 자리에 '사랑'을 채운다고 한다. '나'라는 자리에 '진아(眞我)'를 채운다. '나'라는 자리에 '더 큰 마음'을 채운다. '나'라는 자리에 '진실된 마음'을 바라보고 느끼며 채운다. '나'라는 자리에 '하느님'을 채운다. 참되게 겸손한 사람은 '나'의 항아리에 이런 것들을 채우려는 노력을 은밀하게 하는 사람들이다. 그들은 정말이지 드러내어 노력하지도 않는다. 주변은 잘 모른다. 그들이 그런 노력을 하는 것조차도. 그들은 겸허하게 자신의 인생에서 채워야 할 것과 비워야 할 것을 늘 생각해보려고 한다. 이래저래 고개를 갸웃거리며 스스로를 탐색하고 성찰하며 인내하며 물러나게 한 후, 그 자리에 가장 고귀한 것들을 채워나간다. 정말이지, 그 행위들은 '은밀하다.' 그 고귀한 것들은 각자의 인연에 따라서 달라지겠지만, 공통적인 것은 '나'의 자리에 '진실된 무엇인가'가 새롭게 들어오게 하는 것이다. 한마디로 진정한 자존감을 가지게 되는 것이다. '궁극적인 존재의 나'가 작용되는 것이다.

자존감이 낮을수록 '나'를 높이려고 하고, 자존감이 높을수록 '나'는 낮아진다. 그리고 마침내 비워져도 풍요롭다. 그 자리에 더 고귀한 것이 나를 채우고 있기 때문이다.

19. 자신과의 화해

자신의 상처, 약점, 한계 등에 대처하는 좋은 방법은 그들과 직면하는 것이다. 그리고 화해하는 것이다. 자신의 아픔과 만나서 화해하는 것이다. 상처와 만나서 화해하는 것이다. 자신의 한계와 만나서 화해하는 것이다. 가만히 자신의 그런 부분들을 바라보면서 만나는 것이다. 그리고 조용히 악수하는 것이다. 화해의 악수 말이다.

신약성경에는 세관장인 자캐오라는 유대인이 등장하는 대목이 있다. 그가 예수님과 그 일행의 행렬을 바라보기 위해 나무위로 올라가서 구경하는데, "자캐오야, 얼른 내려오너라. 오늘은 내가 네 집에 머물러야 하겠다(루카 19, 5)."고 예수님이 말씀하시는 부분이다. 세리라는 직업을 가진 자캐오는 부자지만, 그 당시 사람들로부터 다소 천한, 죄인 취급을 받는 사회적 신분이었던 것 같다. 세리라는 이유로 유대인 사회에서 배척당한 죄인으로 묘사되고 있기 때문이다. 더욱이 그는 키가 작아서 사람들에게 멸시를 받으며 살았던 것으로 보인다. 그는 예수님의 일행을 구경하려고 하였으나 작은 키 때문에 군중 속에 파묻히고 마는데, 개의치 않고 나무 위로 올라간다. 키가 작다는 약점이, 자신의 갈망을 충족시키는 데 아무런 제약이 되지 않았음을 드러내는 대목이다. 그리고 그는 예수님께서 하신 "내가 오늘 너의 집에 머물러야 하겠다."는 뜻밖의 요청에 기쁨을 감추지 못하며 그를 자신의 집에 모셨다. 즉, 예수님께 마음의 문을 활짝 연 것이다. '너의 집'은 상징적으로는 바로 그의 마음이 아니겠는가! 돈만 밝혔던 한 세관장의 마음 안에

'빛'이요 '진리' 그 자체가 들어오시겠다는 말씀이 아닐까 싶다. 이것은 한 인간에게는 참으로 대단한 사건일 것이다. 특히 자신의 직업적 육체적 약점을 지닌 한 사람이, 그 약점을 그대로 인정하면서, 참된 무엇인가에 대한 갈망으로 '진실'을 받아들이는 것에 비유될 수 있다.

모든 사람에게는 어떤 측면에서든 약점과 한계가 있다. 그러한 점 때문에, 상대적인 비교와 박탈과 배척, 비판과 무시 등을 받고 있다. 특히 사회적 위치나 경제적인 약점을 지니고 있을 경우, 이 사회의 보이지 않는 멸시와 스스로의 자책감과 비참함 등으로 힘겨운 생활을 한다. 특별히 약점을 지니지 않은 사람도 스스로의 한계에 부딪쳐 괴로워하는 경우가 많은데, 눈에 보이는 사회적 한계를 지닌 경우에는 그 심정이 어떠하겠는가! 사실이지, 인간은 누구나 다 각자 나름의 약점을 지니고 있으며, 그로 인한 상처를 가슴에 어느 정도는 지니고 있다. 비록 지금은 아무런 약점을 지니고 있다고 느끼지 않는 사람조차도, '더 낮아져서는 안 되며, 이것을 잘 유지해야만 한다.'라는 두려움과 불안이라는 감정을 안고 사는 것이다. 그러다, 만약 내 뜻대로 되지 않았을 때 스스로가 상처를 받는 것이다. 즉, 과거의 힘겨운 정신역동으로 인한 아픔과 상처도 있지만, 더 사랑받고 인정받으려는 우리의 본질적 약함으로 인한 상처도 있는 것이다.

더욱이 약점을 가진 스스로를 싫어하기 쉽다. 남들이 어떻게 보느냐의 문제보다도 스스로가 자기를 혐오하고 비판하는 것이 더욱 더 문제가 된다. 사실 남들은 지속적으로 타인에 대해서 생각보다 그렇게 신경 쓸 여유가 없다. 그 순간이 지나면 거의 대부분의 사람들은 자기 할 일에 몰두하기 때문에 남들을 일일이 생각하지 않는다. 단순히 자신의 마음이 투사되어 남들이 그렇게 볼 것이라고 생각할 뿐이다. 타인의 생각과는 다르게 스스로가 일으키는 각종 망상 때문에 매우 힘들 뿐이다. 혹독하게 자신을 학대하는

'피학증적인 태도'는 스스로를 너무나 우울하게 만들고 불안으로 몰고 간다. '망상'이 계속된다. 그리고 상대방의 잘난 면이 바로 자신의 상처로 되돌아오기 때문에, 대상을 만난다는 것이 반갑지 않다. 내가 원하는 것이 되기만 하면 이 모든 것들은 다 괜찮아질 것이라고 믿는다.

때론 생각한다. '이렇게 나를 힘들게 만드는 것들을 다 없애고 싶다!'라는 극단적인 생각을 하고, 우리의 약점을 고치고 싶다고 여러 가지로 몸부림치기도 한다. 자신의 한계를 극복하고자 또한 열심이다. 최선을 다하여 살기도 한다. 그러나 또 다시, 우리는 새로운 약점과 상처를 안아야 할 현실을 맞이하게 된다. 즉, 현실은 그리 만만찮은 것이다. 바로 그것이 이 세상의 한계요, 인간의 조건 중의 하나가 아니겠는가! 즉 누구라도 자신의 한계와 약점을 느끼고 살아가고 있으며, 단지 그것을 어떻게 대처하고 수용하며 살아가느냐의 문제일 뿐이다.

그렇다면 자신의 상처, 약점, 한계 등에 대처하는 좋은 방법은 무엇일까! 바로 그 '약함'과 만나는 것이다. 그리고 화해하는 것이다. 자신의 아픔과 만나서 화해하는 것이다. 상처와 만나서 화해하는 것이다. 자신의 한계와 만나서 화해하는 것이다. 화해한다는 것은 자신이 약하고 불완전하며 약점이 많은 사람이라고 스스로 인정하는 것이다. 자신을 깊이 이해하고 수용하는 것이다. 가만히 자신의 그런 부분들을 바라보면서 만나는 것이다. 그리고 조용히 악수하는 것이다. 화해의 악수 말이다.

"우리, 그동안 만나기가 좀 힘겨웠네요. 악수 한번 합시다."

"나도, 당신도, 그러고 싶어서 그랬던 것도 아닌데! 우리, 화해합시다."

보기 싫은 사람은 피하고 싶다. 내 눈앞에서 아예 나타나지 말았으면 한다. 그러나 내 마음 안에 그 대상을 품고(걸리고) 있으면, 그 대상은 실재 여부와 관계없이 떠난 것이 아니다. 아니, 그 대상이 아니라, 내 마음이 그를 떠나지 못하고 있는 것이다. 내 마음 한편에 늘 도사리고 있다. 피한다고 하여 내 마음에서 피해지는 것이 아니라는 뜻이다. 그래서 그냥 차라리 한번 만나는 것이다. '얼굴 한번 봅시다!'라면서 마치 아무 일도 없었던 듯, 그냥 만나는 것이다. 그리고 화해의 손을 내미는 것이다. 서로 불편하지 않은가! 어느 한쪽에서라도 화해의 악수를 청하지 않을 때는 말이다. 그렇다. 어느 한쪽에서라도 화해의 손을 내미는 것이다. 불편한 타인과 화해하는 것처럼, 불편한 나의 약점과 화해해야 한다.

그리고, 그 화해의 마음을 통하여 아팠던 곳, 약점, 한계 등을 서서히 치유해 나가는 것이다. 마치 환자가 자신의 아픈 곳을 의사에게 보이거나 말하지 않으면 의사는 환자를 고칠 수 없듯이, 일단 드러내는 것이다. 그리고 그것들과 만나야 하는 것이다. 자캐오가 자신의 사회적 무시와 육체적 열등감을 그대로 드러내는 것과 동일한 것이다. 우리 내면의 낮은 자존감과 열등감 등은, 대부분 자신의 약점과 불완전함을 숨기려고 할 때 발생된 상처들이다. 숨기려고 하면 치유될 수 없지만, 드러내려고 하면 회복의 길이 열린다. 숨기면 숨길수록 내면에 저장되고, 드러내어 쓰다듬어주면 약과 같은 기운으로 치유되기 때문이다. 드러내다 보면 공기 속에 먼지가 흩어지듯 서서히 사라진다. 어쩌면 상처는 자연의 이치에 따라 아물기 위하여 있는 것이 아닌가! 그것들은 치유될 수 있다고 본다. 우리의 아픔, 열등감, 좌절감, 비참함, 외로움 등 그 모든 것은 치유될 수 있다! 치유된다는 의미는 완전히 없앨 수 있다는 뜻이 아니라, 그것이 그대로 내 마음 안에 있어도 잘 소화되면 아무런 걸림 없이 살아갈 수 있다는 것이다.

심리치료의 장면에서 '직면'은 매우 중요하다. 자신을 이해하고 공감하는 것 못지않게, 스스로의 몫을 정확하게 직면하는 것은 바로 치료의 시작이 된다. 이때 결코 비판하지 않는 태도가 중요하다. 어느 누가 스스로를 그렇게 만들고 싶어서 만드는 것은 아니기 때문에 참된 이해와 직면은, 자신을 왜곡하지 않고 있는 그대로 수용하는 중요한 발판이 된다. 직면을 통하여 자기 몫을 잘 챙기게 되면, 자연스럽게 지혜로운 대처능력과 현실성이 발휘되면서 주변의 많은 상황들이 풀려나가게 됨을 느낀다. 직면, 만나는 것, 있는 그대로 보는 것, 이런 작업은 일반적 심리상담 장면에서 대단히 중요한 과정으로 간주된다. 직면(맞닥뜨림)을 상처와 고통으로 느낄 것인가, 발전과 성장이라는 희망감으로 느낄 것인가는, 선택의 문제이다. 상담자들은 직면을 해야 할 때 큰 품으로 안으며 피드백을 해야 하고, 궁극적으로 내담자가 문제의 극복과 인격 성장에 도움이 되도록 전달해야 할 것이다. 자신 스스로와 잘 화해하며 성장하도록 쓰다듬어야 한다.

만나서 화해하고, 그리고 그 자리에 진리의 빛을 받아들이는 것이다. 자캐오가 예수님을 집으로 모시는 장면과 같을 것이다. 바로 그것은 치유의 시작이다. 암흑에 빠진 우리의 마음속에 빛을 받아들이는 것이다. 햇살이 비추어질 수 있도록 마음을 여는 것이다. 빗장을 여는 것이다. 그러면 그 빛은 찬란하게 우리의 내면으로 스며들어오게 될 것이다. 한없이 내리쬐는 그 빛은 바로 '사랑'이다. 우리가 마음의 빗장을 한껏 열어놓는 그 순간, 광활한 햇살은 마구 내리쬐게 될 것이다. 지금-여기, 빛은 늘 존재하고 있는 것이니까. 그냥 지금-여기를 느끼기만 하면 된다. 빛은 '지금'이다.

20. 생각, 느낌들과의 대화

"우리의 정서와 고통들을 가볍게 생각해서는 안 된다. 모든 것은 고유의 의미를 지니고 있다. 이러한 것들에서 우리가 해야 할 일은 그것을 통해 하느님께서 나에게 말씀하시고자 하는 것이 무엇인가를 깨닫는 것이다."

우리의 생각이나 느낌들과 잘 대화하다 보면, 많은 것을 깨닫게 된다. 흔히 보통 사람들은 자신의 생각이나 느낌과 대화를 한다는 것 자체를 잘 이해하지 못할 수 있다. 지금까지 그런 자신과의 대화에 익숙해있지 않고, 개념을 안다고 하더라도 스스로도 잘 알지 못하는 어떤 부담감과 저항감을 느끼기 때문일 수 있다.

안셀름 그륀(Anselm Gruen)이나 마인라드 두프너(Meinrad Dufner, 1999) 등은 이런 표현을 사용한다.

"하느님은 우리의 느낌과 고통들을 통해 우리에게 말씀하신다. 우리가 이러한 것들 안에서 말씀하시는 하느님의 음성을 주의 깊게 듣는다면, 우리는 그 음성을 통해서 하느님께서 본래 계획하셨던 우리의 정체를 발견하게 된다. 우리의 정서와 고통들을 가볍게 생각해서는 안 된다. 모든 것은 고유의 의미를 지니고 있다. 이러한 것들에서 우리가 해야 할 일은 그것을 통해 하느님께서 나에게 말씀하시고자 하는 것이 무엇인가를 깨닫는 것이다."

많은 사람들은 자신 내면의 분노, 짜증, 시기심 그리고 의욕 상실 등과 같은 부정적인 느낌들에 대하여 당황하고 자신을 부정적으로 판단한다. 그리고 부정적인 느낌들을 떨쳐버리기 위해서 노력한다. '이런 감정을 가져서는 안 돼!', '이것은 좋지 않은 감정이야!' 등… 이런 방식으로 자신의 감정과 싸운다. 이들은 그 싸움에서 자주 괴로워하고 자책하고 힘들어한다. 그리고 자신이 믿는 신(神)께 "제발 저에게 이런 감정이 일어나지 않도록 도와주세요. 저를 평화롭고 자유롭게 해 주세요."라고 의지하기도 한다.

우리는 나에게 다가오거나 내 안에서 일어나는 모든 고통스런 정서들과 화해하는 것을 생각해 보아야 한다. 부정적 감정들은 나를 '진리의 물가'로 데려가는 중요한 배가 될 수 있다. 그 배를 타지 않으면 진리의 물가로 갈 수 없다는 뜻이다. 그 배는 인간 내부의 여러 가지 감정들이다. 스스로 그러한 감정들 안으로 들어가서 그것들이 나에게 말하고자 하는 것이 무엇인가를 물어봐야 한다. 즉 배를 타야 한다. 이러한 감정들 속으로 들어가야만, 내부 정서를 만나야만, 그 배를 타야만, 우리는 우리가 원하는 물가로 건너갈 수 있다. 한마디로 그 감정은 충분히 느끼고 머무르며 극복해야 하는 대상이다. 평정심, 이웃사랑, 친절 등과 같은 좋은 말들은 물론 이상적으로 필요한 것이기는 하다. 그러나 마음속에서는 아직 그런 것들은 단지 '기대하는 내 마음'일 뿐이다. 그러한 '감정에 대한 기대'는 나의 격정과 분노를 제압할 것을 요구하고, '그러지 마라!'라고 나의 감정을 부인시키고 평가한다.

사실, 부정적 감정 속에서는 진정 나 스스로에게 바라는 것이 무엇인지를 알게 하는 위대한 힘이 있다. 즉, 내 안에 묻혀 있는 보물로 나를 인도해가는 어떤 에너지가 있다는 뜻이다. 만약 내가 나의 격정과 분노 안으로 들어가서 그들의 말에 귀 기울이게 된다면, 내가 지금까지 참된 '나'라는 정체를 거슬러 살아왔고, 하늘이 내게 허락한 방식대로 살지 않았다는 사실을 알게 될 것이다.

부정적 감정들은 우리가 지나치게 타인에게 나 자신의 영역을 많이 양보하여 그가 나에게 너무 많은 영향력을 지니도록 했다는 사실을 종종 알려주기도 한다. 나는 지금까지 다른 사람의 기대를 채우는 일에 급급했고, 나 자신이 필요로 하는 것이 무엇이며, 나 자신이 참으로 원하는 것이 무엇인가에 대하여는 소홀히 해 왔다는 것이다. 나는 지금까지 나의 삶을 나 스스로 살아오지 않은 것이다. 다른 사람들이 나에게 너무 지나치게 가까이 와 있도록 허락한 것이다. 그들이 나의 경계선을 넘어왔으며 나를 다치게 하도록 보호하지 못한 것이다. 그리고 그저 그 감정들을 회피하려고 하였다. 이제 우리가 해야 할 일은 그 부정적 감정들을 억압하기보다는 대화를 나누어야 한다. 나의 감정들과 생각들과 대화를 나누어야 하는 것이다. 그래서 내 안에 있는 보물을 찾아내며, 하느님이 내게 주신 나의 참 모습을 내 안에서 찾는 것이다.

이렇게 볼 때, 나의 부정적 감정들은 나를 다치게 한 타인을 나에게서 분리시켜 내는 힘이며, 그래서 그와 적당하고 건전한 거리를 유지하도록 하는 힘이 될 수 있다. 나에게 상처를 줄 정도로 지나치게 가까이 있는 그를 떼어놓고 난 뒤에야 비로소 나는 그와 화해할 수 있으며, 그에게서 참으로 자유로워지게 된다. 특히 어린아이였을 때 성적 상처를 입은 사람들은 그들에게 상처를 준 사람들에 대한 감정을 드러내고 그들을 자신들로부터 몰아내야 한다. 그 대상이 아니라, 그 대상에 대한 감정을 몰아내야 한다. 이것이 그 사람들이 상처를 치유할 수 있는 기본 전제 요소이다.

때로는 '대상에 대한 나의 마음'과 대화를 시도하는 것이 불가능할 정도로 나를 지배해 버리는 격렬한 분노도 있다. 스스로는 그 분노의 의미를 알 수 없으며, 사납게 짖어대고 싶을 뿐일 때도 있다. 그저 사납게 짖고 싶은 것이다. 그러한 상황에서는 더 이상 앞으로 나아갈 수도 없고, 어떠한 고찰도 소용없게 된다.

이때는 다른 사람들의 도움을 받아서, 특히 전문가의 도움을 받아서 그 사나운 나의 분노의 우물 속으로 들어가 한번 밑바닥을 보는 것도 좋을 것이다. 혹시 아는가! 그 우물의 밑바닥에서 내가 온갖 종류의 꽃들이 가득히 피어 있는 초원을 발견하게 될지도 모르지 않는가! 그래서 내 주변과 내 안의 모든 것이 갑자기 변화될지도 모르지 않는가! 그 밑바닥에서 하나의 생명력의 원천을 발견하게 될지도 모르며, 격렬한 분노가 삶에 대한 애착으로 바뀔지도 모르지 않는가! 심리치료의 장면에서 종종 일어나는 것 중의 하나인, 격렬한 분노 후에 남겨지는 편안함과, 삶에 대한 새로운 시각이 싹튼다는 사실을 결코 간과할 수 없다.

가끔 스스로의 지독한 감정들을 제거하거나 그것을 잘 다스려나갈 능력이 없다는 것을 알게 될 수도 있다. 그것을 앎으로써 자신의 힘만으로 해결하려는 노력을 포기하고 하늘의 섭리에 모든 것을 내맡기는 것을 알게 될 수도 있다. 그렇게 될 때, 격렬한 감정들은 우리 자신에게 하늘의 뜻과 나의 뜻의 관계를 알려주는 셈이 된다. 그렇더라도 나의 격정과 분노에서 완전히 해방될 수는 없을 것이다. 그러나 그것은 우리 자신이 하늘의 뜻을 깊이 느끼도록 하는 '한층 성숙한 자아기능'을 자극하는 요소가 될 수 있다.

그렇다. 우리는 우리 자신의 생각과 느낌들과 차분히 대화할 수 있어야 한다. 이것은 일상생활에서는 생각해 보지 못한 일이다. 그러나, 우리는 결코 이 작업을 피해서는 안 된다. 왜냐하면 피하면 피할수록, 부정적 감정들은 나의 내면에 더욱 더 깊이 자리 잡고, 훨씬 더 공고해지기 때문이다. 차분히 자신과 대화해야 한다. 조용히 자신의 감정과 만나야 한다. 진심으로 자신의 사고방식이나 감정양식을 객관적으로 바라보아야 한다. 자기를 관찰해야 한다. 그 속에서, 우리는 삶에 대한 새로운 시각이 싹트고, 그 속에서 하느님이 내게 무엇을 요구하는지를 느끼게 될 것이다. 때때로 그것은 우리의 삶의 열쇠가 되어 어려움을 풀게 될 것이다.

21. 행복의 열쇠를 여는 두 가지 문구

> 저항하지 않고(무저항), 판단하지 않고(무판단), 집착하지 않는 것(무집착), 이 세 가지는 진정한 자유와 깨달음의 측면이다. 모든 것은 무상(無常), 즉 변화가 불가피함을 알고 받아들인다면, 즐거운 것을 잃게 되지 않을까 두려워하거나 미래를 걱정하지 않게 된다, 즐거움이 사라져도 불안하지 않고 여여하게 즐길 수 있다.

필자는 우리 내부의 비밀을 어떻게 말하는 것이 잘 이해될 수 있을까 하는 생각에서 두 항아리 이야기를 교육생들이나 내담자들에게 자주 언급한다. 내면에 두 개의 항아리가 있다고 상상해 보자! 하나는 '에고ego' 의 항아리이다. 또 다른 하나는 '성령'의 항아리라고 느껴보자.

에고의 항아리 속에는 무엇이 주로 담겨있을까! 에고는 끊임없이 생각 또 생각을 하며, 특히 과거에 일어났던 것에 대한 집착이 대단하다. 그리고는 미래에 대한 고민과 염려도 많다. 한마디로 지금-현재에 집중이 잘 안 된다. 개인의 핵심역동에 의한 영향을 가장 많이 받고 있으며, '진짜의 자기'를 알아차린다기보다는 '만들어진 자기'를 '자기'라고 생각하며, 끊임없이 자신에 대한 불평불만, 상대에 대한 원망, 자기 과잉사랑, 자기도취 속에 파묻힌다. 사실 불안과 두려움이라는 안개 같은 항아리이다. 또한 이 항아리가 없으면 현실을 제대로 살아갈 수 없을 정도로, 모든 사회생활이나 보통의 인간관계 속에서 자신을 지키는 방어작용이 함께 들어 있다. 흔히 '자아 방어기제(ego defence mechanism)'라고 부르는데, 이 기제를 담고 있는 현실적인 기능을 하는 항아리이다. 무조건 부정적으로만 볼 수 없는, 매우 사실적이고 필요한 내용물들이기도 하다.

성령의 항아리 속에는 '지금-현재'를 성스럽게 여기는 자세가 들어있다. '지금-여기'의 존재 그 자체다. 과거나 미래에 초점을 맞추는 것이 아니라, 어떤 과거의 경험이 있었다 할지라도 그것은 지나가는 한 과정이었을 뿐, 그것 자체가 내 존재에 영향을 미치지 않는, '지금 이 순간'을 사는 자세이다. 핵심역동이 내부에 존재한다 할지라도 그것에 먹이를 주려는 지나친 회고나 고통스런 되새김질 등을 하지 않음으로써 '진짜의 자기'를 좀 더 깊이 느낀다. 이것은 성스러운 영혼 그 자체를 진짜의 나로 깊이 느끼는 상태이다. 에고항아리가 작동하여 괴롭고 힘들 때, 조용히 눈을 감고 먼 산을 보거나 하늘을 보게 되면, 슬며시 성령의 항아리가 에고를 위로하고 토닥여주는 역할을 한다. 절이나 성당 교회의 한 구석에 조용히 앉아서 이 항아리의 속삭임을 느껴보면 그 진가를 느낄 것이다.

에고의 항아리는 이렇게 늘 속삭인다.

'내가 평화롭거나 행복해지거나 만족하려면 앞으로 더 좋은 일이 생겨야 해. 아직은 나에게 오지 않았어. 언제쯤 나에게 그런 일이 올까! 과연 나에게는 그런 일이 일어날까 의심스럽다.'

'내가 더 탐구하고 고민하고, 생각 또 생각을 하면 언젠가는 그런 좋은 일이 일어날 거야'

'나의 과거에는 일어나지 말았어야 할 일이 일어났어. 바로 그런 나의 과거 때문에 지금의 나는 망친 거야. 정말 원망스러워. 그 일이 일어나지 않았다면 얼마나 좋았을까!'

'여보, 당신이 이렇게 했어야지. 당신이 그렇게 했기 때문에 내가 이렇게 힘든 거야. 다른 사람들에게 다 물어봐. 뭐라고 하는지. 당신이 이렇게 하기

써 보았다.

여러 측면에서 늘 함께 해 주시는 출판사 선생님들, 안정감을 주는 가족, 가족과 다름없었던 전현직 조교, 잡다한 편집을 도와주신 선생님들, 주변 환경들, 그 무엇보다도 작은 도시 언양(울산)의 유서 깊은 성당에서 기도할 수 있음에 감사할 따름이다.

2023. 8.

울산, 동방 심리상담 부모교육 연구소

최경희(隨順)

목 차

머리글 • 5

1. 과로에 지친 현대인들을 위한 세 가지 제안 • 13
2. 우리는 무엇이 되고 싶은가! • 20
3. "너희는, 너희가 무엇을 청하는지 알지도 못한다"(마태오 20, 22) • 25
4. 운명의 선의(善意) • 33
5. 관계 속에서 꽃피는 조화 • 39
6. 건강한 죄의식을 가지지 않을 때: 교만 • 44
7. '홀로 됨'을 통하여, 보다 깊은 '함께 함'을… • 49
8. 완벽주의! 진정 완전한 존재란 무엇일까! • 54
9. 가슴 따뜻한 이야기 • 60
10. 일상에서 필요한 동굴 • 64
11. 어린아이의 간절함 • 69
12. 사랑의 힘 • 75
13. 나 자신부터 알았더라면! • 81
14. 굳어있는 마음을 온기로 녹이며… • 87
15. 양피지에 적힌 시(詩) • 92
16. 용서, 내면이 건강한 사람의 힘 • 99
17. 꼴찌도 일등이다! • 104
18. 교만, 낮은 자존감의 산물 • 109
19. 자신과의 화해 • 115
20. 생각들, 느낌들과의 대화 • 120

21. 행복의 열쇠를 여는 두 가지 문구 • 125
22. 때론 눈물이 필요하다! • 133
23. 치유의 힘, 사랑… • 137
24. 나의 아래(!)를 깊이 느끼며… • 143
25. 강박관념의 치료를 위하여! • 149
26. 우리의 거짓자아, 하느님이라면 어떻게 치료하실까! • 156
27. 의식적(意識的)인 의식(儀式)의 시간 • 165
28. 심리치료와 명상의 상보적 관계 • 169
29. 갈등 속에 사는 우리네들 • 176
30. 사물을 보는 눈 • 182
31. 자신을 닦아가는 두 가지 길 • 187
32. 불편함은 깨달음의 신호 • 192
33. 동서양을 막론하고, 우리는 영혼의 갈증을 느낀다(!) • 198
34. 바람 부는 창밖을 구경하는 여행객일 뿐… • 204
35. 우리의 존재는 '절대적 자아'이다 • 209
36. 과거에 얽매이지 않기… • 214
37. 지금-현재를 행복하게 느낄 수 있는 마음그릇 • 219
38. 서로 '다른' 사람과도 걸리지 않고 살아가기 • 225
39. 금이 간 항아리 • 236
40. 복음 삼덕(三德) • 241

41. 가장 '아픈 곳', 사랑이 필요한 자리 • 247
42. 이성적 사고와 관상적 태도 • 252
43. "부정적인 감정을 느끼면 안 돼!" • 257
44. 상대방의 반응에 나의 마음이 걸릴 때! • 263
45. 열등감, 그리고 자격지심 • 270
46. 핵심역동의 극복 후 : 근본적인 것에 대한 추구 없이는 늘 허하다! • 276
47. "난, 그런 뜻으로 한 말이 아니다!" • 282
48. 침묵, 그리고 제대로 된 표현! • 289
49. "말을 아껴야 할 때도 있지만, 꼭 말을 해야 할 때도 있다" • 300
50. '증상'은 마음을 감추는 활동, 그리고 생존의 힘 • 306
51. 지금 현재, 무엇을 행하고 있는가! • 312
52. "이제, 그만 화내고 싶다. 나도 힘들다" • 318
53. 믿는다고 생각하지만, 사실 잘 믿지 못한다! • 324
54. 갈등은 피하면 피할수록, 더 심각해질 수 있다 • 331
55. 기쁨과 즐거움도 '느끼는' 연습이 필요하다(!) • 337
56. 철없는 사람이 박는 못(상처), 그리고 치유 • 343
57. 끝없이 일어나는 의심과 주저함 • 349
58. 정확한 의사표현은 치료의 중요한 도구 • 354
59. 거두어야 하는 습관적인 장막 • 360
60. 마음이 산란하다! • 366

61. 죄책감과 겸손 • 373
62. '저항'의 치료적 의미 • 378
63. 누구나 다 가지고 있는 부분적 장애 • 385
64. 죄책감, 그리고 용서(容恕) • 392
65. 사실적 관계와 인격적 관계 • 399

1. 과로에 지친 현대인들을 위한 세 가지 제안

현대를 살아가는 우리들에게 16세기의 유대인 랍비들 "안식일 영혼「Safed Kabbalists」"에 대한 말은 귀담아 들어볼 만하다. 즉, 안식일에는 평일과는 달리, 다른 영이 지배하며 다른 분위기가 있다는 것이다. 자신의 내면을 돌볼 겨를 없이 하루하루 살아가는 우리는, 휴식을 통하여 참 자아가 말하는 목소리를 들을 수 있는 것이 아닐까 싶다. '나', '내 것'이라고 하며 움직이는 이 모든 세상의 흐름들이, 과연 마음 저 깊은 곳(영혼)에서 조화롭게 움직이는가를 점검해보는 시간이라고나 할까.

과로와 완벽주의 성향은 종종 많은 관련성을 가진다. 모든 것을 지나치게 정확하고 올바르게 이뤄야 한다는 요구는 사람들을 지속적인 과로로 이끄는 잔인한 폭군이다. 권력을 지닌 사람들이나 출세가도를 달리는 전문가들에게서 일중독의 모습을 볼 수 있다. 산업사회의 일꾼으로 살아가는 사회현장의 남자들뿐만 아니라 가정 안에서의 여자들에게도 얼마든지 일어날 수 있는 일이다. 예를 들어, 어떤 주부들은 완벽한 현모양처가 되는 데 자신의 정체성과 가치를 둠으로써 가정 일에 지나치게 빠지는 경향이 있다. '최고의 엄마', '최고의 주부'가 되려고 노력하는 것이다. 최고의 엄마가 되는 현대적 기준들도 점점 더 전문화되어 가고 있어, 거기에 뒤떨어지지 않으려고 노력한다. 학습 정보, 아이 양육, 가족 건강, 옷, 집안 살림 가구, 좋은 식품 등. 과거에 비해 엄청난 기술 혁신으로 만들어진 편리한 살림 보조 기구들을 사용하지만 결코 주부의 일은 줄어든 것이 아니다. 왜냐하면 가정의 주부역

할에 대한 기준들이 점점 더 확대되어, 더 우아하게! 더 지혜롭게! 더 완벽하게! 집안일에 주부의 시간을 사용하는 기준들이 전문화되고 있기 때문이다.

이렇듯 완벽주의는 여러 면에서 과로로 현대인을 지치게 만드는 주범이다. 어느 한 학생을 보자. 대학원에서 공부하는 A씨는 금요일 오후마다 있는 세미나를 위해 발표문을 준비했다. 할당된 양의 리포트 자료수집과 연구를 하느라 주말을 모두 사용한 후, 월요일 아침에 발표문을 쓰기 시작했고, 수요일 밤에 그것을 끝냈다. 수요일까지 발표문을 끝냈다는 것은 남은 날에는 다른 숙제를 해야 한다는 말이었으나, 그는 발표문이 완전한 내용이 될 때까지 수정 작업을 계속하며 나머지 이틀을 소비했다. 금요일 오후 세미나실에 도착했을 때, 그는 지쳐 있었을 뿐 아니라, 다른 수업들을 위한 숙제들을 하지 못한 채 수업을 들어야 한다는 압박감에 시달렸다. 이러한 초조한 상황은 사실 매주 반복됐다. 이는 그를 육체적으로나 감정적으로 힘들게 했지만, 그의 완벽주의는 너무 뿌리가 깊어 이 악순환을 억제할 수 없었다. 늘 그의 가슴 한편에는 '이렇게 사는 것이 제대로 사는 삶인가!' 하는 회의감, 지친 마음, 허무함 등이 쌓여 있었다. 그는 전문 상담자와의 면담을 통하여 완벽하게 자신의 일을 해야만 자신의 존재에 대한 정체성을 찾고, 좌절감을 느끼지 않고 죄책감에서 겨우 벗어날 수 있는, 자신의 심리적 역동을 직면하게 되었다. 상담을 통하여 스스로의 완벽주의적 심리적 역동의 뿌리들을 이해하게 되었고, 그 통찰로 충동적인 과로를 이길 힘을 받았다.

극한적인 피로의 위기를 겪고 있던 어느 전문직 종사자도 과로로 지친 일상에 대한 탐색을 통하여, 자신의 심리상태에 대한 통찰을 하게 되었다. 그는 여러 해 동안 도시에 있는 병원에서 성공적으로 일해 왔다. 처음부터 그는 제대로 된 의료 직업을 수행하여야 한다고 생각하고 있었다. 또한 성당을 다니고 있는 그는 오랜 시간 동안 누구보다도 주변을 돌보는 데 헌신했

고, 주일에는 의료봉사를 해야 한다고 생각했다. 사실 그렇게 했다. 자신이 계획한 일이 끝나지 않은 채 남아 있는 경우에는, 그는 죄의식을 느꼈다. 그의 이상주의와 다양한 재능과 조건 없는 봉사는 지나친 충동(잘 못하면 안 돼. 꼭 해야 하는 것이다.) 속에서 이루어졌다. 이러한 그에게 그나마 개방적인 그의 기질은 과로하기 쉬운 성격에 비옥한 땅이 되어 주었다. 그는 가끔 성당에서 실시하는 피정을 다녀왔는데, 그럴 때에는 극도로 피곤한 상태였다. 그는 지치고, 좌절하고, 환멸을 느끼고, 힘겹고, 낙담하고, 혼란스러웠다. 자신의 상황을 피정 지도자에게 이야기하는 동안, 그는 눈물을 흘렸다. 왜냐하면 대화를 하면서 그는 일이라는 구속에서 해방되기를 간절히 갈망하는 자신의 마음과 만났기 때문이었다. 그리고 차츰 벗어날 수 있으리라는 희망으로 평온의 눈물도 흘렸다. 처음에 그가 과로에 빠진 이유는 '어린이 같은 자아'를 지지해 주는 칭찬과 인정이 필요했기 때문임을 알게 되었다. 사실 그러한 칭찬과 인정은 다른 사람들의 사랑과 돌봄을 받기 위한 것임을 깨달았다. 그의 아버지는 그가 5살 때 돌아가셨는데, 그의 과로는 부성애를 받아본 적이 없어서 생긴 것임을 알게 된 것이다. 아버지의 사랑! 그것에 대한 자신의 마음을 알아차렸을 때, 그는 한없는 눈물을 흘렸다. 그리고 늘 묵직하게 느꼈던 양어깨의 짐이 내려지는 것을 몸으로 체험했다. 이런 기회를 가지면서, 그는 과로로 지친 현대인이 스스로 편해지려면, 우선적으로 내적인 통찰작업과 기도가 이루어져야 함을 깨달았는데, 깨달음은 오랜 치유 과정의 시작이었다.

의존하는 자들은 다른 사람들의 인정을 받아서 필요한 존재가 된다. 그들 역시 자신을 돌보는 것에 대한 건강하지 못한 태도들 때문에 스스로는 큰 희생을 치르며 다른 사람들을 돕는다. "나 자신의 행복에 마음을 쓰는 것은 이기적인 것이다." 또는 "나의 필요성에 관심을 두지 않는 것이 좋다." 또는

"도움 요청을 받을 때 거절하지 마라." 이런 말들은 묘하게 '나를 위한다는 것은 나쁜 것이야.'라는 죄책감을 유발시킨다. 그리하여 '자기 돌봄'은 교도소 안의 죄수처럼 잊힌 채 그림자 안에서 신음하고 있다. 그들은 내면의 의존심으로 인하여 지나친 관계 맺음에 애착하면서 과로에 지쳐가고 있다는 사실을 알아야 할 것이다.

만약 우리가 위와 같은 지친 일상에 대한 문제에 대하여 고민하고 있다면, 다음 세 가지를 생각해 볼 수 있다.

첫째, '평온함을 위한 기도'는 중요한 통찰력을 제공한다.

그 기도는 '우리가 변화시킬 수 없는 것은 그대로 받아들이는 평온함을, 변화될 수 있는 것은 변화시킬 용기를 달라.'고 기도하되, '그 차이점을 알 수 있는 지혜를 달라'고 청한다. 삶의 구체적인 상황을 바라봄으로써, 우리는 거기에서 변화시킬 수 있는 것과 변화시킬 수 없는 것을 구별할 수 있다. 사실, 현실은 우리의 선택에 한계를 설정하는 어떤 경제적인 상황들이 있다. 예를 들면, 어떤 이들은 저임금의 두세 개 직업을 가져야 할 필요가 있다. 직장과 가사일 모두를 해야 하는 직장 여성들은 시간에 시달리는 우선적 희생자가 된다. 여기서 집안일은 경우에 따라 아이 보육도 포함한 모든 일을 말한다. 일하는 엄마들이 자신을 '초라한, 너무 지친, 맥을 못 추는 사람'이라고 표현하는 것이 놀랄 일이 아니다. 왜냐하면 그들은 직장 일을 하면서 동시에 아내와 어머니로서 계속 일해야 하기 때문이다. 기대와는 달리, 여성들의 일하는 시간이 증대되었다고 해서 그 남편들이 일하는 시간이 적어지는 것은 아니다. 일하는 남자들 역시 더 긴 시간을 일해야 하기에, '6시에 퇴근하는 아빠들(저녁식사를 집에서 하며 가족과 저녁 시간을 보내는 사람들)'은 위태로우신(!) 분들이다. 더 부지런하고 더 열심히 일하여 돈을 벌어야 하는데, 그렇게 일찍 퇴근하는 것은 '문제가 있는 현대인이다.'라는 생각을 하기 때문이다.

아이들을 양육하고 교육하는 데 드는 비용이 증가하기 때문에, 많은 부모는 아르바이트나 초과 직업을 찾게 된다. 이렇게 선택의 여지없이 살아가야 하는 경우에는 '평온함의 기도'를 통해 평화롭게 자신의 상황을 받아들여야 한다. 그러나 선택권이 있고 변화의 가능성이 있을 때는 삶에 균형을 회복시키기 위해 용기가 필요하다.

둘째, 일과 여가를 조화시켜야 한다.

조화로움은 정신적으로 힘찬 삶의 열쇠이다. 이집트, 팔레스티나, 시리아에서 위대한 인물 중의 한 사람인 성 안토니오에 관한 이야기는 일과 여가를 조화시키는 것이 얼마나 중요한지를 비추어 준다.

> 어느 날 사막의 위대한 안토니오가 오두막 밖에서 제자들과 쉬고 있을 때 한 사냥꾼이 다가왔다. 그 사냥꾼은 안토니오가 쉬고 있는 것을 보고 실망했다. 사냥꾼의 생각에 느긋하게 쉬는 것은 거룩한 수도자가 할 일이 아니었기 때문이다. 안토니오는 다음과 같이 요구했다 "활을 당겨 화살을 쏘아 보시오." 사냥꾼은 그렇게 했고, 안토니오는 계속해서 요구했다. 사냥꾼은 마침내 말했다. "안토니오 스승님, 만일 제가 화살을 계속 쏜다면, 활이 부러질 것입니다." 안토니오가 대답했다. "수도자도 마찬가지입니다. 만일 우리가 자신의 한계를 넘어 계속 밀어붙인다면, 우리는 부서지게 됩니다. 때때로 우리의 노력들을 쉬게 해야 합니다."

건강한 영적 삶은 많은 의무와 개인적 필요 사이에 조화를 발견하도록 요구한다. 예수님을 따르는 사람들은 그의 삶에서 일하는 시간, 물러나는 시간, 친구들과 휴식하는 시간을 포함하는 성화의 리듬을 발견할 수 있다. 요구되는 공적 사목 안에서도 예수님은 산꼭대기, 사막, 선택한 몇몇 사람들, 만찬 동반자들, 대화 동반자들을 필요로 하셨다.

셋째, 안식일은 규칙적으로 유지하는 것이 좋다.

일이 아무리 바빠도 기도와 우정을 위한 시간, 여가와 고독을 위한 시간, 놀이와 유머를 위한 시간을 빠뜨리지 않는 것이 좋다. 그리고 일에 탈진하여 일에 대해 천천히 살펴볼 시간이 없어지지 않아야 한다. 즉, 스케줄이 너무 빡빡해서 지금 하고 있는 일이 가치 있는 것인지를 숙고할 시간이 없는 것은 좋지 않다. 온 몸과 마음을 쉬게 하는 날, 즉 안식일을 존중하고 안식일 감각을 유지하는 것이 중요하다. 탈무드 학자들은 창세기에서 하느님이 안식일을 만드시고 우리에게 지키도록 명하셨다는 것을 강조한다. 영적 스승인 랍비들은 "안식일을 통하여 하느님께서 창조의 업적을 평가하셨듯이 우리도 일을 평가하기 위해 안식일이 필요하다. 그리고 안식일은 삶의 의미를 관상할 시간을 우리에게 주는 것이다."라고, 안식일 준수의 중요성을 강조하였다. 쉼은 삶의 의미를 반조하는 소중한 기회라는 것이다.

현대를 살아가는 우리들에게 16세기의 유대인 랍비들의 '안식일 영혼「Safed Kabbalists」'에 대한 말은 귀담아 들어볼 만하다. 즉, 안식일에는 평일과는 달리, 다른 영(靈)이 지배하며 다른 분위기가 있다는 것이다. 자신의 내면을 돌볼 겨를 없이 거짓자아 속에서 하루하루 살아가는 우리는, 휴식을 통하여 '참 자아'가 말하는 목소리를 들을 수 있는 것이 아닐까 싶다. '나', '내 것'이라고 생각하며 움직이는 이 모든 세상사의 과정들이, 과연 마음 저 깊은 곳, 영혼(靈魂)의 심연에서 조화롭게 움직이는가를 점검해보는 시간이라고나 할까. 랍비들은 안식일이 삶의 생명력을 위해 중요한 것이라며 이렇게 말한다. "유대인들이 안식일을 지킨다기보다, 안식일이 유대인들을 지켜준다." 정말 그런 것 같다. 우리가 침묵 속에서 자신을 가만히 바라보는 시간을 가질 수만 있다면, 그 '바라봄'이 우리를 지켜주게 될 것이다. 오늘날 사람들은 흔들리는 자기 자존감을 지켜 나가기 위해 일중독에 빠지고, 외롭고 고통스러운 '지금-여기'를 피하기 위해 자기 마음을 회피하며, 홍청

거림이나 분주한 활동에서 얻는 격렬한 감정 안에서 행복을 찾으려 한다. 이제 우리는 자신을 지키기 위해, 즉 과로로 쓰러져가는 정신없는 삶을 건지기 위하여, 평화를 위한 기도를 자주 입에 올리고, 일과 여가를 조화시키고, 안식일을 지키는 것이 절실히 필요할 것 같다.

2. 우리는 무엇이 되고 싶은가!

그렇다. 우리는 가끔 이 수레바퀴를 멈추어야 한다. 그리고 "나는 과연 무엇이 되고 싶은가!" 등의 근원적 질문 과정을 겪으면 좋을 것이다. 이 과정을 위해서는, 그 무엇보다도 조용히 모든 것을 중지한 채 눈을 감을 필요가 있을 것이다. 무리하게 시간을 쪼개거나, 온갖 활동을 중지한 채 눈을 감으라는 뜻이 아니라, 적어도 자신을 느낄 수 있는 규칙적인 하루 일과 속에서, 잠깐의 중지 시간의 필요성을 말하고 있는 것이다.

토머스 머튼(T. Merton)의 저서 《인간은 어느 누구도 외딴섬이 아니다. *No Man is an Island*》에는 이런 글이 나와 있다(James Martin, 2012).

"만일 우리가 되고 싶은 것이 무엇인지 안다면, 우리가 결코 되고 싶지 않은 어떤 것이 되고자 몸부림치며 우리 삶을 낭비할 필요가 있겠는가? 만일 우리가 멈추어 서서 생각해 본다면, 우리가 실현하고자 하는 것과는 정반대되는 일을 행하는 데 시간을 허비할 이유가 있겠는가?

우리는 우리 자신을 알지 못하는 한, 우리 자신이 되지 못한다. 그런데 지각없고 기계적인 활동이 우리네 영혼을 혼란 상태에 붙잡아 두는 한, 자각은 불가능하다. 우리 자신이 되기 위해서 모든 활동을 중단한 채 우리 자신에 대해 생각할 필요는 없다. 이런 짓은 아무 쓸모가 없고 결국 우리 대부분에게 심각한 피해를 준다. 하지만 우리의 행동을 차분히 그리고 합리적으로 생각할 수 있는 정도까지는 활동을 축소할 필요가 있다.

우리는 지금 하는 일을 왜 하는지 진정한 이유를 알아내기 전까지는 자

신을 알 수 없으며, 우리의 행위가 스스로의 의도와 부합하고, 우리의 의도가 스스로가 처한 상황에 어울리지 않는 한, 자신은 '자기 자신'이 되지 못한다.

하지만 그것이면 충분하다. 우리는 만사에 다 성공을 거둘 필요는 없다. 사람이 완벽해도 하는 일에서 아무런 결실을 얻지 못할 수 있으며, 아주 적은 것밖에 이루지 못하는 사람이, 아주 많은 것을 성취한 듯 보이는 사람보다 훨씬 고매한 인물이 되는 수도 있다."

이 내용은 일상을 살아가는 우리에게 많은 시사점을 안겨준다. 나이 고하를 막론하고 우리는 한 번쯤 자신이 되고 싶은 것이 무엇이며, 그것을 위하여 낭비되는 삶은 없는지를 생각해 볼 필요가 있을 것이다.

'나는 무엇이 되고 싶은가! 즉, 무엇을 하고 싶은가! 이 일을 왜 하고자 하는가!'

'나는 어떤 남편 또는 아내가 되고 싶은가! 나는 어떤 부모가 되고 싶은가! 나는 어떤 인격체가 되고 싶은가!'

우리는 사회적 관계 속에서 살아가는 거대한 그물망의 한 귀퉁이에 있다. 그러므로 어느 한쪽이라도 무너지면 즉시 다른 것으로 그것을 메꾸어야 할 만큼, 하루라도 그 사회적 관계를 벗어날 수 없는 것이 보통 사람들의 삶인 것 같다. 직업은 그런 차원에서 인생 전체의 큰 몫을 차지한다. 그러나 이 직업을 그저 먹고 살기 위한 차원에서만 하다보면, 어느 날 허무하고 무의미한 삶이라는 자괴감이 밀려오는 시점이 있다.

이것은 '내가 왜 사는가?' 하는 자각과 연결될 수 있다. 즉, '나는 도대체 무엇을 하고 살고 있는가?'라는 성찰과 관련이 있다. 이 자각은 기계적이고 반복적인 생활 가운데서는 쉽지 않을 것이다. 하루하루 돈 버는 기계, 밥

먹는 기계, 체면 유지의 기계, 각종 영혼 없는 언어 기계처럼 살아가다 보면, 자신의 주인인 영혼의 소리를 듣지 못하게 된다. 점점 주인은 비켜나 있고, 반복적인 패턴들이 나의 주인이 되어 있기 쉽다. 정신없이 자신을 사회적인 큰 수레바퀴에 맡기고 살아가다 보면, 어느덧 그 사회의 물결들이 핵심 축을 벗어나기 시작할 즈음, 자연스럽게 그 물결들과 함께 중심을 벗어나게 된다. 그리고는 뭔가 불안해지고 혼미해지고 허무해지며 회의감을 느끼고 살아간다.

그렇다. 우리는 가끔 이 수레바퀴를 멈추어야 한다. 그리고 '나는 과연 무엇이 되고 싶은가!'의 근원적 질문을 제공할 필요가 있다. 이 과정을 겪기 위해서는, 그 무엇보다도 조용히 모든 것을 중지한 채 눈을 감아야 할 것이다. 무리하게 시간을 쪼개거나, 온갖 활동을 중지한 채 눈을 감으라는 뜻이 아니라, 적어도 자신을 느낄 수 있는 규칙적인 하루 일과 속에서, 잠깐의 중지 시간의 필요성을 말한다. 선각자들에게 깊은 깨달음의 울림을 가져다 주는 기본 도구는 무엇일까를 보면, 한결같이 깊은 침묵이라는 것을 느낄 수 있다. 특히 저 깊은 마음에서 울려 퍼지는 에너지와 삶에 대한 가르침은 침묵 명상이 가져다주는 성스러운 힘이지 않을까 싶다.

현대인들은 침묵하지 못한다. 실로 그들은 시간이 날 때마다 인터넷을 검색하고, TV를 보고, SNS에 접속하며 거미줄처럼 이 사회와 관계한다. 만약 그런 것들로부터 멀어지면 낙오자가 되는 듯하다. 좋다! 그런 것들은 우리의 일상으로서 지극히 현실이며, 그 현실 속의 나로서 살아가지 않을 수 없다. 그러나 우리는, 그에 못지않게 규칙적으로 온전히 나 자신을 위한 시간을 가져야 한다. 공동으로 가지는 '소집단' 모임을 통한 자기와의 만남도 좋고, 오롯이 자기와의 만남의 시간도 좋다. 어떤 방향이든, 진정 자기를 생각하는 시간을 가져야 한다. 어린 시절(어른이라도 어린 자아인 경우)에는 하느님

은 물질세계를 통해서, 혹은 감각적인 세계를 통해서 무엇인가를 말씀하고 계신다는 것을 느낀다. 그러나 어른이 되어가면서는, 점차 깊은 침묵 속에서 우리 내면의 마음을 만나면서 하느님 말씀을 느낄 수 있게 된다.

그 만남 속에서, 나의 삶의 저 깊은 의도와 행위가 과연 잘 부합되고 있는지를 자주자주 점검해야 한다. 똑같은 일을 하고 있다 할지라도, 그 의도와 행위가 부합되는 삶과, 그렇지 못한 삶은 훗날 그 성과의 차이나 보람, 삶의 가치와 질에서 큰 차이가 있을 것이다. 처음에는 그 차이가 거의 표시나지 않을 수도 있겠지만, 삶의 과정에서 어떤 모습으로 살아가느냐에 따라 그 차이는 점점 벌어져 돌이킬 수 없을 만큼의 차이도 있을 것이다. 그 결과는 인격에서든, 직업에서든, 경제적인 면에서든, 자녀 양육에서든, 어떤 결과로서 나타날지는 모르지만, 분명 큰 틈이 드러날 것이다. 예컨대, 똑같은 위치에서 똑같은 일을 하더라도, 의미와 행위가 부합된 삶은 좀 더 완숙한 인격을 갖춘 전문가가 되어있을 가능성이 있지만, 그렇지 않을 경우에는 무의미하고 허무한 직업인 그 자체 외에는 아무것도 아닐 것이다. 똑같은 일, 똑같은 돈을 벌고 있는 것 같지만, 자기의 삶의 의도와 가치를 잘 살피고, 그것들이 자기의 행위와 부합되고 있는지를 성찰해 나갈 때, 자신의 사회적인 일은 한층 더 가치 있고 심도 있게, 그리고 진실을 향하여 자연스럽게 방향이 조절되면서, 성공한 전문가로서의 길을 열게 될 것이다. 자식을 기르는 일에서는 더 이상 말할 나위가 없을 것이다. 자신의 마음자세가 얼마나 정의롭고 성실하고 가치 있느냐 하는 것에, 바로 그곳에 하느님의 큰 힘이 작용할 것 같다. 이 점에서 '성공했다. 성공하지 않았다.'라는 개념은 개인의 가치와 기준에 따라 다양한 평가가 뒤따른다.

머튼은 "바로 그것이면 충분하다."는 말을 하고 있다. 이런 말을 들을 때, 세속적인 우리는 '그렇게 살면 성공하느냐? 그렇게 하지 않으면 성공할 수

없느냐?' 하는 쪽으로 생각하기 쉽다. 중요한 것은 '우리가 무엇이 되고자 하고, 어떤 의도와 가치를 가지고 살아가길 원하는가!'를 알아차리는 것, 바로 그것이면 충분하다는 뜻일 것이다. '이것이 더 좋고 저것이 더 나쁘다.'라는 것이 없는 것이다. 각자의 기준에 따라 좋고 나쁘고가 판가름 나는 것이다. 지극히 주관적인 것이다. 사회적 기준에 맞는 것은 성공한 것이고, 맞지 않는 것은 실패한 것이라는 판단은 곤란하다. 그렇다. 모두가 일률적인 성공의 잣대를 들이댈 필요는 없다. '사람이 완벽해도 하는 일에서 아무런 결실을 얻지 못할 수 있으며, 아주 적은 것밖에 이루지 못하는 사람이, 아주 많은 것을 성취한 듯 보이는 사람보다 훨씬 고매한 인물이 되는 수도 있다.' 결과는 하늘의 몫이다. 단지 나 자신은 지금 여기에서 최선을 다했는가! 그 자체가 바로 삶의 진실이 아닐까 싶다. 그 삶의 과정이 바로 우리를 자유롭고 평화롭게 이끄는 길이 아닐까!

3. "너희는, 너희가 무엇을 청하는지 알지도 못한다." (마태오 20,22)

자신이 속한 조직 공동체, 직장, 가족 등등의 관계에서, '나'만을 내세우는 자세가 고려되어야 할 것이다. '내가 청하는 것이 과연 무엇일까?'에 대한 성찰은, 하늘의 뜻과 내가 원하는 것이 어떤 관련성이 있는가를 자각하고 통찰하며 합일되는 힘을 가지는 데 소중한 첫 걸음이 될 것이다. 그렇게 될 때 '상대'와 동등하게 소통하고, 존중하고, 사랑하는 그런 문화가 형성될 수 있을 것이다.

우리가 살아가면서 간절하게 자식을 위하여 청하고 싶은 부모의 입장, 상대방이 변화되기를 바라는 입장, 하늘이 정말 좀 도와주었으면 하는 입장, 이런 모습은 누구나 다 있을 수 있다. 이런 우리의 모습을 다음과 같은 성경 말씀에 접목시키며, 우리 내면의 과정을 더듬어 보자.

그때에 제베대오의 두 아들의 어머니가 그 아들들과 함께 예수님께 다가와 엎드려 절하고 무엇인가 청하였다.

예수님께서 그 부인에게 "무엇을 원하느냐?"하고 물으시자, 그 부인이 "스승님의 나라에서 저의 이 두 아들이 하나는 스승님의 오른쪽에, 하나는 왼쪽에 앉을 것이라고 말씀해 주십시오." 하고 말하였다.

예수님께서 "너희는 너희가 무엇을 청하는지 알지도 못한다. 내가 마시려는 잔을 너희가 마실 수 있느냐?" 하고 물으셨다. 그들이 "할 수 있습니다." 하고 대답하자… (생략) (마태오 20, 20-22)

거의 대부분의 부모는 자식을 위해서라면 무엇이라도 할 수 있을 것 같은 심정으로 살아간다. 정말이지 그것이 무엇(!)이라도, 어떤 희생을 감수하고라도, 자식에게 이롭다고 생각하면 놀라운 희생적 에너지가 나오면서 어떤 일이라도 할 수 있을 것 같다. 위 글에서, 간곡하게 두 아들을 절대자에게 부탁하는 어머니 심정을 이해할 수 있을 것이다. 그 당시 예수님의 능력은 누가 보아도 대단하였고, 그에 대한 믿음을 의심치 않는 상황에서 두 아들이 어떤 역할을 했으면 좋겠다는 어머니의 심정을 솔직하게 드러낸 표현이지 싶다.

그런데, 예수님은 "너희는, 너희가 무엇을 청하는지를 알지도 못한다."라는 말씀으로 다소 냉정하게 느껴질 수도 있지만, 사실상 담담하게 자신의 생각을 있는 그대로 표현하신다. 과연 우리는 무엇을 청하고 있는 것일까! 우리가 원하는 길이 과연 스스로에게 진정 필요한 것일까! 혹은 상대방에게 필요한 것일까! 그 길이 진실로 이로운지 해로운지를 알고 우리는 청하는 것일까! 특히 '무엇을 청하는지 알지도 못한다.'는 대목에서, 우리의 청함은 대체로 무엇일까를 우선 생각해 본다.

공부 잘하기를 청하고, 좋은 대학 혹은 전문직에 종사하기를 청하고, 사회적 지위를 가지기를 청하고, 안정된 경제력을 청하고, 명예와 권력을 청하고, 건강을 청하고, 올바른 정신상태로 살아가길 청하고, 남들이 명실공히 인정하는 직장을 청하고, 자유를 청하고, 행복을 청하고 등등, 우리는 이렇게 뚜렷한 무엇인가를 청하고 있는데, '너희는 무엇을 청하는지 알지도 못한다.'라는 말인가! 일반적으로 우리가 청하는 이런 것들은 당연하게 필요하고, 살아가는 데 지당한 것이 아닌가! 더욱이, 여기서 "내가 마시려는 잔을 너희도 마실 수 있느냐!"는 말씀은 좀 더 많은 것을 고민하게 만든다. 그렇다면 그 청함은 예수님이 가신 십자가의 길을 동반해야 한다는 말인가! 좋은

길은 그러한 고난의 길을 거쳐야 한단 말인가! '안 돼! 아니지 자식에게 그 십자가를 지게 할 수는 없지. 아무리 그것이 위대한 것이라 할지라도 내 자식에게 그 십자가를 어떻게 지게 한단 말인가! 그 고통은 부모인 내가 모두 지고 자식은 좋은 것만 해 주고 싶어!' 그 고통을 겪지 않게 하기 위하여 부모가 모든 것을 다 해주고 싶고, 모든 체면을 내려놓고 이렇게 간곡하게 청하는데 말이다. 너무나 모순적인 이 말의 의미를 어떻게 해석해야 한단 말인가! 성자가 가는 길은 진리와 자유와 평화와 안정을 보장하는 길이라고 그렇게 역설해 놓고는, 그 길은 쓴잔의 길이라는 말씀으로 역전시키다니! 우리는 이런 유의 각종 생각에 사로잡힐 수 있다.

이런 생각을 할 수 있는 것은 그나마 다행이다. 다급한 입장일 경우에는 아예 이런 생각조차도 떠오르지 않을 때도 있다. 너무 마음이 간절하고 바쁠 경우에는. 즉, 자식을 높은 자리에 오르게 하고 싶은 부모의 열망이 강할 경우에는, 그것이 너무나 중요하기 때문에 금방 대답한다. '무엇이든 할 수 있습니다.'라고. '무엇이든 할 수 있습니다.'라는 대답은 얼마나 놀라운 말인가! 그 길이 무슨 길인지 알지도 못하는데 말이다. 정말이지 생각해 볼 여유도 없이 '할 수 있습니다.'라고 얼른 대답한다. 우선 급하다. 일단 이루어야 한다. 무엇이 쓴잔인지, 어떻게 될지는 그 다음 일이다. 우선 해결해야 한다! 그렇다. 우리는 당장 급하다. 사소한 불일치에서의 갈등이 일어나는 상황에서도 느껴보고 생각해 볼 시간도 없다. 그냥 일단 말해버린다. 처리해버리기도 한다. 피해버린다. 먼저 저지르거나 피해버린다. 그 처리의 결과는 나중의 또 다른 문제일 뿐이다.

그 뒤의 연결된 구절을 계속 읽어보자.

예수님께서 그들에게 말씀하셨다. "너희는 내 잔을 마실 것이다. 그러나 내 오른쪽과 왼쪽에 앉는 것은 내가 허락할 일이 아니라, 내 아버지께서

정하신 이들에게 돌아가는 것이다." 다른 열 제자가 이 말을 듣고 그 두 형제를 불쾌하게 여겼다. (마태오 20, 23-24)

예수님은 결론을 우선 말씀하신다. '그건 내가 정하는 일이 아니다.'라고. 즉, 그 길은 어느 누가 정하는 것이 아니라, 하늘이 정해놓은 길이 있다는 뜻이다. '내가 허락할 일이 아니다.'라고 정확하게 말씀하신다. 그렇다. 우린 우리의 간절한 마음을 청할 수 있다. 마음에서 원할 수 있다. 그러나 그것은 하늘의 몫이다. 주인은 그분(!)이시기에, 그분의 뜻이 없는 것은 받을 수 없다는 뜻이리라! 그것이 쓴잔이든, 영광의 잔이든.

주변 동료 제자들은 그런 청함에 대하여 불쾌하게 생각했다. '아니, 저렇게 노골적으로 청할 수 있단 말인가! 자기 아들만 그 자리를 청하면 어쩐단 말인가! 우리도 원할 수 있는 자리이지만, 우린 차마 그런 말을 하진 않는데, 정말 염치없다.' 이렇게 생각하였을까! '지금 여기에서 저런 얘기를 할 자리도 아닌데, 저 어머니는 왜 저렇게 눈치 없으신지 모르겠네. 저렇게 직접적으로 원하는 것을 말하는 것이 참 불편하다.'라고 느꼈을까! 여러 가지 생각이 복잡하였을 것이다. 예수님은 제자들의 그런 내적 갈등을 크게 개의치 않는다. 사소한 갈등 때문에 본 의도를 비켜가지 않으며 계속 말씀하신다. 항상 본 의도를 지키며 자신의 행동을 의도와 부합시켜 말씀하신다.

예수님께서는 그들을 가까이 불러 이르셨다.

"너희도 알다시피 다른 민족들의 통치자들은 백성 위에 군림하고, 고관들은 백성에게 세도를 부린다. 그러나 너희는 그래서는 안 된다. 너희 가운데에서 높은 사람이 되려는 이는 섬기는 사람이 되어야 한다. 또한 너희 가운데에서 첫째가 되려는 이는 너희의 종이 되어야 한다. 사람의 아들도 섬김을 받으러 온 것이 아니라 섬기러 왔고, 또 많은 이들의 몸값으로 자

기 목숨을 바치러 왔다." (마태오 20, 25-26)

예수님은 드디어, 높은 자리에 가려는 사람들에게 핵심적인 말씀을 전한다. 힘을 가진 자들이 남들 위에 군림하고 부리는 그런 자세는 일단 맹렬하게 염려하고 계신다. '너희는 그래서는 안 된다.'라고 잘라 말씀하신다.

우리가 무엇인가를 이룩한다는 것은, 낮은 자존감 때문에 불안하고 위축된 마음으로 살아가기 싫고, 무시당하지 않고, 남들로부터 칭송받고 존경받고 부러움을 받으며, 나의 어깨와 심장이 든든한 그런 상태로 살고 싶은 마음이 아닐까! 어떤 누가 보아도 명실공히 인정받고 존경받을 만한 지위와 명예, 재산 등의 힘이 필요한 것이 아닐까! 사실, 우리는 이것을 공감하지 않을 수 없다. 조금만 둘러보라. 사회적 관계 안에서 스스로의 힘을 가지기 위하여 혹은 유지하기 위하여, 우리가 의식하든 의식하지 못하든 대상을 지배하고 지배당하는 패턴이 얼마나 잠재되어 있는가 말이다. 자존심을 지키기 위하여 얼마나 많은 소중한 것을 놓치고 살고 있는 것인가!

사소한 의견의 소통 가운데서도 남들을 쉽게 짓밟고 무시하는 예는 흔히 있다. 의식하면서도 습관적으로 남을 함부로 대하는 경우도 있지만, 의식하지도 못하고 마구잡이로 모든 행동과 말에서 남을 밟는 경우도 있다. 상대방의 입장에서는, 짓밟히고 난 후 정신이 없어 멍하게 혼미한 상태로 보내다가, 두고두고 억울하고 찜찜한 기분을 느끼게 되는 경우가 얼마나 많은가! 그리고 다시는 그런 상황을 접하지 않기 위하여 회피하고 싶은 현실이 얼마나 많은가! 우리의 주변에서 진정으로 상대방의 의견을 소중하게 다루는 경우가 그리 흔치 않다. 이렇게 개인적 관계뿐만 아니라, 긴 역사적 배경에서 가장 큰 사회적 트라우마가 바로 '힘'의 지배-피지배 관계가 아니었던가! 특별한 사회적 문화적 배경을 가질 경우에는 더욱 더 그럴 것이다. 그러므로 이러한 경전 내용은 인간 심리의 근본과 사회 전반에 흐르는 근원적 문제점

을 바라보는 중요한 대목인 것 같다.

결론적인 대답을 들어보자. '높은 사람이 되려는 이는 섬기는 사람이어야 하고, 첫째가 되려는 사람은 꼴찌가 되어야 하고, 주인이 되려는 사람은 종이 되어야 하고, 섬김을 받으려는 자는 섬길 줄을 알아야 하고, 무엇보다도 자기를 바칠 수 있어야 한다.'

스승은 제자에게 인간적으로 정말 부담되는 자세를 가르친다. 전반적인 사회적 관계를 모르신다는 듯, 그냥 낮은 자세로 산다는 것이 얼마나 억울하고 손해 보며 사는 것일 수 있는데 말이다. 현대를 살아가는 우리가 어떻게 낮아질 수 있다는 말씀인가라는 의구심도 든다. 만약 이와 같은 생각이 계속 일어난다면, 그 생각 속에는 묘한 인간적 억울함과 분노감이 내재해 있을 가능성이 있다. 아마도 그것은 우리의 개인적 감정일 뿐 예수님의 의도와는 다를 것이다. 우리 모두는 하느님이 주신 각자의 소중한 달란트가 있을 것이다. '가진 자는 더욱 더 넉넉해진다.'라는 표현까지 하신 그분이 아닌가! 한 푼으로 열 푼을 만들어오는 사람은 칭찬하고, 한 푼으로 한 푼밖에 못 만드는 사람을 꾸짖는 말씀까지 하시지 않는가! 자신의 최대한의 달란트를 실현하고 발휘하여 '푸른 풀밭에 이 몸 뉘어 주시는' 평화를 기원해 주시는 분이지 않았던가!

결코 무조건 낮아지고 밟혀 살라는 뜻이 아닐 것이다. 그렇다면 이런 의미는 어떤 뜻일까? 아마도, '내가 가진 것은 나의 수고로 모두 이루었다.'는 자부심과 자긍심을 교만함과 겹쳐서 생각해 보아야 할 것이다. 감사하고 고마운 의미의 겸손함이 아닌, '나의 힘으로 모든 것을 다 성취했다.'는 자만심을 경고하고 있는 듯하다. '나'라는 것을 내세우는 교만함을 다시 한 번 생각해보아야 한다는 뜻이 내포되어 있다. 보통 우리는 교만한 느낌의 사람을 좋아하지 않는다. 교만함 밑에는 '자기'를 내세우는 함정이 있다.

우리가 원하는 것을 이루고, 그로 인해 행복하게 되었을 때를 한번 느껴보라. '내가 모든 것을 열심히 살았기 때문에', '내가 잘났기 때문에', '내가 최선을 다했기 때문에, 바로 나였기 때문에'라고 생각한 적이 있는가! 어쩌면 이건 크나큰 착각 중의 착각일 수 있다. 다시 한 번 생각해 보자. 그렇다면 열심히 최선을 다하면서 살았는데 아무것도 이룬 것이 없다고 느끼는 사람의 경우와 분명히 옳다고 느꼈는데 결과는 너무 허망한 경우는 어떻게 설명할 수 있을 것인가! 최선을 다해도 남들처럼 잘 살지 못하는 경우도 얼마든지 있을 수 있다. 그런 당사자는 최선을 다하고도 자책감에 시달려야 하는 셈이 된다. 즉, 자괴적 패망감으로 '그냥 내 사주팔자지 뭐!', '안 되는 놈은 뒤로 넘어져도 코를 다치니!' 등으로 허무해질 뿐이다.

이렇게 우리는 자신이 모든 것을 다 했다는 식, '나'의 능력을 '나 자신의 것'으로 생각하는 '아상(我相)'을 가져서는 곤란하다는 뜻일 것 같다. 부처님이 가장 경계하셨던 '상(相)', 즉 무엇 무엇이라고 생각하는 모양새, 그 중에서는 '내가 누구누구다. 내가 무엇이다.'라는 식의 아상(我相)은 우리 자신을 끝없는 허상으로 몰고 갈 것이다.

우리가 인간적으로 주어진 달란트대로 최선을 다한 후, 그 결과에 대해서는, 그 어떤 것이라도 감사하게 받아들이고, '그 길이 결국은 나의 영혼에 도움 되는 길이었다.'라는 통찰과, 그 신비를 찬탄하며 하늘의 뜻을 경외하는 마음을 가지는 것이 중요하지 않을까!

자식을 위하여 무엇을 청할 것인가! 자신을 위하여 무엇을 청할 것인가! 라는 초반의 질문들과 '너희는 너희가 청하는 것이 무엇인지를 알지도 못한다.'는 내용은, 나 자신과 자녀가 어떤 삶을 살아가기를 원하는 것일까 하는 문제와 관련되어 있을 것이다. 그리고, 그 삶의 의도와 가치는 '자기'가 누구이며 어떤 유기체인가를 알아차리는 것부터 시작되어야 할 것이다. 그리고

난 후, '자기'라고 이름 하는 것으로부터 자유로워지고 벗어나는 삶의 태도, 이러한 것들이 진정 자식을 위하여 무엇을 청할 것인가라는 것과 관련되어 있음을 느껴야 할 것 같다.

어른들이 내 자식만 위하고, 내 가정만 위하고, 나만 위하는 소유적인 삶이 될 때, 그 자녀를 비롯한 가족 구성원 모두는 왠지 모르는 어깨 위의 구속감, 부담감, 죄책감 등으로 눌려지는 기분을 느낄 것이다. 특히 자신의 것에 대하여 도전을 받을 때 방어적이 되고, 반항 아닌 반항심으로 불필요하게 불편한 심기를 드러내는 성격이 될 수도 있다. 때로는 누군가로부터 '자기'를 위하여 무엇인가를 제공받을 때조차도 자유를 구속받는 느낌이 들고, 마음이 불편하고 관여하지 않았으면 좋겠다는 마음이 들 수도 있을 것이다. 이렇게 자란 아이들은 어른이 되어, 자신이 원하는 권위 있는 자리에 앉게 되었을 경우, '자리'가 자기를 지켜줄 것으로 착각하여 다시금 아랫사람에게 어른들의 그 방식을 쓰는 '지배자와의 동일시' 현상을 가지게 될 수 있다. 또 자신이 원하는 자리에 앉지 못했을 경우에는, 그 자리에 대한 자격지심과 피해의식 등으로 불필요한 죄책감, 위축감을 느끼고 '자리'에 대한 적개심, 그 적개심을 합리화하기 위한 부당한 논리 등의 어리석은 말들을 하게 될 수도 있다.

그러므로 자신이 속한 조직 공동체, 직장, 가족 등등의 관계에서, '나'만을 내세우는 자세가 고려되어야 할 것이다. '내가 청하는 것이 과연 무엇일까?'에 대한 성찰은, 하늘의 뜻과 내가 원하는 것이 어떤 관련성이 있는가를 자각하고 통찰하며 합일되는 힘을 가지는 데 소중한 첫 걸음이 될 것이다. 그렇게 될 때 '상대'와 동등하게 소통하고, 존중하고, 사랑하는 그런 문화가 형성될 수 있을 것이다.

4. 운명의 선의(善意)

삶의 반복적인 악순환은, 세 가지의 중대한 어리석음의 한 결과이다. 그 중 한 가지는 자신의 감정에 대한 이해와 수용에 대한 문제이며, 또 다른 한 가지는 인간은 모두 약하며 이런 부끄러운 일을 누구나 다 가지고 있다는 보편적인 관점을 놓친 문제이다. 세 번째는 그 모든 것은 '운명의 선의(善意)'를 위한 하나의 과정일 뿐이라는 것을 깨닫지 못하는 문제이다.

생텍쥐페리가 지은 '어린왕자' 제12장에는 주정뱅이의 별에 관한 이야기가 나온다.

어린왕자가 도착한 그 별에는 술에 빠져 사는 사람이 살았습니다. 아무것도 하지 않고 오직 술만 마시고 있는 그에게

"왜 술을 마셔요?"라고 어린왕자가 묻습니다.

"잊기 위해서 마신다."

다시 "무엇을 잊기 위해서요?"라고 물으니,

"부끄러운 것을 잊기 위해서지."라고 대답합니다.

"뭐가 부끄러운가요?"라고 물으니

"술을 마시는 게 부끄러워."라고 대답합니다.

우리의 내면으로 들어가면 수없이 많은 부끄러운 일들과 마주한다. 가벼운 수치스러움부터 시작하여 가슴속에 묻어두고 무덤에까지 들고 가야 할

부끄러운 일들도 있다. 그리고 이 부끄러운 것을 잊기 위하여 수많은 행동들을 한다. 그리고 그것이 드러날까 조심한다. '방어기제(defense mechanism)'를 사용하여, 자신의 내면의 충동과 불안으로부터 자신을 보호하려 한다. 나의 마음이 용납할 수 없는 감정적 세력들(정신역동)을 방어하며 자기를 지키려고 한다. 사회적 승화로써, 술로써, 도박으로써, 적대적 행동화로써, 현실도피로써, 지성적인 논리적 합리화로써, 무수한 방법으로 자기의 심리적 현상들을 방어한다. 어쩌면 두려운 것이다. 무서운 것이다. 자신과 만난다는 것이! 사회적으로 용납될 수 없는 행위는, 그 행위 자체가 다시 부끄러워지고, 부끄러워서 그 행위를 다시 하고, 죄책감이 들고, 어느 순간에는 그냥 잊고 싶어진다. 더 이상 해결점이 없다는 생각이 든다. 어쩌면 부끄러운 일들을 잊기 위한 것일진대, 수치스러운 자신을 느끼기 싫을 수 있다. 부끄러움이라는 그 감정은 나를 침몰시키는 것 같고, 괴롭게 만든다는 뜻이다. 그래서 술을 마신다. 그리고 그 술 마시는 것 자체가 다시 부끄럽다. 그런 자신스스로가 너무 싫다. 반복된다. 이런 패턴들은 악순환 혹은 선순환되어 수레바퀴처럼 빙글빙글 돌아가면서 조건화되어 간다.

조건화된 패턴들이 악순환되어 반복된다면, 그 이유는 세 가지의 중대한 어리석음의 한 결과일 가능성이 많다. 그 중 한 가지는 자신의 감정에 대한 이해와 수용에 대한 문제이며, 또 다른 한 가지는 '인간은 모두 약하며 이런 부끄러운 일을 누구나 다 가지고 있다.'는 보편적인 관점을 놓친 문제이다. 세 번째는 그 모든 것은 '운명의 선의(善意)'을 위한 하나의 과정일 뿐임을 깨닫지 못하는 문제이다.

첫 번째의 어리석음, 즉 스스로의 감정에 대한 이해와 수용에 대한 문제는 심리학적인 무지에서부터 출발된다. 인간의 감정은 호(好), 불호(不好)를 따져서는 안 되며 평가의 대상이 아니다. 감정 그 자체는 존재의 문제로서, 존재

자체가 느끼는 하나의 현상일 뿐이다. 단지 그 느낌으로 인한 행동화는 사회적인 기준, 현실적인 상황, 외부의 각종 조건에 따라서 지혜로워야 하기 때문에 책임지고 평가받고 판단 받아야 하는 일들이 있다고 본다. 감정은 그냥 하늘에 구름이 있는 것처럼, 하나의 인간존재의 현상일 뿐이다. 누구라도 부끄러워할 수 있고 괴로워질 수 있고 미워할 수 있다. 즉 우리는 얼마든지 부정적인 감정을 가질 수 있다. 만약 부정적인 감정은 나쁜 것, 긍정적인 감정은 착한 것이라는 등식을 가지고, 그 감정자체에 대한 평가를 한다면, 그 감정을 지닌 존재에 대한 평가를 하는 셈이 되어 버린다. 하지만 우리가 내면 감정의 흐름을 잘 활용하면, 깊은 영혼 속으로 여행할 수 있다. 그리고 그 곳에서 하느님을 만날 수도 있을 것이다. 따라서 감정 자체에 대한 평가는, 실존 자체에 대한 평가를 하게 되고, 더 깊은 내면으로 들어가는 통로를 막아버리게 되므로 매우 주의해야 할 것이다. 물론 그 감정으로 인한 행동은 사회적 관계 속에서 문제가 된다면, 책임지고 적절한 행동으로의 수정이 필요하다. 감정과 행동의 평가에 대한 분리가 이루어져야 할 것이다.

두 번째의 어리석음, 즉 인간 존재는 누구나 다 약한 부분을 가지고 있고, 일상의 힘겨움을 지니고 있는 것은 지극히 보편적인 인간 삶의 한부분이라는 점을 간과하는 것이다. 대부분의 사람들은 부끄럽고 죄스럽고 미안한 일들을 어느 정도는 다 하고 살아갈 것이다. 우리는 약하며 죄를 짓는 것도 많다. 인간의 욕구는 생존과 관련되어 있어, 깊은 수행에 의한 깨달음의 행동이 나오기 전까지는, 어느 누구라도 그 욕구들에서 자유롭기가 쉽지는 않다. 우리 모두는 이러한 어려움을 다 가지고 있다. 어쩌면 가지는 것이 더 보편적일 것이다. 지극히 비례적인 것이라고 보기 때문에, '나만 문제가 많다.'는 식의 자기평가와, 그로 인한 죄의식은 곤란하지 않을까 싶다. 자기 성장을 위한 비례적인 죄의식과 성찰은 필요하지만, 피학적인 자책감과 위

축감으로 자기를 나락에 빠지게 하는 문제점을 초래한다면 한 번쯤 생각해 보아야 할 것이다.

그리고 세 번째의 어리석음, 즉 이 세상에서 일어나는 많은 어려움들이 운명의 선의를 깨닫게 해 준다는 것을 놓치는 문제이다. 운명의 선의(善意)에 대한 개념을 좀 더 깊이 느껴보자. 운명의 선의! 우리에게 닥친 어떤 어려움과 고통도 전체적인 관점에서 보면 선한 의도가 잠재해 있다는 진실을 뜻한다. 또한 운명의 선의라 함은, 우리에게 주어진 모든 것들이 결국 하느님의 선한 의도가 있다는 깊은 신뢰를 말한다.

> '사람은 아무 생각 없이 살고 있는 것 같아도 몸을 한 꺼풀 벗기면, 혈관이 질서 정연하게 흐르고 있으며 장기들도 일정한 조화 아래 움직이고 있다. 대우주도 이처럼 뭔가 크고 완벽한 질서 속에 있는 것은 아닐까. 그래서 이것이 때로는 우리들 앞에 우연이라는 형식을 통해 그 필연성을 나타내 보이는 것은 아닐까.' (스즈키 히데코, 1993)

40대 말 젊은 나이에 암으로 임종을 맞이한 한 여성이, 병자라고 여겨지지 않는 명석함으로 죽음 직전에 한 호스피스에게 전달한 이야기이다. 불이 꺼지기 전 마지막 시점에 더 큰 불꽃을 내듯, 죽음 직전에 전달하는 말씀들이 큰 깨달음의 산물일 가능성이 많다. 그녀는 자신이 너무 힘들어 물에 빠져 허우적거리며 절망의 심연으로 자꾸 가라앉았을 때, 그 밑에서부터 번쩍 들어올려, 등에 태우고 밝은 햇살을 보게 해 준 거북이가 있다고 했다. 그녀는 "제 마음의 거북이는 바로 나의 할머니였다."라고 했다. 사람마다 다르겠지만, 우리의 인생에서는 그런 거북이 역할을 해 주는 누군가가 있을 것이다. 산다고 하는 것은 고독한 것이며 의지할 곳은 '자기 자신'밖에 없다고 굳게 믿고 살아온 그녀였다. 그러나 그녀는 죽음 직전에 이러한 통찰로,

이 크나큰 착각에서 벗어나게 되었다.

"세상은 그 뿌리에서 모두 연결되어 있다고 여겨집니다. 정말 우연 같지만, 그렇지 않은 것 같아요. 저는 겉으로는 좋은 척했지만 속은 비뚤어져 있어서 제 인생이 아무리 나쁜 상황에 처한다고 해도 모든 것은 '나 자신'이 해결해야 된다고 생각하고, 너무나 이를 당연시했습니다. 그런데 지금 돌이켜보니 인생의 갈림길에서 언제나 저는 신비스런 우연이라 여겨지는 사건들에 의해 좋은 방향으로 인도된 것 같습니다. 실은 우연이란 없는 게 아닐까, 일어나는 모든 일이 어떤 의미로는 필연이 아닐까 싶군요. 일어나는 사건마다 운명의 선의가 작용하고 있어, 모든 것을 좋게 안배해주고 있는 것이라고 여기게 되었습니다."

오랫동안 '운명의 악의(惡意)'라고만 여겨온 어떤 사건들이, 실은 '행복으로 초대하는 길잡이'가 아니었던가 하는 이야기였다. 고요한 침묵의 시간이 흘러가고 난 뒤 그녀는 말했다.

"보세요. 저 같은 인간은 공부를 아주 잘 한 것도, 가족을 제대로 거느린 것도, 이렇다 할 업적을 남기지도 못했습니다. 오로지 괴로워하는 가운데 경쟁심만을 불태우며 살아왔습니다. 인생에 의미가 있다고는 참말로 생각해보지도 않았어요. 하지만 이젠 깨달았어요. '운명의 선의'를 깨닫게 하기 위해 제게 괴로운 인생이 주어졌다는 것을 말입니다."

부끄러운 우리의 내면은, 진정한 거북이를 발견할 때 새로운 세계를 맞게 된다. 부끄러운 내 감정의 수용은, 오히려 우리를 깊이 깨닫게 해주는 힘으로 작용한다. 우리를 마지막에 떠받드는 힘, 우리가 결코 더 이상 내려가지 않게 지켜주는 거북이등, 부끄러운 우리의 내면의 것에는 반드시 또 다른

튼튼한 힘이 있을 것이다. 무엇을(누구를) 거북이등으로 할 것인가는 각자의 상황이 있을 것이다. 거북이등을 무엇으로 할 것인가! 내면의 '건강한 자아'로 할 것인가, '진실된 마음'으로 할 것인가, 종교적인 어떤 측면으로 할 것인가, 선각자들의 복음 말씀과 같은 가르침으로 할 것인가 등등, 여러 측면에서 사람마다 관점들이 다를 것이다. 중요한 것은, 참된 무엇인가를 거북이등으로 하여 그것을 믿는다면, 삶의 어려움은 더 이상 우리를 침몰하게 하지는 않을 것이다. 이 튼튼한 등을 우리는 믿어야 한다. 우리가 이 진실을 중대하게 받아들이고 믿는다면, 아마도 그 부끄러움으로부터 서서히 벗어날 것이다. 우리의 운명은 '선의'를 향해 가고 있다!

5. 관계 속에서 꽃피는 조화

관계를 통한 조화는, 결국 하느님의 뜻과 나의 뜻의 관계를 깨닫게 해주는 아주 신비스러운 작업이지 않을까 싶다. 이것은 하늘의 뜻에 순명하는, 즉, 조화를 일구어내는 핵심적인 작업이 될 것이다. 궁극적으로 '평화롭다'는 뜻은, 바로 '조화를 이루는 삶'을 말할 것이다. 하늘의 뜻에 조화를 이루는 것만큼 더 자유롭고 평화로운 것이 있을까!

인간뿐만 아니라 이 세상의 모든 유기체는 그물망과 같은 어떤 관계 속에서 공존한다. 한 아기가 태어나 최초의 유기체로서 만나는 엄마와의 관계, 한 인격체로서 이 세상을 만나는 관계, 인간과 인간과의 관계, 인간과 자연과의 관계, 자연과 자연과의 관계, 그리고 외부 대상과 우리 내면과의 관계 등, 수많은 이 관계들은 서로 공존하지 않으면 살아갈 수 없다. 우리는 위대한 공존의 관계를 통하여 살아간다. 다른 말로 하자면 '관계'를 제대로 하지 못한다는 것은 제대로 살아갈 수 없다는 말이 되기도 한다. 그 공존의 관계를 깨뜨린다는 것은 어쩌면 삶의 한계를 드러내는 말이기도 하다. 아주 쉬운 예로 인간과 자연의 관계를 생각해 보자. 우리가 자연을 잘못 이용한다거나 자연이 우리에게 주는 메시지를 잘못 활용하면, 우리는 자연으로 인하여 큰 어려움을 겪게 된다. 즉 자연과 인간의 조화가 깨진 것이므로, 자연과 인간 모두에게 상처를 입히게 된다는 것이다.

우리는 서로의 관계 속에서 상생(相生)하도록 '제대로' 주고받으며 살아야 한다. 어느 한쪽에서 주기만 한다고 해서 되는 것이 아니며, 받기만 한다고

해서 되는 것도 아니다. 주고-받기가 비례적으로 되어야 할 것이다. 그러려면 아마도 우선 '나'는 무엇을 줄 수 있는 사람인가, 혹은 무엇을 받아야만 살아갈 수 있는 존재인가 하는 것부터 알아야 할 것이다. 즉, 나는 누구인가 하는 물음이 시작되어야 할 것이고, 이 과정은 스스로의 정체성을 확립시켜 나가는 중대한 길이 될 것이다. 각자 하늘로 부터 얻은 고유한 정체성을 알고, 겸손하게 그 광채를 빛낼 줄 아는 것, 이것은 우리가 '있는 그대로의 나'로 살아가는 가장 큰 힘이 될 것이다. 컴퓨터는 컴퓨터의 고유함을, 예술가는 예술가로서의 고유함을, 회사원은 회사원으로서의 고유함을, 의료인은 의료인으로서의 고유한 광채를 드러내야 한다. 이렇게 나 자신도 잘 유지하고, 이웃이나 외부 상황과의 관계를 잘 유지하는 것, 그것이 바로 '조화'일 것이다. 바로 이것이 하느님 뜻과의 조화가 아니겠는가! 이러한 '조화로움'의 영역을 잘 알아차려서, 지나친 욕구로 인한 과대망상이나, 불필요한 낮은 자존감으로 인한 자격지심 없이 살아가는 것은 우리에게 매우 필요한 과제일 것이다. 그 조화로움 속에서 신비로움과 경외심을 가지는 것, 이것은 아마도 삶의 진정한 자유와 행복의 한 조건이 되지 않을까 여겨진다.

가만히 우리 주위를 둘러보라. 얼마나 신기한 일이 많은가. '아… 내가 이러한 일을 하다니, 내 손이 이렇게 움직이다니, 내 눈앞에 이렇게 아름다운 하늘이 있다니, 구름이 떠다니는 저 하늘을 좀 봐.' 등등의 경이로움을 느낄 수도 있다. 이렇게 우리가 지금-여기 주변에서 아름다운 것을 찾으려고만 한다면, 현재의 나의 주변에 이미 아름다움과 행복에너지는 펼쳐져 있을 것이다. 그런데 이러한 찬탄과 감탄은 내 눈과 자연과의 조화, 내 느낌과 외부와의 조화가 이루어지지 않을 때는 발생할 수 없다. 즉, 나의 감각은 자연을 느끼기 위한 관계를 하여야만 한다. 외부의 상황에 대한 나의 마음과의 관계이다. 그래야만 그 관계 속에서 새로운 조화로움이 싹트는 것이다.

아마도 이것은 우리의 육신과 마음과 영혼이 하느님의 뜻과 조화를 이뤄야 한다는 의미일 것이다. 관계 안에서 각자의 고유한 광채를 드러낸다면, 우리는 눈에 보이지 않는 것과도 관계를 할 수 있을 것이며, 그로 인하여 우리의 영혼은 빛날 것이다. 눈도 광채를 내야하고, 손도 마음도 정신도 광채를 드러내야 한다. 이렇게 될 때, 비로소 우리는 '세상에 눈뜬다.'라고 표현할 수 있을 것이다.

관계는 엄밀하게 말하면 '주고-받기'라고도 볼 수 있다. 사랑하는 마음으로 접근할 때, 사랑스러운 무엇인가가 온다. 지시와 협박 등의 마음으로 접근할 때, 상대 역시 반항하면서 협박한다. 배려와 따뜻함이 전달될 때, 상대방에게서도 뭔가 모르는 온기가 느껴지는 눈빛과 태도가 온다. 공부할 수 있는 집안의 분위기 속에서 공부가 이루어지고, 우울한 가정 안의 분위기에서는 자녀도 우울해질 수밖에 없는 것이다.

관계를 통한 조화는, 결국 하느님의 뜻과 나의 뜻의 관계를 깨닫게 해주는 아주 신비스러운 작업이지 않을까 싶다. 이것은 하늘의 뜻에 순명하는, 즉 조화를 일구어내는 핵심적인 작업이 될 것이다. 궁극적으로 우리가 '평화롭다'는 뜻은, 바로 '조화를 이루는 삶'을 말할 것이다. 하늘의 뜻에 조화를 이루는 것만큼 더 자유롭고 평화로운 것이 있을까! 바로 여기에서 우리는 그분(!)의 주어진 뜻에 순명하는 것에 대하여 생각해 보지 않을 수 없다. 순명(順命)이라는 것, 순명은 명령에 복종한다는 뜻으로 단순히 윗사람의 말에 복종하며 따르는 그런 의미는 아닌 것 같다. 순명을 한자 그대로 풀이해 보면 '천명(天命)에 순종함'이다. 하늘의 뜻에 고개를 숙이는 자세일 것이다. 엄격한 의미에서 볼 때 순명해야 하는 대상은, 바로 그분(!)이라는 말인 것 같다. 실제로 순명(Obedience)은 가톨릭적 의미에서 '스스로의 자유의사를 끊어 버리고 기쁜 마음으로 오직 하느님의 말씀에 순종하는 생활'이라고 한다.

사실 우리는 인간관계 안에서 일어나는 일들에 대해 너무 많은 신경을 쓰고 있다. 세상살이에 대한 관심이 과도하다. 세상에 대해 신경을 많이 쓰다보면 '조화'의 신비에 대해 생각하는 시간이 줄어들게 된다. 우리는 '조화'보다는 '경쟁'한다. 너무 많은 시간을 누구인가와 겨룬다. 무엇이든 더 잘나야 하고, 누구보다도 더 멋지게 살아야 하고, 타인보다 더 돈을 벌어야 하고, 더 예뻐야 한다는 등, 끝없이 우리는 조화보다는 서열을 매긴다. 혹자는 세상살이가 힘들고 무의미하고, 어렵게 다가오는 것은 일상적인 관계에 삶의 에너지를 90% 투입하기 때문이라고 했다. 하늘의 뜻과의 조화로운 관계에 90% 투자하다 보면, 인간관계는 저절로 해결되는데 말이다. 경쟁을 위한 끝없는 시간투자는, 우리를 점점 황폐하게 만들어간다. 힘들 수밖에 없다. 행복하길 원하면서 정작 행복과는 거리가 먼 곳에서 방황하고 있는 셈이다.

이렇게 말하면 어떤 이들은 오해를 한다. "일상적인 인간관계를 완전히 무시하고 산다면 세상을 어떻게 살아가는가. 경쟁을 하고 싶지 않아도 세상이 경쟁사회인데 어쩌란 말인가! 경쟁을 뚫지 않으면 출세를 할 수가 없지 않는가! 솔직히 말해서 출세하고 싶지 않은 사람이 어디 있겠는가!"라고. 물론 조화로운 관계를 중요하게 여기라는 말은 인간관계를 무시하거나, 출세하지 말라는 의미가 아닐 것이다. 다양한 세상사를 그대로 유지하되, 그 세상살이 속에 담겨있는 하느님의 뜻을 의식하면서 살아가야 할 것이다. 조화로운 관계에 많은 시간을 할애하여 노력하다 보면 다른 문제는 저절로 해결된다는 뜻이지 않을까! 아무리 마음이 있다 할지라도, 우리 자신의 힘만으로 할 수 있는 것은 생각보다 많지 않다고 본다. 내 뜻대로 잘되기가 그리 쉬운가! 사실 우리는 1-2년, 아니 1-2주일 정도만 지나면 잊어버릴 그런 세속적인 것들 속에서 허덕이고 있다. 문제는 인간관계뿐만이 아니다. 그 관계 속에 돈과 권력, 명예 등이 얽혀 따라온다. 이런 것들에 우리는 온통

정신을 기울인다. 밤을 새워가며 고민하고 허덕인다. 그런 고민을 하는 사람은 자신의 행복을 위해 그렇다고 생각하겠지만, 실제로는 두려움에 휩싸인 삶의 심리적 증상이지 않을까 싶다.

사실, '나의 것'이 없다. '나의 것'이라고 이름 할 수 있는 영원한 것은 하나도 없다. 자녀도 내 것이 아니다. 잠깐 함께 하면서 관계하는 것뿐이다. 부모가 키웠다고 하지만, 사실 하느님께서 돌봐 주시는 힘이 훨씬 크다. 그냥 주시는 것이다. 선물이다. 부모도 선물이며, 자녀도 선물이며 배우자도 선물이며, 이웃도 선물이며, 조직 공동체 역시 우리에게는 하나의 선물이다. 이 세상 모든 것은 선물이다. 세상 모든 것, 나를 포함해 모든 이웃들이 있는 그대로 존재하도록, 있는 그대로 피어나도록 하는 것이 우리가 해야 할 일이다. 있는 그대로의 그 상태에서 가장 조화롭게 되도록 서로가 협력하는 것, 관계 속에서 꽃피는 조화로움, 이것이 바로 우리가 할 일이다.

6. 건강한 죄의식을 가지지 않을 때: 교만

어쩌면 우리가 진정한 자존감을 회복하기 위해서는, 철저한 성찰이 밑받침되어야 하며, 건강한 죄의식은 그 성찰 속에 깃들어 있을 것이다. 아무리 겉보기에 괜찮은 사람처럼 살아도 내적으로 교만한 사람은 겸손한 죄인보다 못하지 않을까!

어린 시절부터, 부모나 사회에서는 한 아이에게 도덕이나 양심, 규율, 삶의 기준 등을 내재화(內在化)시키기 위하여 많은 것을 가르친다. 그것은 건강한 사회화를 이루어내기 위한 필수적인 과정이며, 또 자신을 통제하는 역할도 하기 때문에 심리적으로도 유익하다고 본다. 건강한 초자아(superego)의 형성은 적절한 본능(id)과 성숙한 자아(ego) 형성에 중요한 축을 만든다. 다만, 그로 인하여 비례적이지 않을 정도의 죄의식을 가지게 되어 우리의 내면을 위축되게 만들고, 지나치게 소심하게 만드는 것은 고려되어야 할 것이다. 특히 다른 사람들에게 항상 착한 아이로 보여야 하고, 지나친 양심과 도덕을 강요하고 완벽하고 철저한 것을 타인과 스스로에게 부여하는 강박증적인 경향을 지닐 수 있다는 점도 생각해보아야 할 것이다. 일반 가정에서 어른들이 흔히 하는 말들이 있다. 예컨대, "너 그렇게 하면 엄마가 벌 줄 거야.", "이러이러하게 하면 경찰이 와서 혼내준다.", "잘 하더라도 칭찬하면 안 돼. 사람은 겸손해야 하니까." 등. 또 스스로의 생각 중에서도 '저건 아닌데, 이건 아닌데. 이 정도로는 안 돼. 더 잘해야 돼. 이렇게 하는 것이 더 좋은데…' 등. 이런 식의 반복적 패턴은, 죄의식을 유발시키게 되면서 스스로를 통합시

킬 수 있는 건강한 자아를 형성하는 데 장애가 될 수도 있다. 지나친 겸손이 오히려 더 병리적으로 보이는 이유가 여기에 있는 것이다. 말하자면 건강한 자아를 형성하기 위해서는 자신에 대한 전반적인 이해와 아울러, 그에 대한 통합의 과정이 점진적으로 이루어져야 한다. 그런데 빛은 보지 않고 그림자만 찾아다니는 것도 문제지만, 자신의 그림자는 보지 않으려 하고 자꾸 빛만 보려고 할 때도 어려움이 따른다. 그럴 때, 무의식 속의 그림자는 엉뚱하게 나의 인간관계와 사회생활, 내면의 행복에 방해를 가져올 수도 있기 때문이다.

불필요한 죄의식의 문제점도 있지만, 건강한 죄의식을 가지지 못하는 경우에 발생하는 '문제'에 대해서도 숙고해 볼 필요가 있다. 죄의식은 인간이면 누구라도 지닐 수밖에 없는 하나의 중요한 심리적 현상이다. 인간은 누구나 다 어느 정도는 실수하고 약하며, 선택을 해야 하는 상황에서 이기적인 부분이 있다고 본다. 이럴 때 '보통의 죄의식'을 가지는 것은, 삶에 대한 책임감이 있는 태도이며 실존의 문제에 관심을 가지고 있다는 건강한 표시이다. 즉, 인간으로서 '아, 양심에 가책이 든다.', '미안하다.', '내 것만 이렇게 챙겨서 될까!' 하는 정상적인 죄의식이 있는 것 자체가, 참된 삶에 대한 탐구의식이 있다는 뜻이다. 신경증적 죄의식(이것은 진짜 죄의식이 아니라 다른 이들이 어떻게 생각할까 하는 두려움이거나, 성격적으로 문제가 되는, 무책임한 의미의 죄의식일 가능성이 있다.)과 달리 일반적인 죄의식은 우리가 다른 이들과의 관계를 중요시하는 사회적 존재라는 사실을 반영한다. 즉 적절한 죄의식은 오히려 제대로 된 행동을 식별하도록 하는 동시에 정직하도록 만든다. 만일 죄의식들을 피하면서 삶을 살아간다면 우리는 성장하기를 멈출 것이다.

'정직한 후회'란 글에서 인용한 내용을 보면, 다산(茶山) 정약용은 스스로에게 이야기하는 어투로, 자찬묘지명(自撰墓誌銘)에서 이렇게 썼다고 한다.

"네가 너의 잘한 일을 적는다면 몇 편 되겠지만, 너의 숨겨진 허물을 기록하면 책은 끝이 없으리. 너는 사서(四書)와 육경(六經)을 안다고 말하지만, 그 행실을 살핀다면 부끄럽지 않을 수 있겠는가?"

1801년-1818년 유배생활 동안, 다산은 회갑을 맞아 그간의 삶과 학문적 업적을 정리한 묘지명을 짓는데, 죽음을 염두에 두고 스스로 쓴 글이니만큼 삶에 대한 그의 자세나 진지함이 묻어있다. 알려진 대로, 정약용은 권력과 학문의 중심부에서 떨어져 나와 유배로 점철된 고통스런 상황을 오히려 학문에 몰두할 수 있는 반전의 기회로 삼아 평범한 사람으로서는 감히 상상하기도 어려운 광대한 학문적 업적을 성취한 위인으로 역사에 남아있다. 유교 경전의 사서(四書)육경(六經)에 대한 새로운 해석과, 경세유표, 목민심서, 흠흠신서 등의 정치사회적 개혁안은 지금도 관심 있는 사람들에게 회자될 정도로 숱한 이야깃거리를 남기고 있다. 이러한 다산(茶山)이었지만 학문이 아닌 실존의 자세에서는 부끄러운 마음이었다는 것을 숨기지 않고 있는 것이다. 남이 모르는 자신의 내면에 숨겨진 허물, 몸소 갈고 닦아온 경전의 가르침에 부합하지 못하는 실천 때문에, 스스로 '죄를 지어 후회스런 세월(罪悔之年)'이라고 고백한다. 어쩌면 다산의 위대성을 논한다면, 바로 이러한 고고한 정신이 아닐까 여겨진다. 죄의식, 이렇게 후회를 잘해서 허물을 반복하지 않는 반성적인 인격이 바로 성인의 품격이 아닐까!

예수님의 수석제자였던 베드로 사도가, 스승에 대한 배신, 치욕이라 할 자신의 행동을 역사상 가장 많은 이들이 접하는 성경에 담아 전한 뜻은 무엇일까? 아마도 자신의 죄에 대한 성찰을 통하여, 진정 지극히 '인간적인 자아'를 땅에 엎드리고, '진정한 자아'를 회복하는, 즉 하느님의 참된 뜻을 전달하고 싶어서일 것이다. 어쩌면 진정한 자존감을 회복하기 위해서는 철저한 성찰이 밑받침되어야 하며, 건강한 죄의식은 그러한 성찰 속에서 피어난

인격의 중요한 축이 아닐까 여겨진다.

참된 죄의식이 없는 사람의 가장 큰 문제점은 '반사회적 성격'과 '교만'이다. 반사회적 성격에 대한 흔한 보편적인 예가 죄의식이 없는 청소년들에게서 일어나는 상황이다. 자기에 대한 반성 없이, 사회와 세상과 학교와 부모와 선생님 등, 모두 남을 탓하며 자기 마음대로 세상을 살아가는 품행장애적인 문제를 말한다. 대부분의 사람들은 반사회적 성격에 대한 문제점은 재론의 여지없이 공감할 것이다. 그러나 교만함에 대해서는 '교만' 자체가 좋지 않은 인격이라는 것쯤은 알고 있지만, 진실로 성찰하기는 그리 쉽지 않다. 교만함은 생각보다 많은 사람들이 가지고 있는 내면의 걸림이라고 본다. '나는 아무 잘못이 없다. 사실 내가 하는 것은 모든 것이 옳았다. 그것은 내(!)가 다 했다. 내 잘못이 아닌데 억울하다. 아무리 생각해도 그건 상대방 잘못이다. 난 최선을 다했다.'는 등의 자기 사랑(!)은, 건강한 자존감을 위해서 심리학적으로 많이 권하는 메시지이지만, 이것이 잘못 활용되면 자아도취적 만족, 병적인 자기애(自己愛)가 되어, 오히려 교만한 자존감을 가지기 쉬운 것 같다. '교만'에 대한 어느 묵상 글을 인용해본다.

"한 수도원에 고명한 수도사가 살고 있었는데 공교롭게도 그 수도원 가까이에 매춘부의 집이 있었습니다. 수도사는 매춘부의 집으로 사내들이 들어갈 때마다 뜰에 돌을 하나씩 주워 모았습니다. 점점 돌무더기가 커지자 수도사는 매춘부를 불러 그 돌무더기를 주며 천벌을 받을 것이라며 나무랐습니다. 매춘부는 두려움에 떨며 통회하였습니다. 그날 밤 죽음의 천사가 찾아와서 수도사와 매춘부를 함께 데려갔는데 어찌된 일인지 매춘부는 천당으로 인도되고 수도사는 지옥으로 끌려가는 것이었습니다. 수도사가 항의를 했습니다. "일생 동안 금욕과 절제 속에서 신을 경배하며 살았던 나는 지옥으로 가고, 일생 동안 간음죄만 지은 저 여인은 하늘나라로 가게 되다니 말이 되는가?" 신의 사자가 말했습니다. "수도사여, 신의 심판은 공평하

다. 매춘부는 통회하였지만, 자네는 평생 수도사라는 자만심으로 명예만을 지키고 살며 죄만 가릴 줄 알았지, 사랑은 베풀 줄 몰랐지 않은가!"

라마크리슈나(Ramakrishna) 우화에 나오는 내용이라고 한다. 이 우화는, 인간은 본성이 나약해서 수없이 죄에 걸려 넘어질 수 있지만, 그 죄보다 더 무서운 것은 자신의 잣대로 남을 판단하고 심판하는 교만이라는 것을 전하고 있다. 아무리 겉보기에 괜찮은 사람처럼 살아도 내적으로 교만한 사람은 겸손한 죄인보다 못하다는 것을 말해주고 있는 것 같다.

* 이 글에는 서상덕님 -가톨릭신문, 2011.6.-의 글과, 매일미사 -2011.4.-의 일부 글이 인용되었음을 밝힙니다.

7. '홀로 됨'을 통하여, 보다 깊은 '함께 함'을…

서로가 필요할 때 교류하며 도와주고 사랑하는 관계를 원만하게 가진다는 것은, 진정 홀로서기를 잘 하는 사람들과의 관계에서 가능하지 않을까. '홀로 됨'을 통하여, 인간의 한계를 넘어서서, 우주의 전 유기체와 '함께 함'의 체험은, 우리를 보다 확산된 깊은 존재에 대한 깨달음을 안겨주게 될 것이다.

90세를 눈앞에 두고 돌아가신, 약 30년 전 홀로되신 친정아버님을 가끔 만나 뵐 때면 이런 말씀을 하셨다. "뭐 드시고 싶은 것 없으시냐!"는 나의 물음에, "아무 것도 필요 없어. 너희들 가족끼리 서로 돕고 이해하고 행복하게 잘 살면 돼! 가끔 그저 전화 한통 해 주면 고맙고! 젊었을 때는 먹고 산다고 바빠서 나 스스로도 내게 이런 감정이 있다는 것을 꿈에도 생각 못했는데, 때론 외로워. 그 어떤 것보다도 외로움을 이겨내는 것이 제일 큰 것 같아. 이제 이만큼 살았으면 됐지 뭐! 그런데 홀로 되다 보니까 점점 주변 경치와 동무하면서, 마음속으로 혼자서 조용히 기도하며 자연과 함께 하는 것도 좋네. 이제 하늘과 친해지는 준비를 해야지."라고 말씀하셨다. "아… 그러세요!"라고 간단하게 응답해 드리지만, 돌아오는 차 안에서는 이런 말씀들이 마음에 맴돌며, 여러 가지를 생각하게 했다. '이젠 혼자이며, 외로우시구나. 자연과 친구삼아 사시는구나.'라는 생각이 들면서, 아버님의 그 외로움이 마음속 깊이 느껴지기도 했다. 부모는 자식을 키우면서 모든 것을 다 바쳐 최선을 다하지만, 자식은 자기 생활로 바빠서 부모를 챙기는 것이 한계가

있구나라는 죄송한 마음과 '자주 전화해 드려야겠다.'라는 다짐을 하기도 했다. 아울러 한 인간으로서 누구나 겪게 될 수밖에 없는 '홀로 됨'을 감수해야 한다는 생각과, 그 외로움을 스스로 어떻게 잘 승화시켜 낼 수 있을지에 대한 성찰로 이어지기도 했다. 아버님과의 만남에서 깨닫는 점은 상담 장면에서 내담자들에게 많이 느끼는 것이라 늘 염두에 두고 있으나, 다시 한 번 삶과 죽음에 대한 깊은 성찰을 하는 계기가 된다.

누구라도 인간존재 자체에서 필연적으로 주어지는 두려움은 어쩌면 외로움과 죽음에 대한 것이 아닐까 여겨진다. 어떤 분은 이성적으로 '다 그렇지 뭐! 외로워도 어쩔 수 없고, 죽음이 다가와도 그냥! 별로 상관없어.'라고 살짝 회피하면서 편하게 생각할지 모르겠지만, 아마도 본마음에서는 상관없는 것이 아닐 것이다. 혹 그렇다 하더라도 직접 접해보지 않고는 뭐라고 딱 잘라 말하기는 어려울 것이다. 대부분의 우리는 각종 다양한 세상사 혹은 미래에 대하여 어느 정도의 불안과 두려움에 휩싸여 있으며, 그래서 '인간(!)'인 것이다. 인간은 자신의 깊은 내면에서는 고독한 존재이며, 아무도 들어올 수 없는 자신만의 고유한 영역들이 있을 것이다. 때로는 우리는 철저히 혼자인 것을 느낀다. 헤르만 헤세는 인간으로서 존재한다는 것은 고독하게 존재하는 것을 의미한다고 했다.

> "삶은 고독한 것이다. 고독하지 않은 다른 삶을 살아가는 사람은 거의 없다. 각자는 모두 외로운 것이다."

가끔 외로워질 때, 우리는 대자연을 접하고 싶어 떠나려고 하고, 하늘을 올려다보고, 구름을 바라보고, 바람을 친구처럼 접하기도 한다. 그리고 우주에 퍼져있는 많은 것들과 친구하는 마음가짐도 된다. 독일의 신학자이며 루터교 목사였던 폴 틸리히(Paul Tillich)는 "사람이 고독함으로써 종교인이 된

다."는 말을 하였다. 즉, 우리가 만약 스스로의 고독과 두려움을 받아들여 잘 소화해 나간다면, 어쩌면 우리 존재의 비밀을 밝혀나갈 수 있을지도 모른다는 뜻을 전하였다.

"최종적인 고독을 아는 사람은 최종적인 사물들을 알게 된다."(F. Nietzsche) 철저히 혼자되었다고 생각할 때, 우리 주변에 존재하는 모든 것들에 대하여 서서히 눈을 뜨게 되고, 그 존재들이 서로 함께 살아가는 것이라는 의미를 깨닫게 된다. 혼자되지 않았거나, 할 일이 너무 많거나, 주변에 여러 문제점과 사람들이 많을 때에는 귀찮고 힘겹고 피곤한 나머지 차라리 혼자 조용히 있고 싶어 한다. 그럴 때는 혼자서 사색을 즐긴다는 것보다는, 복잡함에서 탈피하여 쉼을 원할 것이다. 하기야 그럴 때도 우리는 TV나 핸드폰 등 다양한 매체를 접하기가 쉽다. 타고난 기질상 쉼의 방법도 다를 것이니까, 그런 매체를 접하며 쉬는 것도 다양성으로 이해된다. 어쨌든 우리는 쉼을 필요로 하고 있고, 때로는 쉬는 의미가 아닌 조용한 사색의 시간을 필요로 한다. 심지어 철저히 혼자라는 느낌과 아울러 고독한 지경에 이르기도 한다. 고독감은 심약한 사람에게는 우울이라는 정서를 안겨주기도 하지만, 건강한 사람에게는 깨달음을 안겨주기도 한다. 즉, 고독은 우리로 하여금 우리가 존재하는 모든 것과 하나라는 사실을 경험하게 할 수 있다.

가톨릭 철학자인 페터 부스트(Peter Wust)는 죽음 앞의 철저한 고독 속에서 '나의 고독은 최종적으로 나를 하느님께 향하도록 한다.'라는 것을 체험했다고 한다. 토머스 머튼(T. merton)은 다른 수도원 입회를 거절당한 후, 트라피스트 수도원 건물에 들어서자마자, 자신이 어디에 와 있는지를 확연히 깨달으면서 이렇게 썼다. (J .Martin, 2012)

'거룩하고 평화로운 밤의 깊고 깊은 적막이 나를 사랑처럼 안온하게 감싸는 것을 느꼈다. 이 침묵의 포옹! 나는 아무도 침입할 수 없는 고독 속으

로 들어온 것을 느꼈다. 그러자 나를 감싸고 있는 침묵이 어느 목소리보다도 우렁차고 유창하게 말을 걸었다. 이 고요하고 청량한 방 안의 열린 창으로 따스한 밤공기와 함께 달빛이 평화를 쏟아 부을 때, 나는 이 집이 참으로 누구의 집인지를 깨달았다.'

철저하게 혼자가 되면서, '그 깊은 침묵이 나에게 유창하게 말을 걸었다.'는 표현은, 우리가 그것을 느껴보지 않고서는 가늠하기 어려울 것이다. '침묵이 자신을 포옹하였다는 것', 침묵이 가져다주는 푸근함, 안정감, 말로 표현하기는 곤란한 양털 같은 테두리 등, 어떤 말로도 설명할 수 없는 '깊은 침묵'의 의미가 있을 것이다.

우리가 '인간은 누구나 다 외로우며, 고독한 존재이다.'라는 사실을 인정하게 되면, 인간으로서 살아가는 것이 무엇을 의미하는지 좀 더 깊이 생각할 수 있을 것이다. 나의 삶은 어디에 근거를 두고 있으며, 그 의미는 무엇일까? 이렇게 '홀로 된다는 것'에 대한 두려움은 인간 존재의 근본적인 사항들에 대하여 질문을 던지게 한다. 어쩌면 하느님께서 처음 설계하신 나의 본 모습은 결코 없어질 수 없는 것이며, 죽음을 통하여 마침내 자신의 본래적인 아름다움을 드러내게 된다는, 이러한 진실마저 깨닫게 된다면, 우리는 아마도 그 무엇도 두렵지 않게 될 것이다.

"사람들이 느끼는 모든 종류의 고독의 저 깊은 근본 바탕에는 하느님을 향한 향수가 자리 잡고 있는 것으로 나는 생각한다." (Ges. Werke IX, 155)

과연, 우리가 함께 한다는 것은 무엇일까! 인간은 철저히 혼자라는 사실을 접하지 않고는, 함께 한다는 것을 이해하기가 어려울 것 같다. 혼자라는 사실을 인정하지 않고, 타인에게 병리적으로 의존하려고 한다든가, 그 무엇인가(돈, 명예, 권력, 지위 등)에 지속적으로 의존하려고 할 때, 얼마나 많은 문제점이 야기되는가! 사랑받으려다 상처받고, 인정받으려고 평생을 힘겹게 살아

가며, 존중받기 위하여 늘 남의 눈치를 보아야 하는 사실들을 우리는 생각해 보지 않을 수 없다. 그렇다고 함께 관계하여야 하는 대상을 멀리하기는 곤란하다. 특히 그 대상이 가족 혹은 가족과 다름없는 조직공동체일 경우에는, 얼마나 밀접하게 관계해야만 하는가! 홀로 된다는 것은, 진정 타인을 사랑할 수 있는 깊은 체험이 될 것이다. 그 대상이 소중한 존재라는 것은 물론이며, 그 대상은 단순히 사람만이 아니라 우주의 모든 창조물들, 바로 우리와 관계하는 소중한 존재일 것이다.

심리학적으로 볼 때도 건강하게 독립된 자아기능을 가지고 있는 사람들이, 상호 관계에서 원만하게 주고받기가 가능하며, 자기중심적이거나 일방적이지 않을 것이다. 자신이 할 수 있는 것은 그대로 하되, 할 수 없는 것은 그것 자체로서 스스로 인정하면서, 자신의 정체성을 편안하게 수용하는 것이다. 이러한 편안함은 대상들을 참으로 편안하게 만들어주기도 한다. 자기의 정체성을 믿고 사랑하며, 자신으로서 기꺼이 홀로서기를 할 수 있을 때, 타인들과 진정 조화로운 관계가 가능하다는 것이다. 과장된 독립심은 오히려 반동형성적인 방어의 한 방법이므로, 심리적으로 대단히 의존적이라는 사실을 역설적으로 드러내는 것이다. 그러므로 그러한 과장된 독립심이 아닌, 건강한 독립적인 '홀로 됨'의 자세가 필요할 것이다. 즉, 서로가 필요할 때 교류하며 도와주고 사랑하는 '함께 함'의 관계를 원만하게 가진다는 것은, 바로 진정 홀로서기를 잘 하는 사람들과의 관계에서 가능하지 않을까 싶다.

'홀로 됨'을 통하여, 인간의 한계를 넘어서서 우주의 전 유기체와 '함께 함'의 체험은, 아마도 인간에게 보다 확산된 깊은 존재에 대한 깨달음을 안겨주게 될 것이다.

8. 완벽주의, 진정 완전한 존재란 무엇일까!

> 우리가 직면하게 된 가장 큰 도전들 중 하나는 약점에 감사하기를 배우는 것이고, 자신을 덜 심각하게 다루는 것이다. 삶은 실수와 실패들을 통해 우리를 가르친다. 겸손을 배우고 다른 사람의 도움이 필요하다는 것을 배운다. 마찬가지로 다른 사람 역시 실패하게 놔두기를 배워야 한다.

흔히 우리는 '완벽주의'라는 말을 상대방에게 하기도 하고 듣기도 한다. 만약 어떤 사람이 누군가로부터 완벽주의라는 말을 들으면 어떤 기분일까! A라는 사람이 B에게 "B님! 당신은 완벽주의라는 느낌이 들어요."라는 말을 한다고 하자. A입장에서는 B가 완벽주의자 같이 보이지만, 정작 당사자인 B는 일상의 구조 속에서 최선을 향한 건강한 노력과 성취를 위한 필연적인 요구라고 말할 수 있을 것이다. 아울러 B는 이렇게 살지 않았을 경우에 발생할 여러 측면을 예를 들면서 그 합리성을 주장할 것이다. 그 주장이 타당하고 합리적일 때, A는 더 이상의 할 말을 잇지 못하지만 왠지 답답하고 께름칙한 기분이 남을 수도 있고, 매우 설득력이 있어 고개를 끄덕이며 최선을 다하여 사는 B가 오히려 대단해 보일 수도 있을 것이다. 이렇게 '완벽하다.'라는 의미와, '최선을 다한다.'라는 의미는 서로 교차하고 애매한 지점이 있기 때문에, 듣는 사람 입장에서는 다소 기분이 언짢아질 수도 있을 것이며, 아예 그 구분을 알아차리기 힘들지도 모른다. 그러나 완벽주의를 암시하는 몇 가지 증상들을 살펴보면 이것을 구분하는 데 약간 도움이 될 수도 있다.

'최선을 다하는 것을 만족하는 사람들'과 대비되는 가장 대표적인 '완벽주의적인 사람들'의 증상은, 실패에 대한 두려움, 지나치게 충동적인 도전, 중독적인 행동 패턴, 우울증적인 근심걱정, 낮은 자존감, 일이 닥쳤을 때의 꾸물거림과 두려움, 빈약한 자기통제 등을 들 수 있다. 그 증상들을 구체적으로 살펴보자.

실패에 대한 두려움은 대부분의 완벽주의자들이 느끼는 감정으로서, 안전함을 요구할 수밖에 없는 불안한 심리를 말하는데, 하나의 실수는 실패를 의미하고 실패는 다른 사람들로부터 자기 존재가 무능해질 것이라는 두려움을 낳는다. 지나치게 충동적인 도전을 하는 완벽주의자들은 지난 실수들을 곰곰이 생각하며, 미래의 일들에 대해 이런저런 걱정이 많다. 그들은 과거를 되씹거나 미래를 미리 걱정하면서 같은 고민들을 반복하기에, 강박증적 사고를 갖는다. 지나친 사고에서 오는 걱정과 두려움을 해결하려는 시도 안에서 충동적인 행동으로 이어진다. 꼭 해야 된다는 생각이 들 때 조급해지며 도전적이 되고, 서두르게 되면서 화를 표출하기도 한다. 충동적인 행동 패턴은 다소간의 중독성을 드러내면서 반복적인 패턴으로 이어지게도 된다. 말하자면 중독적인 행동들은 종종 완전하게 될 필요성을 가면으로 쓴다. 음식, 술, 약물, 성, 구매욕 등은 완벽주의자들이 비실재적이고 이상화된 자아상을 따르기를 실패할 때 사용하는 도구이며, 이를 통하여 고통을 경험하기를 피하거나 완화시키려고 한다.

특히 완벽주의자들에 대한 연구에서, 제법 많은 완벽주의자들이 강한 우울증과 근심을 보이고 자존감을 잃음으로써 실패나 부적절감에 사로잡혀 있다는 논의도 있다. 늘 자신의 내부에서 편안함이 없고, 무엇인가를 해야 한다는 것에 쫓기고 있기 때문에 두려움과 걱정근심이 많은 것이 특징이 될 것이다. 또 어떤 완벽주의자들은 외부 자극이 들어올 때 꾸물거리고 두려

워한다. 자기 의혹과 비실재적인 기대 때문에 일상의 일을 시작하기 전에 패배감과 무력감을 느낀다. 이 느낌들은 스스로를 꾸물거리게 만들며, 그로 인해 그들은 자기가 두려워하는 실패를 피하게 된다. 특히 다른 사람들이 자신의 기준에 따라 살아야 한다는 기대들은 완벽주의자와 다른 사람들 간에 긴장과 불안을 일으킨다. 문제들이 발생할 때, 완벽주의자들은 다른 사람들로부터 당할 거부를 직면하기보다는 두려워 피하게 된다. 이 때문에 완벽주의는 종종 외로움과 고립감을 가져온다.

또한 완벽주의자들은 자기통제의 빈약성을 드러낸다. 이들은 어떤 어려움을 해결하는 데 있어서 자기 나름대로의 자기관리 프로그램을 택하는데, 대체로 강박증적으로 엄격한 자기통제를 위한 과욕적인 프로그램을 시도한다. 그럼으로써 '잘 되지 않는 느낌'을 가지게 되는데, 그럴 때 이 실수를 아주 큰 잘못으로 일반화시키는 사고방식도 가지고 있다. 이들은 완전한 자기통제를 실패했을 때, '부분'적인 것을 '모두'로 생각하며, 자기통제의 빈약성을 느끼고, 다른 것에 대해서도 힘을 잃게 되는 것이다.

지금까지 완벽주의적인 사람들의 일반적인 증상적 특징들을 살펴보았는데, 그 원인과 내부적 의미에서는 구분되어야 할 것이 있다. 즉, 다소 신경증적 완벽주의와 자기도취적 완벽주의다. 완벽주의적 경향을 극복하도록 돕는 입장에 있는 사람들은 이 두 형태를 식별할 수 있어야 할 것 같다. 왜냐하면 각각을 다루는 방법이 다르기 때문이다.

신경증적 완벽주의자들은 비교적 외부의 영향을 받지 않고, 자아에 대한 안정되고 결집력 있는 감각을 갖고 있는 사람들이다. 즉, 그들은 부모와 다른 사람들로부터 구분된 정체성을 갖고 있으며, 자신을 자율적이고 도덕적인 실행자로 경험한다. 그들의 완벽주의는 엄격한 초자아의 요구에 따라 행동하려는 노력의 결과로서, 자기 스스로가 내면의 요구, 즉 '~하는 것이

좋다.'에 완전하게 따르지 못할 때, 실패감과 죄의식을 갖고 자신을 벌한다. 말하자면 죄책감에 시달리는 사람들 중에 이러한 유의 완벽주의자들이 많다는 것이다. 즉 자신 스스로가 만들어 놓은 어떤 틀로 스스로를 엄격하게 다루면서 성취감 혹은 자책감에 시달리는 것이다. 이들은 상대방이 자신의 틀에 (자신의 틀이 올바르다고 굳게 믿고 있다!) 들어오지 않을 때, 상대방을 직접적으로 혹은 간접적으로 비난하거나 질책하며 변화되기를 갈망하고 재촉하기 쉽다. 자신의 틀에 따라 상대방이 변화되었을 때 매우 만족해하며 흡족하지만, 시간이 지나면 곧 또 다른 틀로 인하여 새로운 불만을 드러내는 것이 일반적이다. 즉, 그들은 완벽한 자아구조를 향하여 계속 자신을 채찍질하는 신경증적 증세를 보인다.

반면에 자기도취적 완벽주의자들은 연약한 자아를 가지고 있다. 안정된 중심이 없기에, 자신들의 자기존중을 위해 다른 사람들의 관심과 칭찬에 의존한다. 이 약한 자기존중은 열등감과 우월감 사이를 오르내린다. 중요한 누군가가 반대나 비판을 나타낼 때 자기도취적 완벽주의자들은 스스로를 부족하다고 느끼며, 칭찬이나 존경을 받을 때는 과장되고 부풀린 자아개념을 경험한다. 상대방에게 의존하면서 그들의 기준이나 틀이 나의 기준이 되어 있어, 늘 남의 눈치와 인정을 바란다. 그러므로 끊임없이 타인에게 "제가 맞죠? 제가 잘했죠? 이만하면 제가 괜찮죠?"라는 메시지를 보내며, 상대방의 인정이 들어올 때는 크게 고무되고 살맛나며 기쁘게 생각한다. 때로는 이상적인 대상의 기준에 집착되어 자신의 생각이나 요구는 접어두고 상대방의 모든 가치관이나 개념에 완벽하게 맞추는 것이 완전한 것이라고 생각한다.

신경증적 완벽주의자들은 실패할 때마다 죄의식을 느끼지만, 자기도취적 완벽주의자들은 자아가 손상되었다는 부끄러움을 경험하는데, 이것은 초기

의 감정적인 상처로 인한 증상이다. 자기도취적 완벽주의는 나쁘게 행동하는 것에 대해 혼란스러워하고, 신경증적 완벽주의는 자신들의 잘못에 대하여 벌을 내린다. 자기도취적 완벽주의자들의 '~하는 것이 좋다.'는 자아(예: 나는 완전해야 한다)에 초점을 맞춘다. '~하는 것이 좋다.'는 명령에 따르지 못하는 것은 '나는 무가치하고, 나는 아무것도 아니다(부끄러움, 수치심 등).'라는 생각을 일으킨다. 반대로 신경증적 완벽주의자들이 '~하는 것이 좋다.'라고 하는 것은 이루어져야 하거나 이루어지지 않아야(예: 나는 결코 화를 내지 않는 것이 좋다)할 '행동'이다. 이 기대를 따르지 못하는 것은 '나는 나쁘다(죄의식, 자책감 등).'라는 생각을 일으킨다. 즉, 자기도취적인 사람들은 그들의 연약한 자존감 때문에 다른 사람들의 칭찬을 요구하는 것이며, 신경증적인 사람들은 강요하는 초자아의 명령들에 복종하고자 하는 그들의 충동 때문에 완벽주의에 빠지게 된다.

지금까지는 대략적인 완벽주의에 대한 분석적인 내용들이 언급되었다. 그렇다면 진정 완전한 존재란 무엇일까! 과연 무엇이 되어야 완벽하다는 뜻일까! 어떤 유의 완벽주의든, 누구나 다 나름대로의 이유가 있을 것이다. 또 그것이 다 부정적인 측면만 있는 것도 아닐 것이다. 상황에 따라서 그 완벽주의는 매우 긍정적으로 영향을 미칠 수도 있고, 다른 한편에서는 부정적으로 작용할 수도 있으리라. 정도의 차이만 있을 뿐이다. 많은 사람들이 추구하는 완벽함에 대하여, 무엇이 참된 완벽함일까를 생각해 볼 수 있다면, 제법 가치 있는 논의가 될 것이다.

노년기의 인생에 접어든 사람들은, 하늘은 누구에게나 공평하다는 말을 흔히 한다. 즉, 누구나 자기 삶에서 지고가야 할 십자가가 있고, 각자 받은 달란트가 있고, 삶의 책임량이 주어져 있으며, 행복할 권리도 똑같이 있다. 그렇다면 무엇을 통하여 그러한 것을 행복하다고 느끼며, 그냥 즐길 수 있을

까! 각자의 몫으로 주어진 여러 가지의 것들에 대하여 우리는 감사하고 기쁜 마음으로 살아가려면 어떤 상태가 되면 좋을까! 이럴 때, 연세가 지긋한 분들의 말씀은 "그냥 주어진 대로 감사하게 사는 것이 제일이야!"라는 한마디이다.

그렇다. 우리는 있는 그대로의 우리 자신을 이해하고 수용하는 것이 참으로 중요한 것 같다. 즉, 완벽하다는 것은 있는 그대로의 모습으로 만족하는 삶이 아닐까! 어쩌면 우리의 있는 그대로의 모습을 느끼고 받아들이는 것은, 우리의 전 인생에서 가장 원만한 행복이 아닐까 여겨진다. 즉, 창조된 우리 자신의 고유한 정체성, 그런 모양새를 그대로 받아들이는 것이 온전한 인간이 되는 길일 것이다.

누군가가 있는 그대로 보아주었으면 하고 바랄 것이 아니라, 나 스스로가 나의 정체성을 잘 인식하고 그것을 그대로 받아들이는 것부터 배워야 할 것이다. 우리가 직면하게 되는 큰 도전들 중 하나는 약점에 감사하기를 배우는 것이고, 자신을 덜 심각하게 다루는 것이다. 삶은 실수와 실패들을 통해 우리를 가르친다. 겸손을 배우고 다른 사람의 도움이 필요하다는 것을 배운다. 마찬가지로 다른 사람 역시 실패하게 놔두기를 배워야 한다. 약점을 가진 상대방에 대하여 그대로의 모습으로 상대를 완전하게 볼 수 있어야 한다는 뜻이다. 자신에게 더 완전함을 요구하지 않을 때, 우리는 '자기'의 약함을 통하여 상대방에 대한 너그러움과 편안함을 배운다. 아마도 이것이 하느님의 조건 없는 사랑을 깨닫게 해주는 가장 큰 힘이 아닌가 여겨진다. 정말이지 우리는 '내가 존재한다는 것으로 충분하다. 내가 가지고 있는 것으로 충분하다.'는 것을 가슴깊이 느껴야 할 것 같다. 각자의 주어진 몫대로 탄생시킨 후, "보시니 참 좋았다."는 하느님의 목소리를 느껴야 될 것 같다.

9. 가슴 따뜻한 이야기

상대방을 문제가 있는 한 사람으로 보아야 할 것인가, 자비와 지혜로운 사랑을 주어야 할 대상으로 보는가! 어떻게 보는가에 따라서 대상은 완전히 다른 인격체로 태어날 수 있을 것이다.

보스톤의 한 보호소에 앤(Ann)이란 소녀가 있었습니다.
앤의 엄마는 죽었고 아빠는 알코올 중독자였습니다.
아빠로 인한 마음의 상처에다 보호소에 함께 온 동생마저 죽자
앤은 충격으로 미쳤고 실명까지 했습니다.
앤은 수시로 자살을 시도하고 괴성을 질렀습니다.
결국 앤은 회복 불능 판정을 받고 정신병동 지하 독방에 수용되었습니다.

모두 치료를 포기했을 때 노(老)간호사인 로라(Laura)가
앤을 돌보겠다고 자청했습니다.
로라는 정신과 치료보다는 그냥 친구가 되어주었습니다.
그래서 날마다 과자를 들고 가서 책을 읽어주고 기도해 주었습니다.
그렇게 한결같이 사랑을 쏟았지만 앤은 담벼락처럼 아무 말도 없었고,
앤을 위해 가져다 준 특별한 음식도 먹지 않았습니다.
어느 날, 로라는 앤 앞에 놓아준 초콜릿 접시에서
초콜릿이 하나 없어진 것을 발견했습니다.
용기를 얻고 로라는 계속 책을 읽어주고 기도해 주었습니다.

앤은 독방 창살을 통해 들어오는 햇살처럼

조금씩 반응을 보이기 시작했으며 가끔 정신이 돌아온 사람처럼 얘기했고,
그 얘기의 빈도수도 많아졌습니다.
마침내 2년 만에 앤은 정상인 판정을 받아
파킨스 시각장애아 학교에 입학했고, 교회에 다니면서 신앙심으로
밝은 웃음을 찾았습니다.
그 후, 로라가 죽는 시련도 겪었지만
앤은 로라가 남겨준 희망을 볼 수 있는 마음의 눈으로 시련을 이겨내고
학교를 최우등생으로 졸업했고
한 신문사의 도움으로 개안 수술에도 성공했습니다.

수술 후 어느 날, 앤은 신문기사를 봤습니다.
"보지 못하고, 듣지 못하고, 말하지 못하는 아이를 돌볼 사람 구함!"
앤은 그 아이에게 자신이 받은 사랑을 돌려주기로 결심했습니다.
사람들은 못 가르친다고 했지만 앤은 말했습니다.
"저는 하느님의 사랑을 확신해요."
결국 사랑으로 그 아이를 20세기 최대 기적의 주인공으로 키워냈습니다.
그 아이가 '헬렌 켈러(Helen Keller)'이고,
그 선생님이 '앤 설리번(Ann Sullivan)'입니다.
로라는 앤과 함께 있어주고 앤의 고통을 공감하면서
앤을 정상인으로 만들어냈고,
앤도 헬렌과 48년 동안 함께 있어 주었습니다.

헬렌이 하버드 대학에 다닐 때는 헬렌과 모든 수업에 함께 하면서
그녀의 손에 강의 내용을 적어주었습니다.
헬렌은 말합니다.
"항상 사랑과 희망과 용기를 불어넣어 준
앤 설리번 선생님이 없었으면 저도 없었을 것입니다.
만약 제가 볼 수 있다면 가장 먼저 설리번 선생님을 보고 싶어요."

마음의 상처를 치유하는 것은
상처에 대한 적절한 분석과 충고가 아니라
그냥 함께 있어 주는 것입니다.
상하고 아픈 마음은 충고를 주기보다
자신감을 심어줄 때 아뭅니다.

자신감은 꾸준한 사랑의 마음과 따뜻한 마음에서
끊임없는 관심을 보여줄 때 나오는 것입니다.

이 글은 한국 외방선교수녀회에서 발행하는 몇 쪽짜리 소박한 소식지(통권 21. 2012/가을호)에서 원문 그대로 옮긴 글이다. 세계적으로 큰 영향력을 미쳤던 헬렌은 앤이 없었다면 존재할 수 없는 인물이었으며, 앤은 로라라는 한 노간호사의 관심이 없었다면, 그 역시 존재할 수 없는 사람이었다. 한 인간의 순수한 사랑과 관심이 꽁꽁 얼어붙어 있었던 마음을 움직여, 큰 변화를 가져오게 한다는 것! 이것은 우리가 상대를 변화시키려고 하고, 상대를 못마땅하게 여기면서 괴로워하는 현실에서 많은 것을 느끼게 한다.

'로라'를 기억하는 사람은 거의 없다. 우리의 현재가 있기까지 누구의 사랑이 있었을까! 아무도 기억나지 않고 생각나지도 않고, 굳이 알려고도 하지 않으나 누군가의 사랑이 없었다면 지금의 '나'는 존재할 수 없다는, 이것이 '진실'이다. 구체적으로 사랑의 대상이 느껴지는 사람도 있지만, 아무런 대상이 떠오르지 않는 사람도 있다. 그런데도 '나'란 존재는 사랑받는 귀중한 생명체였기에 지금 이 자리까지 왔다! 그것을 하느님의 사랑이라고 부르든, 우주의 힘이라고 부르든, '나'란 존재는 사랑 없이 여기까지 올 수 없다는 것이 중요한 진실이다.

상대방을 문제가 있는 한 사람으로 보아야 할 것인가, 자비와 지혜로운

필수적이라는 것도 사실 잘 느끼지 못했다. 조용함을 느끼고 싶으면 '책 읽기'가 합당하다고 생각했다. 그것이 때로는 산만함의 방어인 줄은 몰랐다. 그저 분주한 일상, 세상 돌아가는 이야기, 먹고, 잠자고, 글 쓰고 등, 늘 외부로 시선이 옮겨져, 조용히 혼자서 꽃을 즐기거나, 달이나 별 등 밤하늘을 보거나, 구름의 움직임에 집중하고, 바람을 느끼고 깜깜함을 즐기고 하늘 보고 햇빛 보는 것을 즐기지 못했다. 돌 즈음인 손자가 아침에 일어나서 햇살을 친구처럼 반기고, 하늘보고 손짓하고, 바람이나 새 소리에 환호하고, 낙엽이나 흙, 돌멩이와 한참동안 즐겁게 노는 것을 보면, 여러 가지로 느끼는 것이 많아진다.

이렇게 한적한 곳에서도 조용하게 머물 수 없었다는 것은, 바로 우리가 조용한 세상에 대한 '감'이 없기 때문이리라. 즉 조용함에 대한 감수성이 발달되지 않고, 그 느낌을 차분히 느끼지 못하는 '심리적 장애(!)'를 가지고 있었다고나 할까. 조용하게 산다는 것에 대한 거룩함과 소중함도 잘 느끼지를 못하였던 것 같다. 세상이 아무리 바쁘게 변해도 우리는 조용하게 살 수 있고, 외부가 아무리 조용해도 우리는 쫓기듯 바쁠 수 있다.

세상은 순식간에 빠른 속도로 다양하게 변하고 있다. 변화의 주체이자 객체인 우리 모두는, 서로간의 변화의 목표와 방법에 대한 합의(!)를 하기도 전에 변화하는 세상에 보조를 맞추어야 한다! 특수한 사람들의 생각과 제도에 의해서 만들어놓은 변화의 물결에, 나의 주체적인 의견을 생각할 겨를도 없이 그냥 휩쓸려 다닐 때도 있다. 외부가 만들어놓은 물건을 써야 하고, 외부 세계가 제시한 제도를 따라야 하고, 타인들이 가치 있다고 드러내는 프로그램을 보아야 한다. 마치 그 물결에 휩싸이지 않을 때는 오히려 낙오된 사람인 것 마냥 따라간다. 때론 무엇이 진실이며, 무엇이 원칙이며, 무엇이 변칙인지를 구별하기도 어렵다. 그저 변화의 페달만 밟으며 우리 모두는

이 변화의 물결 속에 들어가 섞여가고 있다.

과연 이 물결은 자연스러운 변화인가! 혹은 경쟁을 위한 변화인가!

자연스러운 변화라면, 우리는 이 변화를 감사하게 받아들여야겠다. 마치 계절이 자연스럽게 변화하듯, 나무의 생명이 자연스럽게 변화하면서 갖가지 풍경을 드러내듯 하느님이 운용하시는 변화의 물결은 아름다움 그 자체이며, 그냥 그대로 감상을 하면 좋을 것 같다.

우리는 과연 얼마나 이 변화를 만끽하고 자유스러워 하는가! 자녀들의 정신적, 육체적 변화를 기뻐하며 바라보기도 전에, 놀라고 충격받고 힘겨워하고 혼란스러워 하는 부모들이 얼마나 많은가! 한 인간의 변화도 자연의 변화와 전혀 다를 바가 없건만, 우리는 그 변화의 흐름을 편안하게 바라보기가 쉽지 않은 것 같다. 그렇다. 이 모든 자연스러운 변화, 이 과정을 그저 감상하며 찬탄하며 경외심을 가지며, 하늘이 주신 것을 그저 겸손하게 누리면서 살면 될 것 같다.

한편 우리 사회에서는 경쟁을 위한 변화가 상당히 빠른 속도로 진행되는 느낌을 지울 수가 없다. 경쟁을 위한 변화 속에서도, 자연스러운 변화는 굴하지 않고 유유히 흐르고 있지만 말이다. 우리는 경쟁의 변화로 인하여, 자연스러운 변화의 아름다움을 느껴볼 마음의 여유가 부족하다. 점점 힘들어지고 있다. 사회적으로는 가정을 책임져야 하는 부모나, 미래의 주인인 청년들의 밥벌이는 더욱 힘들어지고 있다. 소박한 한 지면의 글(가톨릭주보. 2012. 탁은수)을 보자.

"'광장'에서 졌을 때 사람은 동굴로 물러가는 것. 그러나 과연 지지 않는 사람이란 이 세상에 있을까." 20년 전 쯤 뜻도 잘 모르고 읽은 최인훈의 소설 '광장'을 다시 접하며 울컥했다. 전쟁 같은 세상에서 상처 입은 영혼들이 찾아갈 동굴이 절실하다고, 동굴 없는 광장은 공허하다고 이야기하는

것 같았다. 난 광장에서 지고나면 술 마시고, 고함쳤지만 속만 쓰렸고 목만 아팠다. 하지만 지금은 안다. 분주한 광장에 서 있으려면 침묵 속에 스스로를 대면하고 세상에서 입은 상처를 보듬는 동굴의 시간을 거쳐야 함을. 그리고 기억한다. 2천 년 전 예수도 메마른 광야로 홀로 걸어가 고통 속에 유혹을 물리치고 나서야 비로소 인류 구원의 공생활(公生活)에 나섰음을.

그렇다. 우리는 광장에 서 있다. 광장에 서서 지지 않으려고 매일매일 허덕인다. 경쟁관계에서는 반드시 누군가 이기고 지는 사람은 있다. 이기는 자가 있으면 지는 자가 있게끔 구조화되어 있는 것이다. 그렇다. 이기는 자든 지는 자든, 잠시 영혼이 쉴 동굴을 찾을 필요가 있다. 특히 졌다고 느끼는 자는 더욱 더 조용한 동굴이 필요하다. 그렇다고 이기는 자는 이 동굴이 필요치 않을까? 아니다. 이기는 자 역시 동굴이 절실하다. 지는 것도 잠시이며, 이기는 것도 잠시인 이 세상을 관조할 필요가 있기 때문이다.

때때로 시끄럽고 화려한 일상에서 벗어나야 한다. 그래야 자신의 발걸음도 보이고 마음소리도 들을 수 있다. 스스로를 만나려면 피정도 좋고 혼자 하는 여행도 좋다. 하지만 여건이 안 되면 자신이 서 있는 바로 그 자리에서 실천 방법을 찾아야 한다. 출퇴근 시간에 기도하기, 샤워하며 하루 반성하기, 잠자기 전 묵상하기 등등.

말하자면, 광장에서 우리는 동굴을 만들어야 한다. 시간이 없다고 말하지 말자. 현대인들의 가장 큰 화두는 시간이라는 것이다. 그러나 그 시간의 운용은 스스로가 하는 것이라고 본다. 자신의 마음이 그 시간의 주인이라는 뜻이다. 주인의 마음먹기에 따라서 그 시간은 얼마든지 활용될 수 있지 않겠는가! 깊은 깨달음이 있는 사람은 '시작도 끝도 없는 영원한 생명의 시간'을 ('시간'이라고 할 것도 없는!) 느끼고 살지 않겠는가!

그렇다. 우리는 스스로를 대면할 동굴 입구를 일상에서 잘 찾아내어야

한다. 일상을 그대로 유지하지 않을 수 없는 현대를 살아가는 우리들, 그 현실을 무시할 수는 없지 않는가. 일상은 그대로 유지하되, 그 속에서 우리는 조용히 벗어날 수 있는 마음의 동굴이 필요할 것 같다.

그 동굴은 아마도 우리의 안식처가 될 것이다. 그 동굴은 우리의 '기도방'이 될 것이다. 그 동굴은 아마도 스스로의 '치료실'이 될 것이다. 그 동굴은 아마도 우리의 '참된 집'이 될 것이다. 그 동굴에서 우리는 상상할 수 없는 많은 것을 비울 수 있을 것이다. 그 동굴에서 우리는 무수한 것들로부터 자유로워질 것이다. 그러면서도 그 동굴에서 우리는 수많은 것들을 창조해 낼 것이다.

11. 어린아이의 간절함

부모가 자식의 아픔 앞에서 혹은 스스로가 스스로를 향해서, 겸손과 경외의 마음으로 드리는 간절한 기도는, "여인아, 네 믿음이 너를 구원하였다." 하는 순간, 바로 치유된다고 할 정도로 강렬한 힘이 있다고 한다. 아이든 어른이든, 어린아이와 같은 진솔하고 순수한 마음에서 우러나오는 염원은, 그것이 곧 하늘에 직접 날아가는 화살기도가 될 것이다.

필자의 생일을 기억하고, 스스로 제자라고 생각하는 (나는 서로 스승이 되고 서로 제자가 되는, 같은 입장이라고 생각하지만) 어느 한 수녀님이, 초등학생이 쓴 아래의 글을 (출처도 밝히지 않음) 선물로 보내왔다. 아무런 선입견 없이 그냥 쭉 읽어갔는데, 나도 모르게 콧등이 시큰해지며 하늘을 한번 올려다 본 글이다.

사랑하는 예수님, 안녕하세요?
저는 구로동에 사는 용욱이에요.
구로 초등학교 3학년이구요.
우리는 벌집에 살아요… 벌집이 무엇인지 예수님은 잘 아시지요?
한 울타리에 55가구가 사는데요…
방문에는 1,2,3,4,5… 번호가 써 있어요.
우리 집은 32호예요.
화장실은 동네 공중변소를 쓰는데, 아침에는 줄을 길게 서서 차례를 기다려야 해요.
줄을 설 때마다 저는 21호에 사는 순희 보기가 부끄러워서 못 본척하거나

참았다가 학교 화장실에 가기도 해요.
우리 식구는 외할머니와 엄마, 여동생 용숙이랑 4식구가 살아요.
우리 방은 할머니 말씀대로 라면 박스만 해서 4식구가 다 같이 잠을 잘 수가 없어요.
그래서 엄마는 구로2동에 있는 술집에서 주무시고 새벽에 오세요.
할머니는 운이 좋아야 한 달에 두 번 정도 취로사업장에 가서 일을 하시고 있어요.
아빠는 청송 교도소에 계시는데 엄마는 우리보고 죽었다고 말해요.
예수님, 우리는 참 가난해요.
그래서 동회에서 구호양식을 주는데도 도시락을 못 싸가는 날이 더 많아요.
엄마는 술을 많이 먹어서 간이 나쁘다는데도 매일 술 취해서 어린애 마냥 엉엉 우시길 잘하고, 우리를 보고 "이 애물단지들아! 왜 태어났니? 같이 죽어버리자"고 하실 때가 많아요.
지난 4월 달 부활절 날 제가 엄마 때문에 회개하면서 운 것 예수님은 보셨죠…
저는 예수님이 제 죄 때문에 돌아가셨다는 말을 정말 이해 못했거든요.
저는 너무 가난하기 때문에 죄가 전혀 없는 삶인 줄만 알았던 거예요.
그런데 그날은 제가 죄인인 것을 알았어요.
저는 친구들이 우리 엄마보고 '술집 작부'라고 하는 말을 듣는 것이 죽기보다 싫었구요.
매일 술 먹고 주정하면서 다 같이 죽자고 하는 엄마가 얼마나 미웠는지 아시죠.
지난 부활절날 저는 '엄마 미워했던 거 용서해주세요'라고 예수님께 기도했는데, 예수님께서 십자가에서 피 흘리시는 모습으로 '용욱아 내가 너를 용서한다.'라고 말씀하시는 것 같아서 저는 그만 와락 울음을 터뜨리고 말았어요.
그날 교회에서 찐 계란 두 개를 부활절 선물로 주시길래 집에 갖고 와서

할머니와 어머니에게 드리면서 생전 처음으로 전도(!)를 했어요.
예수님을 믿으면 구원을 받는다구요.
몸이 아파서 누워계시던 엄마는 화를 내시면서 "흥, 구원만 받아서 사냐?" 하시면서 "집주인이 전세금 50만원에 월세 3만원을 더 올려달라고 하는데, 예수님이 구원만 말고 50만원만 주시면 네가 예수님 믿지 말라고 해도 믿겠다." 하시지 않겠어요.
저는 엄마가 예수님을 믿겠다는 말이 신이 나서 기도한 거 예수님은 아시지요?
학교 갔다 집에 올 때도 몰래 교회에 들어가서 기도했잖아요.
그때 마침 어린이날 기념 글짓기 대회가 덕수궁에서 있다면서
우리 담임선생님께서 저를 뽑아서 보내 주셨어요.
저는 청송에 계신 아버지와 서초동에서 꽃가게를 하면서 행복하게 살던 때 이야기를 그리워하면서 불행한 지금의 상황을 썼거든요.
청송에 계시는 아버지도 어린이날에는 그때를 분명히 그리워하고 계실 테니 엄마도 술 좀 취하지 말고 희망을 갖고 살아주면 좋겠다고 썼어요.
예수님 그날 제가 1등상을 타고 얼마나 기뻐했는지 아시지요?
그날 엄마는 몸이 너무 아파 술도 못 드시고 울지도 못하셨어요.
그런데 그날 저녁 뜻밖의 손님이 찾아 오셨어요.
글짓기의 심사위원장을 맡으신 노 할아버지 동화작가 선생님이 물어물어 저희 집에 찾아오신 거예요.
대접할 게 하나도 없다고 할머니는 급히 동네 구멍가게에 가셔서 사이다 한 병을 사오셨어요. 할아버지는 똑똑한 아들을 두었으니 힘을 내라고 위로해주셨어요.
엄마는 눈물만 줄줄 흘리시면서 엄마가 일하는 술집에 내려가시면 약주라도 한잔 대접하겠다고 하니까 그 할아버지는 자신이 지으신 동화책 다섯 권을 놓고 돌아가셨어요.
저는 밤늦게까지 할아버지께서 지으신 동화책을 읽다가 깜짝 놀랐어요.
그것은 다름이 아니라 책갈피에서 흰 봉투 하나가 떨어지는 것이 아니겠

어요.
펴보니 생전 처음 보는 수표가 아니겠어요.
엄마에게 보여드렸더니 엄마도 깜짝 놀라시며 "세상에 이럴 수가… 이렇게 고마운 분이 계시다니." 말씀하시다가 눈물을 흘리셨어요. 저는 마음속으로 '할아버지께서 가져 오셨지만 사실은 예수님께서 주신 거예요'라고 말하는데 엄마도 그런 내 마음을 아셨는지 "용욱아, 예수님이 구원만 주신 것이 아니라 50만원도 주셨구나."라고 우시면서 말씀하시는 거예요.
할머니도 우시고 저도 감사의 눈물이 나왔어요.
동생 용숙이도 괜히 따라 울면서 "오빠, 그럼 우리 안 쫓겨나고 여기서 계속 사는 거야?" 하고 말했어요. 너무나 신기한 일이 주일날 또 벌어졌어요.
엄마가 주일날 교회에 가겠다고 화장을 엷게 하시고 나선 거예요.
예배드릴 때 엄마가 얼마나 우셨는지 두 눈이 솔방울만 해가지고 집에 오셨더라구요.
나는 엄마가 우셨길래 또 같이 죽자고 하면 어떻게 하나 겁을 먹고 있는데 "용욱아, 그 할아버지한테 빨리 편지 써. 엄마가 죽지 않고 열심히 벌어서 주신 돈은 꼭 갚아 드린다고 말이야."라고 하는 것이 아니겠어요.
저는 엄마가 저렇게 변하신 것이 참으로 신기하고 감사했어요.
'고마우신 예수님! 참 좋으신 예수님 감사합니다.
할아버지께서 사랑으로 주신 수표는 제가 커서 꼭 갚을게요.'
그러니까 제가 어른이 될 때까지 동화 할아버지께서 건강하게 사시도록 예수님이 돌봐주세요. 동화 할아버지…. 건강을 지켜주세요. 이것만은 꼭 약속해 주세요.
예수님! 너무나 좋으신 예수님!
이 세상에서 최고의 예수님을 용욱이가 찬양합니다.
사랑합니다.
용욱이 드림

이 글은 xx글짓기 대회에서 수상한 어느 한 어린이가 쓴 글이라고 한다. 아이의 때 묻지 않은 마음에서 우러나오는 글은, 종교적 편견 없이 있는 그대로 읽는다면 그저 가슴이 찡할 뿐이다. 특히 아이의 간절한 염원은 하늘이 그대로 감응한다는 느낌이 든다. 어디 아이뿐이랴. 부모가 자식의 아픔 앞에서 혹은 한쪽 배우자가 다른 배우자를 향해서 혹은 스스로가 스스로를 향해서, 겸손과 경외의 마음으로 드리는 간절한 기도는, "여인아, 네 믿음이 너를 구원하였다." 하는 순간, 바로 치유된다고 할 정도로 강렬한 힘이 있다고 한다. 아이든 어른이든, 어린아이와 같은 진솔하고 순수한 마음에서 우러나오는 염원은, 그것이 곧 하늘에 직접 날아가는 화살기도가 될 것이다. 그 기도는 동화 속의 할아버지를 통해서 오든, 물질을 통해서 오든, 고통을 통해서 오든, 어떤 표징으로든 우리의 염원에 응답하지 않을까 싶다. 다만 우리가 그 표징을 얼마나 알아차리느냐, 그 응답을 얼마나 포착하느냐 하는 것뿐.

누구라도 살아가면서 한 번쯤, 너무나 간절하게 어떤 것에 대한 열망이나 가슴이 저릴 정도의 간곡한 염원이 있을 수 있다. 이럴 때 우리는 어른의 체면이나 주변 사람들의 모든 것을 물리친 후, 완전히 어린아이와 같은 심정이 되어 나의 염원을 어디에선가 드러낸 적이 있을 수 있다. 어린아이처럼 된다는 것, 이것은 가장 맑고 순수한 정신상태로 나의 본마음을 드러내는 순간이 될 것이다. 그 때 우리 내면의 모든 것이 어쩐지 맑아지고 시원해지고 안개가 거두어지는 경험을 가질 수도 있다. 특히 심리치료의 장면에서 자신의 저 아래 본마음을 포착하고 드러내고 난 후, 아무런 판단이나 편견 없이 있는 그대로 이해받고 수용 받았을 때, 그리고 그것이 그저 '나의 있는 그대로의 모습'이라는 것을 알아차렸을 때, 우리는 뭔가 홀린 것 마냥 개운해지는 경험을 가질 수 있다. 바로 그 이후부터 우리는 현실이 눈에 똑바로

들어오고, 어떻게 나의 행동을 취해야 할 것인지에 대한 지혜가 놀랍게 펼쳐지기도 한다.

우리의 마음이 거짓 없이 맑게 되었을 때, 마치 하늘에서 내려온 천사의 모습처럼 지혜의 샘물이 보이고, 그것은 바로 하늘이 내려준 동아줄처럼 우리의 삶에 도움이 될 것이다.

12. 사랑의 힘

> "건강한 아이의 왼쪽 팔이 왼쪽에 엎드려 있는 죽어가던(!) 형제의 어깨 위에 안듯이 올려졌습니다. 그러자 놀랍게도 왼쪽 아이의 심장 박동도, 체온도, 모두 정상으로 돌아오고…"

아래의 글은 출처도 밝히지 않고 어느 분이 필자에게 전해준 글입니다. 사진과 함께. 실제로 있었던 일이었는지는 확인된 바 없지만, 얼마든지 있을 수 있는 일이라는 믿음이 있습니다. 사랑의 힘에는 뭔가 모르는 하늘의 큰 기운이 내리는 듯, 말로 형언할 수 없는 치유의 힘을 느끼게 됩니다. '안아주는 일'이라는 제목으로 쓰여진 글부터 우선 보겠습니다.

- 안아주는 일 -

태어난 지 얼마 안 된 두 쌍둥이입니다.
왼쪽 아이는 몸이 너무 안 좋아서 인큐베이터 속에서
혼자 죽음을 맞이할 수밖에 없었습니다.

이 아이를 불쌍히 여긴 한 간호사가 병원의 수칙을 어기며
두 아이를 한 인큐베이터 속에 넣어 두었습니다.

그러자 건강한 오른쪽 아이가 자신의 팔을 뻗어
아파하는 아이를 포옹하는 일이 벌어졌습니다.

건강한 아이의 왼쪽 팔이
왼쪽의 죽어가던(!) 형제의 어깨 위에 안듯이 올려졌습니다.

그러자 놀랍게도
왼쪽 아이의 심장 박동도, 체온도,
모두 정상으로 돌아오기 시작했고
건강도 되찾게 되었다고 합니다.

사랑만큼 세상을 이길 힘도 없습니다.
사랑처럼 좋은 약도 없습니다.
아주 작은 사랑의 나눔이
큰 힘을 주고 있음을.

사랑받을 만한 이들만을 사랑한다고 자부하는 일
없기를 바라는 마음입니다.
사랑할 수 없다고 말하는 이들 또한 껴안는 일,
이것이 진정한 사랑이 아닐까요!

쌍둥이 아이의 서로간의 포옹의 장면…. 그 장면은 상상만 해도 가슴이 뛰고 찡합니다. 아무런 조건 없는 인간들의 사랑, 순수함, 어디 인간뿐이겠습니까! 세상의 모든 유기체들이 그러한 순수한 기운으로 다가올 때, 그 기운은 무엇이라도 녹여낼 듯 강력한 힘을 가지는 것 같습니다. 가끔 배가 아플 때, 혹은 어디가 좀 안 좋을 때, '엄마 손이 약손'이라며 가만히 누워있는 나의 몸에, 누군가의 따뜻한 손이 나의 몸을 기도하듯 주물러 준다고 상상해 보세요. 그 얼마나 따뜻한 느낌이 들까요. 그러한 기운만으로도 내 속의 아픔이 서서히 사라진다는 느낌이 일지 않을까요!

그런데 그 사랑이라는 것은, 조건적인 존재에게 주어지는 것이 아니라, 어느 사람에게라도 주어져야 한다는 것이 중요한 것 같습니다. 사랑받을 만한 사람은 누구에게나 사랑받을 수 있죠. 오히려 그 사람은 아주 많은 사랑을 이미 받고 살 것입니다. 문제는 사랑받을 만한 가치가 없거나 존재가 미약하거나 희망이 없을 것 같은 사람이라는 거지요. 사랑받을 만한 사람에게만이 아니라, 어느 누구에게라도 그 사랑의 힘은 적용되어야 한다는 것! 이것이 정말 중요하고도 어려운 일인 것 같습니다. 우리가 나의 마음에 드는 사람은 사랑하고, 들지 않는 사람은 배척하는 조건적인 관심은 정말 어리석은 일이라고 생각되지만, 일상에서는 저절로 그렇게 되기 쉽지요. 때로는 '나 살기도 바쁜데 남의 일에 관심'을 가지는 사람을 이상하게 여길 정도니까요. 조건 없는 사랑, 조건 없는 관심과 배려는 이 우주가 거대하게 연결된 공동체라는 인식을 지니는 첫걸음이 되지 않을까 싶습니다. 조건 없이 '안아주는 행위'가 상대방의 생명을 살려낸다는 이 진실을, 우리는 다시 한 번 깊이 마음으로 새겨야 할 것 같습니다. 사소한 것 하나하나, 우리가 깊이 사랑해야 할 존재이고, 그들은 보이지 않게 우리를 성장시켜 나가는 존재라는 뜻에서, 서로간의 깊은 '사랑의 주고-받음'이 얼마나 큰 힘으로 작용될 수 있을지를 느끼게 됩니다.

정말이지 사랑은 묘약인 것 같습니다. 몸도 마음도. 특히 어머니의 자식을 향한 사랑은, 아마도 거의 신(神)과 같은 사랑이 아닐까 생각됩니다. 한국전쟁이 일어났을 당시 한 미국인 병사의 이야기도 함께 느껴봅시다.

- 어머니 -

눈이 수북이 쌓일 정도로 많이 내린
어느 겨울날, 강원도 깊은 골짜기를 두 사람이 찾아왔습니다.

나이가 지긋하게 든 사람은 미국 사람이었고
그 옆의 청년은 한국 사람이었습니다.
눈 속을 헤치면서 한참 무엇을 찾으려는 듯
골짜기를 더듬어 들어간 두 사람이 비로소 찾은 듯
한 무덤 앞에서 발걸음을 멈추어 섰습니다.
"이곳이 바로 네 어머니가 묻힌 곳이란다."
나이가 지긋한 미국인이 청년에게 말했습니다.

한국 전쟁이 일어났을 당시 한 미국인 병사가
강원도 깊은 골짜기로 후퇴를 하고 있었는데
어디선가 이상한 소리가 들려왔습니다.
가만히 들어보니 그것은 어린아이의 울음소리였고
그 울음소리를 따라가 봤더니
그 울음소리는 눈구덩이 속에서 들리는 것이었습니다.
아이를 살리기 위해 눈을 열심히 치우던 미국인 병사는
소스라치게 놀라고 말았습니다.

아이가 살아있는 것도 놀라웠지만 더 놀란 것은
흰 눈 속에 파묻혀 있는 어머니가 옷을 하나도
걸치지 않은 알몸이었다는 사실이었습니다.

피난을 가던 어머니가 깊은 골짜기에 갇히게 되자
아이를 살리기 위해 자기가 입고 있던 옷을 모두 벗어
아이를 감싸곤 허리를 구부려 아이를 끌어안은 채
얼어 죽고 만 것이었습니다.

그 모습에 감동한 미군 병사는
후퇴를 하던 것을 멈추고 언 땅을 파 어머니를 묻고,

어머니 품에서 울어대던 갓난아기를 그동안 자기의 아들로 키웠습니다.
아이가 자라 청년이 되자
미국인 아버지는 한국에서 데려다 키운 아들에게
지난 날 있었던 상황들을 자세히 이야기하고
그때 언 땅에 묻었던 청년의 어머니 산소를 찾아
기억을 더듬으며 이렇게 찾아온 것이었습니다.
다행인 것은 당시에 어머니를 묻으면서 표시를 해두었던 표시목은
세월의 풍상에 다 썩어갔지만
그래도 자신의 이름을 적어 두었던 글씨가 희미하게나마 남아 있어
확인을 하게 된 것입니다.

이야기를 모두 다 전해들은 청년이
천천히 눈이 수북하게 쌓인 무덤 앞에 무릎을 꿇었습니다.
뜨거운 눈물이 볼을 타고 흘러내려
무릎 아래 눈을 녹이기 시작했습니다.
처음에는 흐느끼는 듯하던 울음이 이내 통곡으로 바뀌었습니다.

미국인 아버지는 아들의 슬픔을 존중해 주기라도 하듯
그냥 울게 내버려 두었습니다.
한참만에야 청년은 자리에서 일어났습니다.
그러더니 자신이 입고 있던 옷을 하나씩 하나씩
벗기 시작하는 것이었습니다.

마침내 그는 알몸이 되었고
청년은 자신을 낳은 어머니 무덤위에 쌓인 눈을
정성스레 모두 치웠습니다.

그런 뒤 청년은 벗은 옷으로

어머니의 무덤을 덮어 가기 시작했습니다.
마치 어머니께 옷을 입혀 드리듯
청년은 어머니의 무덤을 모두 자기 옷으로 덮었습니다.
그리고는 무덤 위에 쓰러져
다시 통곡을 하며 절규하듯 소리쳤습니다.
"어머니, 그날 얼마나 추우셨어요! 어머니!"

- '유현민님이 들려주신 이야기'라고 합니다. -

이 이야기 역시, 조건 없는 사랑에 그저 할 말이 없을 정도로 가슴이 찡합니다. 사랑의 힘은 위대하여 자신의 생명을 바쳐 한 생명을 지켜내기도 하죠. 특히 자식에게 향하는 어머니의 사랑은 말도 나오지 않은 채, 그저 가슴만 울릴 정도입니다. 그 청년의 통곡은 우리 내면의 사랑의 울림에 종을 치게 합니다.

"어머니, 그날 얼마나 추우셨어요! 어머니!"

마치 살아있는 어머니를 대하듯, 이 청년은 어머니의 사랑에 감동의 눈물을 흘립니다. 어머니의 사랑은 이 세상에서는 무엇으로도 보상할 수 없는, 도저히 물질로 대신할 수 없는 깊은 무엇인가가 있습니다. 깊은 사랑… 그것은 바로 '묘약'입니다. 이 청년의 절규에 어머니는 하늘에서 뭐라고 하실까요! "그래, 왜 이제야 찾아왔느냐?"라고 할까요? "내가 아니었으면 네가 어떻게 살았겠니?"라고 할까요? 아닙니다. 결코 아닙니다. 아마도 어머니는 하늘에서 "아들아! 난 네가 이렇게 살아준 것만으로도! 이렇게 커 준 것만으로도 고맙고 감사하고, 또 감사하단다. 오! 하느님 감사합니다. 우리 아들이 살아있었군요.", "아들아, 난 아무것도 필요하지 않단다. 그저 너의 존재, 그냥 너의 존재를 사랑하였단다."라고 하지 않을까요!

13. 나 자신부터 알았더라면!

자꾸만 이런 질문이 머리에서 떠나지 않았다. '엄마, 당신은 도대체 누구세요?', '정말, 엄마… 당신은 누구세요?' 그리고, '나는 도대체 살아야 되는 걸까! 죽어야 되는 걸까!', '나는 누구일까!'라고.

다음의 내용은 웨스트민스터 대성당 지하묘지에 있는 한 영국 성공회 주교의 무덤 앞에 적혀 있는 글귀이다.

내가 젊고 자유로워서 상상력에 한계가 없을 때
나는 세상을 변화시키겠다는 꿈을 가졌었다.
좀 더 나이가 들고 지혜를 얻었을 때
나는 세상이 변하지 않으리라는 것을 알았다.

그래서 내 시야를 약간 좁혀
내가 살고 있는 나라를 변화시키겠다고 결심했다.
그러나 그것 역시 불가능한 일이었다.

황혼의 나이가 되었을 때
나는 마지막 시도로
나와 가장 가까운 내 가족을 변화시키겠다고 마음을 정했다.
그러나 아아. 아무도 달라지지 않았다.
이제 죽음을 맞이하기 위해 자리에 누운 나는 문득 깨닫는다.

만약 내가 내 자신을 먼저 변화시켰더라면.
그것을 보고 내 가족이 변화되었을 것을.
또한 그것에 용기를 얻어 내 나라를 더 좋은 곳으로 바꿀 수 있었을 것을.
그리고 누가 아는가,
세상까지도 변화되었을지!

- 『내 영혼의 닭고기 스프』 중에서 -

그렇다. 외부를 변화시키기 전에, 내 자신이 먼저 변화되었더라면, 어쩌면 우리의 주변이 다소 변화되었을지도 모르겠다. 이렇게 좋은 글이나 말을 들었을 때는 참으로 그럴듯하게 느껴지지만, 실제의 상황에서는 어디 그것이 쉬우랴! 변화되고 수정시켜야 할 상대방의 것들이 얼마나 눈에 많이 들어오는데 말이다.

오랫동안 아이 때문에 고민하는 분이 계셨다. 그 부인이 아이를 이야기할 때는 정말 이상한 아이였다. 그래서 그 부인은 심리치료사를 찾아가 우리 아이는 정말 문제가 많다고, 제발 좀 아이를 변화시켜 달라고 졸랐다. 공부도 열심히 하고, 말도 잘 듣고, 행동도 똑바르게 하기를 원했다. 제발 아이를 다르게 변화시켜 달라고 부탁했다. 물론 남편도 마음에 들지 않는 것은 말할 것도 없지만, 우선 급한 것은 아이라고 했다.

아이를 접해 본 치료사는, 아무리 생각해도 아이는 보통의 상태이고, 엄마의 심리적 문제가 가장 큰 원인이었다고 생각했고, 좀 더 지켜본 후에도 그 생각에는 변함이 없게 되었다. 그래서 엄마부터 부모교육 또는 상담을 받아보시라고 권했다. 그때부터 그 엄마는 그 치료사의 전문성을 의심하고 비난하기 시작하면서 "당신 같은 무능력한 치료사에게 상담을 맡긴 내가 잘못이다."라며, 다른 치료사를 찾았다. 그때부터 이 엄마는 이곳저곳을 방

생활 속의 심리이야기 5

생활 속의 심리 이야기 5

펴낸곳 / 이문출판사 ‖ 변경등록:1994. 6. 3. 제7-20호
발행인 / 지경원 ‖ 지은이•최경희 ‖ 초판 발행 / 2017년 3월 20일 ‖ 재판 발행 /2023년 8월 25일
주소 / 704-306 대구 남구 중앙대로40길 11-14 ‖ 03728 서울 서대문구 모래내로24다길 15-5
전화 / 02) 359-8250, 053) 624-3113 ‖ 팩스 / 02) 359-8251

값 15,000 원
ISBN 978-89-7334-170 03180

생활 속의 심리이야기 5

최 경 희 지음

이문출판사

머리글

사계절의 변화를 뚜렷하게 느끼는 시골에 20년 가까이 살다보니, 자주 다녀오는 자식들 아파트가 답답하고 불편할 때가 있다. 여기서 어떻게 살까 싶지만, 일주일 정도 지나면 주변 환경을 편리하게 통제시켜 주는 도시의 콘크리트 내실이 익숙해진다. 그러다보면 시골의 그 넓은 집을 어떻게 관리하고 살까 싶지만, 이곳(울산, 언양)에 내려오면 또 언제 그랬느냐는 듯 자연스럽게 불편함을 느끼지 못하고 생활한다. 두말할 것도 없이 그 어느 곳이든, 나의 마음상태에 따라 다르다.

물리적 환경뿐만 아니라 정서적 환경도 현실적 상황에 따라서 새로운 것을 맞이하게 된다. 대체로 물리적 환경은 적극적이고 주체적인 행동을 통하여 자신에게 적절한 방향으로 처리하며 살아간다. 하지만, 정서적 환경에 대하여 어떻게 통제하고 승화시켜 내면서 살아갈까? 사회생활과 인간관계의 그물망 속에서 살아가는 우리들은, 스스로가 어느 정도 통제할 수 있는 부분도 있지만, 내면의 영역 밖에서 다가오는 어려움도 맞이하게 된다. 그 어떤 것이든 외부의 자극들은 수많은 정서적 환경으로 작용하며, 우리의 삶에 영향을 미친다. 개인의 정서상태에 따라서 외부의 압력은 득(得)이 되기도 하고, 실(失)이 되기도 한다. 똑같은 어려움을 겪어도 어떤 사람은 디딤돌로 삼고, 다른 사람은 걸림돌로 느끼면서 괴로워한다. 우리 내면의 마음 상태는 외부의 탓이 아니라, 바로 스스로가 책임져야 할 몫이라는 생각이 든다. 그 어떤 외부의 상황에서라도 자신을 책임지는 사람은 일단 주체성과

자립심을 가지고 있다. 이것은 성숙한 인격의 기초자료가 될 것이다.

상담 및 심리치료를 하면서, 내담자들에게 독서를 통하여 상담효과를 가져오게 하면 좋겠다 싶은 생각에서 출발된 '생활 속의 심리이야기'가 어느덧 1, 2, 3, 4권에 이어 5권에 접어들었다. 이 책의 주제들은 우리 내면의 정서적 환경을 중점적으로 다루고 있는 것이 대부분이다. 필자는 조용히 침묵하거나 산책할 때 혹은 말을 천천히 할 때 자주 안정되는 느낌을 가지지만, 독서를 하면서 조용히 눈을 감거나 글을 쓰면서도 내면이 평화로워질 때가 많다. 때로는 눈을 감은 채로 컴퓨터 자판을 두드리며 묵상하게 될 때도 있다. 눈을 떠서 그 글들을 보면 '나'가 하는 것이 아니라, '내 안의 어떤 힘'이 하는 것처럼 느껴질 때도 있다. 잔잔하게 일어난 내면의 것들이 눈을 뜨고 살아가는 인간적인 나에게 결정적인 역할을 하게 됨을 느낀다. 바쁘게 하루를 보내고 마음이 산만할 때, 마치 '타인'이 쓴 글 마냥 읽으면서 차분해지고 안정될 때가 있다. 그렇다. 아마도 '참 나'가 썼을 것이다. '인간적인 나'는 자주 불평하고 성내고 두렵고 불안해하면서 살아간다. 하지만, 내면의 '참 나'는 안정되고 성숙하고 평온하고 걸림이 없을 때가 많다. 또한 '참 나'와 '인간적인 나'는 자주 대립하며 갈등한다. 그리고는 내 안의 '남'이 쓴 글들은 성찰자료를 제공하며 '인간적인 나'를 안정시키고 편안하게 만들 때가 있다. 이 내용들은 그런 자료의 모음집이다.

얼마 전까지만 해도 청년인 것 같던 자녀들이 직장생활을 하고 출가하여 다시 자녀를 낳아 나에게 '할머니'라는 거룩한 이름을 주었다. 이보다 더 행복한 일이 있을까! 할머니가 된 지금, 손자손녀들이 훗날 이 책을 읽어본다면 어떨까 라는 심정이 된다. 거짓되고 포장된 모습이 아니라, 참되게 살아가려는 할머니의 모습을 떠올리길 바라면서, 부족하지만 노력하는 수수한 모습의 할머니가 내담자를 접하면서 깨달았던 이야기들을 있는 그대로

문하여 아이의 변화에 대한 도움을 청했다. 대부분의 치료사들은 이런저런 말로 비슷한 진단을 내렸다. 이 엄마는 치료를 담당하는 여러 선생님들이 마음에 들지 않았다. 사회적 지위가 있다고 느껴지는 전문가를 찾아다니기도 하였고, 얼마 되지 않아 그것 역시 고개가 갸우뚱해졌다.

"왜 아이를 바꾸지 못하느냐고! 선생님들이 진단하는 정도는 나도 이미 아는데! 그렇게 무능력하면서도 치료를 하다니!"

그리고 좀 더 유능한 상담자를 찾아야 한다는 생각으로, 이번에는 정신과 의사를 찾기 시작했다. 이 의사 저 의사를 찾아서, 이 지역 저 지역을 아이를 데리고 다니기 시작하였고, 의사들 역시 마음에 들지 않았다. 아이를 고치지 못하는 의사들을 다시 모두 공격하기 시작하였다. 자기는 아무런 문제가 없는데, 부모를 바꾸라고 한다는 것은 말도 안 된다고 하였다.

"의사들도 별것 아니군. 나도 이런 공부를 좀 해 봐서 아는데, 의사들도 문제가 정말 많아! 의사들 자신이나 먼저 정신 차려야지. 나도 그 정도는 다 알고 있어."라고 콧방귀 꼈다.

이 분은 자신 스스로가 생각할 때 고학력자이고 책도 많이 접하였기 때문에 별로 모르는 것이 없다고 생각했다. 기본적인 소양, 겸손, 외모, 학벌 등 어디에 내어놓아도 스스로 괜찮다는 생각을 하였다. 단지 하나, 내 아이가 부모의 체면과 위신을 손상시킬 뿐이며, 더욱이 자기 스스로는 자기의 문제점을 알고 있으며, 사실 그 정도는 반성하고 산다고 생각했다. 하지만 그것은 누구나 다 가지는 부모의 공통적인 욕심일 뿐이라고, 그건 문제가 아니라고, 모두 다 알고 있는데, 문제는 아이라고 말했다. 오직 아이에게 문제가 있을 뿐이라고 거듭 강조하였다. 세상에는 정말 믿을 사람이 없고, 능력 있는 사람이 너무 없다고 짜증을 내었다.

이런 상태로, 아이는 친구관계, 학업문제, 내면의 심리적 상태 등, 여러

측면에서 부적응 상태로 하루하루를 살아갔다. 약 6살부터 시작된 놀이치료, 청소년상담 혹은 정신과 방문 등의 치료적 작업은, 아이가 고등학생이 될 때까지 약 10여 년간 계속되었다. 고등학생이 되자 드디어 아이는 정신증적 발작을 일으키고, 더 이상 정상적인 관계가 되지 않을 만큼 심각한 상태로 들어갔다. 그리고 집에 있을 수도 없고 학교도 갈 수 없는 문제가 발생되었다. 머리를 쥐어뜯고, 방을 나오려 하지 않고, 모든 것을 포기한 불안과 우울의 상태가 심각해져 갔다. 어쩔 수 없이 병원 입원을 하면서 약물 등 여러 가지 방법으로 치료하였지만, 그 모든 것은 일시적이었다. 어느덧 아이가 제일 싫어하는 것은 상담자 혹은 의사가 되었다. 그런 사람들에게 방문한다는 것은 정말 지긋지긋하였다. 엄마에 대한 투사된 감정이라는 사실은 부모와 자식 둘 다 몰랐다. 부모는 물론 아이마저, '상담자, 의사들은 무능력하다.'라고 생각되었다. 오히려, 엄마는 문제의 원인을 '그렇게 오랫동안 내가 노력했는데도 지금까지의 상담자, 의사들이 치료한 것이 아무것도 없다. 오히려 문제를 더 크게 만들었다.'는 생각이 일어났다. 자기 마음을 투사시키고 외부의 탓으로 합리화시키며, 아이를 접한 상담자나 의사에게 분노를 드러내기 시작하였다.

아이가 드디어 집에서는 자기가 죽을 것 같다며, 발작을 일으키고, 병원도 상담자도 부모도 아무도 필요 없다며 자살시도까지 서슴지 않았다. 아이는 내가 죽으면 이 모든 것이 끝나는 일이라고 생각하였다. 위기 때마다 간간히 지지 받은 상담자 혹은 아빠의 힘으로 버티고 살아갔지만 (물론 이것은 본인들은 인정하지 않지만) 정말 어려운 상태였다. 처음부터 지금까지 아빠는 엄마에게 꼼짝 못하는 나약한 상태였으므로, 아빠의 힘은 미약하였다. 그러나 계속해서 엄마는 자기만을 제외시키고, 세상 모든 것을 변화시켜야 한다고 굳게 믿는 사람이었다. 정말 이 세상 모든 것이 다 마음에 안 들었다. 교육제도는

이래서, 아이는 이래서, 남편은 이래서, 사회는 이래서, 국가는 이래서, 의사는 이래서 등. 그 모든 것에는 항상 자신이 제외되어 있었다.

'나는 누구였는가! 나는 누구인가!' 한 번도 이런 생각을 해 본 적이 없었다.

아이는 윤리시간에 우연히 들은 선생님의 설명이 생각났다. 가만히 생각해 보니 그때 들었던 선생님의 말씀이 떠올랐다. 그리고 자꾸만 이런 질문이 머리를 떠나지 않았다.

'엄마, 당신은 도대체 누구세요?'

'정말, 엄마 …… 당신은 누구세요?'

그리고,

'나는 도대체 살아야 되는 걸까! 죽어야 되는 걸까!'

'나는 누구일까!'

아직, 이 엄마는 치료를 받고 있지 않다고 들었으며, 이 아이는 어느덧 성장하여 20대 중반이 되어갈 것이다. 아이가 가지는 자연치유 능력과 본능적인 삶의 극복 과정이 있었을 수도 있으므로, 그동안의 삶의 질은 고민이 지금까지 연계될 수도 있지만, 나름대로 잘 치유되었을 가능성도 있을 것이다. 어쩌면 그 당사자인 엄마 역시, 아이와 똑같은 고통을 안고 있을 수 있으며, 어쩔 수 없는 한계가 있을 것이다. 그 아픔을 함께 해야 하는 상처도 있을 것이다. 얼마나 괴로웠겠는가! 얼마나 답답하고 가슴이 아팠겠는가!

엄마가 아이를 문제 아이로 볼 것이 아니라, 자신을 한번 생각하면서, 자기 자신부터 챙기는 작업을 10여 년간 했더라면! 엄마와 아이는 지금쯤 상당히 행복해 할 수도 있을 것이다.

엄마가 되기 전부터 스스로 '나는 누구인가'라는 물음을 던지는 인생을 배웠더라면…

'나는 누구인가!'라는 물음으로 세상을 살았더라면….

- 이 내용은, 많은 가정에서의 상황을 가상적으로 상상하여 엮었음 -

14. 굳어있는 마음을 온기로 녹이며…

한겨울의 새벽에 나가보라. 꽁꽁 얼어붙은 상태를 느껴보라. 우리는 내 자신을 에워싸기 위하여, 외부의 공기를 차단시키기 위하여 얼마나 자신을 둘러싸는가! 따뜻한 아침햇살이 나오기까지는 얼어붙은 내 몸을 감싸기 바쁘고, 다른 아무것도 생각나지도 않고 그저 안으로 안으로 감싸 안을 뿐이다.

"사람 마음속의 뜻은 깊은 물과 같지만, 슬기로운 사람은 그것을 길어 올린다." (잠언 20,5)

사람마다 다 나름대로의 뜻이 있다. 세속적이라고 일컫는 것도 있지만 참된 것에 대한 추구도 있다. 깊은 물과 같은 참된 뜻은 현실에 허덕이다 보면 손에 잡히지 않고 그런 것들을 놓치고 사는 경우가 많다. 그러다 보니 마음속의 뜻이 있지만, 그 뜻을 길러 올리지 못하는 경우가 대부분이라고 보아도 과언이 아닐 것이다. 우리의 마음속에 담겨있는 참된 뜻이 그대로 우리 내면에 잠겨있다면, 그것은 고인 물일뿐이다. 좋은 것이든 좋지 않은 것이든 고여 있는 것은 썩기 마련이다. 그렇다면 참된 뜻을 길어 올리는 우리의 힘은 무엇일까! 그 뜻을 길어 올리지 못하는 이유는 무엇일까! 물과 관련된 여러 가지 생각을 하면서, 우리 내면의 참된 뜻을 잘 길어 올리는 심리적 현상에 대하여 살펴보도록 한다.

한 일본의 학자가 물에 대해 연구한 내용이 있었다. 그냥 보통 물의 결정

체를 면밀한 현미경으로 찍은 사진과, 좋은 말과 내용 중 음악에 따라 달라지는 물의 결정체를 찍은 사진을 본 적이 있다. 같은 물이지만 서로 다른 것을 찍어놓은 것 같은 느낌이었다. 신기하기도 하지만 의구심이 들기도 하였다. 신뢰 있는 전문가의 과학적인 설명을 듣고 난 후에는 여러 가지를 생각하는 계기가 되었다. 음식이 차려졌을 때, 그냥 먹는 음식과 감사의 기도를 올리고 먹는 음식도 다르다는 증거를 제시하는 강의도 들은 적이 있다. 그 내용이 설득력 있고 진실되게 가슴에 들어왔었다. 같은 물일지라도, 그 물에 어떤 에너지를 넣었는가에 따라 다르듯이, 같은 음식도 어떤 마음으로 요리하고 어떤 감정으로 먹는가에 따라서 다르다. 엄마 뱃속에 들어있는 태아도 엄마의 어떤 에너지가 연결되는가에 따라 상당한 차이가 있을 것으로 충분히 예견된다. 그냥 같이 지내는 사람들끼리도 서로에게 어떤 기운을 주고받는가에 따라서 상호작용이 완연히 달라지고, 서로의 변화도 느끼지 않는가! 이런 것들을 통해 많은 사람들은 좋은 말과 음악, 그림, 자연 등과 같은 긍정적인 것들이 굉장히 중요하다는 것을 느낄 수 있다.

흔히 인체의 약 80%를 물이 차지하고 있다고 하는데, 육체뿐만 아니라 마음 역시도 물과 같을 것이다. 손에 잡히지는 않더라도 우리에게 없어서는 안 될 너무나 중요한 정신 기능이라는 점이다. 그런데 이 물이라는 것은 칼로 아무리 베어도 갈라놓을 수 없다. 즉, 물은 누가 아무리 흔들어도 그 근본적 성질에서 상처를 받지 않는 것이다. 이 얼마나 오묘한 것인가! 아무리 칼로 물을 베려고 해도, 그 물은 그냥 물 자체로서 그대로 남아있다는 것. 외부의 아무런 영향을 받지 않고 물이라는 존재의 흐름을 지킨다는 것. 어쩌면 우리가 물과 같이 살고 싶다는 말을 종종 하기도 하는데, 바로 이런 점에서 물의 근원적 성격을 통하여 배울 것이 많다.

그런데 이런 물도 상처를 낼 수 있는 방법이 딱 하나 있다고 한다.

"바로 그것은 물을 얼리는 것입니다. 그러면 아주 작은 충격으로도 그 물에 뚜렷한 상처를 낼 수가 있고, 심지어는 깨뜨려버릴 수도 있습니다. 우리의 마음은 물과 같아서, 흔들리고 요동치는 것이 싫은 사람들은 스스로 자기 마음을 돌처럼 딱딱하게 만들어버립니다. 그러면 마음은 얼음과 같이 되는데, 그 마음은 아주 작은 자극으로도 쉽게 상처를 낼 수가 있게 됩니다. 반면에 마음을 잔잔하게 하는 법을 배우고 훈련한 사람들은 외부의 자극에 잠깐 요동은 치겠지만, 여간해서는 상처를 받지 않고 다시 잔잔한 상태를 찾을 수 있습니다. 게다가 물은 어느 그릇에 담더라도 그 모양대로 변형되지만, 물이 얼어버리면 딱 맞는 그릇을 찾지 않는 이상 어울리기는 힘든 것입니다." (새남터. 2012.)

마음이 완고한 사람들이 얼마나 쉽게 깨지며 상처받고 있는지를 잘 드러내는 말일 것이다. 어쩌면 이 말은 마음이 완고한 사람들에게 내리는 경고의 말이 될 수도 있다.

사실 지금까지 우리가 살아오면서, 우리 마음은 얼마나 완고해져 있고, 얼마나 얼어 버린 상태로 있을까! 우리는 정말 남을 잘 믿지 않는다. 그리고 상처받는다. 남들의 말 한마디 한마디에 예민하다. 그래서 이런 말들을 종종 한다. "세상에 믿을 놈, 하나도 없다. 오직 나 자신밖에는 없어." 그렇다. 우리는 흐르는 물처럼 살기 힘들다. 우리는 마음이 딱딱한 얼음처럼 완고해져 있다. 심지어 이 완고함은 타인에게도 영향이 가지만 스스로를 지속적으로 긴장하게 만든다. 그리고 자기의 고정된 사고에 집착하여 확신하게 만든다. 즉, 스스로를 얼게 하여 감정을 깊이 억압하게 만든다. 감정 자체를 아예 느끼지도 못하게 한다. 그래서 상대방의 말들이 귀에 잘 들리지 않는다. 무슨 말인지를 잘 알아듣지도 못하게 만든다. 완고한 마음은 우리를 정말이지 꽁꽁 얼어붙게 만들어, 마치 냉동실의 얼음처럼 되어버리게 하는 것이다. 그리고는 그 얼음이 투사되어 상대방을 완고하게 느끼고 탓하기 시작한다.

누가 처음부터 이렇게 '얼음'이 되었겠는가! 태어날 때의 우리는 야들야들한 자유로운 존재였으며, 의지하지 않고 사랑받지 않으면 안 되는 아주 부드럽고 연약한 존재이며, 영적으로는 그것 자체로 완전한 존재이지 않았는가! 그런데 그 존재가 이렇게 꽝꽝 얼어붙기까지는 얼마나 많은 힘듦이 있었겠는가! 누구도 그러고 싶어서 그러는 것은 결코 아닐 것이다. 여러 가지 사회경제적 요인, 부모나 주변 환경의 정서적 요인, 물리적 요인 등 각종 영향으로 인하여 완고한 마음을 가지지 않고는 살아남을 수 없는 '이유'가 있는 것이다. 그 이유가 상처이든, 자존심이든, 슬픔이든, 그것은 상대방이 함부로 재단할 수 없는 것이다. 왜냐하면 그 당시에는 완고할 수밖에 없었던 현실적으로 타당한 이유가 있었으며, 그때 그 상황에서는 너무나 필요한 것이었을 가능성이 많기 때문이다. 즉, 완고하게 살아가면서 생존해 나가는 방법을 배운 것이다.

한겨울의 새벽에 나가보라. 꽁꽁 얼어붙은 상태를 느껴보라. 우리는 스스로의 몸을 에워싸고, 외부의 공기를 차단시키기 위하여 얼마나 육체를 둘러싸는가! 따뜻한 아침햇살이 나오기까지는 얼어붙은 내 몸을 감싸기 바쁘고, 다른 아무것도 생각나지도 않고 그저 안으로 감싸고 싶을 뿐이다. 마찬가지로 우리의 마음이 딱딱하고 완고할 때, 내면에서는 따뜻한 온기를 바라고 갈구하며 자신 속으로 웅크리며 들어갈 뿐이다. 자신의 얼음 속에 갇힐 뿐이다. 다른 아무 것도 들어갈 자리가 없는 것이다. 외부의 따뜻함이 오기 전까지는 말이다.

무엇이 그 얼음을 풀게 만들까!

그 얼음을 풀게 만드는 것은 망치나 쇠톱이 아니라 '온기', 즉 따뜻한 사랑의 기운이다. 처음에는 자신 스스로가 그 기운을 불어넣기는 힘들 것이다. 외부의 따뜻한 햇살이 들어와야 한다. 은은하게 동트는 아침햇살, 그 찬란한

동쪽의 햇살을 겸허하게 바라본 적이 있는가! 따뜻한 빛, 따뜻한 사랑, 하늘이 한 푼의 대가 없이 그저 비춰주는 햇살을 느껴보자. 아무런 보상 없이 내려주는 태양의 따사로움, 가족이나 주변 사람들이 조건 없이 주는 '따뜻한 온기'는 꽁꽁 얼어붙었던 완고한 마음을 풀어헤치는 데 도움이 된다. 그 따뜻한 기운은 '길이요 진리요 생명이신' 어떤 고귀한 힘이 될 수도 있다. '성스러운 빛'이 될 수도 있다. 그 기운은 '나는 그들에게 다른 마음을 넣어주고, 그들 안에 새 영을 넣어주겠다. 그들의 몸에서 돌로 된 마음을 치워버리고 살로 된 마음을 넣어주어.'라는 말씀(에제 11장)이 될 수도 있다.

누구나 다 숨어있는 깊은 속뜻이 길어 올려지려면 우리는 얼어붙은 마음부터 풀어져야 할 것이다. 우리의 내면은 사랑이라는 온기부터 들어가야 할 것이다. 완고한 우리의 마음이 따뜻한 햇살에 비춰져서 유유한 물이 될 수 있기를 기원한다. 흐르는 물은 썩지도 않고 모양을 정해 놓지도 않는다. 유연하고 자유롭다. 사람 속의 참된 뜻은 잘 흐르고 있는 물과 같다. 그 물이 잘 길어 올려져 마음의 밭에 뜻을 일구며, 슬기롭고 온유한 인품의 열매가 맺기를 바란다.

15. 양피지에 적힌 시(詩)

"갑작스런 불행에서 자신을 보호하려면 영혼의 힘을 키워야 합니다. 많은 두려움은 피로와 외로움에서 생겨납니다. 자신에게 관대해지도록 노력하십시오."

아래의 시(詩)는 맥스 어만(Max Ehrmann)이라는 사람이 1927년에 지은 것이라고 전해진다. 어느 한 교황님이 양피지에 적혀있는 이 시를 선물 받고, 자신의 방에 걸어두고 수시로 보셨다고 한다.

- 진정 바라는 것 -

소란스럽고 바쁜 일상 속에서도 침묵 안에 평화가 있다는 것을
기억하십시오.
포기하지 말고 가능한 한 모든 사람들과 잘 지내도록 하십시오.
조용하면서도 분명하게 진실을 말하고,
어리석고 무지한 사람들의 말에도 귀를 기울이십시오.
그들 역시 할 이야기가 있을 테니까요.

목소리가 크고 공격적인 사람들을 피하십시오.
그들은 영혼을 괴롭힙니다.

자신을 다른 사람과 비교하면
자신이 하찮아 보이고 비참한 마음이 들 수도 있습니다.

더 우대받거나 더 못한 사람은 언제나 있기 마련입니다.
당신이 계획한 것뿐만 아니라 당신이 이루어낸 것들을 보며
즐거워하십시오.

아무리 보잘것없더라도 당신이 하는 일에 온 마음을 쏟으십시오.
그것이야말로 변할 수밖에 없는 시간의 운명 안에서
진실로 소유할 수 있는 것이기 때문입니다.

사업상의 일에도 주의를 쏟으십시오.
세상은 속임수로 가득하기 때문입니다.
그러나 세상에 미덕이 있다는 것을 모르고 지나치지는 마십시오.
많은 사람들이 높은 이상을 위해 애쓰고 있고
삶은 영웅적인 행위로 가득 차 있기 때문입니다.

당신 본연의 모습을 찾으십시오.
가식적인 모습이 되지 마십시오.

사랑에 대해서 냉소적이 되지 마십시오.
아무리 무미건조하고 꿈이 없는 상태에서도
사랑은 잔디처럼 끊임없이 돋아나기 때문입니다.

나이든 사람의 충고는 겸손히 받아들이고,
젊은이들의 생각에는 품위 있게 양보하십시오.

갑작스런 불행에서 자신을 보호하려면 영혼의 힘을 키워야 합니다.
많은 두려움은 피로와 외로움에서 생겨납니다.
자신에게 관대해지도록 노력하십시오.

당신은 나무나 별들과 마찬가지로 우주의 자녀입니다.
당신은 이곳에 머무를 권한이 있습니다.
그리고 당신이 느끼든 느끼지 못하든
우주는 그 나름의 질서대로 펼쳐지고 있습니다.
그러므로 하느님과 평화롭게 지내십시오.

당신이 그분을 어떻게 생각하든
당신의 노동과 소망이 무엇이든
혼란한 삶 가운데도 영혼의 평화를 간직하십시오.

서로 속이고, 힘들고, 꿈이 깨지기도 하지만
그래도 세상은 아름답습니다.
늘 평안하고 행복하려고 애쓰십시오.

이 시는 그냥 스쳐 읽을 때는 누구나 다 아는 내용쯤으로 들리기 쉬우나, 가만히 그 의미를 음미해보면 많은 지혜가 숨어 있다는 느낌이 든다. 소란스럽고 바쁜 일상 속에서 정신없이 살아가는 우리네들이 어떻게 사는 것이 좋은지부터 가르치는 글이다.

우선 '침묵'에 대한 것으로부터 시작된다. 침묵 안에 평화가 있다는 사실은 침묵을 해 본 사람만이 안다. 단 5분이라도 가만히 자신의 호흡이나 몸, 감정 상태에 집중해보라. 그 상태가 어떻게 변화되는가를 느낄 수 있다. 예컨대 뻐근한 어깨에 조용히 집중하며 속삭여보라. "수고가 많지! 어깨에 힘을 줘야 할 만큼 여러 가지 일들을 하고 있지! 힘이 들겠구나! 잠깐 좀 쉬어보자꾸나!"라고 스스로에게 귀 기울여주는 침묵의 시간을 가져보라. 우리의 어깨가 어떻게 반응하는가를 느낄 수 있다. 짧은 시간이라도 긴 휴식을 취한 것 마냥 편안해지거나 멍해지는 등 다양한 경험을 할 수 있다.

그리고 조용하면서도 분명하게 진실을 밝히는 용기, 주변의 무지한 사람의 말에도 귀를 기울이라는 충고가 와 닿는다. 사람들과의 관계에서 무조건 양보하거나 희생하라는 말보다는, 무엇이 진실인지를 침묵 속에서 알아차렸다면 그것을 조용히 드러내라는 충고를 한다. 물론 용기가 필요할 것이다. 더욱이 상대방의 상태에 따라서 무지하거나 보잘것없는 말들도 있지만, 그들의 말에도 귀를 기울여야 한다. 그들도 역시 할 이야기가 있을 것이며, 그 이야기도 귀담아 들어야 할 것이 있고, 그 존재를 존중해야 한다는 것을 말하고 있다. 그들 역시 우주의 자녀라는 것, 즉 그들도 사랑받는 존재이기 때문에 이 우주에 머무를 권한이 있다는 사실에 머물러 본다. 아울러 목소리가 크고 공격적인 사람들은 타인의 영혼을 괴롭힌다는 말을 한다. 그들에게도 진실을 밝히는 용기가 필요할 것이며, 귀를 기울여 들어야 할 이야기도 있을 것이다. 하지만 내 스스로의 영혼에 상처가 많이 다가온다면 잠시 피하는 것도 방법으로 제시되고 있다. 마치 비바람이 몰아칠 때 잠시 옷깃을 여미며, 처마 끝에 피해서 기다려야 하는 것처럼 말이다. 그들의 존재는 귀 기울이되 영혼을 힘들게 하는 공격성에는 침범당하지 말아야 한다는 말일 것이다.

현대를 살아가는 우리가, 타인과 비교하지 말고 자신 스스로가 계획하고 이루어낸 것들에 대하여 행복해 하라는 말씀도 새겨들어야 하는 내용이다. 자신이 하는 일에 가치를 부여하여 온 마음을 쏟으면, 그것 자체가 진정 자기의 것이 될 수 있다는 말도 가슴에 전해온다. 진실로 소유할 수 있는 것은 자기가 가치 있게 부여한 어떤 것만이 아니겠는가! 세상은 진정 속임수로 가득 차 있지만, 그래도 많은 사람들은 미덕이 있고, 높은 이상을 위해 노력하고 있다. 가만히 주변을 둘러보면 생각보다 영웅적인 행위들이 많다는 것이다. 세상을 바라보는 관점에서 너무 부정적인 것에 눈을 돌려서도

안 되지만, 지나치게 긍정적으로 바라보면서 부정적인 면들을 억압해서도 안 되는 것을 느낄 수 있다. 속임수도 있고 미덕도 있는 이 세상에 대해서 잘 알아차리는 자세를 통하여 '참된 것'이 무엇인지를 아는 지혜로운 분별력이 필요할 것이다.

사람을 대하는 데 있어서, 가식적으로 사람을 대하지 말고, 진실하게 본연의 자신을 드러내라는 말, 그리고 사랑의 마음을 키워내어야 한다는 것. 특히 사랑은 끊임없이 돋아나는 것이므로, 그 싹을 잘 키우라는 내용은 새겨들어야 할 것 같다. 참으로 이것은 그리 쉬운 것은 아니다. 우리 가운데 참된 자신의 본연의 모습을 드러내는 사람이 과연 몇이나 있겠는가! 방어적이고 가식적인 자신으로서는, 진실된 사랑이 나오기가 쉽지 않을 것이다. 오랫동안 가족 안에서부터 한 인격체로 진실되게 존중받고 이해받은 사람만이 제대로 된 본연의 자세를 드러낼 수 있지 않을까! 있는 그대로의 모습이 무시당하고 지배받은 사람들은, 자신의 본마음을 드러낸다는 것 자체가 매우 위험하고 무서울 것이다. 진실로 사랑의 마음을 키워내어야 한다는 것, 이것은 본연의 모습을 드러내는 가장 최초이자 최후의 과제가 될 것이다.

나이든 사람의 충고를 잘 받아들이고, 나이 어린 사람들의 생각을 존중하고 품위 있는 양보를 권하는 말도 마음에 전달된다. 나이든 사람은 '나이든' 것을 젊은이들에게 존중받고 싶어 한다. 나이든 사람이 젊은이에게 존중을 받으려면, 우선 자신 스스로가 어떤 행동은 존중받을 만한 것이지만 어떤 것은 그렇지 않다는 것을 알아차리는 것부터 해야 하지 않을까 싶다. 이미 나이가 들었다고 아무것도 하지 않으려는 자세보다는, 자기 스스로의 행복감을 위해서라도 집안의 한 어른이 자기 개발을 해 나가는 모습을 자손들에게 보이는 것은, 참으로 건강한 삶의 모델을 제시하는 모습이다. 어른으로서의 정체성을 확립하여 흔쾌하게 양보할 것은 양보하지만, 때로는 젊은이들

때문에 내가 이런 감정이 들 수밖에 없잖아.'

'예전에 당신이 한 것, 말한 것, 또는 하지 않은 것 때문에, 난 늘 마음이 편치 않아. 그것이 늘 걸려! 자꾸 원망스러워!'

'나는 왜 이것밖에 안 될까! 아무리 해도 잘 되지 않아! 아직 부족한 것이 정말 많아. 이 생은 틀렸어. 자식이나 잘 되어야 할 텐데…'

이런 각종 생각들이 에고의 항아리에서 마치 사실처럼 터져 나온다. 에카르트 톨레(2013)는 두 항아리에 대한 것을 이렇게 언급했다. "에고가 수없이 말하는 것들은 모두 실제와 혼동된 가정들, 점검되지 않은 생각들이다. 그것들은 우리가 지금 평화로울 수 없는 이유, 혹은 지금 충분히 자신으로 존재할 수 없는 이유로 우리 스스로를 확신시키기 위해 에고가 만들어 낸 이야기들이다. 평화롭다는 것과 자신으로 존재한다는 것, 즉 본래의 자신이 된다는 것은 같은 말이다. 자신으로 존재한다는 것 자체가 바로 평화로움 속에 있다는 뜻이다. 에고는 말한다. "아마도 미래의 어느 시점에 나는 평화롭게 있을 수 있을 것이다. 이러이러한 일이 일어난다면, 혹은 이러이러한 것을 얻는다면, 혹은 이러이러하게 된다면!" 이런 식으로 에고의 항아리는 늘 지금 현재를 벗어난다. '앞으로 무엇이 된다면…'을 외치며, 미래를 예견하고 염려하고, 과거를 되씹으며 시끌벅적하다. 평화로운 시간이 거의 없다."

그렇다면 어떻게 하면 지금 평화로울 수 있는가! 내 존재 자체로서 살아갈 수 있을까! 다른 말로 하자면, 성령의 항아리로 들어갈 수 있을까!

현재의 순간은 삶의 놀이가 일어나고 있는 장이다. 삶의 놀이는 다른 곳에서 펼쳐질 수 없다. 현재의 순간에 저항하지 않고 받아들이는 자세가 필요하다. 혹시 현실이 못마땅하고 팔자타령하고 싶을 정도로 괴롭다면, 바로 그 현실과 화해하면 무엇이 일어나는지 보라. 자신에게 무엇이 가능한지, 어떤 행동을 선택할 수 있는지 가만히 느껴보라. 더 정확히 말해, 삶이 당신을 통해 무엇을 하는지를, 삶이라는 무대가 어떻게 펼쳐지는가를 보라. 그에 대한 비밀은 놀랍게도 우리 가까이에 있다. 모든 성공과 행복의 비밀을 전하는 세 단어가 있다. '삶과 하나 되기'이다. '삶과' '하나' '되기'… 삶과 하나가 된다는 것은 무엇을 의미하는가! 바로 '현재의 순간과 하나가 되는 것'이다. 그때 당신은, 자신이 삶을 사는 것이 아니라 삶이 당신을 살고 있음을 깨닫는다. 삶은 춤추는 자이고, 당신은 그 춤이다. 알 듯 모를 듯, 이 뜻을 알 수 있는가? 춤추는 주체는 '삶' 그 자체라는 것이다. '나'가 아니다. '삶' 그 자체가 '나'를 추게 한다. '나'란 그냥 춤이다. 케이티가 언급한 것 같이 '나에겐 현실이 바로 신(神)이다.' 현실이 나를 움직이고 있는 주체로 생각하면 되고, 그 주체가 순간순간을 움직이고 있는 것으로 받아들일 수 있다.

에고는 현실을 원망하는 것을 좋아한다. 현실이란 무엇인가? 지금 일어나고 있는 것을 말한다. 붓다는 그것을 '타타타(여여함)', '삶의 본래 그러함'이라고 불렀다. '삶의 본래 그러함'이란 '지금 이 순간'의 본래 그러함일 뿐이다. 있는 그대로일 뿐이다. 있는 그대로의 '본래 그러함'에 대해 저항하는 것이 에고의 주된 특징 중 하나이다. 그렇게 해서 부정적인 마음 상태가 만들어지고, 에고는 그것 때문에 번창한다. 그리고 그것이 만들어 내는 불행을 에고는 사랑한다. 이런 방식으로 자신도 타인도 고통스럽게 만들지만, 자신은 그렇게 하는 것조차 알지 못하며, 자신이 지상에 지옥을 창조하고 있다는 것을 모른다. 모르는 채 고통을 만들어 내는 것, 이것이 무의식적인 삶의 본질이다. 완전히 에고의 지배 속에 살아가는 삶이다. 자신을 알아차리지 못하고 자신이 무엇을 하고 있는지도 보지 못하는 에고의 무능력은 놀라울 정도이며 참으로 믿기 어려울 정도이다. 에고는 타인에 대해 비난하는 바로 그것과 똑같은 방식으로 자신이 하고 있으면서도 그것을 보지 못한다. 그 사실을 지적하면 분노하고, 부정하고, 교묘하게 반론하며, 자기 정당화를 위해 사실을 왜곡한다. 개인도 그렇게 하고, 기업도 정부도 그렇게 한다. 그리고 모든 방법에 실패하면 소리를 지르거나 심지어 물리적인 폭력까지 휘두른다. 우리는 이제 십자가 위의 예수가 "저들을 용서하십시오. 저들은 자기가 무엇을 하고 있는지 알지 못하기 때문입니다."라고 한 말에 담긴 깊은 지혜를 이해할 수 있다.

수천 년 동안 인간의 상황에 영향을 준 불행에 종지부를 찍기 위해서 우리는 자기 자신에서부터 시작해야만 하며, 어떤 주어진 순간에도 자신의 내면 상태에 대해 책임을 져야만 한다. 그것은 바로 '지금'을 의미한다. 일상에서 매일매일 스스로에게 물어봐야 한다. "지금 이 순간 내 안에 어떤 마음이 움직이는가? 부정적인 마음 상태가 있는가?" 그런 다음 자신의 감정과 생각을 주의 깊게 살펴보라. 앞에서 언급한 불만, 초조, '지긋지긋함'처럼 낮은 차원의 불행이 자신 안에 없는지 관찰해 보라. 특히 그 불행을 정당화하거나 설명하는 생각들을 관찰해 보라. 사실은 그 생각들이 불행의 원인이다.

자신 안에 부정적인 마음 상태가 있음을 알아차린다 해도 그것은 실패가 아니다. 그것이야말로 성공이다. 그것을 알아차리지 못하는 한, 자신의 내면 상태와 동일화된 것이며, 그러한 동일화가 에고이다. 알아차림과 함께 생각, 감정, 자동적인 반응과의 동일화로부터 벗어나게 된다. 이것을 거부와 혼동해서는 안 된다. 거부가 아니라 생각, 감정, 반응의 알아차림이며, 알아차림의 순간에 그것과의 동일화가 자동적으로 막을 내린다. 당신의 자아의식, 자신이 누구인가에 대한 의식에 하나의 전환이 일어난다. 그전까지 당신은 생각이고 감정이고 자동적인 반응이었다. 즉 동일화되어 있었다. 그러나 지금 당신은 그 알아차림이며, 그런 상태들을 지켜보는 깨어 있는 의식의 '현존'이다.

"나는 '언젠가' 에고로부터 자유로워질 것이다." '언젠가'가 아니라 '지금'

이다. '지금 상태'를 알아차리는 것이다. 에고로부터의 자유는 사실 큰 일이 아니라, 아주 작은 일이다. 우리가 해야 할 일은 생각과 감정이 일어날 때 그것들을 알아차리는 것이 전부이다. 그것은 정말로 하나의 '행위'가 아니라 깨어 있는 '바라봄'이다. 그런 의미에서 에고로부터 자유로워지기 위해 할 수 있는 일이 아무것도 없다! 그저, 그 순간 생각으로부터 알아차림으로의 전환이 일어나면 에고의 영리함보다 훨씬 위대한 지성이 우리의 삶 속에서 작용하기 시작한다. 그 알아차림을 통해 감정과 생각마저도 개인적인 것이 되지 않는다. 그것이 본래부터 개인적인 것이 아님을 알게 된다. 또한 그곳에는 '자기'라고 할 것이 없다. 다만 인간의 감정, 인간의 생각만 있을 뿐이다. 궁극적으로는 하나의 이야기, 한 묶음의 생각과 감정들에 지나지 않는 개인이 살아온 이야기는 이제 두 번째로 중요한 것이 되고, 더 이상 의식의 전면을 차지하지 않게 된다. 과거는, 우리의 핵심역동은, 더 이상 우리 정체성의 기초가 아니다. 그럴 때 우리 자신은 '현존'의 빛이 되고, 생각과 감정보다 앞선 더 깊은 알아차림이 된다.

끊임없이 자신도 모르게 과거의 기억들이 스멀스멀 올라오는 사람들은 이렇게 말할 수 있다. "나도 과거의 기억이 나지 않고 싶다. 그런데 어쩔 수 없이 올라온다. 그건 나 자신도 통제하기 어려운 무의식적인 요인이라 나 스스로도 원치 않는다."라고. 충분히 이해될 수 있는 인간적인 감정이다. 그럴 때는 올라오는 것을 저항하지 말자! 그냥 그대로 두자. 그리고 "아, 지금까지 그래왔던 것처럼, 이것 또한 지나가리라."라고 스스로에게 되뇌어 보자. '다 지나가는 과정이지…'라는 이 단순한 말은 매우 큰 힘이 있다. 그건 진실이기 때문이다. 그건 지극히 단순하면서도 확실하고 불변의 진실이기 때문이다. "삶은 과정이다!" 이 단순한 말에 그토록 큰 힘이 있는 이유가 무엇일까! 논박의 여지가 없는 진실이기 때문이다.

언뜻 표면적으로 보면 이 말은 어려운 시기에는 약간의 위로가 되지만 좋은 일이 생겼을 때는 오히려 삶의 기쁨을 감소시키는 것처럼 들린다. '좋은 것을 너무 좋아하는 것도 문제다. 그것이 다 지나갈 테니까. 그러니까 너무 기뻐하지 마라! 너무 좋아하지 말라! 왜냐하면 오래가지 않을 테니까.' 하고 말하는 것처럼 들리기 때문이다. 하지만 그것은 오해이다. '모든 것은 다 지나가는 과정이다.'라는 이 말은 삶의 좋은 것들을 즐거워해서는 안 된다고 말하는 것이 아니다. 고통의 시기에 약간의 위안을 주려는 것도 아니다. 더 깊은 목적이 있다. 모든 상황의 덧없음을 자각하도록 하기 위함이다. '덧없음'은 허무가 아니다. '참으로 이 세상이 덧없구나.'라고 할 때의 '덧없음'은 '허무하구나.'라는 뜻으로 많이 쓰이지만, 사실 그 말은 좋은 것이든 나쁜 것이든 모든 형상이 가진 무상(無常)함을 뜻하는 매우 귀중한 단어이다. 즉 무슨 일이 일어났던 간에, 언제나 "아, 그런 일이 일어났구나! 그렇구나." 하고 반응하는 자세를 말한다. 좋은 것은 좋아하고, 기뻐할 것은 기뻐하고, 즐거워할 것은 즐거워하고, 마찬가지로 슬프거나 괴로운 것도 그대로 느끼면서, 흘러가는 과정 자체를 담담하게 그냥 바라보는 것이다.

이 무상(無常)함을 깨닫는 것은 행복의 큰 비밀이다. 이 깨달음이 생활화되면 지혜롭고 현명한 자들의 재산이 된다. 어느 누군가가 혹은 어떤 상황이 아무리 나를 힘들게 하여도, 이 깨달음을 지속할 수 있다면, 이것은 엄청난 재산을 비축하는 셈이 되므로 모든 현실에 여여하게 대응할 수 있다. 일어나는 일들에 전혀 마음의 저항을 하지 않는, 그 일들과 하나가 되는 자세의 위대함을 보여 준다. 모든 것의 무상함을 알아차리며, 집착하지 않고 살게 됨을 가리켜 보이는 '이것 또한 지나가리라!'라는 말은 행복을 느끼는 큰 무기가 된다.

저항하지 않고(무저항), 판단하지 않고(무판단), 집착하지 않는 것(무집착) – 이 세 가지는 진정한 자유와 깨달음의 단어이다. 모든 것은 무상하고 변화가 불가피함을 알고 받아들인다면, 즐거운 것을 잃게 되지 않을까 두려워하거나 미래를 걱정하지 않게 된다. 즐거움이 이어지는 동안 누릴 수 있다. 즐거움이 사라져도 불안하지 않고 여여하게 즐길 수 있다. 그렇다. 지금-현재의 삶에 저항하지 않으면서, 나의 입장이나 판단을 강하게 드러내지 않고, 일어나는 일들에 집착하지 않고 지나가도록 두는 것이다.

편안하게 눈을 감고 이 두 문구만 기억해 보자. 행복의 열쇠를 여는 두 가지 문구를 느껴보자!

첫째, 지금-현재 나에게 일어나는 것을 알아차리기만 하면 된다! "현재 이러이러한 상황이구나!"

둘째, 지나가는 것을 그대로 지나가도록 지켜보기만 하면 된다! "모든 것이 지나가는 과정이구나!"

(이 글에는 E.톨레(2013)의 일부내용이 인용되었습니다.)

22. 때론 눈물이 필요하다!

> 암 환자 중에 가장 치료하기 힘든 사람은 마음이 돌처럼 굳어진 이들이라고 한다. 암을 치료하기 위해서는 수술이나 방사선, 약물 치료에 앞서 이 굳어진 마음을 푸는 일이 더 중요하다. 이처럼 마음의 상처와 아픔으로 굳어진 마음을 어떻게 회복할 수 있을까? 눈물이다. 마음껏 흘리는 눈물, 감정을 숨기지 않는 순수한 눈물이 마음과 영혼을 치료한다. 눈물은 진실을 말한다. 진심이 담긴 눈물은 다른 사람에게도 감동을 전한다.

아래의 글 내용(가톨릭신문 2012)은 눈물에 대하여 많은 것을 느끼게 해 주어, 그대로 옮겨본다.

인간의 눈물은 눈물샘에서 분비되는 약한 알카리성 액체로 98.5%의 수분과 소량의 단백질과 염화나트륨과 염화칼륨이라고 한다. 우리 눈 속에 눈물이 흐르면 각막에 영양소와 산소를 제공한다. 눈물이 흐르지 않으면 누구도 눈을 뜰 수가 없다. 이 세상 아름답고 찬란한 것들을 볼 수 있게 하는 축복은 눈물로 인한 것이다. 사랑하는 아내와 남편, 자녀의 얼굴을 볼 수 있는 것도 매일매일 흘리는 이 눈물 때문이다. 이렇게 눈물이 쏟아질 때 몸에 쌓인 해로운 물질이 배출된다. 눈물은 몸의 육체적인 배설물만이 아니라 정신적인 노폐물까지도 모두 몸 밖으로 배출시킨다.

정호승 시인은 '내가 사랑하는 사람'이란 시에서 이렇게 노래하고 있다. "나는 눈물이 없는 사람을 사랑하지 않는다 / 나는 눈물을 사랑하지 않는 사람을 사랑하지 않는다 / 나는 한 방울 눈물이 된 사람을 사랑한다 /

기쁨도 눈물이 없으면 기쁨이 아니다 / 사랑도 눈물 없는 사랑이 어디 있는가"

그렇다. 눈물은 기뻐도 흘리고, 감동받을 때도 흘리고, 슬퍼도 흘리고, 무서워도 흘린다. 사실 우리는 마음이 슬플 때 너무 참지 말고 그냥 울어야 한다. 힘들고 어려울 때 억제하지 말고 속에 있는 것들을 다 쏟아놓아야 한다. 내 마음속에 아픔이 있으면 눈물을 흘리면서 통곡해야 한다. 인간에게는 슬픔의 시간이 필요하다. 인간에게는 아픔의 시간이 필요하다. 인간에게는 쏟아놓을 시간이 필요하다. 말로서, 눈물로서, 무엇으로라도 다소 쏟아놓는 것이 필요할 때가 있다. 그냥 흘려야 한다. 여러 가지 사연이 많겠지만, 만약 가슴 속에 미움과 분노를 갖고 있는 사람이 있다면, 대상을 곱씹으며 괴로워하기보다는, 그냥 누군가 앞에서 자신의 모든 것을 내려놓고 눈물을 흘려보는 것은 어떨까! 누군가를 미워하기보다는, 자신의 아픔을 느끼며 그냥 울어버리는 것이다. 그냥 우는 것, 그 자체가 기도가 될 것이다. 하느님을 바라보며, 부처님을 바라보며 흘리는 기도의 눈물은 얼마나 깊고 간절하고 진실한 것일까! 처음에는 고통의 눈물부터 시작되겠지만, 점차 깨달음의 눈물까지 흘리게 될 수 있지 않을까!

상대의 아픔을 듣고 깊이 공감하여 흘리는 눈물은, 그것 자체가 상대를 위한 사랑의 눈물이다. 자기 자신이 눈물을 흘려보지 못한 사람은 상대방의 아픔의 눈물에 대하여 공감하지 못할 경우가 많다. 사실 그 눈물은 치유의 약이 될 것이다. 그 어떤 약보다도 치유력이 높은 것이 될 것이다.

암 환자 중에 가장 치료하기 힘든 사람은 마음이 돌처럼 굳어진 이들이라고 한다. 암을 치료하기 위해서는 수술이나 방사선, 약물 치료에 앞서 이 굳어진 마음을 푸는 일이 더 중요하다. 이처럼 마음의 상처와 아픔으로 굳어진 마음을 어떻게 회복할 수 있을까? 눈물이다. 마음껏 흘리는 눈물, 감정을 숨기지 않는 순수한 눈물이 마음과 영혼을 치료한다. 눈물은 진실을 말한다. 진심이 담긴 눈물은 다른 사람에게도 감동을 전한다.

이런 뜻에서 본다면, 눈물을 흘릴 수 없는 사람은 정말 아픔이 많은 사람일 것이다. 굳어서 더 이상 눈물이 얼어버리고 말라버린 상태라는 것은, 얼마나 그 깊이가 깊고 힘든 자신으로서 살았겠는가를 뜻하지 않을까! 눈물을 흘리지 못한다는 것 자체를 비난해서는 안 될 것이다. 이런 사람들은 스스로에게 말한다. '괜찮아! 난 울지 않아. 왜 울어! 더 열심히 살아야 해. 울 시간이 어디에 있어!', '우는 것은 지는 것이야.', '바보같이 울기는….', '울면 안돼! 캔디처럼 살아야 해.' 이렇게 스스로에게 주문을 외우면서 눈물을 억제시킨다. 그 억제된 눈물 때문에 우리는 오히려 더 딱딱해지고, 더 완고해지면서 자기 속으로 들어간다. 열리지 않는다. 닫히게 된다. 우는 상대방을 느낄 수도 없고 바라볼 수도 없다. 우는 것 자체를 회피하고 싶다. 물론 그 대상을 위로할 수 없다. '울지 마라.'고 닦달한다. 자기에게 다짐했던 말들을 상대방에게 한다. '왜 울어? 운다고 누가 해결해주니?', '운다고 밥이 나와?', '울 시간에 더 열심히 살아!' 눈물을 흘릴 수 있다면 얼마나 마음이 편해지는가를 느끼기가 어려운 것이다.

마음껏 눈물을 흘릴 수 있다는 것은, 그만큼 치유력이 좋은 어떤 힘을 가졌다는 것이다. '척추소뇌 변성증'이란 희귀병을 앓다 25살 짧은 생을 마감한 어떤 소녀의 하루하루를 담은 '1리터의 눈물'이라는 책이 있다. 자신에게 닥친 고통 속에서 세상을 원망하던 그녀는 생각을 바꾸고 얼마 남지 않은 삶에 최선을 다했다. 그 소녀는 "이렇게 웃을 수 있을 때까지 저에게는 1리터의 눈물이 필요했습니다."라고 말했다. 죽음 앞에서 당당하고 행복하기까지 그녀는 스스로 1리터의 눈물을 흘렸다고 했다. 이 눈물이 단지 어린 나이에 불치병을 앓게 된 자신의 신세를 한탄하며 흘린 눈물만은 아니었을 것이다. 소녀의 눈물은 고통의 눈물을 넘어 절망스러운 상황 속에서도 희망을 발견한 환희의 눈물이었다. 죽는 순간까지도 희망을 잃지 않고 회복하기 위해 노력했던 작은 소녀는 우리에게 눈물이 가져다주는 치유의 놀라운 힘을 보여주었다고 한다.

감정을 억누르길 강요하는 현대 사회에서 우리는 이따금 질식할 것 같은 기분을 느낀다. 가끔은 모든 걸 내려놓고 엉엉 우는 것도 괜찮을 것 같다. 무거운 체면과 가면 따윈 벗어던져야 산다. 마음이 답답할 때 실컷 울고 나면 마음 한편이 시원해지고 다시 노력할 힘이 생긴다. 자신을 이해하고 받아줄 수 있는 사람 앞에서 목 놓아 우는 것이 어떤 보약보다 좋을 수 있다. 참회하며 정직하게 흘리는 눈물은 아름답다. 눈물은 이슬처럼 아름다운 것이다. 정말이지 우리는 때론 눈물이 필요하다!

23. 치유의 힘, 사랑…

> 우리의 상처는 사랑으로부터 시작되고, 우리의 아픔도 사랑으로부터 시작된다. 그리고 우리의 희망과 힘도 사랑으로부터 시작된다. 또한 사랑하기 때문에 죄인도 된다.

세간에 사랑에 대한 이야기는 너무나 많이 알려져 있다. 사랑의 힘은 그 깊이를 인간의 의식으로 느낄 수 없을 만큼이나 클 것이다. 어쩌면 너무나 위대하여 우리가 그 수준을 가늠하기 쉽지 않을 것이다. 아울러 사랑의 힘에 대한 놀라움과 경이감을 잘 느끼지를 못하고 잠깐 알았던 것마저도 금방 잊어버릴 수 있다. 왜냐하면 대부분의 우리는 외부의 어떤 상황에 쫒기고, 과거나 미래에 대한 불안으로 인하여, '사랑'의 느낌에 머무를 시간이 부족하기 때문이다. 때로는 일상 속에서 감사하고 행복한 것을 잠깐 느끼지만, 다시 외부의 상황에 휩싸이고, 잠시 '아, 감사해.'라고 생각하다가도 즉시 바깥의 다른 일들로 마음이 향하는 것을 반복하기 때문이다. 즉, 사랑의 힘이 위대하다는 것은 느끼지만, 바로 그 사랑의 주고받음과 머무름이 빈약한 상태로 살아가고 있는 것이다. 그러다보니 현실 속에서 박탈감과 허함 때문에 고통을 겪기도 한다. 다시 말하면, 몸이 사랑의 느낌을 기억하기도 전에 외부의 것에 대한 불안에 휩싸인다. 그리고 심신은 외부가 내 뜻대로 변하지 않는 것에 대한 절망과 분노, 그로 인한 상처 등을 사랑의 느낌보다 먼저 기억한다. 사랑이 없는 마음은 돌처럼 굳어 괴로워지기 시작한다. 정말이지, 이 사랑의 문제는 삶의 문제요, 죽음의 문제이다.

아래의 글(매일미사. 2013.1.8/12.13.)은 필자가 최근에 묵상해 본 세 가지 글로서,

사랑의 문제를 매우 현실감 있게 표현한 것이라는 느낌이 들어 실어본다.

<첫째 글>

어느 교수가 학생들에게 빈민가에 사는 청소년 200명의 실태를 조사하고 25년 뒤 그들의 삶이 어떻게 될지를 예상하는 보고서를 제출하라는 숙제를 냈습니다. 학생들은 빈민가 청소년이 얼마나 악조건 속에 사는지를 보았고 그래서 90%의 청소년들이 감옥살이를 경험하게 될 것이라고 예측하였습니다. 25년이 지난 뒤 다른 교수가 이 예측 보고서를 우연히 발견하고서 학생들에게 이 예측 결과가 실제로 얼마나 맞아떨어졌는지 조사하라고 했습니다. 200명 가운데 180명의 소재를 파악했으며 조사 결과 감옥에 들어간 사람은 예측과는 달리 4명뿐이었습니다.

생각보다 빈민가의 청소년들이 사회적으로 건강하게 살아온 이유를 분석해보니 그들의 청소년기에 어느 한 선생님의 영향력이 컸다는 것을 알았습니다. 180명을 인터뷰하는 과정에서 '오르크 선생님'이라는 분을 한결같이 거론한 것입니다. 이에 학생들은 '오르크 선생님'을 찾아보았고, 양로원에 있는 그 선생님을 만날 수 있었습니다. 그런데 그 선생님은 자신이 그렇게까지 아이들에게 좋은 영향을 끼쳤는지 몰랐다며 이렇게 말했습니다. "그 당시, 내가 할 수 있는 것은 그 아이들을 모두 사랑한 것뿐이라오."

첫 번째 이 이야기는 '사랑'의 힘에 고개 숙여지는 내용이다. '나는 아무것도 한 것이 없고, 그냥 그 애들을 사랑한 것뿐.'이라는 말이 경건하게 느껴지고, 오르크 선생님이라는 분의 겸허한 인품이 느껴진다. '사랑한 것뿐.' 그렇다. 정말 사랑한 것뿐이다. 그러나 '뿐인 것'이 '전부인 것' 이 될 수 있다. 그때 그 빈민가의 아이들이 잘 성장한 배경에는 그런 사랑이 있었다는 것, 사랑의 힘의 위대성을 느끼게 한다.

<둘째 글>

"원숭이를 상대로 실험했습니다. 어린 원숭이를 만져주지 않았더니 우울증과 여러 질병에 시달리다가 요절하고 말았습니다. 버려진 아기들에게서도 이와 유사한 결과가 발견되었습니다. 생후 10주에서 6개월 사이의 아기들을 조사한 결과, 엄마가 잘 쓰다듬어 준 아기는 그렇지 못한 아기에 비해 감기에 잘 걸리지 않았고, 또 잘 토하거나 설사하지도 않았습니다. 또 다른 연구로는 이런 것이 있다고 합니다. 신경질적이거나 우울증이 있는 성인 여자의 포옹 횟수가 많고 포옹 지속 시간이 길어질수록 질병에서 회복되는 속도가 빨랐습니다. 다른 이에게 사랑의 손길로 다가가는 행위는 그 자체로 생명을 줍니다. 아니, 그를 사랑하기 때문에 저절로 손이 가게 되고 그 손이 생명력을 갖게 되는 것이겠지요. 그래서 엄마의 손이 약손이 되고, 생명의 손이 되겠지요. 두 손 다 사랑이 가득하기 때문입니다. 과연 우리의 손은 어떤 손입니까? 파괴의 손입니까, 생명의 손입니까?"

위의 두 번째 이야기에서 몸은 마음, 정신과 연결되어 있고, 사랑의 힘은 몸에서 바로 반응을 한다는 것을 느낄 수 있다. "마음이 괴로울 때는 물 한잔 마셔도 체하더구나."라는 집안 어른의 말씀이 생각난다. 물 한잔을 마실 때도 그 속에 어떤 마음이 들어가는가, 음식을 먹으면서 기도하는 마음이 들어가는가 들어가지 않는가, 사소한 일상을 할 때도 성의 있는 마음으로 하는가 아닌가 등에 따라 그 에너지가 달라질 것이다. 사랑의 힘은 눈에 보이지는 않지만, 대상의 심신을 변화시키는 치료적 에너지가 나오는 것이 아닐까 생각된다.

<셋째 글>

"어느 자매의 신앙 수기에 있는, '평화방송'에서 들었다는 이야기입니다. 시래기죽 먹던 시절의 이야기입니다. 어머니는 식사 시간만 되면 상을 차

려놓고 슬그머니 배가 아프다며 나가시고, 우리 여섯 남매는 시래기죽을 서로 차지하려고 얼굴도 들지 않은 채 숟가락을 부산히 움직였습니다. 지금 생각해보면 늘 배가 아프다며 나가시던 어머니는 자식들에게 한 그릇이라도 더 먹이시려고 상이 나올 때까지 부엌에서 애꿎은 아궁이만 휘젓고 계셨던 것입니다. 자식이 굶어도, 병들어도, 월사금을 못 내고 풀이 죽어도, 어머니는 모두가 당신이 죄가 많기 때문이라고 하셨지요. 따지고 보면 전쟁 탓이고, 아버지가 돌아가신 탓이고, 식구가 너무 많은 탓이고, 피난살이하던 모든 어머니의 공통된 설움이건만, 유독 어머니는 모든 것이 늘 당신의 죄 탓이라고 하셨지요. 고생만 하셨는데, 왜 자기의 죄 탓이라고 하였는지 이해할 수 없었어요. 세월이 흘러, 이제 그때의 어머니의 나이가 된 지금 되돌아보면, 어머니는 사랑이 많으셔서 죄가 많은 분이었습니다. 죄가 없다는 것은 사랑이 없다는 것입니다. 사랑이 많으면 죄가 많습니다. 사랑이 많으면 죄가 많은 법이라는 말은 법률적 논리나 윤리적 논리로는 도무지 이해할 수 없습니다. 그러나 사랑의 논리 안에서는 이해하고도 남습니다. 예수님이 우리를 사랑하셔서 죄인으로 취급당했다는 말이 도저히 이해가지 않았지만, 이 이야기를 통해서 진정 사랑이 많을 때 죄인으로서의 마음을 이해하게 됩니다."

'사랑이 많았던 어머니가 죄가 많다는 말씀을 통하여, 오히려 더 깊은 사랑을 느끼게' 하는 세 번째 이야기이다. 우리의 상처는 사랑으로부터 시작되고, 우리의 아픔도 사랑으로부터 시작된다. 그리고 우리의 희망과 힘도 사랑으로부터 시작된다. 또한 사랑하기 때문에 죄인도 된다. 부모가 자식을 너무나 사랑하기 때문에, '내가 뭘 잘못했을까!', '난 이렇게 했어야 했는데.'라고 생각하는 것이다. 좀 더 잘해주고 싶은 마음이 있기 때문에 '내가 좀 더 다르게 했더라면, 내가 좀 더 성숙했더라면' 하는 마음이 되는 것이다. '나'에 대한 사랑도 마찬가지이다. '나'를 너무 사랑한 나머지 '내가 왜 그 정도밖에 못했을까!', '정말 속상해, 바보같이 그렇게밖에 말을 못하다니!' 등의 죄책감이 드는 것이 아닐까! 어쩌면 그것도 자신에 대한 사랑의 힘이 될 것이다. 소리 없는 죄인이 되는 사랑의 힘… 타인을 생각하고 배려하고 사랑하는 마음이 있을 때, 우리는 깊이 나 자신을 성찰하게 된다. 자신을 깊이 사랑하는 마음이 있을 때, 자신을 많이 성찰하게 되는 것이다. 그러한 성찰은 불필요한 죄책감이 아니라, 진정한 사랑을 품으려는 내면의 힘이며, 그 힘은 '또 다른 위대한 사랑'을 싹틔우게 된다.

생물학적으로 사랑의 에너지가 육체에도 영향을 미친다는 두 번째 이야기는 우리가 흔히 많이 들었을 것이다. 그리고 사랑의 힘으로 가정적으로 어려웠던 아이들도 건강한 사회인으로 발돋움한다는 첫 번째 이야기나, 자식에게 무한한 사랑과 희생을 하고 있다 할지라도 그 사랑의 힘이 가늠할 수 없는 정도의 크기가 있을 때는, 늘 죄인 같은 느낌이 드는 세 번째 어머니의 이야기 모두, 우리에게 잔잔한 공감을 불러일으킨다.

사실 모든 상담 및 심리치료 영역, 정신과적 영역의 증상들은 '사랑'의 과잉과 결핍으로부터 시작된다고 보아도 과언이 아니다. 건강하게 주어진 사랑의 힘은, 마치 치료의 묘약과 다름없는 위대한 약품이라고 느껴진다. 상담자가 내담자와의 관계에서 정서적으로 건강하게 분리되어 있으면서, 한 인격체로서의 건강한 사랑을 주게 될 때, 이 내담자는 놀라운 치료효과를 맛본다는 것도 임상장면에서 많이 느껴지는 것이다. 사랑의 결핍을 많이 느낀 대상에게 사랑이 치료적 도움이 될 수 있다는 것은 이해할 수 있으나, 과잉된 사람에게 더 이상의 사랑이 필요한 것인가라는 의문을 가질 수도 있다. 과잉된 사랑을 받은 사람은 사실 사랑을 받은 느낌에 앞서 우선 '집착된 것에 대한 부담감'과 '받은 만큼 보상해야 하는 죄책감'에 시달릴 수 있기 때문에, 그 사랑의 느낌을 제대로 받아들이기가 쉽지 않다. 그러므로 이러한 부담감과 죄책감을 다소 줄인 후에, 내재된 사랑의 느낌을 새롭게 회복할 수 있으면 도움이 될 것이다. 어쩌면 부담이 없는 건강한 사랑을 새롭게 받아야 할 것이다.

건강한 사랑의 힘, 성숙한 사랑의 힘, 우리는 이것에 대하여 무슨 말을 하여도 부족할 것이다. 모든 것은 사랑으로부터 시작되고, 사랑에 의해서 생활하고, 사랑을 위해서 살아가야 하는 것이, 삶의 진리가 아닐까! 바로 우리는 이 진리의 한 가운데서 살고 있으면서도 어쩌면 가장 잊고 사는 것이 아닐까! 주변의 사랑하는 사람, 사랑해 줄 사람들을 다시 한 번 떠 올려보고 챙겨보는 시간을 가져야 한다. '사랑', 그 소중한 것은 잊어버리고, 망상의 그림자만 붙들고 살아가고 있지 않는지, 다시 한 번 우리의 마음을 챙겨본다.

24. 나의 아래(!)를 깊이 느끼며…

"아래로부터의 영성에는 언제나 세 종류의 길이 있다. 첫째 길은 생각과 느낌들과의 대화이다. 둘째 길은 밑바닥까지 아래로 내려가 더 이상 가능성이 보이지 않는 고통스러운 최종점에서 새로운 변화의 가능성을 가지는 것, 즉 하느님을 발견하는 것이다. 셋째 길은 하느님께 완전히 항복하는 것, 나의 힘으로는 더 이상 아무것도 할 수 없다는 사실을 인정하는 것, 하늘의 섭리와 품에 나를 완전히 내맡기는 것이다."

상담 장면에서 흔히 사용하는 용어 중에 '본마음(밑마음)'이라는 것이 있다. 드러나는 나의 감정이나 생각보다는 드러나지 않는 그 아래에 있는 마음, 표면적인 정서보다는 내면적인 마음, 의식적인 감정보다는 무의식적인 감정 등을 말한다. 약간 더 내려가면, 좀 더 깊은 영혼의 소리, 심연 저 아래에서 울려 퍼지는 소리라고 생각할 수도 있다. 그 소리를 듣는 것, 나의 본마음을 느끼는 것, 이것은 우리에게 많은 것을 생각하게 한다. 살아가면서 어려운 일이 다가왔을 때 '본마음을 느끼면서' 고민하는 사람도 있고, 드러나는 감정으로 '행동화하며' 괴로워하는 사람도 있다. 같은 고민이라도 그 질은 분명히 차이가 있을 것이다. 닥쳐온 어려움에 대한 상황을 해결해 나가는 과정에는, 좀 더 근본적인 것을 생각하며 자기 내부에서 울려 퍼지는 마음의 소리를 들을 수 있는가, 아니면 외부의 상황만을 생각하는가에 따라, 해결의 방향이 달라질 수도 있다. 어떤 식으로든 문제해결이 되었다 할지라도, 어느 쪽으로 에너지가 나왔는가에 따라서 후유증도 다를 것이다.

대부분의 선각자들은 생활 가운데서 일어나는 어려운 일들을 삶의 진실을 깨달아 가는 한 과정으로 본다. 특히 인간 정신의 구원을 위하여 노력하는 사람들은 '아래로부터의 영성'이라는 용어를 사용하면서, 우리의 내면 심리와 영적인 의미의 관련성을 잘 묘사하였다. 인간 내면을 깊이 느낄 수 있는 '아래로부터의 영성'에 대한 내용들을 숙고하다 보면, 그 속에서 삶의 참된 방향을 지도하는 가르침이 느껴진다(안셀름 그륀/마인라드 두프너 저, 1999 인용).

> "아래로부터의 영성에는 언제나 세 종류의 길이 있다. 첫째 길은 생각과 느낌들과의 대화이다. 둘째 길은 밑바닥까지 아래로 내려가 더 이상 가능성이 보이지 않는 고통스러운 최종점에서 새로운 변화의 가능성을 가지는 것, 즉 하느님을 발견하는 것이다. 셋째 길은 하느님께 완전히 항복하는 것, 나의 힘으로는 더 이상 아무것도 할 수 없다는 사실을 인정하는 것, 하늘의 섭리와 품에 나를 완전히 내맡기는 것이다."

이 세 가지 길에 대하여 조금 더 구체적으로 살펴보자.

첫째 길은 '생각과 느낌들과의 대화'이다. 예를 들어, 어떤 상황이 될 때마다 벌컥벌컥 화를 잘 내고 분노하는 성격을 가진 사람이 있었다. 그는 자신이 이 성격은 정말 고치기가 어렵다고 스스로 생각했다. 그러나 심리 관련 교육을 받으면서 자신이 왜 이렇게 화를 잘 내는지를 통찰하기 시작하였다. 결론은 '자신이 살아남기 위해서!'였다. 즉, '화'는 살아가기 위한 하나의 방법이었다는 것을 알게 되었다. 어린 시절, 늘 마음속에서 화를 내고 있었는데, 나의 욕구나 감정들을 존중받지 못하고 무시당하고 짓밟히는 듯한 느낌이 들 때마다 발생된 감정이었다. 그 당시의 화의 표출은 나를 지켜나가고 타인으로부터 나를 보호하기 위한 하나의 중요한 기제였던 것이다. 과거에는 옳은 것인지 아닌 것인지는 차치하고 화를 내는 것이 살아가는 데 필요했던 것이다. 그러나 현재는 벌컥 화를 내는 것이 나를 지켜나가는 데 도움이 되지 않는다. 감정 표현 방법이 미숙하다. 도움이 되기는커녕 오히려 주변 사람들에게 부담을 줌으로써 그의 삶을 어렵게 하고 있다는 것을 깨닫게 되었다. 어린 시절의 아픔을 치유하는 과정 속에서 그 깨달음은 더욱 더 가슴속으로 느껴져 갔다.

이러한 상황에서 화를 벌컥 내는 자신을 꾸중하고 비난할 것이 아니라, 그 행위의 깊숙한 곳에 숨어 있는 근원적 이유와 동기를 파악해야 할 것이다. 자기 이해가 필요하다는 뜻이다. 다른 말로 하면, '표면적으로 벌컥거리며 화를 내는 나'와, '그렇게 하고 싶지 않는 나'는 서로 화해해야 할 것이다. 화해를 하려면 그런 생각과 느낌들과 대화를 함으로써, 스스로 그렇게 될 수밖에 없었던 자신과 만나야 하는 것이다. 감정이나 생각들과 대화를 해야 한다는 것, '주시자'와 '행위자'의 입장이 되어서 서로 나누어야 하는 것이다. 그렇게 될 때 비로소 '표면적인 나'는 '저 아래의 진정한 나'와 만나고, '두 자아의 나'는 화해하면서 '표면적인 나'를 똑바로 일으켜 세울 수도 있는 것이다. 이러한 과정은 생각과 느낌과의 대화가 핵심이 된다.

둘째 길은 고통스러운 밑바닥에서 새로운 힘을 발견하는 것이다. 일상에서 일어나는 우리의 감정과 연결시켜 생각해 보자. 예컨대, 자신이 내고 있는 화(火)와 대화를 잘 이끌어가지 못하는 사람들이 많을 것이다. 우선, 이러한 사람들은 최대한 겸손한 자세를 지닐 필요가 있다. 다시 말하면, 나 스스로도 나의 감정을 어떻게 해 볼 수 없다는 이 사실을 인정해야 할 것이다. "저는 힘들어요. 어떻게 해 볼 수 없어요. 무능하다고 해도 어쩔 수 없어요." 라고 있는 그대로의 자기 상태를 받아들여야 한다. 고통스러운 밑바닥으로 그대로 들어가야 한다. 또한, 이 세상에는 내 힘으로 어떻게 해 볼 수 없는 일들이 산재해 있다는 사실을 그대로 받아들여야 한다. "오! 하느님, 저도 어쩔 수 없습니다. 이렇게 화가 나는 제 자신을… 저를 당신께 맡깁니다."라고 그냥 엎드려 고백하는 것뿐, 다른 일을 할 수 없을 때가 있다는 것이다. 우리는 생각보다 교만하기 쉽다. '모든 것을 내가 다 할 거야. 할 수 있고말고!', '사람의 힘으로 못하는 것이 뭐 있겠는가!', '인간은 완벽해!' 등의 자기 합리화에 스스로 속고 살기 쉽다. 사실 이것은 크나큰 오류가 아니겠는가! 정말이지 이 세상에는 인간의 힘으로 할 수 없는 그 무엇인가가 얼마나 많은가 말이다. 교만하지 않은 자세로 자신을 인정하고 엎드리는 자세, 바로 그 상황에서 하늘의 조화가 있다는 사실, 우주의 질서가 있다는 것, 하느님의 섭리가 있다는 것, 하늘의 뜻이 있다는 것을 깨닫는 것은 크나큰 보물을 찾게 되는 시발점이 되는 것 같다. 그것은 완전히 새로운 힘이 열리는 계기가 된다. 즉, 고통의 밑바닥을 치게 되면서 하늘의 기운을 얻게 되는, 새로운 힘을 알게 되는 것이다.

셋째 길은 하느님의 섭리에 나를 완전히 맡기는 것이다. 생각보다 많은 사람들이 어떤 형태이든 여러 가지 불안과 걱정들로 고통 받고 있다. 지나치게 과장된 불안과 걱정은 종종 우리에게 삶에 대하여 부적절한 태도와 고통을 야기시키기도 한다. 대체로 완벽주의 그 자체가 우리의 불안과 걱정의 원인이다. 우리가 만약 언제나 최고의 존재가 되기를 원하거나 멋진 사람이 되기를 원할 때, 또는 스스로가 이룩한 모든 일이 최상의 결과를 이루기를 기대할 때 두려워한다. 즉 스스로의 부족함을 결코(!) 만들지 않으려고 지나친 노력을 하며, 하물며 자기의 못난 부분이 드러나면 창피를 당할까 봐 줄곧 걱정하고 불안해한다. 자신에 대한 기대가 너무 크기 때문에 불안하고 초조하게 되는 셈이다.

심리치료 장면에서 가만히 살펴보면, 불안과 걱정은 스스로가 잘못 설정한 삶의 방향 때문이다. 예컨대, 자기의 아래를 깊이 느낄 수 있는 사람이라면, 은밀하게 우리의 내면에서는 이런 원색적인 목소리가 울려 퍼질 수 있다.

'나는 단 하나의 잘못이라도 해서는 안 돼. 잘못되면 나는 무가치한 존재가 되는 거야. 나의 부족한 면과 허물을 드러내서는 안 돼, 만약 그런 것들이 드러나게 되면 많은 사람들이 나를 거부하여 외톨이가 되고 말 거야.'

이렇게 자신이 이룩한 과업과 성취가 곧 자기의 존재가 되어 있는 현상, 잘못되는 것 자체가 자기의 존재가 사랑받지 못하고 무가치하게 되는 현상으로 동일시하는 것이다. 그러다보니 삶의 방향이 과업 성취라는 것에 매달리고, 잘잘못에만 매달리는 문제점이 생긴다. 이 모든 것은 걱정과 불안의 깊은 이유가 된다. 말하자면 삶의 방향이 '과업=나의 존재'로 잘못되어 있는 것으로부터 출발됨을 의미한다.

사실 때때로 걱정과 불안은 우리 자신을 좀 더 성취하게 만들기도 한다. 그러나 대체로 그러한 불안은 우리를 불편하게 만들기 때문에 사라지거나 감소되기를 바란다. 하지만 우리가 자신의 걱정, 불안과 아무리 대화를 많이 시도해 보아도 그것이 결코 없어지지 않을 때가 있다. 불안과 걱정 그 자체 속에서 허우적거리기 때문이다. 그럴 때 좀 더 자신의 아래를 잘 느끼는 훈련이 되어 있다면, 아마도 '주시자로서의 나'는, '행위자로서의 나'에게 이렇게 질문할 수 있을 것이다. "너는 정말 불필요한 걱정과 불안 속에 있구나. 하지만 네가 그렇게 하고 싶어서 하는 것은 아닐 테지. 정말 그렇겠지. 헤어 나오고 싶어도 머리는 아니라는 것은 알겠지만, 너의 가슴은 그 불안 속에서 한 치도 나올 수가 없구나. 그냥 너에게 이렇게 묻고 싶구나. 과연 그렇게 불안한 너는 누구일까? 정말 너는 어디로 가고 있니?" 이러한 근원적 질문을 접하게 된다. 그리고 혼자 힘만으로는 걱정과 불안을 도저히 극복할 수 없는 무능한(!) 처지임을 깨닫게 된다. 이 점은 대단히 중요한 시점이 되는 것 같다. 인간 존재의 조건과 만나는 과정이라고나 할까. 자기 존재 자체에 대한 있는 그대로의 모습에 직면하는 시간이라고나 할까.

바로 그때, 불안은 나를 더 깊은 영성과 만나게 만들고, 어떤 해결의 실마리를 찾기 위해서 용기를 내어 다른 길로 가게 만드는 동기가 된다. 즉, 걱정과 불안은 하나의 영적 도전일 수 있으며, 우리가 하늘의 뜻을 어느 정도로 진지하게 받아들이고 있는가를 알아보는 하나의 시험이 될 수도 있다.

이것은 중대한 진실을 깨닫게 해 준다. 걱정과 불안이라는 심리적 현상들이 무의식에 잠재해 있을지라도, 침범할 수 없는 또 다른 무엇인가가 우리 속에 있다는 사실을 접하는 것이다. 즉, 걱정과 불안이라는 감정들이 그대로 존재할지라도, 결코 우리의 전체를 흔들리게 하지 않는다는 사실을 깨달아야 한다. 이것은 바로 하느님의 섭리를 깨닫게 해주는 아주 중요한 신비가 된다. 걱정과 불안 그리고 두려움은 언제나 의미를 지니고 있다. 그것이 말하고자 하는 것을 이해하여야 한다. 그럼으로써 우리는 그 걱정과 불안이 보여주고자 하는 보물, 즉 하느님의 섭리에 온전히 기댈 수 있는 자신을 발견할 수 있다.

나의 아래를 깊이 느끼다보면, 우리는 우리 자신과 깊이 대화할 수 있는 능력이 생긴다. 그리고 최종점에서 새로운 길이 열리는 것을 느끼게 될 것이다. 그 속에는 하늘의 뜻이 있다는, 즉 하늘이 나를 사랑하는 마음으로 모든 일들을 발생시킨다는 깊은 믿음이 생길 수 있다. 신뢰를 바탕으로 진정 의존할 수 있는, 즉 하늘의 섭리에 나를 온전히 맡길 수 있는 놀라운 힘도 생기게 될 것이다.

25. 강박관념의 치료를 위하여!

강박관념을 치료하는 데는 좋은 방법이 있다. 첫째, 현실적인 아무런 근거가 없을 때 일어나는 강박관념을 치료하기 위해서, 가만히 멈추어라! 제발 겸손하라! 자신에게 솔직하고, 바로 그것에 머무르라! 둘째, 현실적인 근거가 있을 때 일어나는 강박관념을 치료하기 위해선, 하느님의 섭리에 맡겨라! 진리로 나아가는 길이라 생각하고, 침묵하라!

스스로가 원하든 원치 않든, 의지적으로든 조건화된 정신적 요인이든, 우리는 잡다한 생각들과 감정들에 얽혀 산다. 물론 이러한 것들은 마땅히 외부에서 발생된 요인들로 인하여 일어날 수밖에 없는 상황도 있지만, 순전히 내부적인 요인에 의해서 발생되는 복잡한 상황도 만만찮게 있다. 이러한 내부적 망상 혹은 현실적 상황들이 누적되면, 우리는 나름대로의 어떤 강박증적인 관념을 가지기 시작한다. 이 관념은 본인에게 닥친 상황을 대처하고, 타파하고, 피하려는, 즉 투쟁-도피-억압하려는 습관적 행동을 만들기도 한다. 그 행동은 스스로의 내면을 합리화시키기 위한 자기 나름대로의 메커니즘이 될 것이다. 대체로 이러한 강박증적인 관념이나 행동은 내면을 방어하려는, 즉 자기를 지키고 살아남기 위한 심리적 기제가 될 가능성이 높다. 특히 내·외적 압력으로 인한 스트레스를 많이 받는 사람들일수록, 더욱 더 그럴 것이다. 한마디로 내적 강박관념들은 살아남기 위한 하나의 심리적 전략인 셈이다.

이러한 양상들은 생각보다 많은 사람들이 부분적 혹은 전반적인 인격에서 드러나고 있는 것 같다. 왜냐하면 우리의 사회적 현실은 보편적으로 이런 강박증적인 심리적 패턴을 긍정적으로 이용하고, 때론 필요성을 요구하기도 하기 때문이다. 즉, 그것은 철저하고 완벽하게 일을 처리해야만 잘 사는 사회적 분위기에서 자연스럽게 요구되는 것이다. '최선'을 다하여 살아온 사람들이 인정받고 성취하고 존중받는 사회가 아닌가! 그 '최선'이라는 행동은 개인마다 차이가 있겠지만, 어느 정도의 강박관념을 가질 때 가능한 태도일 수 있다. 그러므로 우리의 이러한 심리적 요인은 보편적인 관점으로서, 서로에게 충분히 이해되어져야 하고 공감되어져야 할 것이다. 즉, 어느 누구라도 지닐 수 있는 내적강박은 병리적 요인으로 보기보다는 보편적 관점에서 공유되어져야 한다는 뜻이다. 단지, 내적 강박관념은 일상을 사는 우리들에게 여러 측면에서 어려움을 야기하기도 하므로 스스로 한 번쯤 문제를 인식하는 차원을 가지게 되면 내면 통찰에 도움이 될 것으로 생각되어 이 글을 쓰게 되었다.

강박증적인 관념들은 사실상 우리를 평생토록 불안과 두려움에 휩싸이게 만들고, 쉬지 못하게 만들고, 여유 없게 만들고, 너그럽지 못하게 하고, 자신과 타인을 사랑하고 평화롭게 하지 못하게 하는 중요한 이유가 된다. 동시에 그러한 관념을 더욱 더 공고히 하게 되면서, 성격의 한 축으로 고착되기 쉽다.

강박관념에 의해서 발생된 망상이나 어떤 종류의 생각들은 성가시게 달라붙는 파리와 같아서 그것들에게서 완전히 벗어나기란 아주 어렵다. 사실 그런 생각들은 전혀 가치가 없거나 하찮은 것이며, 드높은 정신적 성장을 이끄는 사유와는 구별되어야 한다. 그러면서도 그런 관념들은 우리 정신의 앞자리를 명백히 차지하고 이래라저래라 키잡이 노릇을 하려 들지 않는가!

정말이지 우리의 명상 생활을 방해하고 성가시게 구는 그것의 정체는 무엇일까! 그것은, 자기가 덜 사랑받을까 봐, 누군가로부터 덜 인정받을까 봐, 스스로 괴로움을 당하며, 이해받지 못한다고 믿는 것이다. 예컨대, 재능이나 인격에서 나보다 뛰어난 또는 뛰어나다고 느끼는 이들을 시기하고 질투하는 것, 자신이나 가족들의 장래를 불안하게 느끼는 것, 뭔가 불완전한 주변인이 못마땅하여 분개하는 것, 자신에게 맡겨지지도 않은 일이나 대상을 걱정하는 따위이다. 특히 분망한 상상력, 지나치게 예민한 기질, 교만하고 권위적인 성향, 꺾일 줄 모르는 이기심은 강박관념들 안에서 빠르게 자라나는 질긴 잡초와 같은 것이다. 그러다보니 이 강박관념을 극복하고 싶다면 잡초 못지않은 끈질긴 인내가 요구된다. 참된 내적 평화를 위하여!

강박관념을 치료하는 데는 좋은 방법이 있다.

첫째, 현실적인 아무런 근거가 없을 때 일어나는 강박관념이다.

강박관념은 우리의 상상과 감정을 민감하게 자극하고, 자기 자신의 욕구만을 충족시키기를 부추기는데, 이를 치료하는 기본적인 방법은 사물을 분별하여 정신의 기능을 바로잡는 것이다. 심리학적으로는 건강한 자아기능의 강화이며, 성숙한 정신기능을 의미한다. 강박관념에 빠져 있는 한, 이성은 사물을 바로 볼 수가 없으므로 먼저 신경의 흥분을 가라앉히고 날뛰는 상상을 잠재울 시간이 있어야 한다. 얼마 동안 이렇게 안정을 하고나면 정신의 기능이 균형을 되찾게 되는데 이 치료법을 사용하는 데는 인내가 필요하다. 근거 없이 일어나는 강박관념이 있다면, 우선 이렇게 해보자.

가만히 멈추어라!

정신이 불안정할 때 혹은 어떤 감정이 일어날 때는 어떠한 말도 행동도 하지 말고, 멈추고 있어야 한다. 아무 것도 하지 말고 우선 호흡에만 집중하면서 가만히 있어 보길 바란다. 불안하고 흥분되는 감정이 구름처럼 지나갈 것이다. 감정을 행동화하면 늘 행동화시켜야만 감정을 가라앉히는 방법을 연습하게 되는 셈이다. 이 점은 정말 중요하다. 가만히 앉아서 그 감정이 구름 덩어리라고 상상하며 그것이 지나가는 것을 느껴보라. 감정은 이성을 흐리게 하고, 격정은 판단을 그르치고, 행동화는 정신적 평형을 잃게 한다.

제발 겸손하라! 그리고 건강한 분별력을 가진 사람과 접촉하라!

그대를 괴롭히는 문제에 아무런 이해관계가 없는 한 사람을 택하여, 그를 통해 식별의 도움을 받도록 하라. 건강한 분별력을 가진 자와 접촉해야 한다. 관계를 가져야 한다. 이것은 매우 겸손한 사람이 할 수 있는 행동이다. 이기적이고 교만한 사람은 타인의 도움을 받는 것도 힘들다. 제발 겸손하라! 비록 타인이 내가 원하는 답이나 직관력이 풍부하지 못하더라도 그의 판단을 인정하고 복종할 줄 아는 영혼은, 강박적으로 괴롭히는 모든 불안과 망상에서 해방될 것이다. 그가 나와는 맞지 않더라도 혹시 아는가! 그가 바로 하느님의 동아줄일지! 또 다른 '나'일지! 하느님이 '내가 바로 네가 찾는 누구이니라!'라고 선언하면서 오겠는가! 아마도 그냥 늘 우리 곁에 존재할 것이다. 단지 우리가 그 현존을 느끼지 못할 뿐이다. 상황에 따라 다양한 모습으로 하늘이 내리는 동아줄이 있을 것이다. 건강한 분별력을 가진 사람을 만나는 것에 시간을 투자하라. 꼭 접촉하라! 간절하면 접촉은 어느 누구라도 가능하다. 접촉받길 기다리지 말고, 자신 스스로가 접촉하라. 동아줄은 이미 내려져 있을 때가 많다. 스스로가 잡기만 하면 된다.

자신에게 솔직하고, 바로 그것에 머무르라!

거짓된 자기 속에는 하늘의 뜻이 머물 자리가 없다. 온순하게 머물러 있어라. 그러면 그곳에 맑은 지혜가 나타난다. 이것이 우리의 고귀한 삶을 위협하는 망상들을 거슬러 싸우는 효과적인 방법이 될 것이다. 참된 자기감정과 만나고, 참된 자신의 생각과 만나라! 바로 그곳에 답이 있다. 진정한 자신의 마음에 귀를 기울이면, 그리고 그곳에 머무르면 정말 새로운 경험을 할 것이다. 이러한 경험을 하지 않고 남에게 답을 묻는 습관을 가졌다면, 이 순간부터 중지하는 것이 좋다. 그냥 스스로가 솔직해져 보고, 머물러 보고난 뒤에야 알 수 있을 것이다.

둘째, 현실적인 근거가 있을 때 일어나는 강박관념이다.

이러한 경우는 일상에서 쉽게 찾아볼 수 있다. 어느 누구라도 몸이 아프고 피곤한 때가 있으며, 주위로부터 인정받지 못하고 괴로워할 때가 있기 마련이다. 또한 난 조용히 있고 싶어도 주변이 나를 가만히 두지 않을 때도 많다. 그러면 우리는 강박적이 되기 쉽다. 그럴 때 드러나는 행동은 사람마다 가지가지이다. 괜히 바쁘게 설치며 화를 내며 일을 하는 사람도 있고, 열심히 책을 읽고 새로운 일을 만드는 사람도 있고, 제일 좋은 것 가장 맛있는 것만 찾고, 사야 할 물건의 목록을 만들면서 사고, 괜히 트집 잡아 남을 괴롭히는 사람도 있다. 이런 사람이 주변에 있다면, 덩달아 마음이 불안해지기도 한다. 물론 내 자신이 이런 상태일 경우도 꽤 있을 것이다. 이런 일은 피할 수 없는 현실이며 거룩한 성인들의 삶에서도 예외가 아니었다고 한다. 누구라도 마땅히 어려운 일이 닥쳤을 때 일어나는 강박관념이 있다면, 다음의 내용을 참고해보자.

힘을 빼라, 그리고 우주(하느님)의 섭리에 맡겨라.

아무 것도 할 수 없는 자신을 수용하라! 무엇을 하려고 하지 마라. 가만히 있어라. 우주는, 자연은, 하느님은, 신은, 부처님은 어떤 섭리가 있다. '전체'의 섭리는 주변 사람들을 도구로 삼아 영혼을 가지치고 다듬는 것 같다. 여러 가지 현실을 통하여 우리의 영혼을 다듬어 가는데, 심지어 착한 사람들이 더욱 더 큰 괴로움을 받기도 할 것이다. 그 어떤 경우라도 우리의 행복이 결코 사라지지 않는다. 더욱이 하느님을 사랑하며 기쁨 속에서 영적 걸음을 계속하고 있다면, 현실적인 고통은 정말이지 잠시 지나가는 소나기이다. 사람들의 결점, 편견, 잘못, 부당함은 우리를 정화시키고 교만과 오만으로부터 해방시키려는 하느님의 도구이다. 즉, 믿음과 겸손으로 그 분의 손길에 스스로를 맡기고 그 도구를 소중히 여겨라.

진리로 나아가는 길이라 생각하고, 침묵하라.

특히 부당하게 괴롭힘을 당할 때, 하느님은 항상 내편이라는 생각에 머문 채, 침묵으로 이 상황을 받아들여라. 때론 분개하고, 존재가 상처받고, 긍지는 무너지며, 감수성은 전율하겠지만, 폭풍 저편에는 빛이 반짝인다는 사실을 결코 잊지 마라. 즉, 모든 것은 진리로 향하는 과정이다. 삐걱거리며 엉켜있는 것들이 바로잡히는 과정이다. 신비한 조화를 이루는 과정이다. 두려워 마라. 그냥 조화를 이루는 과정의 회오리라고 생각하라. 바로 그 과정이 삶의 진리가 아니겠는가! 종은 주인보다 높지 않다. 진리인 하느님은 주인이며, 우리의 각종 강박관념은 종이다. 주인의 길을 따라가면 된다.

우리 마음속에서 풍랑이 일어나면, 내면에 싹터 있었던 신앙심과 사랑이 그대 안에서 명령을 내리게 하라. 그 명령은 바로 지혜이며, 진실이다. 때론 그것이 십자가가 될 수도 있다. 아, 잠깐! 사랑이 아직 부족하다면 우선 그것부터 키우는 작업이 필요할 것이다. 이것은 선택이 아니라 필수이다.

깨닫는 과정 역시 십자가이지만 바로 그 안에 구원이 있다. 매 맞은 자국에 피땀이 얼룩지고 침 뱉음을 당하여 더럽혀진 예수님을 수천 년 동안 왜 사람들은 우러러보는지! 그 비참한 모습을 바라보며 왜 수많은 순교자가 나오게 되었는지! 카필라왕국의 왕자 싯다르타가 왜 자신에게 주어진 왕위를 버리고 홀연히 사라져 깨달음의 수행을 하게 되었는지! 그 왕자를 '부처님'이라고 부르며, 수천 년 동안 사람들은 왜 이렇게 우러러 섬기는지! 그 의미를 깊이 새겨보라. 이 깨달음은 어느 정도 스스로가 일궈 내어야 하는 학습적 노력이다. 그리고 그 깨달음에 도달되도록, 우리의 정신이 평화로워지도록, 내 영혼이 은총의 빛에 맡겨지도록 '있는 그대로의 나를 내어놓는 것'이 필요한 것이다. 즉 '내맡김'의 기도가 필요한 것이다. 정말이지 참된 삶의 훈습(workingthrough)이 필요하다. 그렇게 되면 스스로가 바로 자신의 스승처럼 판단하게 될 것이고, 모든 고통은 기쁨으로 변할 것이다. 강박관념으로 휩싸인 불안에서 벗어나 여유롭고 평화로운 상태로 변하여, 기쁨과 슬픔에도 연연하지 않게 될 것이다.

- 이 글은 이름을 밝히지 않는 어느 수도자의 글(Les portes du silence, 1999)의 일부 내용을 옮겼음을 밝힙니다. -

26. 우리의 거짓자아, 하느님이라면 어떻게 치료하실까!

하느님의 치료적 작업은 첫째, 매일매일 십자가를 지고 진리의 길을 따르는 것이다. 심리치료적 관점으로 보면, 거짓자아로 이루어진 '자기'를 객관적으로 바라보고 머무르며 넘어서는 작업을, 매순간 나그네가 길을 가듯, 매순간 숨을 쉬듯 하는 것이다. 둘째, 늘 깨어있는 것이다. 심리치료적 관점으로 보면, 지금-여기 이 순간을 한시도 놓치지 않고 깨어있다면, 과거의 역동이나 미래의 불안에 휘둘리지 않고 살아갈 수 있다는 뜻이다. 셋째, 하느님의 현존과 활동에 동의하고 맡기는 것이다. 심리치료적 관점에서 보면, 나의 모든 무의식은 어느 누구도 완전히 알 수 없으므로, 오직 깊은 통찰을 통하여 있는 그대로의 나를 온전히 사랑하며 내맡기는 것이다.

혹시 심리치료에 관심이 있는 분들 중에 이런 생각을 해 보신 분은 없는가? 무속인이 굿을 하면서 아픈 영혼을 달래는 것도 일종의 치료가 아닐까! 참회하는 마음으로 절을 반복적으로 하면서 예불을 드리는 것도 치료가 아닐까! 교회에서 실시하는 부흥회 혹은 성령기도회를 통하여 하느님을 만나는 것도 일종의 치료가 아닐까! 등등. 심리학적 정신 치료에 대한 많은 언급이 있지만, 이렇게 일반인들 사이에 충분히 있을 수 있는 신앙적인 치료에 대해서도 다소간 궁금할 수도 있다. 인간의 의식수준에서 한계가 있는 어려운 부분을 무의식적 영혼의 차원에서 위로하고 도와주려는 이러한 전통적인 방법들도 좋은 치료가 아닐까! 오랜 세월동안 이어져 내려오는 '고통을 극복하기 위한 일반인의 간절함'을 도와주는 이러한 방법들은 그 나름대로의 충분한 가치와 이유와 근거가 있을 것으로 추정된다.

수천 년 동안 그토록 많은 사람들이 믿는 부처님이나 예수님, 바로 그 분들이라면 정신 치료를 어떻게 하실 것인가! 그 수많은 제자들과 보살들이 부처님의 한 말씀으로 많은 깨우침을 얻고 마음을 수양하며 의지한다는 것은, 그것이 얼마나 위대한 치료일까를 가늠케 한다. 예수님께서 직접 수많은 사람들의 육체적 심리적 어려움을 치료하는 성경의 장면들은 위대한 심리치료라고 여겨진다. 이러한 배경을 염두에 두고, 우리는 한 번쯤 '예수가 아버지라고 호칭한 성부(聖父) 하느님, 바로 그 분이라면 나의 심리적인 문제를 어떻게 다루셨을까!'라고 생각해보자. '하느님'이라는 호칭이 거북한 사람들은 '참된 자기의 내면'이라고 생각해도 좋을 것이다. '참 자아', '참나', '우주', '대아' 등으로 생각하면서 이 글을 접하여도 괜찮으리라 본다.

하느님, 그분이라면 우리의 거짓자아를 어떻게 다루었을까를 생각해 볼 때, 우선 참된 자아로 살아가지 못하는 우리 자신에 대한 진단이 있어야 할 것 같다. 우선 거짓자아에 대하여 언급한 아래의 내용(엄무광, 2002)을 살펴보자.

"우리의 거짓자아를 형성하는 것들 중에 선입관, 편견, 고정관념, 그리고 자신이 속한 집단의 가치관에 대한 맹목적 동일시들이 있습니다. 이러한 것들은 우리가 진실을 진실대로 보지 못하게 하는 조건들입니다. 종교를 가진 사람들도 예외 없이 이러한 것들을 가지고 있습니다. 그것들이 우리의 영적 성장에 방해가 되는 이유는 진실을 진실대로 보지 못하게 하여 정신적인 장님으로 만들기 때문입니다. 예수님은 육적으로 눈이 떠 있으나 영적으로 눈먼 사람, 즉 자신의 잘못된 가치관과 편견과 고정관념을 가진 사람들을 나무라셨습니다(요한 9, 41참조). 우주 만물을 창조하신 하느님은 우주의 진리를 가지고 계시며 모든 섭리를 주관하십니다. 즉 모든 진실의 근원인 것입니다. 그래서 하느님을 '궁극적 실재(Ultimate Reality)'라고도 부릅니다. 이러한 하느님을 만나려면 우리가 가지고 있는 모든 불합리한 견해와 잘못된 관점들에서 해방되어야 하는 것입니다. 그래서 예수님은 "제 눈 속에 있는 들보도 보지 못하면서 어떻게 형제에게 '네 눈 속의 티를 빼어내 주겠다.'고 하겠느냐? 이 위선자야! 먼저 네 눈 속에 있는 들보를 빼내어라. 그래야 눈이 잘 보여 형제의 눈에서 티를 빼낼 수 있지 않겠느냐?"(마태오 7,4-5)라고 하셨던 것입니다. 즉 스스로가 아주 잘못된 안목, 즉 편견이나 선입관, 고정관념과 잘못된 가치관을 가지고 있는 한은 사소한 진실도 제대로 볼 수 없다는 말씀입니다. 그러니 거짓자아를 가진 채로는 절대 진실이신 하느님을 제대로 알아볼 수 없습니다. 하느님을 제대로 볼 수 없는 사람은 하느님을 만날 수도 없으며, 하느님과 일치할 수도 없고, 하느님을 사랑할 수도 없습니다. 하느님을 제대로 보지 못하는 사람은 자기 자신도 제대로 보지 못합니다. 하느님을 제대로 본다는 것은 진실을 볼 줄 안다는 것이고, 진실을 제대로 본다는 것은 결국 스스로를 제대로 볼 줄 안다는 것과 같기 때문입니다. 자신의 자아를 초월하고 이탈할 때에, 즉 거짓자아에서 해방할 때에 비로소 우리는 진실을 있는 그대로 바로 볼 수 있다는 말입니다."

그렇다. 예수님은 "나를 따르려는 사람은 누구든지 자기를 버리고 매일 제 십자가를 지고 따라야 한다."(루가 9, 23)라고 하셨다. 우리 내면의 무의식 속에 있는 거짓자아를 매일매일 의식하여 십자가에 못 박지 않으면 참다운 인간이 될 수 없다는 뜻이지 않을까! 그래서 병도 고치고 마귀도 쫓아냈다고 자랑하는 사람들에게 "악한 일을 일삼는 자들아, 나에게서 물러가라. 나는 너희를 도무지 알지 못한다."(마태오 7, 23)라고 말씀하셨다. 진실된 사랑에서 우러나오는 겸허한 타인 사랑이 아닌, 인정 욕구와 명예욕을 만족시키기 위한 사람들에게, 거짓자아를 내 쫓는 듯한 말씀을 하셨던 것이다. 거짓과

악은 '거짓자아'의 한 형태일 뿐이라는 것이다. 예수님께서 보시는 것은 우리의 업적이 아니라 우리의 참된 마음이다. 아울러 자기를 내세우기 위한 자존심, 체면, 이런 것들도 따지고 보면 거짓자아의 일부라는 것을 말한다. 예수님은 이러한 것도 아낌없이 버리라고 말씀하신다.

> "손이나 발이 죄를 짓게 하거든 그것을 찍어 던져 버려라. 두 손과 두 발을 가지고 영원한 불 속에 던져지는 것보다는 차라리 불구의 몸이 되더라도 영원한 생명에 들어가는 편이 더 낫다. 또 눈이 죄를 짓게 하거든 그것을 빼어 던져 버려라."(마태오 18, 8-9)

오, 이렇게 끔찍한 말씀을 하시면서, 거짓자아에 대한 단호한 버림을 강조하시다니! 거짓자아에서 온전하게 해방되는 일은 하루아침에 되지 않을 것이다. 그것이 하루아침에 된다면, 우리는 무슨 고민을 하고 살겠는가! 인간은 엄청난 욕구를 품고 살아가기 때문에, 새롭게 태어난다는 것은 그리 쉬운 일이 아닐 것이다. 만약 스스로 "나는 완전히 새로 태어났다."라고 자처하는 사람이 있다면, 그들은 한 번의 회두만으로 자신의 거짓자아에서 온전히 해방되지 않는다는 사실을 순진하게도 모르거나 혹은 부인하는 사람들일 가능성이 높다. 그러므로 우리가 조급하게 변하지 않는 것에 대하여 자책하는 것은 금물이다. 가랑비에 옷 젖듯, 인격의 변화가 서서히 일어나는 것이 정상이지 않겠는가! 즉, 우리의 십자가를 지는 일은 늘 해야 하는 일일 것이다. 그래서 예수께서 "매일 제 십자가를 지고 나를 따르라."고 말씀하시고, "늘 깨어 기도하라."고 하신 것이 아닐까 싶다.

십자가를 지는 정화과정은 바로 자신의 거짓자아를 극복하는 작업이다. 즉, 거짓자아를 똑바로 직시하고 인정하면서 서서히 넘어서야 하는 것이다. 이 작업은 십자가의 수난 작업과 같은 것이다. 만일 그럴 필요가 없다면 그리스도께서 십자가상에서 돌아가실 필요가 없었을 것이고, 또 그런 말씀을 하실 필요도 없었을 것이다. 우리가 좋아하든, 싫어하든, 자신의 거짓자아를 십자가에 못 박는 일을 매일 해야 한다는 말이다. 예수님은 그것이 바로 구원의 길임을 스스로 본보기로 보여 주신 것이다. '기도', 특히 그 중에서도 집중적으로 진아(眞我) 혹은 하느님을 관상하는 '관상기도'란, 진리(眞理)의 길을 따라 매일 자기 십자가를 지는 수련이라고 말할 수 있다.

그렇다면, 하느님이라면 우리의 거짓자아에 대한 정신 치료는 어떻게 하실까! 즉, 우리는 어떻게 이러한 정화의 여정을 할 수 있는가!

우리는 자신의 심리적·영적인 결함을 인정하면서, 정화의 여정이 시작된다는 것을 알았다. 우리가 가지고 있는 우리 인격의 영적인 결함들을 신학적으로는 원죄의 후속 결과라고 한다. 현대 심리학적인 표현을 빌리면, 이것은 인격 속에 있는 심리적인 병적 요소이며, 또 중독 현상이라고 할 수 있다. 심리적인 병을 앓고 있는 사람은 치료자를 필요로 한다. 크게 심각한 문제가 아니라 할지라도 심리치료자의 도움은 다른 각도에서 주요문제를 통찰하게 되는 중요한 기회가 되기도 한다. 특히 좀 더 현실적인 상황에 영향을 주는 심리적인 문제들은 건강한 치료자를 만난다면 생각보다 훨씬 더 많은 도움이 될 것이다. 물론 대부분의 보통 사람들의 병적인 요소들은 심리치료자를 꼭 필요로 하는 정도는 아니라고 보는 입장도 있다. 사실 그런 입장도 충분히 공감할 수 있다. 사소한 듯한 내면의 문제점을 일일이 심리치료적 도움을 받는다는 것 자체가 거북스럽고 거부감이 들며, 오히려 스스로 해결 못하는 의존적인 사람이 아닐까라고 생각할 수도 있다.

그렇지만 많은 사람들은 다소간의 병적인 요소를 가지고 있어서 어느 정도의 도움은 대개 필요로 한다. 문제는 대부분의 사람들이 스스로가 도움을 필요로 한다는 사실을 모르고 있다는 것이다. 어느 심리학자는 이 세상의 사람들 중에는 98%가 중독 현상을 가지고 있다고 한다. 토마스 키팅은 나머지 2%에 해당하는 사람을 아직 만나 본 일이 없다고 했다. 즉 누구나 모두 도움을 필요로 한다는 말이다. 문제는, 우리가 병적인 요소를 가지고 있느냐 아니냐 하는 것이 아니다. 우리가 과연 어떤 수준의 병리적 요소를 가지고 있느냐 하는 것뿐이다.

그런데 이 세상에서 우리의 문제를 가장 잘 알고 있는 대상은 누구일까? 심리치료자일까! 부모일까! 자신 스스로일까! 사실 우리는 우리 자신에 대하여 아는 것보다 모르는 면이 더 많다. 무의식적으로 작용되는 그 무엇이 훨씬 더 많기 때문이다. 그런데 그것을 부모나 심리치료자가 더 많이 알고 있다는 것은 상상할 수 없다. 나의 모든 것을 진정 알고 있는 것은, 오직 그분! 바로 하느님이다.

우리 자신에 대하여 진실로 가장 잘 알고 있는 것은, 거짓자아가 아니라 '참 자아', 즉 하느님이라는 사실, 우선 이 사실을 느끼는 것이 가장 중요하리라 본다. 이 개념, 이 믿음이 이루어지지 않으면, 결코 하느님의 정신 치료를 기대할 수 없다. 신뢰감이 없는 치료자에게 치료를 받을 수는 없듯이, 이 믿음이 없을 경우에 다음 단계는 한계가 있으리라 여겨진다.

만약 나를 가장 잘 알고 있는 대상이 우주, 신, 하느님이라는 것을 인정한다고 하자. 그렇다면 바로 그 하느님은 모든 것을 알고 계시기 때문에, 바로 그분이 우리를 가장 잘 도와주시고 우리의 병적인 문제를 올바르게 다루어 주실 수가 있다는 것이다. 하느님은 실제로 우리의 문제를 가장 정확하게 다루어 주신다!

한 가지 조건은 우리 자신이 병적인 요소를 가지고 있음을 솔직히 시인하고 하느님께 도움을 청하면서 자신의 문제를 맡겨 드리는 것이다. 이것은 마치 환자가 의사에게 자신의 병에 관하여 있는 그대로 드러내며 치료를 맡기는 것과 같다. 만일 우리가 자신을 하느님께 솔직하게 보여 드리면서 모든 것을 맡겨 드리면, 그 분은 우리를 누구보다도 잘 고쳐 주실 것이다. 토마스 키팅은 이렇게 자신을 맡겨 드리는 것을 가리켜 "하느님께서 내 안에서 현존하시고 활동하시는 것에 동의한다."라고 말했다. 그리고 그 분을 '거룩한 치유자(Divine Therapist)'라고 부른다,

"하느님께서 내 안에 현존하시고 활동하시는 것에 동의하는 것"을 흔히 '관상기도', '향심기도'라고 말한다. 이 기도는, 바로 치료 과정에 자신을 그 분께 맡겨 드리는 것이 된다. 그리하여 우리를 불행하게 만드는 요소들, 즉 고정관념, 거짓자아, 불건강한 방어기제, 무의식적인 이기적 동기들, 일생동안 받았던 정서적 상처 등을 그 분은 말끔히 치유해 주실 거라고 믿는 것이다. 그러기 위해서 관상기도를 통하여 우리는 하느님의 현존 안에 머물기 위해 수행하는 것이다. 즉 하느님 안에서 행복한 삶을 누리는 사람이 되도록(변형되도록) 수련해야 한다. 바로 이것이 기도하는 이유인 것이다.

만일 우리 내면의 병적인 요인을 진정 인정한다면, 마음속의 어두움을 인정하지 않고 살아왔던 사람이 아주 진지하게 이 여정에 들기를 마음먹는다면, 하느님께 자신을 맡겨 드리게 된다면, 적당한 때와 시기에 이러한 자신의 결함을 들여다볼 수 있는 기회가 마련될 것이다. 즉 어두운 면에서 해방되는 길이 열리게 된다. 어쩌면 '구하면 모든 것이 열릴 것이다.'라는 단언으로써 우리에게 믿음을 촉구하는 것 같다. 그 이유는, 이러한 어두운 면을 처리하지 않고서는 결코 이 여정을 계속할 수 없기 때문이다.

십자가의 성 요한이 '어두운 밤'이라고 표현한 밤은, 우리 내면의 거짓자아에서 헤매었던 오랜 세월을 정화(purification, purgation)해 나가는 과정을 말한다. 우리의 영혼이 정화의 과정을 거쳐서 비로소 하늘나라(자유롭고 평화로운 마음 상태)에 갈 수 있다는 말이다.

종교의 여부를 떠나, 누구나 관상을 해야 하는 이유는 관상을 통하여 우리는 정화되며, 그 정화 없이는 결코 거짓자아에서 해방되기가 쉽지 않기 때문이다. 영적 여정이란 바로 이러한 내적 정화의 과정이다.

옛날에는 이러한 점에 대한 이해가 부족했기 때문에 수도생활을 극기와 고행의 생활로 생각한 경우가 많았던 것 같다. 기도 중에 떠오르는 자신의 심리적·영적 결함에 대하여 그 역동(dynamics)을 잘 이해하지 못했기 때문에 자신의 육체를 죄의 근원으로 보고 자신을 가혹하게 다룸으로써 정화를 하려는 경향이 많았다는 뜻이다. 깊은 회개와 보속으로 자신의 영적 결함을 갚으려고 하였을 것이다. 그러나 그 영적 결함의 뿌리, 즉 원죄의 뿌리는 정서적 판단과 이기적인 동기로 인간의 무의식 속에 깊이 저장되어 있어서 내면의 이기적인 동기에 대하여 깊은 성찰과 이해 없이는 정화 대신 고행의 연속일 뿐이었다고 한다. 즉 겉으로 일어나는 분노, 탐욕, 교만, 질투, 나태, 육욕, 허영 등의 감정들의 뿌리는 고행으로 하는 보속만으로는 정화할 수 없다는 사실을 알지 못했던 것이다. 다시 말하면, 죽은 나뭇가지를 자르는 것만으로는 정화되지 않으며 그 뿌리를 뽑아내야 한다는 것이다. 또 다른 말로 표현하면 병의 증세보다는 병의 근원 자체를 치유해야 한다는 말이다. 관상기도를 통한 정화 또는 치유 과정은 병의 근원의 치유, 죄의 뿌리를 정화하는 여정이며 우리의 힘으로 하는 것보다는 하느님께서 해주실 때에 더 잘 이루어진다는 뜻이리라.

정리해 보면, 하느님의 치료적 작업은

첫째, 매일매일 십자가를 지고 진리의 길을 따르는 것이다. 심리치료적 관점으로 보면, 거짓자아로 이루어진 '자기'를 객관적으로 바라보고 머무르며 넘어서는 작업을, 매순간 나그네가 길을 가듯, 매 순간 숨을 쉬듯 하는 것이다.

둘째, 늘 깨어있는 것이다. 심리치료적 관점으로 보면, 지금-여기 이 순간을 한시도 놓치지 않고 깨어있다면, 과거의 역동이나 미래의 불안에 휘둘리지 않고 살아갈 수 있다는 뜻이다.

셋째, 하느님의 현존과 활동에 동의하고 맡기는 것이다. 심리치료적 관점에서 보면, 나의 모든 무의식은 어느 누구도 완전히 알 수 없으므로, 오직 깊은 통찰을 통하여 있는 그대로의 나를 온전히 사랑하며 내맡기는 것이다.

27. 의식적(意識的)인 의식(儀式)의 시간

"언제나 같은 시각에 오는 게 더 좋을 거야. 이를테면, 네가 오후 네 시에 온다면 난 세 시부터 행복해지기 시작할 거야. 시간이 흐를수록 난 점점 더 행복해지겠지. 네 시에는 흥분해서 안절부절 못할 거야. 그래서 행복이 얼마나 값진 것인지 알게 되겠지! 아무 때나 오면 몇 시에 마음을 곱게 단장해야 하는지 모르잖아. 올바른 의식이 필요하거든." "의식이 뭐야?" "그건 어느 하루를 다른 날과 다르게, 어느 한 시간을 다른 시간과 다르게 만드는 거지."

준주성범(토마스 아 켐피스, 1955)에는 이런 글이 있다.

"누구든지 정신을 집중하고 마음을 단순하게 할수록 그만큼 힘들이지 않고 많은 것을 깊이 있게 깨닫게 된다. 이는 하늘로부터 오는 총명의 빛을 받기 때문이다. (중략) 네 마음에 있는 절제되지 않는 욕망보다 너를 방해하고 성가시게 구는 것이 또 있겠는가?(3-4)"

"사람들이 허황된 일에 기울이는 그 열정을 자신들의 악습을 뿌리 뽑고 덕행을 닦는 데 썼다면 사람들 사이에 이처럼 비참한 일은 생기지 않았을 것이다.(3-5)"

복잡다단한 현대를 살아가면서 우리는 누구나 다 참된 삶을 살아가려는 마음을 어느 정도는 지니고 있고, 무엇이 바르고 양심적이고 평화로운 길인가를 모색하려는 태도를 가지고 있다고 본다. 문제는 일상 속에 파묻히게 되면, 이러한 마음을 유지하기가 쉽지 않다는 것이다.

집안에 어려운 문제가 발생할 때는, '아! 내가 왜 이러고 사나!', '무엇이 잘못되었을까? 이래서는 안 되겠군!' 하는 스스로에 대한 반문과 새로운 마음을 내기도 한다. 하지만, 구체적인 어떤 문제들이 발생하지 않으면, 자신의 삶에 대한 성찰과, 참된 마음을 가지려는 의식적인 노력을 하기가 쉽지 않다. 생활이란, 늘 어떤 일이 발생하고 그 일을 처리하고, 다시금 또 발생하고 처리하는 수레바퀴라고나 할까! 모든 생활이 어떤 처리해야 하는 일거리로 와 닿아, 생활 자체가 힘겹고 부담되고 짐 같은 느낌으로 산다고 해야 할까! 오늘은 내일의 발전을 위하여 살아야 하고, 1년 후, 10년 후, 30년 후를 기대하며 살아간다고나 할까! 그래서 지금-현재는 힘겹고 어깨가 내려앉는 듯한 느낌으로 살아간다고 볼 수 있다.

물론, 그런 것들이 잘못되었다고 이야기하는 것은 아니다. 미래를 위한 꿈을 꾸고 준비의 개념으로는 유비무환의 자세가 오히려 필요하다. 다만, 지금-여기를 집중하여 잘 느끼게 되면, 미래의 대비를 충분히 하면서도 부담되거나 짐스럽거나 힘겨운 감정을 훨씬 덜 느끼고 일상생활을 할 수 있다는 뜻이다. 즉, 지금-현재의 생활이 가져다주는 깨달음과 행복과 기쁨을 만끽할 여유를 가질 수 있다는 것이다.

사실 여유가 부족하다는 말보다는, 깨어있기가 쉽지 않다는 말이 더 정확할 것이다. "이런 일로 바빠서, 저런 일로 바빠서…"라고 하지만, 사실 우리는 '깨어있는 습관이 되어 있지 않아서' 혹은 '어떻게 해야 깨어있을 수 있는지를 몰라서'라고 해야 할 것이다. 늘 지금 여기에서 정신을 집중하고 마음을 단순하게 할 수 있는 습관이 필요하다는 말이 될 수 있다.

'정신을 집중하고 마음을 단순하게 할수록 그만큼 힘들이지 않고 많은 것을 깊이 있게 깨달을 수 있다.'는 것은 매우 평범한 말 같지만, 사실 우리의 삶에 너무나 중요한 핵심이라고 본다. 현실에서 좋은 일 어려운 일들이 발생하는 것은 어느 누구에게나 똑같이 주어진 것들이다. 그러나 그 문제를 어떻게 풀어나가느냐 하는 것은, 지혜로움에 바탕을 둔 마음 씀, 즉 건강한 '이성적 자아 기능'이 있느냐 없느냐에 따라서 달라진다. 그러한 지혜가 나오는 기초는, 깨달을 수 있는 능력과 관련이 깊을 것이다.

깨달을 수 있는 구체적인 태도는, 바로 정신을 집중하고 마음을 단순하게 할 수 있는 상태를 가질 수 있는가 하는 문제가 될 것 같다. 바로 여기에서 우리는 '정신을 집중하고 마음을 단순하게 할 수 있는 상태'의 습(習)이 몸에 배어있는가가 열쇠의 역할이 된다는 것을 느낄 수 있다. 한마디로 '의식적(意識的)인 의식(儀式)'의 시간을 규칙적으로 가져야 할 필요가 있다고 본다. 현실 속에서 이러한 의식(儀式)의 시간을 가져야 한다는 뜻이다.

생텍쥐페리는 '어린왕자'에서, 왕자와 여우의 말을 통하여 의식(儀式)이 무엇인지를 말해준다. (매일미사 2014.9.1.재인용.)

"언제나 같은 시각에 오는 게 더 좋을 거야. 이를테면, 네가 오후 네 시에 온다면 난 세 시부터 행복해지기 시작할 거야. 시간이 흐를수록 난 점점 더 행복해지겠지. 네 시에는 흥분해서 안절부절 못할 거야. 그래서 행복이 얼마나 값진 것인지 알게 되겠지! 아무 때나 오면 몇 시에 마음을 곱게 단장해야 하는지 모르잖아. 올바른 의식이 필요하거든."

"의식이 뭐야?"

"그건 어느 하루를 다른 날과 다르게, 어느 한 시간을 다른 시간과 다르게 만드는 거지."

그렇다. 의식(儀式)이란, 특별한 시간과 장소를 통하여 예를 갖추어 정성을 다하는 의례적인 행위를 의미할 것이다. 진리를 향하는 이러한 의식의 시간을 우리가 개인적으로 응용한다면, 한 학기에 한 번, 일주일에 한 번 혹은 하루에 한두 번의 시간을 정해서 독서 명상이나 관상기도의 시간을 가진다든지, 깊이 있는 마음 성장 프로그램에 참여한다든지, 종교생활을 한다든지, 마음성장에 보탬을 주고받는 진실된 누군가와 관계를 맺는다든지, 좋은 공동체에 참가한다든지 등의 규칙적인 시간들이 될 것이다. 사람들과의 진실된 관계를 통한 깨달음을 가지는 '집단상담' 수업 참가도, 이런 유의 일종이 될 것이다.

이것을 의식적(意識的)으로 하지 않으면, 과거로부터 배어 온 혹은 일상의 흐름에 젖어버린 우리의 악습을 쉽게 뿌리 뽑기는 어려우리라 예상된다. 생각해 보라. 지난 시절, 우리가 좀 더 현명했더라면, 좀 더 지혜로웠더라면, 좀 더 갈등을 부드럽게 해결할 수 있었다면, 좀 더 겸손하고 애덕(愛德)을 베풀었더라면, 좀 더 자녀들 혹은 배우자에게 현명하게 대처하였더라면… 하고 생각할 때가 있을 것이다. 물론 그런 것조차도 인간으로서 경험하여야 할 하나의 여정이었다는 점으로 생각해보면 스스로를 너그럽게 이해해주어야 할 것이다. 문제는, 그렇게 처리되었던 것들이 '깨달음의 자료들'로 제공되었느냐가 될 것이다. 만약, 그것이 깨달음의 빛으로 작용되어 현실에서 '총명함의 빛'으로 열매를 맺었다면, 과거의 고통들은 오히려 의미 있는 현재의 비료로 남겨질 것이다. 하지만, 과거의 문제되는 방식들이 아직도 깨달음을 제공하지 못하고, 반복적으로 이어지는 악습으로서 남겨졌다면, 우리는 아직도 계속 똑같은 고통 속에서 살아간다고 볼 수 있다.

그러므로 우리는 마음을 다하고 정신을 다하여, 진리의 길을 따르는 의식적인 의식의 시간을 가져볼 필요가 있다. 그렇게 되면 우리에게 어떠한 일들이 닥치더라도, 그것이 슬픔의 시간이든 기쁨의 시간이든, 그 모든 것은 진리로 향하는 깨달음의 자료가 될 것이다. 진리를 따르는 길은 우리를 가장 자유롭게 만들고 평화롭게 만드는 최선의 방향임을 명심해야 할 것이다.

28. 심리치료와 명상의 상보적 관계

명상과 심리치료의 도움 영역은 별도로 있지만, 그 둘은 서로 상보적으로 사용하며, 각자에 알맞게 사용하는 것이 도움 된다는 것을 시사하고 있다.

심리치료의 장면을 체계적으로 경험하다보면, 기도 혹은 명상적 생활태도와 심리치료적 학습을 어떻게 적용시켜야 할 것인가, 혹은 어떤 관련성을 가지는가에 대한 의문이 나올 수 있다. 그러나 그것은 체험을 통해서 수용되는 내용으로서, 주변에서 하는 말이나 글로써는 그 해답을 얻기가 어려울 것이며, 스스로가 체득하는 경험적 지혜라는 느낌이 든다. 아마도 이러한 지혜를 얻게 된다면, 일상의 갈등이나 구체적인 어려움을 해결하는 데 많은 도움이 될 것이다. 즉, 평정심을 가진 채 현실 처리를 할 수 있는 자연스러운 힘을 얻게 된다는 것이다.

이런 분야에 관심을 가진 사람들 중, 명상과 심리치료적 작업을 구분하지 못한 채로 지나치게 어느 한쪽에 집착되는 경우가 있을 수 있다. 예컨대, 종교적인 접근으로 심리치료의 모든 것을 대행할 수 있다고 생각한다든지, 심리치료로 인간 내면의 어려움을 모두 해결할 수 있다고 생각하는 것은, 어느 쪽이든 다소 치우치는 위험성을 안게 될 것 같다. 예컨대, 만약 상담자가 내담자의 자아기능 수준을 적절히 알아차리지 못한 채 종교적 수준의 접근(특히 상담자가 절대적으로 선호하는 종교적인 신념, 가치관, 규율 등)을 무리하게 제공한다거나, 내담자는 심리적 영역을 넘어선 영적 수준에 대한 갈망이 있는데도 불구하고 상담자 자신이 영적 개념을 가지지 못하여 한계를 지어버리는 것이다. 이렇게 된다면, 상담자가 내담자의 수준에 맞지 않는 어떤 작업을 하게 한다든지, 더 나은 내담자의 단계를 경험하게 했어야 하는데, 가로막게 될 수도 있는 것이다. 다시 말하면, 심리치료적 작업을 해야 할 것을 기도(명상)만을 하게 한다든가, 기도(명상)로 도움 받아야 할 것을 심리치료로만 하려고 하는 측면이 있다면, 개인적인 내면 치료와 인격 성장에 한계를 가져올 수 있다는 것이다.

켄 윌버는 어떤 기자와의 인터뷰에서 심리치료와 명상과의 관계에 대한 질문에, 명상에 대하여 이렇게 언급한 적이 있다. (Ken, 2006)

"먼저 명상은 정신 치료와 같은 '덮개를 벗기는 기법'이 아니라는 겁니다. 그것의 가장 중요한 목적은 억압의 장벽을 움직이거나 그림자(무의식)를 의식 표면으로 떠오르게 하는 것이 아닙니다. 물론 명상에 그런 효과가 '있을지'도 모릅니다. 하지만 반드시 그렇지만은 않다는 것을 이해해야 합니다. 기도의 주요 목적은 주로 자아의 활동을 그치게 하고 자아초월적인 의식을 발달시켜, 결국에 '보는 자' 또는 '영'을 발견하는 길로 인도하는 것입니다.

즉 대체로 명상과 심리치료는 영혼을 대상으로 한다는 점에서는 같아도, 목적으로 삼는 단계에는 큰 차이가 있습니다. 명상은 반드시 노이로제적 장애 요소를 제거한다고 할 수 없고, 또 그런 목적을 위해서 고안된 기법도 아닙니다. 더욱이 아무리 '바라보는 자'의 감각을 발달시켜도 여전히 노이로제를 갖고 있을 수도 있습니다. 물론 자신의 노이로제를 관찰하는 것을 배우면, 노이로제와 함께 살아가는 것은 상당히 쉬워집니다. 하지만 노이로제를 근절하는 것과는 아무런 관계가 없습니다. 감정적인 측면에서 망가지고 있다 해도, 명상은 그것을 근본적으로 치료해주지 못합니다. 명상은 그런 일을 위해 존재하는 것이 아닙니다. 괴로웠던 나의 체험을 근거로 말할 수 있습니다. 명상은 노이로제와 잘 지내는(!) 데는 많은 도움이 되었지만, 그것을 근본적으로 치료하는 데는 별 도움이 되지 않았습니다."

켄(Ken)은 인터뷰에서 자신 내면의 강박증적 어려움을 근본적으로 치료하는 것이 명상은 아니라는 말을 경험적으로 말하고 있다. 그는 이어서 "세계의 위대한 신비 사상이나 명상에 관한 수많은 문헌에는 역동적인 무의식, 억압된 무의식에 대한 내용이 없습니다. 사실 '억압된 무의식' 이론은, 근대 유럽의 독자적인 발견과 공헌입니다."라고 말하였다. 그에 대해 기자는 "그러나 명상으로 인해 억압되어 있었던 것을 분출할 수도 있지요!"라고 묻자, 켄은 이렇게 대답하였다.

"인정합니다. 하지만 조금 전에도 말한 것처럼, 문제는 그런 일이 일어날 수도 있지만 그렇지 않을 수도 있다는 것입니다. 예컨대, 어떤 분이 분노를 심하게 억압해서 우울증을 앓고 있다고 합시다. 이런 일은 우리 주변에서 매우 흔히 일어납니다. 그럴 때, 자아의 의식을 오로지 '바라보고' 있을 수만 있다면, 즉 내면에서 올라오는 감정을 동일시하거나 얽매이지 않으면, 자아의 음모(?)는 서서히 사라집니다. 자아가 풀어지기 시작합니다. 그리고 충분히 풀어지면 자아는 갑자기 '떨어져 나갑니다.' 그러면 자아를 넘어선 어떤 자유를 손에 넣을 수 있습니다. 아니면 적어도 그것을 힐끗 볼 수 있게 됩니다.

하지만 이런 일이 일어난다고 해서 반드시 자아의 모든 부분이 풀어지는 것은 아닙니다. 심리치료 접근에서는 그 무의식의 감정을 다루는, 억압된 정서의 뚜껑을 열려는 노력을 구체적으로 하는 거죠. 개인에 맞게 사실적으로 자아를 만나게 하는 거죠. (중략) 물론 그렇다고 덮개를 벗기는 기법으로 깨달음을 얻거나 최고의 정체성이라는 목표에 이를 수는 없다고 생각합니다. 프로이드는 붓다가 아니고, 붓다 또한 프로이드가 아닙니다!"

이 말은, 우울한 한 사람이 자신의 내면의 죄책감과 분노 등의 감정을 가만히 바라보는 명상적 작업을 통해서 분명히 자유로워지는 경험을 할 수도 있다는 것이다. 깊이 바라보면 바라볼수록, 자아의식의 표면에 떠오르는 부정적인 감정들을 구름처럼 지나가게 할 수 있고, 심지어 뭔가 툭 풀려나가듯 자유로운 느낌을 가질 수 있다. 이런 면에서는 명상은 억압된 감정을 풀지 않고도 도움이 될 수 있다는 말이다. 그러나, 이 작업은 근본적으로 그 감정이 다 풀어졌다는 것을 의미하지는 않는다. 다시금 무의식에 잠겨있던 그 감정들과 만나야 할 일이 있을 것이다. 새로운 자극이 들어올 때 그 억압된 감정은 또다시 물위로 떠오르고, 사라졌다, 또 떠오르고 할 것이다. 즉 반복적으로 새롭게 만나는 작업을 하지 않을 수 없는 것이다. 그러므로 자유를 맛보았다 하더라도, 근본적으로 억압된 감정이 치료되었다고는 볼 수 없다는 뜻이다. 억압된 감정의 치료는 심리치료적 접근의 목적에 더 부합된다는 의미이다. 물론 그렇다고 하여 억압된 감정을 다루는 심리치료적인 방법으로 높은 의미의 정체성을 다 가질 수 있다는 뜻은 아니다.

결국 이렇게 볼 때, 명상과 심리치료의 치유영역은 별도로 있지만, 그 둘을 서로 상호 보완한다면 도움이 된다는 것이다. 즉, 명상과 심리치료적 접근을 상보적으로 내담자에게 적절히 사용하는 상담자가 있다면, 내담자 편에서는 상당히 도움받을 수 있다고 본다. 켄의 이야기를 계속 들어보자.

> "명상과 심리치료는 모두 강력하고 효과적이지만, 대상으로 삼는 것들은 서로 다릅니다. 물론 그렇다고 양자가 서로 겹치지 않는다든가, 공통점이 없다는 것은 아닙니다. 서로 겹치는 부분이 분명 있습니다. 예를 들어 정신분석과 같은 전통적 심리치료는 '관조하는 능력'을 어느 정도 높여줄 수 있습니다. '모든 것에 일정 거리를 두는 주의력'을 유지시키는 연습이 되는 거죠. 그러나 이러한 유사점에서 벗어나면 양자는 매우 빠르게 각기 다른

방향으로 갈라져, 의식의 전혀 다른 차원을 다루게 됩니다. 명상은 관조하는 의식을 확립시킨다는 점에서 심리치료를 돕습니다. 또 다른 문제를 해결하는 데 도움이 될지도 모릅니다. 그리고 심리치료는 의식을 낮은 단계의 억압이나 혼란스러운 심리상태로부터 자유롭게 해준다는 면에서, 명상에 도움이 될 수 있습니다."

정신역동적 상담 및 심리치료 장면에서는 내담자가 자신의 핵심역동에 대한 통찰을 하게 되면, 미처 이해하지 못하였던 자신의 감정양식에 대하여 알게 되고, 무의식적으로 행하였던 자신의 행동양식을 의식화하게 되면서 점진적으로 왜곡된 부분을 건강하게 수정시켜 갈 수 있다. 훈습(working-through)[1)]과정은 주 호소문제의 극복을 점점 더 긍정적인 방향으로 변화할 수 있도록 도와준다. 즉 생활사의 초기경험이 만들어 낸 핵심역동[2)], 즉 망념(妄念)을 어떻게 관찰하고, 그 흐름을 나의 마음속에서 어떻게 조절할 것인가, 혹은 망념의 힘을 어떻게 긍정적인 방향으로 전환할 것인가 하는 문제는 바로 이 훈습과정에서 더욱 더 명료하게 다루어야 할 과제이다. 훈습과정에서 우리가 흔히 말하는 지관(止觀, 멈추어 바라보는)과 같은 명상적 작업을 하게 된다면 그 통찰은 큰 도움을 받을 수가 있을 것이다.

본래의 '마음'이라는 것은 '없는 것'에서 온 것이며, 오직 진여일심(眞如一心), 즉, 하느님만이 유일한 영원한 에너지임을 깨닫기 위하여(觀관) 나의 마음속에 줄기차게 흐르는 핵심역동의 영향들, 허망한 망념을 그치게 하는 작업(止지)은 아마도 훈습 활동에서 가장 핵심적인 주제가 아닐까 여겨진다. 끊임없이 올라오는 내면의 핵심역동은 그 또한 강인한 생명력을 안고 있고, 실제로

1) 훈습(working-through): 상담 및 심리치료에서 훈습이라 함은 내담자의 왜곡된 부분이 통찰되어진 후 치료관계에서 긍정적인 방향으로의 끊임없는 실행 혹은 연습을 의미한다.
2) 핵심역동은 어떤 상황에 직면했을 때 비이성적이고 비합리적이며 객관성이 결여된 채로 무의식에서 자동화되어 나타난다는 측면에서 망념(妄念)이라고도 볼 수 있다.

그 생명력은 긍정적인 측면으로도 쓰일 수 있으므로 그것을 무조건 소거시켜 나가는 작업만이 전부는 아닐 것이다. 즉 없애는 것이 목적이 아니라 걸리지 않는 것이 목적인 셈이다.

핵심역동은 '감정의 중심 흐름' '감정의 중심세력'이라는 뜻이다. '흐름', '세력'이라는 것은 고정된 것이 아니며 일종의 바람과 같은 '과정'이다. 이 점은 대단히 중요한 개념이다. 마치 영원히 내 마음속에 고정된 것 같은 '과거의 기억과 그로 인한 주요 감정들, 즉 핵심역동'은 그냥 '흘러가도록' 두면 된다는 것이다. '고착'되어 있는 것이 아니라 '변화'에 순응해야 된다는 점, 이것은 치료의 핵심을 알려주는 것이라 볼 수 있다. '흘러가게' 한다는 것. '변화'에 순응한다는 것. '지금-여기'에 발맞춘다는 것! 심리치료 장면 안에서는 어떤 감정이라도 적절하게 표현하고, 이해받고, 수용 받으면서, 감정의 변화를 이루어내는 것이, 바로 '흐름'의 과정이며 '정서 교정' 작업이다. 그 핵심은 '흐름'이며, '과정'이다. 이것은 우리 삶의 진실이다. 모든 것은 흘러가는 것이며 과정일 뿐이다.

정신역동적 심리치료 접근이 구체화되고 현실적으로 잘 적용되면, 저절로 명상적 작업의 '바라보고 머무르고 넘어서는' 과정을 실제적으로 연습하는 셈이 된다. 사실 이 점은 '집단심리치료' 장면에서 많은 참가자들이 이론을 전혀 모르더라도 자연스럽게 경험하는 주요한 부분이다.

정리해 본다면, 심리치료적 접근에서는 자신의 핵심역동으로 작용되는 것을 정확하게 진단, 현실적인 문제에 대한 통찰, 억압된 감정을 풀어헤치고 자연스럽게 흘려보내는 작업, 현실적 대처능력 등을 도움 받는다. 명상적 작업에서는 심리치료적 작업에서 발생된 과거의 많은 망념들을 흘려보내는 과정을 훨씬 더 깊이 있게 도와줄 뿐만 아니라, 반복적으로 오르락내리락 하는 감정들을 잘 바라보면서(觀) 멈추고(止), 멈추었다가 다시 바라보게 하여

'영'을 더 개발하는 데 유용할 것이다. 이 두 작업이 관념적이 아닌 체험적인 바탕을 통하여 상호보완 된다면 정말 효과적이라고 생각된다.

29. 갈등 속에 사는 우리네들

외부와 나의 내부는 어떤 관련성이 있는가! 그 외부는 나의 내부에게 무엇을 가르치며, 나의 내부는 외부에게 무엇을 제공하고 있는가! 이런 가장 근본적인 의문을 제기해야 할 것이다.

현대를 살아가는 우리는 늘 갈등 속에서 살아간다. 어쩌면 이 세상 자체가 갈등인지도 모른다. 우리의 주변을 가만히 둘러보라. 이 세상은 최대의 선과 악이 함께 공존하고 있고, 강하고 약한 면이 함께 있다. 우리는 그 속에서 선을 행할 수도 있고, 악을 저지를 수도 있다. 자유와 구속, 진보와 퇴보, 미움과 사랑 등, 여러 갈래의 문이 동시에 열려있다. 더욱이 인간 스스로가 발굴한 힘들은, 그것 자체가 인간을 괴롭힐 수도 있고 편리하게 할 수도 있으며, 인간이 그들의 노예가 될 수도 있고, 인간에게 봉사할 수도 있다. 이렇듯 갈등은 자연스럽게 존재할 수밖에 없다. 갈등 그 자체의 존재는 인정해야 한다. 단지 갈등 속에서 사는 우리들에게는 그 갈등을 어떻게 받아들이고 대처하며, 그 속에서 무엇이 참된 것인지를 깨닫는 것이 중요하지 않을까 한다. 그 갈등의 한 가운데서 우리를 바른길로 이끄는 것은 자신 스스로의 선택이라는 사실, 즉 스스로의 마음의 에너지가 어디로 향하는가의 방향이다. 수많은 외부의 상황에도 불구하고, 그것을 선택한 것은 바로 '자신'이며, 그 책임은 스스로의 몫이라는 점이다. 따라서 서로서로가 의존하여 살아가지만, 결국에는 본인이 나아가야 할 길을 자각해야 한다. 필연적인 선택은 자신이 정하게 되어있다. 우리는 수없이 자문하게 된다. '나는 무엇을 할 것인가!', '나는 어떻게 살아갈 것인가!'라고.

사실 현대 세계가 고민하는 것을 곰곰이 생각하고 탐색해보면, 그것은 인간 개개인의 마음속의 불균형에서 비롯된 것이 많다. 아주 미세한 한 개인의 부정적 마음가짐이, 어떤 상황을 상상하고 생각하여 만들어내면서, 현실에서의 불균형적인 모습 혹은 피조물로 드러나게 된다. 어쩌면 우리 사회가 고민하는 문제는, 바로 개개인의 마음속에 뿌리박힌 근본적인 불균형과 깊은 관련이 있을 것이다. 이 점은 매우 중요한 부분이다. 거의 우리 모두가 외부로 스스로의 내면을 투사하고 살고 있기 때문이다. 그러므로 "세상 살기가 참 힘들다.", "세상이 어떻게 되려고 이렇게 돌아가느냐!", "요즘 사람들 보면 왜 저렇게 행동하는지 모르겠어!"라는 식의 자조적인 발언보다는, 내부에서 일어나는 갈등과 대립, 부적절감과 불균형에 대한 깊은 성찰이 먼저 고려되어야 할 것이다. 외부의 어려움들은 자신의 마음에서 일어나는 불균형과 그대로 직결되는 경우가 허다하지 않겠는가. 외부의 어려움이 내 마음의 불균형과 직결된다는 것… 이것을 진정 이해하는가!

내부에서는 정말 여러 가지 요소가 서로 대립하여 갈등하고 있다. 인간은 한편으로는 피조물로서 여러 가지 한계성을 체험하는 존재이지만, 다른 한편으로는 아름다움과 최대의 선을 지향하는 신성한 존재이기도 하다. 인간적인 욕망에 사로잡혀 본능대로 움직이는 측면도 있지만, 세상을 향한 한없는 사랑을 발현하고픈 자기초월적인 측면도 있을 것이다. 단편적인 사실이나 상황에 휘둘리는 갈대와 같은 미약한 존재일 때도 있지만, 어떤 신념이나 확고한 가치관으로 꿋꿋이 자기 갈 길을 가는 강인한 존재일 때도 있다. 스스로의 마음을 다스리지 못하여 동물적인 행동을 할 때도 있지만, 어떤 상황에서도 흔들리지 않는 고결한 영혼의 소유자일 때도 있지 않는가!

외부의 상황에 대한 우리의 내면도 서로 대립하며 갈등하고 있다. 즉 우리는 여러 가지 유혹 속에서 언제나 취사선택을 강요당한다. 한편에서는 미약하기 짝이 없는 우리의 내면으로 쉽게 유혹을 당하고, 다른 한편에서는 강한 인내력을 가지며 하늘의 뜻을 깨닫고 실현해 나가기도 한다. 수없는 반복적인 죄와 거짓을 저지르기도 쉬우며(의식적으로든 무의식적으로든), 다른 한편에서는 늘 참회하며 회심하려는 반복적인 다짐을 하기도 한다. 정말이지 원하는 일은 하고 살아야 되는 것이 아닐까 여기면서도, 원한다고 해서 결코 그것 모두를 다 행해서는 안 될 일이라는 것도 때론 느낀다. 요컨대 인간은 자신 안에서 이미 수많은 분열을 겪고 있는 것이다. 이러한 우리 내면의 분열이 점진적으로 행동화되고, 사회화되면서, 사회 전반의 문제점 혹은 국가나 세계적인 어려움까지도 연계된다고 볼 수 있다.

사실, 외부 물질을 중시하는 생활에 젖어있고, 개인 탐욕에 사로잡힌 많은 사람들은 이 같은 상황을 똑똑히 이해하기를 외면하고, 신경 쓰지 않으며, 때론 비웃기까지 한다. '그럴 겨를이 어디 있어요! 이 바쁜 세상에 뭐 그런 것 저런 것 생각할 여유가 어디 있나요! 오히려 지나치게 예민한 것 아닌가요!'라고 생각한다. 또 불행에 짓눌린 사람들은 이런 일에 대해서 생각해 볼 겨를도 없다. 더욱이 이런 것을 느낄 기회조차도 주어지지 않는다.

그러나, 우리 모두는 마음 한편에 '마음의 평화, 안식'에 대한 욕구가 있다. 아무리 바쁘고 힘들어도 늘 추구하는 것은 사실상 '평정심'이다. 안식과 자유이다. 그러므로 조금이라도 생각이 있는 사람은 나름대로의 많은 분석과 통찰을 통하여, 이 갈등 혹은 불균형을 해소하기 위한 방법을 시도한다. 현대인의 화두가 '휴(休)' 라는 말이 될 만큼, 우리는 정말이지 이런저런 시도를 통하여 그 갈등을 해소하며 '휴'를 즐기고자 노력하고 있는 것 같다. 때론 개인적인 노력으로 많은 사람들은 마음의 안식을 얻었다고 생각하기도 한다. '노력'을 중히 여기는 어떤 이는 인간의 노력으로써만 참되고 완전한 결과물을 기대한다. 나의 노력만으로 이 모든 것들은 장밋빛이 될 수 있다고 단언하고, 자신의 소망은 자신 스스로가 개척하며 가능하다고 믿어 의심치 않기도 한다. 즉, 오직 믿을 것은 '나의 능력'밖에 없다고 생각하고, 그 능력 개발에 인생의 전 가치를 부여해 보려는 용감한 사람들(!)도 꽤 많다. 또 어떤 사람은 인생 자체에 대한 회의감과 허무감으로, 그냥 사는 것 자체를 포기하기도 한다. '이 세상은 살 가치가 없다. 아무리해도 타고 난 팔자 나름이라 어쩔 수 없다.'는 식의 실망과 자괴적인 마음으로 우울한 상태로 살아가기도 한다.

그 어떤 방법으로든, 즉 자기 능력 개발에 온 인생의 가치를 걸고 투쟁적으로 노력하든, 사는 것 자체를 회피하듯 생활하든, 이 세상의 갈등과 불균형에 대하여 자기 내부의 갈등을 직시하지 못하면 결국 힘들어지는 것은 비슷하리라 본다. 자기 내면에서 균형 잡힌 평화로움을 가지지 못하는 사람은, 그 해답을 외부에서는 결코 찾을 수 없다는 뜻이다. 손 놓고 인생을 포기하는 사람들은 제외하더라도, 외부에서만 최선을 다하여 찾는 사람이 있다면, 지금까지 이렇게 수많은 업적으로 위대한 발전을 지속시켜 온 이 세상에서, 고통과 불행과 불균형이 왜 존재하겠는가에 대해서 생각해 보아야 할 것이다. 정말이지 우리 인간이란 무엇인가! 위대한 발전에도 불구하고 아직도 존재하는 고통과 불행과 죽음의 뜻은 과연 무엇인가! 막대한 대가를 치르고 획득한 성취가 과연 나를 행복하게 해 줄 것인가! 외부와(그것이 사람이든, 상황이든, 어떤 대상이든) 나의 내부는 어떤 관련성이 있는가! 그 외부는 나의 내부에게 무엇을 가르치며, 나의 내부는 외부에게 무엇을 제공하고 있는가! 등의 의문점을 가지게 된다. 그것은 외부로 외쳐야 할 것이 아니라, 우선 스스로에게 자문자답부터 해 보아야 할 것이다.

요즘은 이런 의문들을 제기하며 삶의 참된 질을 높이려는 사람들의 수도 날로 증가하고 있는 것 같다. 종교를 가진 분들은, 각자의 종교적인 방식과 그곳에서 추구하는 궁극적인 힘을 통하여 그 구원을 생각할 것이다. 예컨대 불교적인 접근에서는 '내 안의 부처'를 깨닫고, '무아(無我); "나"라는 것은 본래 없는 것이다.' '무상(無常); 변하지 않는 것은 이 세상에 없다.'라는 진리를 통하여 자신의 마음을 비우려는 노력을 하는 것으로 안다. 그리스도교적인 접근에서는 예수님의 생애를 통하여, 인간이 가진 근원적인 죄를 인정하고, 구원을 향한, 서로 사랑하는 의미의 중요성을 끊임없이 깨닫게 한다.

구원은 자기치료로부터 시작된다. 어쩌면 치료가 바로 구원일 것이다. 자기치유를 통한 깨달음은 스스로에게 큰 빛과 힘을 주게 되는데, 그것은 바로 타인의 구원에 연결될 것으로 본다. 스스로의 존재에 대한 깊은 성찰과 온전한 믿음, 이것은 자기를 구원하는 데 큰 뒷받침이 될 것이다. 이러한 깨달음은, 우리 안에 은밀히 도사리고 있는 두려움을 제거하는 데 중요한 발판이 될 것이다. 두려움이라는 감정이 믿음이라는 감정으로 바뀔 때 비로소 자유라는 것을 얻을 것이다. 믿음! 진정한 믿음은, 우리 내면에 담겨있는 '참 본성'을 깊이 느끼는 것, 자기 안에서 부처님과 같은 영혼이 있다는 것, 그리고 인간이라는 피조물은 '하느님의 도구, 합일'이라는 인식으로부터 출발되는 것 같다. 어쨌든 자신의 존재에 대한 깊은 믿음과 신뢰는 인간의 불안과 두려움을 서서히 제거하게 되면서 갈등 속에 사는 우리들에게 빛을 제공할 것이다. 이러한 삶은, 스스로를 최대한 실현시키고 확장시켜나가는 듯하지만, 사실은 현실을 행복하게 살면서도 '자기'를 비워나가는 과정이 될 것이다. 즉, '자아'라는 것으로부터 초월해 나가는 변화 과정일 것이다. 각자가 가진 종교적 개념에 따라서, 우리 자신 내면에 있는 부처, 내 안에 활동하시는 하느님의 영혼을 깊이 깨닫는 것이 핵심적인 열쇠임을 가르치는 것 같다.

즉, 나의 행위는 '나'가 하는 것이 아니라, 바로 내 안의 '그 분'이 하시는 것이라는 온전한 믿음을 통하여 피조물로서 작용하는 갈등과 외부의 상황을 바라보는 마음이 필요한 것이다. 그렇게 된다면 아마도 자연스럽게 갈등과 우리의 삶을 잘 조화시키게 될 것이다.

종교를 가지지 않으신 분들은, 이러한 구체적인 대상(부처님 예수님 등)에게 의존하는 것이 아닌, 자기 마음에 대한 깊은 탐구와 통찰을 통하여 내면을 극복하는 것이 중요할 것이다. 그 마음이 결국 자기가 일으킨 '망상(妄想)'이며, '망념(妄念)'이라는 것을 깨닫는 것이다. 이러한 깨달음은, 우선 자기 마음을 알아차리고, 바라보고, 그 머무름의 시간 속에서 깊은 묵상의 시간을 가질 때 가능할 것이다. 그것이 바로 명상이요, 기도요, 휴식이 아니겠는가! 일주일에 한 번이라도, 하루 단 몇 분의 시간을 내어서라도 실천해 보면, 그 깨달음의 내용들이 차곡차곡 마음 그릇에 누적될 것이다. 그리고 가랑비에 옷 젖듯, 어느덧 우리 내면의 갈등들이 서서히 거두어짐을 느낄 수 있을 것이다.

30. 사물을 보는 눈

> 세상은 바라보는 것만큼 살아가는 것 같다. 바라볼 수 있다는 것은 느끼는 정도가 어느 수준인가 하는 점과 관련이 있을 것이다. '느끼는 것' 만큼 '바라볼 수' 있고, '바라보는 것' 만큼 살아간다. 즉 심리적 기능이 발달하면 할수록, 느끼는 태도가 개발되고, 감수성이 개발되면 될수록, 사물의 영적 측면을 바라보는 관점이 더욱 더 성숙해진다는 말도 될 것이다.

사물을 보는 눈은 사람마다 다 다를 것이며, 그 수준과 깊이도 다를 것이다. 그리고 사물을 어떻게 보느냐의 문제는, 한 인격체가 세상을 어떤 눈으로 살아가느냐라는 점과 관련되리라 본다. 즉, 자신에게 주어진 삶을 어떻게 살아갈 것인가는 사물을 보는 각자의 수준과 깊이에 따라서 선택될 것으로 여겨진다. 사물을 보는 눈의 차원에 대하여 구체적으로 살펴보도록 한다.

첫째, 감각으로 사물을 보는 눈이 있을 것이다. 눈으로 보고, 피부로 접촉하여 만지고, 입으로 맛보고, 코로 냄새를 맡으며, 귀로 들으며, 어떤 사물을 인식하고 판단하는 형태이다. 즉 오감으로 접촉하는 외부의 사물, 다시 말하면 감각적으로 외부의 제반 형태를 바라보는 눈을 말한다.

둘째, 이성으로 보는 눈도 있을 것이다. 사물을 보고 난 후 인식하고 판단하고 경험하고 생각하는 등, 각종 인지기능에 의하여 사물을 바라보는 것이 그에 해당될 것이다.

셋째, 개인의 심리상태에 따라 보는 눈도 다를 것이다. 자기의 감정이 투사되어 바라보는 외부의 대상들, 현실들, 사람들, 각종 대상들에 대한 감정들이 있을 것이다. 똑같은 것을 보아도 좋은 느낌으로 보는 사람도 있고, 불쾌하게 느끼는 사람도 있을 것이다. 내 마음이 기쁘면 이 세상이 좋아 보이고, 내 마음이 슬프면 이 세상 모두가 불행해 보이는 등, 세상을 바라보는 기준 자체가 내 감정이 될 것이다. 때론 자신의 마음상태에 의하여 대상을 이상화시키기도 하고 무시하기도 하는 등, 각종 인간사의 갈등과 행복 등을 초래하는 원인도 될 것이다.

넷째, 영적으로 사물을 보는 눈도 있을 것이다. 감각이나 자신의 정신기능으로 보는 것이 아니라, 직관적으로 어떤 사물에 대한 영감이라고나 할까! 그러한 영혼의 눈이 있으리라 본다. 영적으로 사물을 보는 눈이 없는 경우는, 그냥 이성과 감각에 의지하는 삶을 살아가게 될 것인데, 이것은 영적인 측면에서 보면 캄캄한 밤이다. 만약 어떤 분이 이 캄캄한 밤에, 자기 나름대로의 종교심(어떤 종교이든 상관없이, 혹은 종교를 가지지 않아도 진실에 대한 탐구심 등)이 발동할 때에는, 서서히 영혼의 눈이 뜨이면서 참된 삶의 소중함을 느끼게 될 때가 있을 것이다. 그 후, 차츰차츰 진실된 삶에 대한 노력을 기울이다 보면, 뭔가 모르는 작은 빛이 보이기 시작할 것이다. 말하자면 영적인 눈이 약간 뜨이게 되는 시초인 것이다. 물론 이때 만나는 빛은 온전한 빛이 아니라 아직은 희미한 빛일 것이다. 과거의 습관에 아직 너무 물들어 있기 때문에, 이 빛으로는 좀 더 깊은 신적 신비를 깨닫기에는 길이 멀 것이다. 그러나 이 빛은 우리를 희망으로 건네는 중요한 촛불이기 때문에 새로운 삶의 도약에 필요한 것이리라 본다.

아마도 사물을 바라보는 관점에 있어서 위의 모든 것은 다 필요할 것이다. 즉, 감각적으로 보아야 하는 것, 이성적 혹은 심리적인 정신기능으로 보아야 하는 것, 영적인 눈으로 들여다보아야 하는 것 등이다. 그러나 눈에 보이는 혹은 느껴지는 것만이 전부인 것으로 알면, 우리는 늘 외부의 현실에 휘둘리며 살게 될 가능성이 있다. 그것만이 나의 삶의 전체라고 느낀다면, 그 관점은 코끼리 다리를 잠시 만지는 것과 다를 바가 없을 것이다. 진정 우리가 평화로워지려면, 삶에 대한 진실을 깨닫는 것이 중요하리라. 즉, 사물의 그 뒤편에 있는 진실, 진리, 참된 생명에 대한 발견을 해야 하는데, 그것은 바로 영적으로 사물을 보는 관점이 개발되어야 한다는 뜻이다. 현실에 휘둘리지 않는 평정심은 바로 이러한 관점이 발달해야 가능하리라 본다.

살아가면서 애쓰지 않아도 저절로 되는 것도 있지만, 때론 의지적인 노력에 의하여 자기를 개발해야 되는 것도 있을 것이다. 개인의 심리상태에 함몰되지 않고 맑은 관점을 가지기 위해서는 노력해야 할 것이다. 수행의 자세가 필요한 것이다. 수행을 통하여 영적인 눈이 계속 개발되는 것은 충분히 가능하다고 본다. 이미 이런 과정 속에 있는 많은 분들은, 예전보다는 대부분의 일상이 자유로워지고 평화로워지고 있다는 느낌을 가질 것이다. 끊임없이 깨어있어야 하는 것, '지금 이 순간을 느끼는 것', '과거나 미래에 치우치지 않는', '순간순간 우주의 힘을 느끼는', 바로 그런 노력이 영적인 안목을 기르는 자세가 아닐까 여겨진다.

세상은 '느끼는 것'만큼 살아간다. 바라볼 수 있다는 것은 느끼는 정도가 어느 수준인가 하는 점과 관련이 있을 것이다. '느끼는 것'만큼 '바라볼 수' 있고, '바라보는 것'만큼 살아간다. 이 말은, 심리적 기능이 발달하면 할수록 느끼는 태도가 개발되고, 감수성이 개발되면 될수록 사물의 영적 측면을 바라보는 관점이 더욱 더 성숙해진다는 의미도 될 것이다. 그러다 보면 '바라보기'의 수준이 깊어지게 되는데, 그것은 영적인 힘이 더 깊어지게 된다는 뜻이 된다. 똑같은 세상을 살아도, 똑같은 사물을 쳐다보고 있어도, 그것을 어떻게 느끼며 어떻게 바라보는가에 따라서 전혀 다른 세상을 살아가게 되지 않겠는가! 한마디로 느낌의 수준을 높이고, 바라보는 눈의 깊이를 더해서 나아가는 것이, 바로 깨달음의 자세가 될 것이다. 보통 사람이 이 정도의 수준이 된다면 대단한 안목이라고 느껴진다.

살다보면, '나'의 심리적 상태가 성숙하면 할수록, 어쩌면 더 큰 갈망을 느낄 수 있다. '나'라는 '에고(ego)'의 욕구가 잠재되어 있는 한, 이 갈망은 어쩔 수 없다. 그러다 보면 차차 우리는 새로운 차원의 안목을 느끼게 된다. 즉, 더 나아가게 된다면, 위의 눈보다 더 높은 안목의 단계가 있다는 것을 깨닫는다.

다섯째, 수동적 정화로 세상을 바라보는 눈이다. 보통 사람들보다 훨씬 영적인 눈이 발달하였던 선각자들은 앞의 단계적 노력을 통해 능동적으로 자신을 정화시키는 삶을 성취했다. 자기 수양에 최선의 노력을 다하는 끈질긴 투신의 자세를 가졌다고 한다. 그런데 그것이 전부가 아니다라고 역설한다. 우리 자신이 스스로 노력해서 자신의 원하는 삶을 잘 살아간다고 하여, 그것이 영성의 최고 단계라고 생각한다면 그것은 잘못되었다고 한다. 다음의 내용을 잠깐 살펴보자. (카톨릭신문, 2011.2.13.)

> "수동적 정화의 삶은 하느님께서 직접 조종을 해 주시는 것이다. 직접 변형을 시켜주시는 것이다. 하느님에 의해 감각이 변형되면 보는 눈이 바뀌고, 말하는 입이 달라지고, 만지는 모든 물건들이 새롭게 다가온다. 눈을 맘대로 딴 곳으로 돌리지 못하고, 입을 마음대로 벌리지 못하고, 손을 함부로 쓰지 않게 된다. 하느님께서 얼마나 완전하시고 빛나시는 분인지 알게 되면 함부로 말하지 못하고, 함부로 눈 돌리지 못한다. 내가 하는 눈짓이 아니라 하느님의 눈짓이고, 내가 하는 말이 아니라 하느님이 하는 말이다."

이 말은 우리의 모든 감각과 이성, 마음, 영적인 측면 모두를 그대로 하늘의 뜻에 내맡길 때 비로소 모든 것이 완성된다는 것이리라. 이것은 아주 차원 높은 단계로, 말 그대로 '내 맡김', '내려놓음'의 삶인 것 같다. 나의 모든 것을 온전히 하늘의 순리에 맡기는, 비로소 정화되는 삶을 말하는 것이리라.

성인이나 선사들, 고승들은 세상 만물에 담겨 있는 신적 신비의 섭리를 보았다고 한다. 프란치스코 성인은 달도 내 누이가 되고, 꽃 한 송이도 형제가 되는, 즉 자연과 하나 되는 그런 삶을 살았다고 한다. 이는 인간이 가진 능력을 통해서 세상을 살아간다는 관점과는 다른 것이다. 즉, 능동적인 노력에 의해서 성취되는 것이 아니라, 인간의 생각으로는 알 수 없는 수동적인 하늘의 이끄심이 있다는 뜻일 것이다. 보통 사람들에게는 뭔가 판단할 수 없는 신비적 차원의 경지로 생각될 수 있다. 아마도 예수님이나 부처님 같은 분들은 이러한 경지에서 하늘의 뜻을 그대로 느끼는 최고의 수준이었을 것이다.

사물을 보는 눈에 이렇게 여러 차원이 있다는 사실에 대하여 우리가 생각해 보는 이유는, 우리 자신들의 감각이나 이성, 심리적 상태를 꾸준히 개발하고 수련해야 하는 중요성을 다시 한 번 일깨우기 위함이다. 또한 영적으로 더 발달된 눈이 되어 외부의 모든 것들에 대해서 새로운 시각으로 바라볼 수 있을 때, 비로소 피조물에 대한 자유로움이 열릴 것이기 때문이다. 아마도 그렇게 되면 우리는 자신의 본능이나 감각, 이성, 스스로의 감정에 쉽게 휘둘리지 않는 상태도 가능하리라 본다. 이렇게 될 때 우리 모두는 진정한 완덕, 나와 너, 외부와 내부가 합일되는 평화로운 삶이 가능해지지 않을까 싶다.

31. 자신을 닦아가는 두 가지 길

어느 쪽의 탐구이든지, 선각자들이 그런 방향을 제시하기까지는 얼마나 큰 영적인 체험과 관상적 경험이 있었겠는가! 그 어느 것도 우리에게 필요치 않는 것은 없을 것이다. 이 세상에는 필요하지 않는 것은 오지 않는다고 한다. 우리 자신이 스스로를 탐구하면서 수양해 나가는 첫 번째 방식도 때론 필요할 것이고, 아울러 우리 존재 자체에 대한 신의 무한한 사랑에 온전히 자신을 맡기는 두 번째 자세도 필요할 것이다.

인생을 살아가는 데 있어서, 누구나 다 나름대로의 길을 간다. 그 길에는 목표가 있어 잘 따라가기도 하고, 무 목표인 채로 흘러가듯 갈 수도 있다. 만약 목표가 확실하다면 본인이 기대하는 목표에 도달해서야 비로소 가던 길을 멈추게 되는 삶을 살아갈 것이다. 어느 정도 자기가 원하는 목표에 도달했을 때, 달려가던 발걸음이 안정되게 멈춰지는 듯한 느낌을 받을 것이다. 무 목표인 채로 살아가는 사람도 사회적 시류나 가정 분위기로 인하여 만들어진 어떤 목표에 실려 떠내려가는 듯 가고 있을 것이다. 목표점이 누가 원하는 것이었던 간에, 그곳에 도달하기 위한 삶을 살고 있으며, 어느 정도 그 지점에 도달되었을 때 안정을 찾을 것이다. 하지만, 우리네 삶에서 자신이 원하는 목표에 도달한 사람도 있지만, 그렇게 되지 못하여 좌절감을 안고 사는 사람도 많으리라 느껴진다. 그들 속에는 우울감과 고통도 꽤 내재해 있을 것으로 여겨진다.

그렇다. 우리는 정해진 목표의 도달 여부에 따라 인생의 희비가 엇갈리는 운명의 급류 속을 떠내려가는 작은 어선과 같다. 그렇다면 우리가 진정 가야 할 길의 목표는 무엇일까! 우리는 무엇을 위하여 이렇게 달려갈까! 등에 대하여 생각해 볼 필요가 있다. 보통 사람으로서 우리가 달려가야 할 목표를 가만히 보면, 결국 우리 내면의 행복과 안정과 평화로움 등이다. 즉 정서적인 측면이다. 안정과 행복감, 평화로움, 자유로움 등. 이러한 정서들은 자기 내면 관리를 얼마나 성실하게 잘 하였느냐라는 점과 관련 있을 것이다. 왜냐하면, 자신의 내면을 스스로 잘 닦아가지 않으면, 사회적 성취 여부와 관계없이 불협화음이 발생되고, 가족 내의 갈등을 야기하면서, 외부 상황과 관계없이 행복감과 평화로움을 느끼는 데 한계가 있기 때문이다. 즉, 사회적 성공과 상관없이 내면에서 갖는 평화로움은, 결국 스스로를 잘 닦아나간 사람들의 열매이다. 이 열매는 정말 꿀처럼 달고 맛있을 것이리라! 다시 말하면 외부에서 요구하는 인생의 목표점과 내부의 목표점을 잘 점검해 보아야 한다는 것이다. 외부의 목표점이 도달되었다 할지라도 내면의 성공(!), 즉 건강한 심리상태와 영혼이 없다면 어떻게 될 것인가를 생각해 보아야 한다.

자신을 닦아가는 길에는 여러 선각자들의 의견들을 접해볼 때, 크게 두 가지로 분류하고 있는 것 같다. 첫째는 '나는 누구인가!'에 대한 탐색을 통하는 방법, 둘째는 '신'께 절대적으로 의지하면서 살아가는 방법이다.

라마나 마하리쉬(1960)는 이 두 가지에 대하여 언급하면서, 특히 '나는 누구인가!'를 스스로에게 수없이 되뇌이는 것에 비중을 두고 탐구하다보면, 자아를 초월하는 진정한 자신, 진아(眞我)가 될 수 있다고 하였다. 불교에서도 '나'라는 존재는 실재하지 않는 '무아(無我)'로서, 이 개념에 대한 무지(無知)로부터 모든 고통은 시작된다고 하였다. 중국 문화권에서 역시, '인간은 스스로 자신을 닦는 배움(修己之學)을 통해 공을 이룬다(修己功成)'라는 개념이 중심사상인 것 같다. 한자 문화권에서는 이러한 사람을 성현군자(聖賢君子)라고 일컬어

왔다. '덕을 이루는 것이 진정한 행복(成德乃眞福祿)'이며 인생의 목표가 되기 때문이다. 인간은 옳고 그름을 분별할 수 있고, 참과 거짓을 가릴 수 있다. 안으로는 정신적 영혼을 받고 태어났고, 밖으로는 사물의 이치를 볼 수 있다(內稟神靈 外覩物理). 일이 나타난 단서를 보고, 미루어 그 근원을 알 수 있고, 결과를 보고 그 원인을 추리해 낼 수 있다. 다시 말해 '인간은 바른 도리를 받아서 사물을 궁극적으로 바라볼 수 있기 때문에(人稟義理以窮事物)' 이치를 따르지 않을 수 없다는 뜻이다. 군자는 이치를 가장 중요한 것으로 보았다.

그러나 세상 이치의 체(體)와 용(用)은 너무나 넓어서 성현이라도 다 알 수 없다(理之體用廣甚 雖聖賢亦有所不知焉). 대부분의 일상을 살아가는 사람들은 사물의 궁극적인 이치를 이해하기가 쉽지는 않을 것이다. 보통 사람들은 그러한 체용의 논리를 모두 학습하고 개념을 이해하여 일상에 적용하기에는 많은 한계를 가진다는 뜻이다. 그러한 논리나 이론들을 듣는 것만으로도 머리 아프게 생각하고 고개 돌릴 수 있다. 당대 유명한 학자이자 선교사였던 마테오 리치[3]는 이에 대해 만약 도(道)가 인간이 추구하는 최후의 존재와 현상의 근거라면, 그리고 이런 가정이 성립된다면, 그 '높은 이치'를 듣는 즉시, 모든 것을 포기하고 따를 수 있다는 뜻을 언급했다. 진짜 그것이 참되어 그 길을 가면 완전한 행복이 주어진다고 절대적으로 믿는 순간, 그것을 따를 수밖에 없다는 것이다. 즉 그는 중국 사상가들과의 문답을 통해 두 번째의 길, 보통 사람들은 신께 절대적으로 의지하는 길을 갈 수밖에 없다는 실제적 논리를 펼쳤던 것 같다.

중국 선비의 논리가 아래에서 또는 밑에서 출발해 꼭대기에 도달하는 논리라면 리치의 논리는 위에서 아래로 또는 높은 곳에서 밑으로 치닫는 것이

3) 마테오 리치(1552~1610)의 학문적, 선교사적 업적은 대단하다. 그는 보유론적(補儒論的) 선교방식으로 중국 사상의 중심인 유학을 가톨릭으로 재해석하고, 가톨릭을 중국 사상과 문화에 심은 토착화의 상징적 인물이다(naver 인용).

다. 말하자면 '자기'를 끝없이 탐구하는 아래에서 위로 올라가는 것도 좋지만, 리치는 절대적인 믿음만 있다면 위를 아래에서 따르기만 하면 된다는 논리를 편 것이다. 예컨대, 이러한 도를 이미 습득한 자(예수님, 부처님과 같은 분)의 가르침을 하나하나 그대로 진심으로 믿고 받아들여 실천하면, 그 역시 도를 닦는다는 것이다. 데우스(Deus, 하느님의 라틴어 표기), 곧 천주(天主)의 존재를 제대로 이해하기 위해서는, 일단 그들의 삶을 그대로 믿고 따르는 것보다 더 자명한 사실이 없다고 주장하는 것이다. 첫 번째의 길이든, 두 번째의 길이든 어느 측면이든 그것을 받아들이는 자의 마음에 의해서 수용될 것이다. 하지만, 아무리 머리로 이해하려고 해도 수없는 체험과 영혼의 느낌 없는 길은 중도에 포기하기가 너무나 쉬우므로, 그냥 있는 그대로의 사물의 흐름들을 하늘에 맡기고 믿고 의탁하며 살아가는 것이 포기하지 않는 길임을 강조하는 것 같다.

리치의 설명에 따르면, 세상의 피조물들은 창조의 목적과 질서에 따라서, 그리고 창조자의 섬세하고 신비한 배려에 근거해 존재한다. 창조주는 피조물들이 자기 목적을 실현하도록 하는 힘이며 근거이다. 리치가 하느님을 논증하는 과정은 곧 인간이 어떤 존재인지, 과연 인간은 어떻게 살아야 하는지를 설명하는 과정과 같은 방식이라는 것이다. 인간의 개별적 삶은, 하늘의 뜻에 따른 신비한 방식으로 참여하고 있으며, 그것을 깊이 느끼고 깨달을 때, 즉 온전히 믿고 따를 때 우리는 새로운 세계를 맞이한다는 것을 역설하고 있다.

'어느 존재라도 그 자체로서 가치 있고 존귀하다.'는 말을 흔히 한다. 이는 인간은 하나님의 깊은 사랑의 창조물이며 이것이 인간의 절대적 존재 이유라는 뜻이 아니겠는가. 결코 우리의 존재가 '아무것도 아님'이거나, 무가치하게 버려지거나 무시될 존재가 아니라는 것이다. 흔히 '하느님은 인간을 창조하시되 자신의 모습과 닮은 존재로 창조하셨다.'(창세 1, 27) '하느님은 사랑이시다.'(요한 4, 16)라는 명제를 많이 표현하는데, 그것은 바로 우리 인간 존재가 얼마나 존중받고 사랑받을 수 있는가!라는 근거를 제시하는 중요한 표현이라고 생각된다.

어느 쪽의 탐구이든지, 선각자들이 그런 방향을 제시하기까지는 얼마나 큰 영적인 체험과 관상적 경험이 있었겠는가! 그 어느 것도 우리에게 필요치 않은 것은 없을 것이다. 이 세상에는 필요하지 않는 것은 오지 않는다고 한다. 우리 자신이 스스로를 탐구하면서 수양해 나가는 첫 번째 방식도 때론 필요할 것이고, 아울러 우리 존재 자체인 신의 무한한 사랑에 온전히 자신을 맡기는 두 번째 자세도 필요할 것이다. 일상을 살아가면서 한 번쯤 '자신을 닦아갈 두 가지 길'을 묵상해 본다면 삶의 여정에 도움이 될 것이다. 이런 계기로, 하느님이 '사랑'의 목적으로 창조한 우리 존재에 대한 존귀함을 느끼며, 스스로를 소중하게 다루어야 한다는 사실을 더욱 더 깊이 새기게 되었으면 한다.

32. 불편함은 깨달음의 신호

불편할수록, 그 속에 변해야 하는 그 무엇인가가 있다. 불편할수록, 그 불편함이 우리 내면을 깨닫게 해주는 어떤 가르침이 있다. 불편함은 깨달음의 신호이다. 진실을 향한 깨달음의 신호! 이 신호를 무시해버리면 우리는 사고(!)가 난다. 결국 우리 스스로가 바로 '죽음'을 맞이하는 것이다.

모 방송국의 개그 프로그램 일부 제목으로도 사용되어졌던 '불편한 진실'은 우리네 일상 곳곳에 존재한다. 어떤 상황에서 진실이라고 보기에는 왠지 껄끄럽고 부담스러우며 뭔가 편하지 않지만, 그렇다고 딱히 뭐라고 말하기도 곤란한 일들은 어디서든 존재한다. 말 그대로 불편한 진실들이 우리 생활 곳곳에 있을 것 같다. '불편한 진실'은 미국 부통령을 지낸 환경운동가 '엘 고어'가 지구온난화의 대처방안을 모색하고자 펴낸 책 제목이라고 들었다. 환경적인 측면에서 우리네들은 약간의 불편함을 이겨내지 못하여 질서를 존중하지 않는 문제점, 그로 인한 지구의 몸살, 자연스런 환경 흐름의 방해 등을 예측할 수 있다. 즉 우리는 자연의 무한한 혜택을 받고 살면서 고마운 마음이 없는 것은 아니지만, 일일이 그런 것을 신경 쓰고, 사소한 불편함을 감수하는 것을 불편한 것으로 느낀다. 기본적 지성을 갖추고 있는 사람이라면 누구나 다 안다. 자연의 질서를 외면하고 괴롭히면서 눈앞의 이익만을 추구하여서는 안 된다는 사실을! 그로인해 다시금 생명을 위협받는 부메랑을 되받으며 살아갈 수 있다는 점 역시! 단지 당장 내 눈앞에 닥친 일이 아니니 예사롭게 흘려버리는 것이다. 이런 상황이 어디 자연뿐이겠는가! 모든 세상살이에서 편한 것만 추구하고 살 수는 없다는 것도 인식하고 있다. 전체를 위하여 작은 부분의 불편함을 참고 견뎌야 하는 것도 알고 있다. 하지만, 그것을 실천에 옮기고 구체적인 행동을 하는 것은 별개의 문제이다. 과연 우리에게 주어진 불편함을 어떻게 받아들여야 하는 것이 현명하며 어떻게 생각해 보는 것이 좀 더 지혜로울까 하는 것이 이 글의 주제다.

우리네 보통 사람들이 이 불편함을, 불편한 관계를, 불편한 상황을 어떻게 처리하고 살아가는가를 되짚어보기 위하여 예수님의 비유적인 이야기(마르코 12, 1-12)를 접해보자.

제법 많은 포도밭을 소유하고 소작인들에게 일정한 소출을 받는 양심적인 어떤 한 주인이 있었다. 그 주인은 수확기가 되자 소작인들에게 소출의 얼마를 받아오라고 아랫사람을 보냈다. 그런데 그 소작인들은 그 아랫사람을 붙잡아 매질하고 빈손으로 보냈다. 그 후 몇 차례나 포도밭 소출의 일부를 받아오라고 다른 사람들을 보냈다. 그러나 이 소작인들은 애당초 어떤 목적이 있었는지는 모르지만, 아랫사람을 보낼 때마다 매질을 하여 상처를 입히고 모욕하고, 급기야는 보낸 사람을 죽이기까지 하였다. 아마도 이 소작인들은 포도밭을 차지하고 싶은 욕심이 있었거나, 맨날 일만 하는 자기들에 비하여 그냥 소출을 받아서 생활하는 주인에 대한 시기심과 적개심이 극에 달했거나, 힘으로 밀어붙여 내 욕구대로 하겠다는 생각 등의 이유가 있었을 것이다. 포도밭 주인은 많이 고민하였던 것 같다. 나쁜 주인이었다면 첫 번째 사고가 일어났을 때 당장 달려가서 가만 두지 않거나, 갑을관계를 따져 갑의 권리를 내세워 소작인들의 모든 것을 회수하고 고소했을 것이다. 갑인 주인은 을인 소작인이 이렇게까지 극단적인 행동을 하리라고는 예상하지 못하고, '설마!' 하는 심정으로 마음을 다잡으며 정상적인 소출 회수를 위한 시도를 한 것 같다. 말하자면 무척 인간적인 고민을 하면서 갈등했을 것 같다. 그렇지 않고서는 그런 사고를 당하는데도 몇 차례나 참고 견디며 다음 사람, 그 다음 사람을 보낼 리야 없지 않겠는가! 심지어 마지막에는 자기의 유일한 외아들인 자식을 보내기까지 했던 것으로 보아 얼마나 믿으려는 노력을 했겠는가! 하여튼, 드디어 외아들마저 그 소작인들에게 보냈다. 그런데, 그들은 "저 자가 상속자다. 저 자를 죽여 버리자. 그러면 이 상속 재산이 우리 차지가 될 것이다." 하고 말하면서, 아들을 죽여 버리는 사건이 발생한 것이다. 그 땅을 차지하고 싶은 소작인들 입장에서는, 소출을 받으러 오는 아랫사람들, 특히 그 아들은 최대의 불편한 존재이다. 이 불편한 관계, '이 존재들을 어떻게 해 버릴까!'의 답은 '죽여 버리는 것'이었다. 그러면 본인들이 원하는 것을 차지하게 될 것이라는 생각이었다.

이 비유 내용을 통하여 우리의 인간관계에서 드러나는 현상은 어떠한가를 생각해 보자. 우리는 불편한 관계가 될 때 가장 먼저 하기 쉬운 것은 피하는 것이다. 그냥 피해버리면 될 것처럼 생각한다. 외면하면서 상대방을 골탕 먹이기도 하고, 상대방을 애태우게 하여 힘들게 만든다. 물론 자신 스스로가 죄책감이 들고 괴로워서 피하는 경우도 있을 것이다. 그러나 그 결과는 상호 골이 깊어지면서, 상대방은 마음에 엄청난 상처를 받게 된다. 심지어는 외면한 것을 합리화하기 위하여 거짓말도 해야 하고 또 다시 다른 건수를 잡아 피해버리려고 할 것이다. 이러면 이럴수록 자신 스스로도 마음이 불편하지만, 상대방은 더욱 더 상처를 받게 될 것이다.

그러다가, 정말 외면하고 싶은데 피해지지 않을 때는 투쟁한다. 상처 주는 말을 하고 탓을 하고, '너 때문'이라고 질책하고 비난하며 심리적 매질을 하고, 급기야는 상대방을 쓰러뜨린다. 즉 '때려죽인다.' 도피하면서도 상대방을 '죽이고', 투쟁하면서도 상대방을 '죽인다.' 이렇게 불편하게 된 이면에 어떤 진실이 숨어있는지를 생각하지 않는다. 어느 시점부터 문제가 생겼는지를 깊이 바라보고 깨달으려는 노력을 하지 않는다. 어디서부터 이런 잘못이 생겼는지를 생각해 볼 여유도 없이, 어떻게 하면 이 상황을 빨리 수습할지에 대해서만 전전긍긍할 뿐이다.

조금 더 확대하여 생각하면, 배우자 혹은 자녀와의 관계에서 서로에게 불편함을 줄 수 있는 성격이나 태도들이 많이 나타날 수 있다. 이 불편함에 대하여 우리는 은근히 회피하거나 투쟁적으로 대처한다. 그냥 모른 채 억압해 버리기도 한다. '설마 이 정도까지 내가 인상을 쓰고 있는데 알아서 고쳐지겠지. 몇 차례나 내가 심하게 말을 했으니 알아서 하겠지.'라는 생각을 품으면서, 이 불편함에 대하여 '내가 기대했던 대로 이루어지길' 강력하게 요구한다. 정작 나의 불편한 부분은 상대방이 건드리지 말기를 바란다. '내가 너에게 불편함을 주는 것은 인정하기 어렵고, 나를 불편하게 만드는 너는 제발 나의 원함대로 해 주기를 바라!'라는 유아적인 태도가 되는 것이다. 그 불편함이 어떤 진실을 깨닫게 하기 위하여 우리에게 다가왔는지를 생각하기가 쉽지 않다.

앞의 그 소작인들의 이야기를 다시 해 보자. 아들을 잃은 그 주인은 소작인들에게 어떤 대처를 하였는가! '주인은 그 소작인들을 없애버리고 그 포도밭은 다른 이들에게 주었다.'라는 내용이 있다. 당연히 소작인들의 일터이자 생계유지 수단이었던 그 포도밭은 다른 이들에게 넘겨질 것이며, 그 소작인들은 마땅한 벌을 받았을 것이다. 예수님의 이 비유 말씀에 대하여 율법학자들과 수석사제(요즘의 지식인들, 지도자들)들은 자기네들을 비유해서 한 말이라는 것을 알아차리고, 가만 두지 않겠다는 악감정을 가지게 되지만, 그 자리에서는 많은 군중들의 눈이 두려워 그대로 떠나갔다는 이야기이다.

하느님을 비유한 그 주인, 그리고 죄 없이 죽은 아들을 예수님에 비유한 이 내용은, 많은 것을 생각하게 한다. 이 우주의 모든 피조물의 주인이, 그 피조물에 대해서 감사할 줄 모르고, 겸손하게 받아서 열심히 성실하게 살

줄 모르는 어리석은 사람들에게, 심지어 정당하게 행해야 하는 것은 하지 않고 그 질서를 파괴하고 죽이기까지 하는 무지한 사람들에게, 엄중하게 꾸중하시는 대목이다. 약간의 불편함을 이겨내지 못하고 자기의 욕구에 충실하려고만 하고, 스스로의 이익을 위하여 불편한 그 무엇인가를 회피하고 무시해버리는 유아적인 마음 상태를 단호히 '없애버려야 한다.'는 강한 가르침을 깨우쳐주고 있다.

불편할수록, 그 속에 변해야 하는 그 무엇인가가 있다. 불편할수록, 그 불편함이 우리 내면을 깨닫게 해주는 어떤 가르침이 있다. 한마디로 불편함은 깨달음의 신호이다. 진실을 향한 깨달음의 신호, 이 신호를 무시해버리면 우리는 사고(!)가 난다. 결국 우리 스스로가 바로 죽음(!)을 맞이하는 것이다. 이 세상사람 모두가 지켜야하는 어떤 신호를 깨뜨리게 되면, 사고가 일어날 수밖에 없지 않는가! 그 사고는 타인들에게도 큰 피해를 주지만 자신 스스로와 가족에게도 대형사고로 이어진다. 하늘은 그러한 대형사고를 피하기 위하여 반복적인 불편함을 제공하고, 지속적인 어떤 불편한 상황을 통하여, 진실이 무엇인가를 깨닫게 해주려는 노력을 한다. 소작인들인 우리에게 반복적으로 무엇인가를 보내는, 마치 천사를 내려보내듯 동아줄을 내린다. 너그러운 노력을 하는 것이다. 그런데도 불구하고, 그 신호를 예사롭게 무시하고 외면하면서 내 뜻대로 하겠다는 교만한 태도를 가진다면, 결국 엄중한 채찍질을 당할 수밖에 없는 것 같다. 인간은 누구나 다 완벽하지 못하다. 그러므로 하늘은 우리에게 감당해 낼만한 불편함을 주면서 어리석음이 구제되도록, 즉 깨달음을 통하여 우리의 영혼이 구원되도록 도와주고 있는 셈이다.

불편한 상황일수록, 외부든 내부든 새로운 변화가 필요하다는 뜻이 아닐까!
불편한 관계일수록, 성찰해야 할 것들을 알아차리게 하는 신호가 아닐까!

불편할수록, 깨달음의 신호는 더욱 더 깜빡이고 있지 않을까!
불편할수록, 진실은 우리에게 가까이에 와 있지 않을까!
불편할수록, 우리의 영혼은 점점 더 구원되는 것이 아닐까!

33. 동서양을 막론하고, 우리는 영혼의 갈증을 느낀다!

동양이든 서양이든 자신을 수행하는 진정한 목표는 '나의 소멸', '나를 비우는 것', '자아를 초월하는 것'이라는 점이 분명한 것 같다. 그러나, 그것이 그리 쉽겠는가! '나'라는 세계의 본성을 어떻게 부인할 수 있을 것인가! '나'를 도저히 없애버릴 수 없다고 판단하면, "차라리 '나'로 하여금 종(servant)으로 남도록 하라."

현대사회는 정치, 사회, 문화 그리고 학문의 영역에서 뭔가를 소유하고 지배하려는 숨 막힐 듯한 충동이 외부에서 들어와, 우리의 문화에 불타듯 퍼져나가고 있다. 혹자는 어느덧, 서양의 모든 것이 동양을 지배하는 결과를 낳은 기세에 살고 있다고 말하기도 한다. 서구의 과학적이고 효율적인 문화가 우리에게 실용성과 개척정신을 낳았으나, 영적 문화의 상실이라는 비싼 대가를 치르고 진행되고 있다고 염려하는 사람들도 있다. 어쩌면 그 대가로서, 우리의 외부적 삶은 분명히 나아지고 있다고 느낀다. 끝없이 아름다워지고 있고, 풍요로워지고 있으며, 앞으로 더 발전되어 가는 측면도 있을 것이다.

하지만 우리는 그러한 발전에 못지않게 내부적인 갈증을 느끼고 살아가고 있다. 수많은 기계의 발전에도 불구하고 바쁜 발걸음은 하루하루 우리를 지치게 만들기도 한다. 외부의 것에 많은 만족을 얻는 듯하지만, 조용히 있을 때 느껴지는 무력감과 공허함을 어찌해 볼 수 없을 때도 많다. 외부적 발전과 내적인 영혼의 그릇이 비례적이지 않을 때 뭔가 모를 갈등이 발생하며, 영혼의 갈증이 서서히 올라옴을 느끼며 살아가고 있다. 물론 외부의 것들을 갖춘다는 것도 안전감, 편안함이라는 것에 도움을 주기 때문에 평가절하 되어서는 안 될 것이다. 단지, 그러한 것들이 우리의 진정한 평화에 대한 목마름을 근본적으로 채워주지 않는다는 사실을 의식해야 한다.

이 세상의 '더 성취될 것'들로 인하여 자기 내면에서 울려 퍼지는 목소리를 들어야 한다. '꼭 되어야 할 텐데!', '안 되면 어떡하지. 불안해.', '에라 모르겠다. 하는 대로 하지 뭐. 하지만 두려워.' 등이다. 아무리 괜찮다고 다독이지만 우리는 '뭔가 모를', '이해할 수 없는' 불안과 두려움에 휩싸여 살고 있다. 뭔가 더 취해야 할 것 같고, 더 가져야 할 것 같고, 뭔가 더 마셔야 할 물 같은 것이 필요하다고 느낄 수 있다. 즉, 영혼의 갈증이다. 내외의 불균형이다.

대부분의 우리는 이 영혼의 갈증을 거의 다 느끼며 살지 않을까! 이것을 부인할 필요도 없으며, 부끄럽거나 자책할 필요는 더욱 더 없을 것 같다. 정말이지 우리는 육체적 탄생에 이어, 심리적 탄생, 정신적 탄생을 새롭게 하지 않으면 목마름의 갈구는 어쩔 수 없을 것 같다. 그 갈증을 어떻게 풀어 헤칠 것인가 하는 주제가 선각자들의 공부거리였으며, 지금도 진행 중일 것이다. 아마도 그 탐구는 우리에게 많은 것을 가르쳐 줄 것이다. 그런 가르침에 대해 관심을 가진다면, 그래서 그러한 내용들이 우리의 내면에서 도움이 된다면, 그보다 더 감사한 일은 이 세상에 없을 것이다.

'나는 누구인가'(라마나 마하리쉬, 2011)의 서문에서, 칼 융은 과학적이고 서구적인 논리에 젖어있는 우리가, 충격적으로 받아들일 수 있는 일들 중의 하나가 '진아(Self)를 신(God)과 동일시하는 것'이라는 말을 하고 있다. 참된 나, 즉 진아(眞我)에 대한 깨달음이 바로 '신'을 이해하는 근본으로 보았던 동양적 사고관을, 서양적 가치관에 젖어있는 우리 현대인들이 어떻게 받아들일 것인가를 생각해 보게 하는 대목이다.

밥과 반찬을 식사로 해서 살아야 하는 우리가, 아무것도 먹지 않고 한 계절을 땅속에서 보내는 일부 동물들의 세계를 이해하기 어렵듯이, 우리와 다른 체계의 세계를 이해하기는 그리 쉽지 않다. 2.0이 거의 최대 시력인 인간이, 5.0 정도의 독수리의 시력으로 볼 수 있는 세상을 어떻게 이해할 수 있을 것인가와 비슷하다. 갓 태어난 영유아가 세상을 바라보는 그 주파수를, 많은 것에 오염된 어른의 주파수로 어떻게 이해할 것인가와 비슷할 것이다. 동서양의 세계관은 그 개념이나 시각에서 너무나 많은 차이가 있으며, 이러한 시각 차이는 각종 학문과 의료, 문화와 예술, 사소한 세상살이 등에 지대한 영향을 미치고 있는 것 같다.

특히, 동양적인 깨달음에 의하여 '나는 누구인가!'를 깨달아 가는 것과, 서양 심리학적 의미에서 '나는 누구인가!'를 통찰해 나가는 것 역시, 그 범위의 차원에서 서로 다를 것이다. 어쩌면 동양적 깨달음은 심리적 통찰의 범주를 넘어서, 보다 확장된 '구도적 통찰'이라고 볼 수 있다. 예컨대, 가장 대표적인 범주의 차원이 '자아(ego)'의 문제이다. 동양적 깨달음은 자아의 '초월'에 있고, 심리적 깨달음은 자아의 '실현'에 있다. 즉, 서양적인 심리학에서는 '나'를 바로 세우는, 자아기능을 튼튼히 하여 '자아'가 최대로 발현되고 실현되도록 도와주는 역할을 많이 하고 있다. 자아붕괴가 일어나는 병리적인 상태가 되지 않도록, 자아의 둑을 튼튼히 보존하고 지켜서, 그 기능이 잘 활성화될 수 있도록 하자는 관점이다. 물론 그러한 자아기능의 강화 후에 초월적 접근으로 이어가야 한다는 측면 역시 강조되고 있는 심리학적 관점도 활발하다. 특히 요즘, 각 종교적 접근의 심리학, 철학 혹은 명상 치유적인 접근을 통하여 동양의 세계관을 접목시키고자 하는 노력이 많아지고 있음은 실로 자연스럽고도 다행스러운 일로 여겨진다.

현대 심리학의 고유 기능, 즉 자아기능을 활성화시키는 것은 정말 중요하리라 본다. 자칫 자아(ego)가 제대로 사용되지 않는 '자아 붕괴' 혹은 '병리적 자아', '경계선적인 상태의 자아기능'을 마치, 자아 초월적인 상태로 자타가 오인하는 경우도 상당히 많이 있다. 또한, 아직 자아의 기능이 제대로 쓰여지기도 전에 자아를 초월하려는 신비적인 명상작업에 돌입하게 될 때, 주변을 돌보지 않고 '자기도취적이고 자기애적인' 상태가 '모든 것을 초월하고 벗어나는 자유로운 영혼'으로 탈바꿈되는 경우도 있을 수 있다. 자아의 기능이 문제가 될 경우, 왜 그러한 '자아'가 되었는가를 여러 측면에서 통찰해 나가는 것, 그 역시 '나는 누구인가!'를 깨달아가는 기초적인 작업에 해당될 것이다. 이러한 통찰작업은, 동양적인 접근에서 말하는 '나는 누구인가!'에 대한 깨달음의 작업과는 그 성격이 다른 '심리적 통찰'임을 알 수 있다.

동양적 접근에서, 영적인 차원으로 들어가서 '참된 나'를 발견한다는 것은, 바로 인간 내면의 '신'을 발현하는 것으로서 '스스로가 신'이라는 사실을 표현하고 있다고도 볼 수 있다. 하지만 서양적 접근의 심리학에서는, 차라리 그 '나'의 기능을 있는 그대로 인정하고 탐색하여야 한다는 것이다. 즉, 인간으로서의 나를 철저히 살펴보고, 스스로를 진단하고 분석 탐구해 나가면서 '참 자아(Self)' 기능을 회복하는 것이다. 다시 말해 '가짜 자아(self)'에서 '참 자아(Self)'로 넘어가는 심리 과학적 접근으로 봐야 할 것이다.

이런 측면에서, 동서양의 수행과정에서 추구하는 내용과 방향들이 약간의 차이가 있을지는 몰라도 통합하여 생각해 볼 수 있는 점들을 찾을 수 있다. 융은 이렇게 말한다.

"동양적 수행의 목표는 서양 신비주의의 그것과 마찬가지다. 동양에서는 초점이 '가아(假我)'로 부터 '진아(眞我)'로 옮겨가듯, 서양에서는 '인간'에게서 '신'으로 옮겨간다. 이는 가짜인 나였던 '가아'가 신과 같은 '진아' 안에서,

그리고 '인간'이 '신'안에서 사라짐을 의미한다."

즉, 동양이든 서양이든 자신을 수행하는 진정한 목표는 '나의 소멸', '나를 비우는 것', '자아를 초월하는 것'이라는 점이 분명한 것 같다. 그러나, 그것이 그리 쉽겠는가! '나'라는 세계의 본성을 어떻게 부인할 수 있을 것인가! '나'라는 것은 엄연히 있다고 여겨지는데 어떻게 이것을 버릴 수 있다는 말인가! 의구심, 고착된 의식적 관념들, 무지(無知, 개념이 잡혀있지 않는 상태),와 또 다른 무지(無智, 지혜가 부족한 어리석음의 상태), 닫힌 마음들, 자기애적 상태 등, 이러한 것들은 우리의 수행에 가장 큰 함정인 것 같다. 그 함정 속에서, 지극히 극소수의 사람만이 '나와 신이 일치'되는 합일지점에 이를 수 있으며, 그들만이 '자아'로부터 자유로울 수 있는 것 같다. 이는 보통 사람에게는 지속적인 수행을 요구하는 일이며, 아무리 이런저런 개념을 말하여도 직접 느끼지 않고는 그리 쉽게 알아 들을 수 없다. 늘 깨어있는 작업을 통하여, 꿈에라도 쉬지 않아야 하는 수행적 작업(몽중일여; 夢中一如)을 통하여, 끊임없는 관상기도를 통하여, 깊은 합일점을 가지는 작업이 요구될 것인데, 과연 그것이 가능한 일인가 하는 의구심마저도 생길 것이다.

그래서 라마나(2011)는 이렇게 표현한다. "차라리 '나'를 도저히 없애버릴 수 없다고 판단하면, '나'로 하여금 종(servant)으로 남도록 하라."

끊임없는 탐욕과 개인적 본능에 의한 욕망에 사로잡혀, 겉이든 안이든, 수많은 죄를 저지르고 사는 우리가, 차라리 하느님의 종으로서 남아, 온전히 나를 접어두고, 신의 뜻에 모든 것을 맡기는 것도 하나의 방법으로 제시하고 있는 것이다. '자기 비움'이라는 대 명제를 가지고 있으나, '자아'의 뿌리는 지독하게 강하기 때문에, 언제든지 스멀스멀 내면의 모든 욕구가 튀어 오르지 않을 수 없으므로, 차라리 이 자아를 그대로 인정하는 것이 낫다고 보는 것이다. 즉, 그 자아를 가진 자신 스스로를 차라리 종의 신분으로 낮추고,

개인적 욕구를 초월한 신(그 신이 내면에 있든, 외부에 있든, 그런 것을 따지지 말고) 앞에 엎드리는 것이 더 나은 방향이 아닌가라는 관점을 제시하는 것이다. '주님! 저에게 자비를 베푸소서.'라는 마음으로…

동서양 어느 쪽의 관점이든 간에, 우리가 영혼의 갈증을 늘 가지고 있다는 점은 동일하다. 진리에 대한 목마름이 있다. 그렇다. 영혼의 갈애(渴愛), 이러한 갈증을 하나하나 풀어헤쳐나가는 작업, 차분히 탐구하며 겸허하게 깨달아가는 작업을 길을 가듯 천천히 하는 것이다. 가다보면 가랑비에 옷 젖듯, 그 깨달음이 서서히 스며들면서 온 몸으로 젖어들 것이며, 자연스럽게 하느님 속에 내가 있고, 내 속에 하느님이 현존하는, 그런 합일의 상태가 되어가지 않을까 한다.

34. 바람 부는 창밖을 구경하는 여행객일 뿐…

> 그렇다. 우리는 바람을 두려워 할 필요가 없다. 바람이 부는 창밖을 구경하는 여행객일 뿐이다. 그냥 약간 흔들리는 것뿐이다. 우리는 그냥 여행객이며, 티켓을 이미 가지고 있는 여행자로서, 열차를 탈 권리를 가진 승객일 뿐이다. 인생이라는 큰 열차를 탄 우리는, 이미 태어난 존재 자체가 바로 티켓인 것이다. 그리고 우리는 누가 말하지 않아도, 믿고 탄 것이다. 믿고 그냥 가는 것이다. 운전자가 누군지를 몰라도 그냥 믿고 여행하는 것이다. 인생이라는 여행… 하느님이라는 큰 운전자는, 칸칸이 들어있는 티켓의 주인들을 잘 모시고, 우리를 목적지까지 데리고 가는 중이다.

어느 시인은 세상 모든 꽃은 흔들리며 핀다고 했다. 햇볕도 받지만 바람에 흔들리고 비에 젖으며 꽃이 핀다. 동물들은 먹이 때문에 쫓기기도 하고 달아나기도 하면서 새끼에서 어른으로 변모한다. 사람도 마찬가지다. 상처 받고 화가 나며 죄책감을 느끼고 유혹에 흔들리면서, 인생의 꽃을 피워 간다. 이러한 과정 없이는 제대로 된 꽃을 피우지 못한다. 온실에서 예쁘게 핀 꽃도 있겠지만, 그 생명력은 노지에서 핀 꽃에 비하랴! 바람맞고 흔들리며 큰 사람은 그 마음 밭도 강하다. 어쩌면 큰 사랑을 지닌 사람은, 자기 내면에서 많은 사랑을 갈구했었던 경험이 있고, 그 갈망과 흔들림 안에서 남모르게 고통의 눈물을 흘렸을 것이다. 그리고 그것을 이겨내기 위한 인고의 시간을 가졌을 것이다.

물론 꽃 중에는, 아예 피우지도 못하고 피다가 말고 밟혀서 죽은 것들도 많을 것이다. 그러나 그것 역시, 자신의 생명을 불태운 것이다. 겉으로 보기에는 그냥 죽은 것으로 보이지만, 그 죽음은 땅 속에서 새로운 씨앗의 생명력으로 재탄생되지 않았겠는가! 그런 상태로 땅속의 비료가 되어 다른 꽃들을 피우게끔 거름을 제공했을 것이다. 밟혀 죽은 듯이 보이는 주검은, 어쩌면 또 다른 생명체로 환생되어 꽃이 되었을 것이다. 그러므로 어떤 형태의 생명 상태이건, 꽃을 피울 수 있다는 것은 그 모든 외부의 조건을 포용하고, 맞닥뜨리고, 때론 순응하며 받아들이면서, 자신의 생명을 묵묵히 지켜낸 결과라고 본다.

큰 사랑이든 성공이든 꽃을 잘 피운 사람들은, 외부의 흔들림에 투쟁하거나 도피한 사람이 아니라, 그것을 지혜롭게 이겨낸 사람들이다. 큰 사랑을 가진 사람은 더 많은 상처와 흔들림 속에서, 그것 자체와 함께 어울리며 고심하였을 것이다. 인간으로서의 우리는, 정말이지 생각보다 약하다. 예컨대, 부모가 자식 앞에서는 강하게 보여도, 혼자서는 불안하기도 하고 괴롭고 걱정되는 것은 누구나 다 비슷할 것이다. 겉은 당당하게 보여도 외부의 작은 말 한마디에 삐지고, 상처받고, 작은 위로 한마디에 기뻐서 좋아하게 된다. 우리는 그런 한계와 흔들림을 부끄러워 할 것이 아니라, '나 자신이 바로 죄와 유혹 앞에 흔들리는 한계 많은 존재'임을 인식해야 한다. 아마도 '자신을 있는 그대로 인정하는 것'이 바로 영혼 구원의 첫 번째 조건이 아닐까 싶다.

정말이지, 우리는 쉽게 흔들린다. 쉽게 아파한다. 자칫 작은 일에 힘들어 한다. 때론 쉽게 잘못을 저지르기도 한다. 행위가 아니라도 생각으로라도 말이다. 때론 말과 행위로 타인에게 상처를 준다. 그렇다. 우리는 생각보다 약하다. 이 사실을 그대로 인정해야 하고, 차분하게 관찰할 수 있어야 한다.

그러한 모습을 그대로 인정하는 것으로부터 모든 것은 출발하면 될 것이다. 그리고 우리는 조용히 그 부분을 느껴야 하며, 이 사실을 그대로 수용해야 한다. 이것은 외부의 흔들림에 대하여 쓸데없이 투쟁적으로 맞서거나, 멀리 도망가는 비겁한 나로 만들지 않게 하는 최대의 명약이라 본다. 우리에게 닥친 외압을 그대로 직면하면서, 머무르면서, 깨달아야 할 것은 깊이 깨닫고 넘어서는 것, 이것은 대단히 중요한 삶의 방식이다. 타협할 것은 타협하고, 수용할 것은 수용하고, 양보할 것은 양보하고, 미안한 것은 진심으로 사과하고, 모르는 것은 모른다고 하고, 곤란한 것은 차근차근 이유를 설명하고, 힘든 것은 힘들다고 양해를 구하고, 좋은 것은 좋다고 반응해주고, 상대의 공격성에는 나의 존재가 침범당하지 않게끔 대처하며 보호하고, 침묵이 필요 할 때는 인식하며 견디고, 거짓 앞에서는 진실을 주장하고 설득하고 조언이나 충고를 하면서, 심지어 때로는 건설적인 싸움을 하는 등, 상대의 조건에 따라 다양한 대처방식을 통하여 외부의 것들과 함께 어울리며 살아가는 것이다. 즉 그들과 함께, 그들에 의해서, 그들을 통하여, 우리도 함께 성장하는 것이다.

더욱이 그들과 서로 사랑하면서 살아가야 한다. 그러려면 우리는 그것을 피해서는 안 된다. 불필요하게 싸울 필요는 더더욱 없다. 물론 필요할 때는 갈등을 감수하고라도 용기 내어 맞대응을 해야 한다. 목적은 그것들과 함께 어울리는 것이다. 직면하면서 융화하는 것이다. 삶은 거대한 공동체이기 때문이다.

오늘 하루 자신이 굳게 옳다고 주장했던 사안들이, 불과 1년 후에는 다른 각도로 비춰져서 옳지 않게 느껴질 수도 있다. 오늘, 상대방의 어떤 행동이 잘못되었다고 굳게 생각했던 것들이, 불과 몇 개월 후에는 '뭐, 그럴 수도 있는 것이군. 나도 마찬가지인 것을.' 하고 생각될 수 있다. 우리는 그 모든 것들을 고정시켜 볼 필요가 없다. 지금 현재의 것들이 평생 갈 것이라는 어리석은 생각을 할 필요가 없다. 현재 내가 보는 대상이 앞으로도 똑같을 것이라는 고정적 관점을 가질 필요가 없다. 단지 우리는 어떻게 하면 지금 여기에서의 외부의 것들과 사랑하며 함께 살아갈 것인가를 궁리해야 한다. 외부의 것들과 자신은 둘이 아니라, 함께 살아가는 인생의 동반자이다. 즉 함께 기차를 타고 여행하는 승객인 것이다. 인생이라는 긴 열차의 승객, 거대한 기차를 탄 여행자인 것이다.

그렇다. 우리 모두는 긴 열차 안에서 티켓에 적힌 좌석표에 따라 주어진 자리에 앉아가는 여행객이다. 일단 티켓을 가지고 탄 우리는 직접 운전하지는 않는다. '나'가 운전하는 것이 아니라, '운전자'는 따로 있다는 사실! 그렇다면 우리가 하는 일은 무엇인가? 단지, 그 운전자를 믿는 것이다. 믿지 못하면 그 열차를 아예 타지를 않았을 것이다. 아니, 믿음은 아예 개인적인 선택사항이 아니라 그냥 자동적인 것이다. 우리는 너무나 당연히, 일부러 의지를 낸 것도 없이, 늘 그래왔듯 당연히 믿고 열차를 탄 것이다. 그 열차의 운전자를 의식하고 의심해 본 적이 없다. 그냥 탄 것이다. 늘 그렇게 살아온 것이 인생이다.

인생이라는 열차, 우리는 그 운전자가 누구인지를 아예 생각해 본 적이 없다. 이름도 모르고 얼굴도 모른다. 나이도 모르고 성별도 모르고, 아는 것이라곤 아무것도 없다. 단지 그냥 믿은 것이다. 그냥이다. 이유가 없다. 자연스럽게 형성된 믿음을 통하여 인생이라는 열차를 타고 여행하고 있는 중이다. 믿음을 통해서 말이다. 왜 믿느냐고 물을 필요도 없이 그냥 믿게 된 것을 통하여 여행하는 것이다. 간혹 열차가 약간 이상이 있고 흔들리면, 우리는 당황한다. 그것도 큰 사고가 나지 않는 이상은 잠시 당황할 뿐이다. '아, 왜 이러지? 무슨 일이 있는 걸까?' 하면서. 그러나, 그것도 잠깐이다.

열차가 다시 정상으로 가면 또 잊는다. 당연히 그 열차는 나를 목적지로 데려다 줄 것으로 생각하기 때문이다. 제일 중요한 것은 우리가 그 티켓을 가졌다는 사실 뿐이며 열차를 믿고 가는 것뿐이다. 그 외의 것들에 대해서는 신경을 쓰지 않는다.

그렇다. 우리는 바람을 두려워할 필요가 없다. 약간 흔들리는 것들을 무서워할 필요가 없다. 바람이 부는 창밖을 구경하는 여행객일 뿐이다. 이 세상의 모든 것들이 그냥 잠깐 스쳐지나가는 풍경일 뿐이다. 우리는 이미 티켓을 가지고 있는 여행자로서, 열차를 탈 권리를 가진 승객일 뿐이다. 승객으로서의 자유와 권리 등을 자연스럽게 가지는 것이다. 승객이기 때문에 열차 안에서는 화장실도 가고, 움직이기도 하고, 음악도 듣고, TV 화면도 보고, 옆 사람과 이야기도 조용하게 나누고, 맛있는 것을 먹기도 하고, 책도 보고, 바깥 풍경을 구경하기도 하고, 때론 창문을 열 수 있다면 바람을 느끼기도 한다. 그 열차 안에서 우리는 남에게 피해를 끼치지 않는 범위 안에서 자유롭게 행동할 수 있는 것이다. 거대한 공동체 안에서 개별적인 좌석에 앉아 지속적으로 변화하는 삶 속에 있는 것이다.

인생이라는 큰 열차를 탄 우리는, 이미 태어난 존재 자체가 바로 티켓이다. 그리고 우리는 누가 말하지 않아도, 그 운전자가 누군지 몰라도 그냥 믿고 여행하고 있다. 인생이라는 여행… 어쩌면 하느님이라는 큰 운전자는, 칸칸이 들어있는 티켓의 주인들을 잘 모시고, 즉 우리를 소리 없이 존중하고, 아끼고, 사랑하며 목적지까지 데리고 가는 중이지 않을까!

35. 우리의 존재는 '절대적 자아'이다

존재의 절대성을 인식하지 못하고, 역동에 휘둘린 고립된 주체는 만물과 하나인 진정한 본성을 제대로 볼 수 없기 때문에, 결핍감, 상실감 등을 느끼지 않을 수 없다. 이것은 바로 고통이다. 자신의 진정한 본성, '존재 자체'에 대한 절대성을 인식하지 못하는 한, 우리는 고통이라는 이름을 늘 가질 수밖에 없고, 괴로움으로부터 '자신'을 구해내기는 어려울 것이다. 이것이 "고통을 끝내기 위해서는 자아를 끝내야만 됩니다. 고통과 자아는 함께 생겨나고 사라지는 것입니다."라는 부처님 말씀의 의미일 것이다. 우리의 원죄는, "내 안에 그리스도가 있고, 그리스도 안에 내가 있다."는 바오로 사도의 깨달음, 즉 '절대적 자아'를 느끼지 못하는 데서부터 시작된다는 것이다.

선각자들이 전하는 메시지의 핵심에 들어가 보면, 한결같이 공통적인 부분이 있다. 우리 존재의 핵심에는 '신'과 같은 에너지가 있다는 것이다. 바로 '내 속에 부처'가 있고, '내 안에 하느님이 현존'하는 오묘한 진리를 말한다. 이런 말을 처음 들어보는 사람도 있겠지만, 의식적으로 삶의 진리에 대하여 궁금해 하며 무언가를 엿보았던 사람들은 이미 많이 들어보았을 것이다. 사실 이런 것은 너무나 놀랍고 신비한 것이라 말로 표현한다는 것 자체가 곤란하기도 하다. 오히려 비웃음과 외면을 당하고 감수성이 지나치게 예민한 병리적 심리 장애자들의 말장난에 불과하다는 극단적인 내침을 당할 정도다. 차라리 이 놀라움을 가슴에 품고, 은근히 통할 수 있는 몇몇 사람 혹은 사람 이외의 것들(!)과 소통하며 살기를 바랄 정도이다. 엄밀하게 말하면 신(神)은 안쪽이니 바깥쪽이니 하는 이원론을 넘어서서 존재하는 그 모든 것이지만, 중요한 것은 우리 존재 자체가 바로 소우주이며, 그 속에 깊은 진리가 이미 존재하고 있다는 사실이다. 이 깨달음이 바로 우리를 구원하는 힘이라는 것이다. '구원'이라는 말을 어렵게 생각하지 말고 그냥 '거짓자아의 치료'라는 표현으로 이해하면 좋을 것 같다. '내면의 영성'이란 바로 이러한 인간 내부에 있는 우주를 의미하는 바, 우리 스스로가 깊은 깨달음이 생길 때 영적 존재로 살아갈 수 있다는 말인 것 같다. 즉, 내면의 영성에 대한 깊은 자기 성찰만이 우리가 '신'과 같은 존재로 살아가는 길이라는 것이다. 바로 그 길 속에는 참된 진리가 내포되어 있어, 땅(현실)에서 이루어지는 많은 것들에 대한 매듭이 풀려나간다는 뜻이리라. 즉 현실에서 발생하는 잡다한 것들에서 자유롭고 지혜로울 수 있는 길이, '바로 그곳'에 있음을 알 수 있다. '바로 그곳'이란 '진리가 너희를 자유롭게 하리라.'는 동서고금의 핵심을 의미하며, 지금 여기 이 순간에 그 모든 것은 진행 중인 듯하다.

그렇다면, 우리가 '스스로를 신이 현존하는 하나의 유기체'라는 것을 깨닫는 데 가장 방해가 되는 심리적 현상은 무엇일까! 실존적 심리적 상황 등 여러 측면을 생각할 수 있겠는데, 특히 그 중에서도 가족관계에서 발생된 심리적(핵심역동 Core-psychodynamic) 요인, 즉 정신역동(psycho-dynamic)에서 발생되는 '자아(ego)'이다. 핵심적인 정신역동에서 발생되는 개인적 '자아'는 지고(至高)한 자신을 깨닫는 데 가장 큰 장벽이다. 기질에서 오는 '자아'의 산물들, 대상관계에서 발생된 '자아'의 산물들, 각종 경험들에서 발생된 정서의 세력 그 자체인 심리적인 현상으로부터 발생된 감정적 에너지인 '자아'의 산물들, 이러한 세력화된 정서 양식과 사고 패턴, 행동 양식들은 어느덧 우리의 개별적 자아로서 확고하게 형성되어 있다. 즉 외부의 자극에 의해서 발생된 내부의 그 어떤 정서적 반응, 사고, 행위 등, 그것이 바로 '나'라고 생각하는 것, 이 사실이 가장 큰 장애라는 뜻이다. 그러한 반응들은 한마디로 조건화된 기계적 시스템(system)이지, 진정한 나는 아니다. 우리의 존재는 그런 수준이 아니다. 캔 윌버(2006)는 이를 "죄는 자아의 '행위'와 관련된 무엇이 아니라, 자아의 '존재'와 관련된 무엇인 것이다."라는 말로 표현했다. 즉, 외부에 반응하는 '나'의 행위, 반응 등을 바로 나라고 생각하며, 그 행위에 부합된 '나'를, 바로 '존재'로 인식하는 것, 그 점이 큰 죄라는 뜻이다. 그러한 '행위자'인 나, 조건화된 반응이 튀어나오는 나, 경험으로 이루어진 '개별적 자아'는 참된 나가 아님에도 불구하고 그것을 나의 존재로 생각하는 것, 참된 자아라고 생각하는 것이 바로 죄라는 뜻이다. 무지는 우리에게 얼마나 큰 고통을 야기하는 근원적인 문제인가! 그러한 '개별적 자아'가 '나'가 아니라는, 즉 그러한 자아를 초월하지 않고는, 고통을 결코 넘어서기가 어렵다는 것을 인식하는 것이 중요할 것이다. 그런 자아는 존재하지 않는다는 인식을 하지 못하는 것이 바로 '무지'의 핵심이다.

내부에서 일어나는 '개별적 자아'의 목소리로 인하여 외부를 인식하듯, 외부의 객체들은 우리 내부의 조건화된 심리적 프리즘으로 선별하여 끌어들이면서 내부에 잠입한다. 즉, 외부의 '객체'의 세계와 자기 내부의 '주체'의 세계는 서로 맞물려서 공생하며 함께 작용하는 바, 이 둘을 따로 생각할 수는 없다는 것이다. 이것을 분리하여 생각하는 것은 자기를 탐구하는 데 큰 걸림돌이 된다. 분리된 것으로 인식하는 것은, 결코 있는 그대로의 실재(實在), 전체로서의 실재(實在), 본성으로서의 실재(實在)를 볼 수 없다.

존재의 절대성을 인식하지 못하고, 역동에 휘둘린 채 고립된 주체는 만물과 하나인 진정한 본성을 제대로 볼 수 없기 때문에 결핍감, 상실감 등을 느끼지 않을 수 없다. 이것은 바로 고통을 의미한다. 자신의 진정한 본성,

'존재 자체'에 대한 절대성을 인식하지 못하는 한, 우리는 고통이라는 이름을 늘 가질 수밖에 없고, 괴로움으로부터 '자신'을 구해 내기는 어려울 것이다. 이것이 "고통을 끝내기 위해서는 자아를 끝내야만 됩니다. 고통과 자아는 함께 생겨나고 사라지는 것입니다."라는 부처님 말씀의 의미일 것이다. 다른 말로 표현하면, 우리의 원죄는 "내 안에 그리스도가 있고, 그리스도 안에 내가 있다."는 성 바오로 사도의 깨달음, 즉 절대적 자아를 깨닫지 못하는 데서부터 시작된다는 것이다. 절대적인 자아를 자신의 존재로 느끼지 못하고, 개별적 자아를 자신의 존재로 느끼며 사는 것, 그것을 근원적인 죄로 보아야 한다는 의미이다. 죄와 지옥은 바로 이러한 자아에서부터 비롯된다는 것이 핵심이다. 캔 윌버는(Ken, 2006)는 이렇게 묘사한다.

"18세기 영국의 기독교 신비주의자인 윌리엄 로우는 다음과 같은 말을 했다고 합니다. '죄, 죽음, 저주, 지옥이란 다름 아닌 자아의 왕국일 뿐이다. 그것은 결국 영혼을 신으로부터 분리해 영원한 죽음과 지옥에 귀착시키는 자기애, 자만, 자아에 대한 추구일 뿐이다.' 여기서 위대한 이슬람 신비주의자 제라룻딘 루미(메후레비 교단의 시조)의 유명한 말을 생각해 봅시다. '악마를 본 적이 없다면 당신의 자아를 보라.' 또 수피 아빌 카이야르는 이렇게 말합니다. '자아를 떠나서는 지옥이 없고, 무아를 떠나서는 낙원이 없다.' 이러한 사상은 또한 기독교 신비주의에도 숨어 있습니다. <독일 신학(작자미상. 14세기 말의 독일 신비주의 문헌)>에도 나오듯이 '지옥에서 불타는 것은 자아의 의지'밖에 없습니다."

이 모든 것들은 바로 우리의 '참 자아'가 얼마나 대 우주와 같은 존재인가를 다시 한 번 실감하게 하는 말들이다. 그렇다. 사실 우리 자신은 가장 고차원적인 절대적 존재이다. 이것은 죽을 수밖에 없는 자아를 넘어서서, 예수님이 말씀하신 '영원한 생명'이라는 뜻이 아니겠는가! 다시 말하면, 자신의 진정한 자아를 찾아내어, 역동에 휘둘리는 개별적 자아와 바꾸어야 한다는 것이다.

우리는 한 번에 모든 것을 깨달을 수 없다. 개별적 자아의 습(習)은 두껍고 질기기 때문이다. 조금씩 깨달아 나갈 수 있을 따름이다. 눈에 보이는 감각적인 것에서부터, 눈에 보이지 않는 영적인 것까지 점진적으로 길을 걷듯 걸어가는 것이다. 우리의 습관적인 언행, 외부 자극에 대한 우리 자신의 반응, 뜻하지 않게 닥쳐온 일들, 나의 주변인과의 관계, 내가 하고 있는 일 등, 아주 사소한 것들을 통하여, 우리는 참된 '절대적 존재로서의 나'를 깨달아 간다. 처음에는 능동적인 자세를 통하여 간절한 마음으로 노력해야 하는 시점도 있겠지만, 세월이 흐르다보면 굳이 애쓰지 않아도 저절로 나를 정화시켜 나가는 수동적 단계도 있다. 자연스럽게 하늘의 섭리를 느끼게 될 때가 있다고나 할까! 적극적인 단계도 필요하지만, 조용히 나를 엎드리는 겸손한 자세만 취해도, 토머스 머튼이 말하는 '진리의 산길'을 오르내릴 수 있다. 드러나지는 않지만 일부 사람들은 이 단계를 자연스럽게 점진적으로 나아가는 삶으로 살고 있을 것이다. 콩나물에 물을 주면 물이 다 빠져 나가는 듯 보여도, 그 물은 뿌리에 스며들어 신통하게 콩나물을 자라게 한다. 마찬가지로 우리가 열린 자세로 배우는 모든 것들을 까마득히 다 잊어버리는 듯하여도, 그 학습의 에너지들은 씨앗이 되어 내부 신경세포 구석구석을 적시며 심신을 성장시켜 나갈 것이다. 바로 지금, 우리는 이러한 성장과정에 있는 것이다.

36. 과거에 얽매이지 않기…

우리는 변화에 대한 갈망과 의지를 가지고, 구체적인 방법을 통하여, 정신적으로, 영적으로 완전히 새롭게 태어나야 하는 것이다. 지금까지와는 전혀 다른 새로운 것이 그 사람의 내면으로 들어가야 한다. 그래야 영적으로 신선해지고, 새로운 삶을 살 수 있다. 이 새로운 것을 받아들이기 위해서는 과거 방식에 젖어있는 인간의 힘만으로는 곤란하다. 좀 더 자신을 확장시켜서 생각하여야 한다. 하늘이 주는 힘이 무엇인지, 내가 이 세상에 어떤 존재인지를 생각하면서… 바로 이 순간, 깨어 있으면 순식간에 '현재'를 살 수 있을 것이다.

상담 및 심리치료의 장면에 들어가다 보면, 현재의 주호소문제의 원인 진단을 위하여 살아온 역사에 대한 탐색을 하게 된다. 결과에 대한 원인을 알게 되면, 핵심적으로 풀어가야 하는 중요한 정서, 사고, 행동 등을 밝혀내면서 치료 방향을 알아내고, 그 방향에 의한 치료 전략을 통하여 내담자의 수준에 맞게끔 해결해 나가게 된다. 이런 과정에서 초보 상담자가 한 번쯤 생각해 보아야 하는 함정이 있다. 과거 탐색은 현재 문제의 원인 진단을 위해서 필요한 것이지, 과거 자체 속으로 들어가는 것이 목적은 아니다. 물론 감정 정화 작업을 위하여 치료 전략의 일환으로 과거로 회귀하여야 하는 상황이 있다. 그것은 전문가의 도움으로 계획적으로 이루어지며, 치료적으로 필요한 것이기도 하다. 그러나 초보 상담자가 자칫 상담 수련 감독자(supervisor)의 지시를 어기고 계속적으로 과거 탐색을 하는 방향으로 들어가게 되면 심리치료는 오히려 더 큰 해악을 불러일으킬 정도로 위험해질 수도 있다. 다시 말하면, 통찰(insight)을 목적으로 하지 않는 과거 회귀나 감정 정화는 오히려 감정 조절 통제력을 약화시켜 건강한 자아기능을 방해할 수 있다는 것이다.

이런 점들을 생각해 볼 수 있다.

감옥에 갇혀있는 수인(囚人)들을 위하여 회개하고 자신의 죄를 돌아보게 하는 것은 필요하다. 하지만, 경험자들은 회개한다고 하더라도 그 이후 어떻게 해야 하는가에 따른 방향이 없다면 그 죄는 다시 저지르기 쉽다고들 한다. 우리의 몸은 아직 참된 방법을 기억하고 있지 않은 것이다. 즉, 우리 몸은 과거의 행위를 더 많이 습득하고 있기 때문에, 특별한 의지가 아니면 거의 기억된 방향으로 몸이 움직인다. 종교를 믿는 많은 분들이 '나는 죄인이요!' 하면서 회개하고 참회하는 경우가 많다. 사실 큰 죄도 있지만, 대부분의 우리들은 그렇게 큰 죄를 짓는다기보다는, 심약한 마음으로 인한 인간적인 죄를 자주 짓지 않는가! 그러다 보니 자칫 이러한 참회는 건강한 죄책감이나 성찰의 태도가 아닌, 무력하고 임시방편적인 죄책감을 가져다주어, 오히려 '힘'을 잃게 만들기 쉽다. 참회 후, '그 다음 어떻게 나를 일으켜 세워야 하는가.' 하는 것이 중요한데, 반성을 하였는데도 행동이 뒤따르지 않으면 스스로에 대해서 또 다시 괴로워하며 허우적거릴 수 있다는 뜻이다. 정말이지 우리는 음으로 양으로 죄를 많이 짓는 것이 사실이다. 그러나 문제는 그 죄만을 생각하고 반성하다보면, '나는 죄인이다!'라는 것 외에는 변화하는 것이 없고, 오히려 피학증적인 자책감만 늘어나기 쉽다는 것이다. 대부분의 우리는 나약한 부분이 많다. 그러다보면 죄를 짓는 것도 그 나약한 부분 때문에 일어나는 실수이며 한계일 뿐이다.

나약한 부분은 새로운 힘을 받지 않으면 반복적으로 드러난다. 조건화되어 놀랍도록 전자동화되는 시스템이기 때문이다. 새로운 교육, 새로운 방법, 새로운 작업 등, 현재의 어려움을 타개하기 위해서는 현실에 맞는 새로운 것들을 배워야 할 것이다. 조건화되어 현실에 맞지 않는 상태를 반복하는 것은 '고착'되어 있다는 뜻이다. 즉 고여 있는 물에 해당된다. 고여 있는 물은 흘러가지 않으면 안 된다. 심리적 원인을 잘 파악하여 그 뿌리를 깨닫고, 불필요한 부분은 잘 흘려보내는 것이 필요하다. 고여 있는 물은 졸졸 흘려보내고 새로운 물을 받아야 한다. 그래야 고여 있는 것들이 빠져나가며 새로운 것들로 내 몸이 익숙해진다. 중요한 것은 '맑은 물'이다. '새로운 물'을 나의 내면에 넣는 것이다. 내 몸과 마음이 잘 기억할 정도의 '새로움'을 연습하는 것이 중요하다. 부담스럽지 않게 은근하게 지속적으로 반복적으로 하는 것이다.

예컨대, 며느리에게 행패를 부리고 함부로 대하는 시어머니가 있다고 가정하자. 이 시어머니가 어느 날 성당에 와서 고해성사를 보고, 다시는 못된 행동을 하지 않겠으며 조심하겠다고 다짐했다. 하지만 이 분은 일주일 혹은 한 달이 지나면 십중팔구 다시 같은 행동을 할 가능성을 가지고 있다. 왜냐하면 오랜 습이 되어있고 다른 방법을 교육 받지도 않았기 때문이다. 새로움이 습관화되어 있지 않으므로 사실 어떻게 해야 할지도 잘 모른다. 또다시 고해성사를 보려고 해도, 같은 이야기를 자꾸만 하려니 그것도 마음에 들지 않는다. 나중에는 스스로가 밉기까지 하다. 그렇게 많은 반성을 해 놓고는 이 정도밖에 되지 않는 자신에 대한 심한 자책감에 시달린다. 한편으로는 '나를 이렇게 괴롭히는 것은 며느리 탓이다!'라는 생각이 든다. 즉, '며느리가 그렇게 하지 않았다면 내가 이렇게 하지 않았을 텐데', '나를 이렇게 고통스럽게 만들다니.'라는 식으로 상대방이 원망스러워지기 시작한다. 또 자책한다. 다시 원망한다. 이렇게 반복된다.

따라서, 회개하는 마음에서 한 걸음 더 나아가 새로운 태도, 새로운 생각, 새로운 행동들을 연습하여야 한다. 이것은 오랜 습을 물리치기 위한 구체적인 훈습 과정이며, 실제적인 훈련이 이루어져야 한다. 그리고 영적으로 새롭게 태어나는 생활 수행이 필요하다. 과거에 내가 이렇게 살았기 때문에 어쩔 수 없다는 둥, 사람은 바뀌지 않는다는 둥, 어릴 때 형성된 것은 결코 쉽지 않다는 둥, 이런 식의 마음가짐으로는 새롭게 태어날 수 없는 것이다.

우리는 변화하고 싶다면 변화에 대한 갈망과 의지를 가지고, 구체적인 방법을 통하여, 정신적으로 영적으로 완전히 새롭게 태어나야 하는 것이다. 지금까지와는 전혀 다른 새로운 것이 그 사람의 내면으로 들어가야 한다. 그래야 영적으로 신선해지고 새로운 삶을 살 수 있다. 이 새로운 것을 받아들이기 위해서는 과거 방식에 젖어있는 인간의 힘만으로는 곤란하다. 좀 더 자신을 확장시켜서 생각하여야 한다. 하늘이 주는 힘이 무엇인지, 내가 이 세상에 어떤 존재인지를 생각하면서, 그 분(!)의 힘을 계속 받아야 한다. 과거 지식에 얽매이지 말고 새로운 정보와 개념을 습득하면서, 현실에 걸맞은 지혜를 발현시켜야 한다. 새롭게 태어나야 한다. 늘, 지금-이 순간 가장 걸맞은 것이 무엇인가를 느껴야 하고, 바로 지금-여기에서의 행복을 감지할 수 있어야 한다. 시각을 확장시켜 인생을 새로운 눈으로 인식해야 하고, 새롭게 바라보아야 한다. 나약한 한 인간으로서의 '나'가 아니라, 내 존재가 얼마나 귀한 선물인지를 깊이 느껴야 한다. 과거의 경험이나 대상에 얽매이지 말아야 하며, 새로운 지평을 맞이해야 한다. 삶의 열림이 중요하다. 하루하루 지금-여기에서의 삶을 살아가야 한다. 변화하는 새로운 것을 받아들이지 않으면 과거로 다시 돌아간다. 과거의 습관은 우리 삶 안에서 전자동으로 실행되는 관성을 가지고 있으므로 늘 깨어있어야 한다.

과거의 각종 무엇인가가 올라오면 떠올릴 수밖에 없다. 그냥 떠오르게 둔다. 일부러 억압하지는 말아야 한다. 편견 없이 있는 그대로 바라보면서 이런 감정이나 생각이 올라오는 자신을 수용해야 한다. 중요한 것은 '그 다음'이다. 그 과거를 현재에 맞게 새롭게 해석할 수 있어야 한다. 이를 위해서라도 먼저 새로워져야 한다. 과거를 현재와 미래로 연결하는 것이 바로 '마음'의 위대한 능력이며, '영'의 위대한 일이다. 과거를 기억하고 판단하는 것이 정신이라면, 마음에서 오는 영적 에너지는 과거를 새롭게 해석하여 평화를 찾는 거룩한 맑은 물이다. 새로운 영을 받아들이고 사는 사람은 과거로 자신을 학대하지 않는다. 죄의식에 떨어지지도 않는다. 과거를 현실에 맞게 새롭게 해석하고 지금-여기를 살찌우고 미래를 자연스럽게 열어나가게 만든다.

나 자신 스스로가 과거에 잘못했던 것이 있을 수 있다. 그런 것들은 서로 대화하며, 새로운 것을 의논하여 넘어가면 된다. 나의 문제라기보다는 상황이 잘못되었을 수도 있다. 그 상황 자체를 이해하고, 나와 분리시켜 느낄 수 있어야 한다. 그 '상황'은 '나'가 아니다. 나를 객관적으로 분리해서 보는 눈을 키워야 할 것이다. '과거의 나'에서 '현재의 나'로 다시 태어나면, 모든 것은 새로운 탄생이 되는 것이지 않을까!

다시 한 번 말하자면, 인간의 삶은 매우 한계가 많다. 그러므로 그것을 지나치게 자학하거나 괴로워하거나 일부러 숨길 필요가 없다. 일주일 혹은 한 달 동안 계속 끌고 가거나 매달릴 필요가 없다. 바로 이 순간, 깨어 있으면 순식간에 우리는 '현재'를 살 수 있다. 나약할 수밖에 없었던 나를 분명히 이해하고, 그 과거 상황을 있는 그대로 바라보고 객관화시킬 수 있으면 된다. 이제 더 이상 우리 스스로를 녹초(!)가 되게 만들 필요가 없다.

늘 우리는 새롭게 태어나야 한다. 하루하루 변화하는 새로운 에너지를 발견하고 체험하는 것이 필요하다.

37. 지금-현재를 행복하게 느낄 수 있는 마음 그릇

우리 모두는 정말이지 행복하기를 원한다. 그 행복이라는 것이 무엇인가! 그것은 '느낌'이다. 어떤 상황 자체가 행복이 아니라, 그 상황 자체에 대한 나의 '감정'이다. "어떠어떠해서 난 행복하다."라는 표현을 할 때, 똑같은 "어떠어떠해서!"에 대하여 불행하고, 안타깝고, 속상한 느낌도 있다. 우리는 행복한 느낌을 가지는 것이, 외부의 어떤 상황이 아니라 내 스스로가 느끼는 '감정'이라는 사실에 주목해야 한다. "어떻게 해야 행복해질 수 있나요?!"라는 질문을 흔히 하기도 하는데, 그것은 가장 우선적으로 '내 감정'을 잘 바라보는 연습부터 시작되어야 한다는 뜻이기도 하다.

우리가 살아가면서 주어진 자신의 처지에 만족하고 살아가기란 쉽지 않다. 머리로 말로 아무리 "이 정도면 된다. 그냥 만족한다."라는 말을 하기도 하지만, 외부의 자극이 들어왔을 때를 생각하면 그게 그리 녹녹치 않다는 것을 느낄 수 있다. 나보다 더 나은 사람, 더 나은 것들을 접하게 되면, 내면에서 잘나고 싶은 욕구, 혹은 잘나지 못하여 상처받았던 아픔들이 슬슬 올라와서 스스로도 인정할 수 없을 만큼의 시기심과 질투감, 분노 등의 감정들로 소용돌이치는 내면을 느낄 수 있다.

우리는 의식적이든 무의식적이든 욕구와의 전쟁을 끊임없이 치르고 살고 있다. 흔히 '탐욕'이라는 이름으로 그 욕구를 부정적으로 바라보지만, 사실상 자신의 내면에 그런 탐욕이 없는 사람이 어디 있을까! 더 잘나고 싶은 욕구, 더 사랑받고 싶은 욕구, 더 명예로워지고 싶은 욕구 등. 우리는 매일매일 일정한 식사를 해야 하는 것처럼, 어떤 심리적 배부름을 위한 욕구 충족을 원한다. '마음을 비워라!'라는 일관된 표현이 우리가 행복해지는 핵심인 줄 알고는 있지만, 그 마음이라는 것이 내 마음대로 할 수 없는 것이기에, '방하착(내려놓아라!)'을 실행하기란 쉽지 않다.

그런데, 가만히 생각해보면 우리가 탐욕하고 있는 것들의 핵심에는 크게 두 가지가 있다. 즉, 1) 과거에 이루지 못한 것들에 대한 욕망 혹은 과거의 욕구를 그대로 유지하고픈 욕망 2) 미래에 대한 불안과 두려움으로 인한 대비책으로 현재의 충적을 잘 유지하고, 더 비축하고 싶은 욕망으로 대별(大別)될 수 있다.

합리적으로 생각하는 부류의 사람들은 두 번째의 유비무환 정신이 필요한 것은 당연한 것으로 이야기할 것이다. 그러나 이를 가만히 보면 '합리적'으로 생각한다는 명분하에, 내면의 불안과 두려움을 '합리화'시키는 경우가 상당히 많다. 사실 그 '합리화'의 뿌리에는 '과거 미해결된 욕구' 혹은 '과거 욕구에 대한 고착'이 도사리고 있다는 사실도 한 번쯤 생각해 볼 수 있다. 그러므로 두 번째의 미래에 대한 대비책은 사실상 첫 번째의 과거에 대한 고착의 심리와 관련되어 있다는 것을 간과할 수 없다. 사실상, 심리치료의 장면에서 보면 현실적인 많은 문제들의 핵심에는 '과거의 미해결된 욕구'가 잠재되어 있다. 그 욕구들은 자신이 어떻게 해 볼 수도 없었던 시기에 발생된 '아픔'과 관련되어 있으므로, "그런 '욕구'를 가지지 마라!", "지나간 일들을 너무 생각할 필요 없다."는 식의 조언과 충고는 오히려 진정으로 이해받지 못했다는 부정적인 느낌만 안겨 줄 뿐이지 도움은 되지 않는다. 그러므로 우리가 의식하든 의식하지 못하든, 충족되었건 결핍되었건, '과거의 욕구 갈망에 대한 고착'을 심도 있게 성찰해 보는 자세는 정말 중요한 자기치료의 한 방법이라고 본다.

막힌 길에는 뚫릴 수 있는 부분도 있을 것이다. 그 막힌 곳을 조용히 파고 들어가 보면 분명히 어떤 길이 있지 않겠는가. 여기서 심리적으로 막힌 마음들을 어떻게 풀 수 있을 것인가라는 것을 생각해 보자. 즉, 어떠한 것들이 자기치료에 도움이 될 것인가를 살펴보도록 한다.

우선 막혀있는 마음들은 자신에게는 어두움이다. 사실 이 어두움은 일종의 캄캄한 터널과 같은 것인데, 빛으로 나오기 위해서는 누군가와 함께 조용히 걸어 나가는 시간이 필요하다. 즉, 조용히 누군가 혹은 건강한 전문가와 상담하면서 자신의 과거를 회고하며, 과거의 욕구에 대하여 충분히 직면하고 치유 받는 시간이 꼭 필요하다. 이것을 무시한 채, 무조건 "과거를 잊어버려라!", "과거는 신경 쓰지 마라!", "미래만 생각하여라!"는 식의 발언은, 인간 내면의 무의식 개념을 이해하지 못하여, 현재 진행 중인 '과거 감정'을 내면에서 회피하는 중요한 과오를 저지를 수 있다. 터널 안에서 빛을 보라고 질책하는 것과 다름없다는 뜻이다. 현재를 잘 살기 위해서는, 필수적으로 과거를 직면하여 자유로워져야 한다. 과거 감정이 올라와도 얽매이지 않고 편안하게 대화할 수 있어야 하고, 회피하지 않고 그 감정을 느끼고 표현할 수도 있어야 한다. 그러다 보면 과거에 느꼈던 감정만큼 올라오지 않고, 현실적으로 그 상황을 객관적으로 이야기 나눌 수 있게 된다. 이런 과정은 반드시 필요하다. 과거의 감정은 자신의 탓이 아니다. 어느 누구의 탓도 아니다. 이것은 하느님이 계획하신 인간 구원을 위한 여정이라고 생각할 수도 있지 않겠는가! 과거의 어떤 복잡한 상황에 의한 아픔을 그대로 가슴에 묻어두게 되면, 그러한 무의식적인 요인들이 현재 생활에 다양한 영향을 지속적으로 미친다. 심리치료 과정은 '현재'를 가장 현재답게 살기 위한 과거와의 분리 시간이다. 과거와의 만남, 즉 '직면'의 시간을 가진 후, 우리는 '그 이후'를 위한 지혜로운 행동이 자연스럽게 나오게 될 것이다.

우리 모두는 정말이지 행복하기를 원한다. 그 행복이라는 것이 무엇인가! 그것은 '느낌'이다. 어떤 상황 자체가 행복이 아니라, 그 상황 자체에 대한 나의 '감정'이다. "어떠어떠해서 난 행복하다."라는 표현을 할 때, 똑같은 "어떠어떠해서!"에 대하여 불행하고 안타깝고 속상한 느낌도 있다. 우리는 행복한 느낌을 가지는 것이, 외부의 어떤 상황이 아니라 내 스스로가 느끼는 '감정'이라는 사실에 주목해야 한다. "어떻게 해야 행복해 질 수 있나요?!"라는 질문을 흔히 하기도 하는데, 그것은 가장 우선적으로 '내 감정'을 잘 바라보는 연습부터 시작되어야 한다는 뜻이기도 하다.

내 마음속에 담겨있는 수많은 정서들 속에서 '행복하기 위한 정서들', '행복감'은 얼마나 자리 잡고 있는가! 우리는 행복해지기 위하여 과거의 감정들과 얼마나 화해했는가! 과거의 욕구들과 과연 잘 통합하였는가! 지금-현재의 것들을 있는 그대로 행복하게 느낄 수 있는 '마음 그릇'을 우리는 가지고 있는가! 만약 우리 내면에서 불안과 불평불만, 짜증과 분노 등의 감정이 내재되어 있다면, 외부의 상황이 아무리 좋은 것들이 온다 해도, '무엇무엇 때문에 좀 부족하여 불만스럽고!', '잘 하고 있지만 어쩐지 더 대비해야 안심될 것 같고', '이렇게 되길 바라는데 저렇게 되어 짜증나고' 등, 끊임없이 자신의 내면 감정을 펴내기 위한 안테나를 세울 뿐이지, 지금-현재 나에게 일어나는 것들을 있는 그대로 느끼기는 쉽지 않다.

우리 주변에는 아름다운 산, 꽃, 사람, 좋은 음식, 물건, 멋있는 그림 등 사소한 것들에서부터, 부와 명예, 권력 등 큰 부분에 이르기까지, 행복을 가져다 줄 요인들이라고 '생각하는' 것들이 수없이 자리하고 있다. 인간을 편리하게 하기 위하여 수많은 것들이 백화점에 나열되어 있고, 집안 구석구석에도 인간을 행복하게 만들기 위하여 물건들이 즐비하다. 세밀하게 하나하나 그것들에 대한 소중함과 감사함, 그런 느낌이 중요하다. 이런 감수성은 가장 가까이에 있는 것들에 대하여 '바라봄', '머무름'의 자세부터 우선되어야 할 것이다. 그 사소한 것들이 나와 인연을 맺어 나를 도와주고 있다는, 보이지 않는 어떤 손길에 의하여 현재의 나는 잘 살고 있다는 깊은 기도가 있어야 할 것이다. 사도 바오로는 이렇게 말한다. "나는 어떠한 처지에서도 만족하는 법을 배웠습니다. 나는 비천하게 살 줄도 알고 풍족하게 살 줄도 압니다. 배부르거나 배고프거나 넉넉하거나 모자라거나 그 어떠한 경우에도 잘 지내는 비결을 알고 있습니다. 나에게 힘을 주시는 분 안에서 나는 모든 것을 할 수 있습니다"(필리 4, 11-13). "탐욕은 우상숭배"라고 단언하는 그의 말은 우리 삶의 많은 것을 핵심적으로 드러내어 주고 있다.

행복은 자신이 느껴가는 것이다. 즉, 스스로의 내면이 그 행복을 만들어간다. 어느 날 외부의 것들이 충족되었을 때 행복이 오는 것이 아니다. 지금-이 순간 행복감을 느끼지 못하면서, "언젠가는 난 행복할 것이다."라고 생각하는 것은 어리석은 일이지 않을까. 지금-이 순간 우리가 그 행복을 하나하나 느껴가는 훈련이 되어 있지 않다면, 아마도 늘 불행할 것이다. '무엇무엇을 가져야만이, 누가 어떠어떠하게 변해줘야만이 행복할 수 있다.'라는 생각은, 욕구가 욕구를 부르고, 부족함이 부족함을 부르면서 끝없이 무엇인가에 끌려가는 노예 같은 생활이 될 뿐이다. 물질이 주는 편리함은 엄청나게 크다. 그리고 그것은 대단한 유혹이다. 그것 자체를 아예 거부하기는 쉽지 않다. 다만 우리는 사도 바오로의 말씀처럼 "비천하게 살 줄도 알고 풍족하게 살 줄"도 알면서, 그 어떤 경우라도 행복하게 살 수 있는 비결을 가지는 것이 중요하지 않을까 싶다.

과거와 미래에 초점을 맞추는 것이 아니라, 지금-이 순간 존재하는 모든 것들에 관심을 가지고, 그것들의 미세한 변화를 느끼고, 자연스럽게 변화하는 아름다운 것들, 그 속에서 느끼는 사랑과 평화, 그것을 느낄 줄 아는 가슴,

아마도 이것이 행복감을 느끼는 가장 중요한 자세가 아닐까 생각된다.

38. 서로 '다른' 사람과도 걸리지 않고 살아가기

이 세상은 다름을 통하여 씨줄과 날줄처럼 맺어져 있다는 것. 삶은 다른 서로가 인연이 되어 거대한 공동체로 살아가는 과정이 아닐까.

생활을 하다보면, 서로 다른 사람으로 인한 어려움을 겪을 때가 종종 있다. 그럴 때, 우리가 말로는 "서로 다르다고 생각하지 뭐.", "다르다는 것을 이해하면 되지!"라고 하기 쉽다. 하지만, 어떤 조직 안에서 이 '다름'이 상대방에게 불편함을 야기하고, 효율성을 떨어뜨리는 현실적인 어려움이 있을 때, 정직한 마음으로 그냥 좋게 넘어가기는 그리 만만치 않다. '다름'은, 타고난 기질에서 오는 것도 있지만, 살아온 과거 환경의 원인도 작용하기 때문에 갈등 상황을 피하기가 쉽지 않다. 어떤 경우이든, 서로 다른 어려움을 가지고 있을 경우, 머리로 이해한다고 하지만 보이지 않게 서로에게 불편함과 골이 깊은 고통을 가져다 줄 때는, 큰 숙제를 안고 있는 것 마냥 힘들 때도 있다. 다음의 내용은 "서로 다른 사람과도 걸리지 않고 살아가기 위하여 우리는 어떻게 해야 하는가!"라는 고민을 연구해 보는 마음으로 정리해 본 글이다.

첫째, 상대방에 대한 객관적인 장단점과 그에 대응하는 자신의 반응양식 등, 사실 자체에 대한 바라봄이 중요하다. 즉, 현상을 평가 없이 있는 그대로 파악해야 한다.

예컨대, 선천적인 성향을 설명한 MBTI 성격유형검사 상에서, sp 기질의 남편으로 인해서 sj 아내가 겪는 스트레스 상황이 있다고 가정하자. 즉 sp 남편은 밖에서의 생활은 아마도 잘 해 나갈 것이다. 지적, 사회적 능력을 겸비하였다면, 자신의 경제력과 욕구 충족을 위하여 자기의 할 일에 대해서는 뛰어난 능력을 발휘할 것이다. 활발하고 현실감각이 뛰어나며 사회성이 좋아서 직장 내 인간관계도 비교적 원만하게 할 것이다. 그러나 바깥에서 에너지 소진이 많기 때문에 집에 돌아와서는 혼자서 쉬고 싶어 하거나 재미있는 오락이나 게임, 맛있는 것 섭취 등, 감각적인 유쾌함을 즐기면서 구속당하고 억제하였던 만큼의 감정을 푸는 일탈된 그 무엇이라도 하고 싶을 것이다. 이렇게 될 때, 다른 기질을 가진 부인의 입장에서는 집에서 할 일도 많고 서로 배려해야 되는 것도 많은데, 자기 하고 싶은 것만 하는 남편을 보면서 무책임하고, 무절제하며, 자기 욕구만 채우려는 행위에 대하여 속상함, 억울함, 부당함을 느끼고 슬슬 화가 날 것이다. 같은 기질을 가졌을 경우는 좀 낫지 않을까라고 생각할 수도 있다. 하지만 같은 기질을 가졌다 할지라도 집안의 할 일을 누군가는 해결해야 하므로 가정 내의 행동으로 발생하는 스트레스는 비슷할 것이다.

이럴 경우, 다른 기질의 부인은 이 남편을 위하여 나름대로의 대처방식을 사용했을 것이다. 즉 잔소리도 해 보고, 달래도 보고, 짜증도 내어보고, 기분전환도 해 보고, 좋은 장점을 기억하며 스스로 달래기도 하고, 좌절하기도 하고 다시 회복하기도 하는 등, 다양한 방법으로 반복하였을 것이다. 일반적인 부인이라면, 남편의 이런 행동들을 수정시키기 위하여 노력하였으리라 본다. 착하고 지혜롭고 성실한 부인일수록 더욱 더 말이다. 특히 결혼 전까지 최선을 다하면서 노력하였던 부인의 경우, 남편의 자기중심적인 태도에 서서히 실망하면서 고심하게 될 것이다.

이때, 이러한 남편을 다루는 아내가 제일 처음 시작해야 하는 것은 바로

'현재의 상황 자체를 현상적으로 바라보는 자세'이다. "아니, 화가 났는데 어떻게 감정적으로 되지 않을 수 있느냐! 사실 그 자체는 이미 알고 있어! 그냥 있는 그대로 바라본다는 말이 무슨 말인지를 난 이해 못하겠어!"라고 말할 수도 있다. 그러나 이는 이미 감정의 홍수 속에 들어가 있다는 것을 의미한다. 충분히 그 감정은 이해된다. 더욱이 '바라보기'라는 개념을 잘 이해 못하는 입장에서 말이다. 때에 따라서는 자녀일 경우도 마찬가지이다. 감정조절의 실패는 문제해결의 실패로 바로 이어진다. 잘했다 잘못했다라는 평가에 앞서서, 상황 자체에 대한 감정을 앞세우기보다는, '바람 부는' 현상에서 어떻게 해야 할 것인가에 관한 지혜를 얻기 위하여는, 잠시 멈추어서 '부는 바람을 바라보는' 시간이 필요하다. 정리하자면, 부인은 남편의 어떤 행동에 대하여 자신의 감정을 개입시키기 전에, 남편의 현상에 대하여 있는 그대로 바라볼 수 있어야 한다. (이것을 견디기가 힘든 사람은, 누군가에게 이 상황을 기술하고 표현하는 등, 있는 그대로의 상태를 바라봐 줄 수 있는 사람을 접하는 것이 도움이 될 것이다.)

이 작업은, "과연 나는 모든 현상을 있는 그대로 바라볼 수 있는가!" 하는 깨달음을 안겨준다.

둘째, 상대방의 틀을 재단하는 나의 또 다른 틀, 심리적 욕구에 대한 점검이 필요하다.

우리는 각자의 틀을 다 옳다고 굳게 믿고 있지만, 상대방 모두가 그렇게 생각하는 것은 아니다. 시대, 국가, 사회, 문화, 세대 등 다양한 상황에 따른 틀은 변화된다. 그러나 우리가 가지는 틀은 거의 대부분 자신이 살아오면서 가치 있다고 여기는, 혹은 이 사회가 바라는 기존의 틀이 대부분이다. 약간이라도 예측 불가한 기준 혹은 창의적인 틀이 들어가면 우리는 놀라고 불안해한다. 예컨대, 각자의 선천적 기질에 따라서 사물을 바라보는 틀, 각자의 바라는 기대, 욕구 등이 다르다. 즉, '유쾌하고 자유롭고 싶은 sp 욕구', '안정감을 취하기 위하여 전통적인 것을 존중해야 한다는 sj 욕구', '사람과 따뜻한 관계를 가지고 싶은 nf 욕구', '합리적인 방법으로 호기심을 채우고 싶은 nt 욕구' 등이다. 이들 각자의 욕구가 잘 통합된 인격이 될 때는 별 문제가 없고, 또 사실 우리 내면에는 다른 욕구도 깔려 있지만, 각자의 욕구가 대립되었을 때는 문제가 발생한다. 다시 말하면 어떤 상황에 따라서는 상대방의 틀은 대단히 위험하게도 보이고 불안하기 짝이 없게 느껴진다. 그러므로 우리는 우선 자신의 틀부터 점검해야 하며, 그 틀이 상대방과 어떻게 대립될 수 있는가에 대한 점검이 필요한 것이다.

이 작업은 특히 과거 혹은 대상에 대한 집착, 미래에 대한 불안을 많이 가진 사람, 의존적인 사람들에게 많이 도움 될 것이며, '과연 내 틀은 어떠한가! 난 무엇을 바라는가!' 하는 깨달음의 문을 열게 한다.

셋째, 솔직한 자신의 감정 포착이 중요하며, 자기 내면의 '부정적 감정'을 평가 없이 '그럴 수 있는 감정'으로 인정하고 수용해야 한다.

예컨대, 부부관계에서 보자면, 남편에 대하여 부인이 느끼는 감정은 누구라도 가질 수 있는 비례적인 감정일 수도 있으며, 자신만이 예민하게 느끼는 비례적이지 않는 감정일 수도 있다. 비례적이지 않은 경우, 즉 부인이 다소 과민하게 느끼는 경우는 반드시 그런 자신의 감정에 대한 성찰이 필요하다. 이 부분은 별도의 정신역동에 대한 통찰이 필요하겠지만, 부인의 의존과 애정에 대한 갈망일 경우가 많을 것으로 추측된다. 하지만, 전자의 경우, 즉 누구라도 그런 걱정과 불안 등의 비례적인 감정을 느낄 수 있는 상태도 많을 것이다. 이때, 부인은 자신의 감정을 잘 포착하고 느껴야 한다. 그리고 자신의 감정에 대하여 죄책감 없이 바라볼 줄 알아야 하며, 평가 없이 수용해야 한다.

우리는 '이런 감정을 느끼면 안 돼! 이런 마음을 가져서는 안 돼! 이런 마음을 느끼게 하는 것은 다 저 사람 때문이야. 왜 나를 이렇게 만든 거야!' 이렇게 자기감정 자체를 평가하고, 싫어하고, 수용하지 않게 되면, 결국 그 감정을 느끼게 한 상대방에 대한 적대감으로 넘어간다. 이 과정은 많은 사람들이 착각을 하기 쉬운 중대한 부분이다. 즉, 어떤 경우라도 자신의 감정은 자기의 몫이며, 상대방 탓이 아니다. 상대방은 자극제가 되었을 뿐 그 감정의 진원지는 바로 자기 내부이다. 자기의 감정을 스스로 위로할 줄을 모르기 때문에, 지금까지 받아왔던 상처와 아픔의 몫을 상대방 탓으로 떠넘기게 되는 것이다.

비례적이든 비례적이지 않든, 감정을 그대로 알아차리고, '내 속에 이런 감정이 있구나. 나는 이런 감정을 느끼는구나.'라고 평가 없이 수용할 줄 알아야 한다. 더 중요한 것은 그 감정은 평가의 대상이 아니다. 그냥 기분 나쁠 수 있고, 억울할 수 있고 화날 수 있는 것이다. 있는 그대로의 자신의 감정을 수용할 수 있어야 감정을 조절할 수 있다. 물론 이 때 누군가와 충분히 터놓고 대화를 나눔으로써 공감과 이해를 얻을 수 있다면 훨씬 더 도움이 될 것이다.

이 작업은 '자기의 감정을 있는 그대로 수용하면 자신을 조절할 수 있을 뿐만 아니라, 상대방의 것도 수용할 수 있다.'는 깨달음을 안겨준다.

넷째, 상대방의 고쳐야할 부분을 지적해 주고 싶을 때, 그것이 나를 위한 것인지 상대방을 위한 것인지를 먼저 체크하라.

예컨대, 부인의 입장에서 남편의 문제되는 부분이 드러났을 때, 남편에게 고쳐야할 부분을 지적해 주고 싶지 않는 부인이 있을까! 아주 지혜롭고 마음수양이 잘된 존경받을 만한 부인도 그 방법이 다를지는 몰라도, 그런 심정은 이미 경험하였을 것이다. 조언이나 충고의 형태로 지적하고 싶은 마음은 당연하지 않겠는가! 부부인데 말이다. 다만 그 지적이 나를 위한 것인지, 진정 상대를 위한 것인지를 먼저 조용히 스스로에게 자문해 보라. 이런 분별은 누구를 위한 것인지에 따라, 그 접근 방법이 다를 수 있기 때문이다. 이 때, 누군가와 이런 대화를 나눌 수 있거나, 스스로에게 자문해보는 것도 도움이 될 것이다.

이 작업은, '지적이나 직면이 자신의 화의 투사로 활용되면서, 마치 상대를 위하는 것 마냥 합리화시켜 나가는 것일 수 있다.'는 것을 깨닫게 해 준다.

다섯째, 나를 위한 것이라면, 솔직한 나의 마음을 전달하고 '도와달라!'고 요청하거나, 도움이 거절되더라도 상대방을 바꾸기를 기대하지 말고, 나의 입장이나 마음 상태를 전달하는 용기를 가져라.

"난 이러이러한 부분을 감당하기가 불안하고 힘드니, 당신이 이러이러하게 행동해 주면 나를 도와주는 셈이 되니 부탁한다!"고 청하라. 부족한 부분을 인정하고 도움을 요청하는 것은 인간관계에서 큰 힘이며, 이런 사람이 건강한 사람이다. 이는 상대방을 위한 것이 아니라 내 마음을, 내 존재를 위하여 스스로가 용기를 내는 것이다. 상대방이 수용하든 하지 않든 그것은 차후의 문제이다. 우선 나를 보호하기 위하여 드러내는 용기가 필요하다. 나 전달법, 즉 "당신의 그러그러한 행동은 나에게 이러이러한 영향을 미치므로 어떠어떠한 감정을 일으킨다."는 구체적인 사실과 나의 감정, 나에게 미치는 영향 등을 표현해야 한다. 예컨대, "여보, 당신이 시간 약속을 어긴 것 때문에 내 스케줄에 지장이 생기고 나의 입장이 존중받지 못한 것 같아서, 내가 너무 아쉽고 속상해요."라고 표현한다. 적대감이 담긴 비난, 질책,

짜증이나 분노의 표현보다는 본마음, 즉 서운하다, 막막하다, 아쉽다, 불안하다, 걱정된다 등의 감정표현이 거부감이 덜할 것이다. 그리고 과거의 것을 다 뭉뚱그린 이야기보다는 현재의 구체적인 사실과 그 영향을 정확하게 전달하는 것이 좋다,

여기에 대한 상대방의 반응은 세 가지일 것이다. 수용, 수용 후 불이행, 비수용이다. 첫째, 흔쾌히 수용하는 경우는 고맙고 감사함을 표현하며 즉시 마무리된다. 둘째, 수용 후 불이행할 경우이다. "응. 알았어. 그럴게." 해 놓고는 똑같은 행동을 반복하는 것이다. 이것은 상대방도 마음은 있지만, 자기 스스로도 습관적으로 어떻게 해 볼 수 없는 한계가 있다는 것이다. 물론 처음부터 도움 주려는 마음을 먹지 않는 경우도 있다. 그러나 거부하지 않는 그 마음도 존중되어야 하고, 행하지 못하는 그 입장도 있을 것이다. 셋째, 비수용하는 경우이다. 둘째, 셋째의 상황은 모두 상대방의 한계로 인하여 나 자신이 도움받기가 곤란하다는 점이다. 이 사실을 있는 그대로 받아들여야 한다. 그렇다고 낙담할 필요는 없다. 하나가 닫히면 또 다른 세상이 열려서 더 이익이 되는 경우도 있으니 말이다. 이런 경우에는 거꾸로 상대방을 이해하며 도와줘야 하는 입장도 있을 것이다. 그러나 세 번째 경우가 어려울 수 있다. 이 경우는, 나 스스로는 도움을 못 받더라도 상대방에게 이런 마음을 표현하고 요청을 하게 되면 새로운 경험을 할 수 있게 된다. 즉, 나의 기대대로 되지 않아도 마음이 복닥거리지 않는 신비한 감정 조절 기술을 배울 수 있다. 최초의 목적이 '나를 위한' 용기였다는 것을 잊지 말아야 한다. 이 용기는 상대방이 아무것도 바뀌지 않아도 내 의견을 정확하게 전달하고 난 뒤의 '덜 억울함', 상대방을 있는 그대로의 한 인격체로 바라보는 눈, 상대의 변화 없이도 나의 마음이 편해지는 경험 등, 소중한 그 무엇을 선물 받을 것이기 때문이다. 상대방의 수용, 비수용은 상대방의 자유일 뿐이다.

이 작업은, 그 어떤 경우라도 내 감정의 주인은 나이지, 상대방이 아니라는 진리를, 모든 것은 나로부터 출발한다는 인류 최대의 심오한 깨달음의 문을 열게 된다.

여섯째, 상대방을 위한 것이라면, 진실로 상대방을 존중하며 사랑하는 마음이 담긴 채로 표현하라.

어느 누가 상대방으로부터 지적을 받고 쉽게 고치려고 하겠는가! 이 경우는 입장을 바꾸어서 생각해 보면 금방 느낄 수 있을 것이다. 그러므로 상대방을 위한 지적은, 진정 상대방을 위한 것으로 느낄 수 있는 진심어린 사랑하는 마음이 담겨야 한다. 몸과 마음으로, 그 사랑과 존중의 마음이 전달되도록 말이다. 아마도 지금 당장은 아니라도 그 감정은 깊이 간직될 것이며, 서서히 마음의 변화가 일어나면서 행동수정의 의지가 생길 것이다. 물론 앞의 나 전달법을 잘 활용해야 할 것이다. 이런 마음이 될 때, 왜 상대방이 그런 행동을 하였나에 대한 원인분석도 가능하고, 상대에게 도움을 줄 수 있는 지혜의 눈도 열릴 것이다.

이 작업은 '사랑과 존중, 기다림은 상대를 변화시키는 신비한 묘약'이라는 것을 깨달을 것이다.

일곱째, 나의 피드백이 진실이라고 느껴지면 , 갈등을 예상하더라도 인내하고 버텨라.

우리 모두는 나를 위한 것이든, 상대를 위한 것이든, 변화를 간절히 요구할 때가 있다. 이 경우는 갈등을 예상할 수 있다. 왜냐하면 상대도 예상하지 못한 내용일 수 있으므로, 자신의 한계로 인하여 힘들기 때문에, 혹은 자존심이 손상될 수 있으므로 우선 공격적이거나 방어적이 될 수 있다. 이 때,

상대의 공격적인 반응이 나오면 본래의 전달하고자 하는 내용을 잊어버리고 그 반응에 대한 갈등이 다시 일어나기 쉬우므로 조심해야 한다. 정신을 차려야 한다. 반응 자체에 걸리기보다는 본질적 내용이 이성적으로 전달되도록 미리 마음을 먹어야 할 것이다.

즉, 갈등이 일어나더라도 너무 불안해하지 말고, 적대적으로 되지 않도록 용기를 가져야 한다. 갈등이 일어난다 하여, 그것을 회피하기 위해 덮어버리는 식으로 하면, 오히려 본래의 내용은 점점 더 막혀버리게 되고, 잠수된 문제점만 누적되어 막막한 채로 서로서로 감정의 찌꺼기만 남게 된다. 갈등을 회피하면 그 후유증은 암처럼 퍼져나가지만, 회피하지 않고 생산적으로 조절해 나가는 과정은 삶의 큰 결실을 맺게 한다.

제일 중요한 것은 갈등에 대처하는 용기가 필요하고, 그 과정에서 일어나는 박탈감, 상처, 공격받은 느낌 등, 이 모든 것을 내 안으로 가져 들어오지 않을 수 있는 당당함과 자아강도가 필요하다. 상대방의 적대성에 나의 심정은 어떤지를 솔직하게 느끼면서, 피하지 않고 자신의 마음을 있는 그대로 직면하여야만, 진정한 자존감을 기르게 될 것이다. 때론 싸움 비슷하게 주거니 받거니 할 수 있지만, 그건 서로간의 성장통이라 생각하고, 끝까지 이야기를 해 나가는 용기가 필요하다. 경우에 따라서는 며칠간 분위기가 좋지 않은 채로 갈등에 머무를 수도 있지만, 이것은 납을 금으로 만들기 위한 과정이라고 생각해도 된다. 행복은 용기 있는 자가 얻는 것이고, 하늘은 스스로 돕는 자를 돕는다. 갈등을 두려워하지 않는 용기는, 상대방은 미처 생각해보지 못한 것일 수 있거나, 잊어버린 채 예사로 생각하는 것들에 대하여 새롭게 인식하는 계기도 되므로 생산적으로 작용될 수 있다.

많은 사람들은 갈등을 두려워한다. 인생에서는 갈등이 없는 경우가 거의 없다. 문제는 갈등 그 자체보다도, 후유증을 두려워하는 것이 더 문제이다.

갈등은 새로움의 창조적 수난 과정일 뿐이다. 이 작업은, '상대가 주는 상처는, 상대의 몫일 수도 있다. 나와 상관없는 상대방 내부의 갈등일 수 있다.'는 분리된 현상과, 상관여부를 떠나서 '새로움을 창출하기 위하여 갈등은 필수적이다.'라는 것을 깨달을 수 있다.

여덟째, '상대방이 바로 나'일 수 있다는 사실, 이 세상은 다름을 통하여 씨줄과 날줄처럼 맺어져 있다는 사실, 삶은 다른 서로가 인연이 되어 거대한 공동체로 살아가는 과정이 아닐까라는 자각이 필요하다.

상대방 입장에서도 나를 그렇게 보고 있을 수 있다. 인간은 누구나 다 종류만 다를 뿐, 그런 약함과 한계를 가지고 있다. 이것은 겸손을 위한 신의 가호이다. 그래서 우리는 서로에게 어느 정도는 건강하게 의탁하며 살아가도록 되어있다. 서로는 서로에게 필요해서 다가온 씨줄과 날줄의 관계일 것이다. 이 세상의 모든 것은 변화하는 한 과정이며, 어느 것도 고정된 것은 없다. 즉, 완벽한 결정체가 없으며, 계속 흘러가는 하나의 과정이다. 아마도 이것은 절대 진리일 것이다. 그래서 우리는 스스로의 구원을 위하여 어떤 한계를 가지게 되며, 그 부족함은 우리에게 깨달음을 가르치기 위한 열쇠로 작용하지 않겠는가! 어쩌면 '다름'은 서로를 도와주는 핵심이 될 수 있다. 우리 각자의 부족함을 인정하게 되면, '다름'은 그 부족함을 메꾸는 역할을 하게 될 것이다.

이 작업은, 인간은 누구나 다 약하고 제한적인 부분을 가지고 있다는 사실과, 나와 남은 서로를 의지하며 살아가는 유기체라는 것을 깨달을 수 있다.

아홉째, 서로를 도와주며 사랑하는 법을 배워야한다.

약점이 많은 한 인간을 어떻게 사랑하는가를 진실로 배운다면, '주는 손으로 받게 되는' 구원의 힘을 가질 것이다. 우리 모두의 관계는 서로 도와주고 사랑하며 살아가는 거대한 공동체이다. 서로 이해하고 도와주고 살아야 한다는 것! 함께 살아가는 인연은 하느님의 특별한 성사(聖事)로서, 반드시 필요에 의해서 맺어졌고, 필요해서 서로가 서로에게 온 것이리라.

이 작업은, '조건 없이 오직 사랑하는 법을 배우는 것'만이, 삶의 진리라는 깨달음을 안겨준다.

지금까지의 내용들을 응용하면, 모든 인간관계의 서로 다름에 대한 갈등 상황에서 참고가 될 것이다. 마음이 안 될 때는 일단 몸으로 행동으로 자기를 관리해나가는 연습이 필요하다. 아주 작은 것부터 하나하나씩 실천하는 태도가 우선되어야 할 것이다. 처칠은 '인간은 어리석게도, 자기 스스로에게 이익이 되는 것을 정확하게 아는 사람이 드물다.'고 했다. 서로 '다른' 많은 것들로 인하여, 나를 불편하게 하는 것들이, 바로 하늘이 나의 발전을 위하여 내려준 신호라고 생각하고, 겸손되이 엎드려 그런 신호가 나에게 어떤 깨달음을 안겨 주는지를 귀 기울여야 할 것이다.

39. 금이 간 항아리

대상을 한 축에서뿐만 아니라, 다른 측면에서 자신의 역할을 하고 있다고 느낄 수 있어야 함은, 우리가 참으로 사려 깊게 일상을 성찰해야 하는 부분에 해당된다. 금이 간 항아리에서 새어 나왔던 물들이 길가의 꽃을 아름답게 피우듯, 금이 간 듯이 보이는 한 측면의 상황들이 어떻게 다른 쪽에서 아름다움을 꽃피우고 있는지를 곰곰이 묵상해 보아야 할 것이다.

다음 글은 어느 수도자분이 자신에 대하여 묵상한 '독서명상' 내용이다.

인도에 물을 길어 나르는 일을 하는 어떤 한 사람이 큰 항아리 두 개를 가지고 있었는데, 항아리들은 그의 목에 메고 다니는 작대기 끝에 하나씩 달려 있었습니다. 항아리 중 하나는 금이 간 것이었고, 다른 항아리는 온전한 것이었습니다. 개울에서 주인집까지 먼 길이었지만 온전한 항아리는 항상 물을 가득 채워 날랐는데, 금이 간 항아리는 도착하면 물이 절반밖에 남지 않았습니다. 2년 동안 매일 이 일을 하면서 물 긷는 사람은 주인집에 물을 단지 한 항아리 반씩만 날랐습니다. 물론, 온전한 항아리는 자기가 목적을 완벽하게 해내고, 성취한 것에 대해 자랑스러워했습니다. 그러나 불쌍하게도 금이 간 항아리는 자기의 부족함을 부끄러워했습니다. 그래서 자기가 해온 절반의 성취에 대해 불행하게 여겼습니다.

2년 후 자기의 부족한 실수를 알게 된 항아리는, 어느 날 개울가에서 물 긷는 사람에게 이렇게 말했습니다.

"나 자신이 부끄러워요. 그리고 당신에게 용서를 청하고 싶어요." 물 긷는 사람은 “왜! 뭐가 부끄러운데?” 하고 물었습니다. “지난 2년 동안 내 옆구리에 난 금 때문에 주인집까지 가는 동안 물이 새어 나가서 나는 물을 절반밖에 실어 나를 수 없었어요. 내가 흘리는 것 때문에 당신은 이 일을 계속해서 해야 했고 당신이 수고한 만큼 대가를 얻지 못했어요.” 하고 항아리가 말했습니다. 물 긷는 사람은 낡고 금이 간 항아리에게 미안한 마음과 연민을 느끼며 이렇게 말했습니다.

“우리가 주인집으로 돌아가는 길에, 네가 길가에 핀 아름다운 꽃들을 알아보았으면 좋겠구나.”

과연 그들이 언덕을 오를 때, 낡고 금이 간 항아리는 따뜻한 태양과 길가에 핀 아름다운 들꽃들을 알아차렸고, 그것들이 약간의 기운을 북돋아 주었습니다. 하지만, 시간이 흘러 그 기운을 서서히 잃어가기 시작했습니다. 옛날의 생각대로 자책감이 들기 시작했습니다.

오솔길이 끝나는 지점에서 항아리는 여전히 길에 흘린 절반의 물 때문에 느낌이 별로 좋지 않았고, 그래서 다시 자신의 실패에 대해 물 긷는 사람에게 사과를 했습니다. 물 긷는 사람은 항아리에게 말했습니다.

“너는 네가 있는 길가 쪽으로만 꽃들이 피어 있고, 다른 항아리가 있는 쪽으로는 꽃이 없다는 것을 알아차렸니? 그것은 내가 항상 네게 흠이 있는 것을 알고 있었고 그것을 이용했기 때문이란다. 나는 네가 있는 길가 쪽으로 씨를 뿌렸고, 내가 날마다 개울에서 물을 길어오는 동안 너는 그들에게 물을 주었단다. 2년 동안 나는 이 아름다운 꽃들을 꺾어서 주인님의 책상 위를 장식할 수 있었단다. 지금 너의 모습 그대로의 네가 아니었다면 주인님은 자기 집을 우아하게 한 아름다움을 얻을 수 없었을 거야.”

우리가 우리 내면으로 들어가 보면, 스스로의 금이 간 부분에 대하여 얼마나 많이 애달파하고, 아쉬워하고, 싫어하고, 그래서 메꾸려 하고 새것으로 바꾸려 하는가! 그 대상이 자녀나 친근한 누군가가 될 때는 더욱 더 그럴 것이다. 금이 간 부분을 심히 괴로워하고, 걱정하고, 불안해하며, 온전한 상태가 되기를 갈망한다. 매끈한 항아리에 비하여 똑같은 수고를 하여도 반밖에 남겨지지 않는 금이 간 항아리… 야무지게 자신의 일을 잘하는 사람에 비하여 같은 시간과 비용을 들여도 그 결과물이 반 정도밖에 나오지 않는 사람… 그렇다. 우리는 온전한 항아리로 내가 최선을 다한 만큼의 수확을 거두어들이기를 원한다. 정말이지 우리 모두는. 만약 그 결과물이 제대로 나오지 않을 경우에는 스스로에 대한 자책감과 누군가에 대한 원망감이 뒤범벅된 채 괴로워하고, 마치 실패자가 된 것 마냥 낙담하기도 한다.

"저 사람은 저렇게 하는 일마다 잘되는데, 나는 왜 이렇게 제대로 뭘 못하는가! 왜 이렇게 제대로 되지 않는가! 이게 뭐람! 내 딴에는 한다고 했는데 이것밖에 안 되다니… 역시, 나는 뭐가 잘 안 되는가 봐!"

자식을 키워보거나, 조직 공동체에서 사람들과 함께 지내다보면, 어떤 면에서든 무엇인가가 금이 간 부분이 발견된다. 그 사람이 처음에는 완벽하게 보이거나 대단해 보일지라도 가까이서 생활을 하다보면, 약간이라도 금이 가 있는 부분이 드러나지 않을 수 없다. 그것은 너무나 자연스럽고 당연한 것이리라. 인간은 그 자체로서는 어느 누구라도 완벽할 수는 없을 것이기 때문이다. 큰 배라는 유기체는 모든 부분이 각자의 역할을 성실하게 해 나갈 때 튼튼한 배가 되어 넓은 바다를 항해하는 것이지, 그 하나하나로서는 한계가 있을 것이다. 하늘이 내려준 각자 나름의 달란트가 큰 배의 한 축을 형성하며, 각자의 축의 역할을 성실하게 수행할 때 그 배는 거대한 항해를 하게 되는 것이다. 다른 측면에서 보면 한쪽의 역할만으로는 부족하다고 여겨질 것이다. 금이 간 부분이라고 느껴지는 것이다. 사실, 그것은 금이 간 부분이라기보다는, 이미 다른 축에서 자기 역할을 하고 있는데 말이다. 사람들은 자기가 '원하는' 쪽에서 제대로 어떤 일을 수행할 때, 그 사람을 능력 있다거나 훌륭하다거나 하는 식으로 평가하기 쉽다. 또한 '원하는 것'으로 대상의 판단 기준을 설정하기 쉽다. '원하는 것'이 중심이 되면, 금이 간 듯한 모습이 다른 측면에서는 어떤 역할을 하고 있는가를 고려하기가 쉽지 않을 것이다.

대상을 한 축에서뿐만 아니라, 다른 측면에서 자신의 역할을 하고 있다고 느낄 수 있어야 함은, 우리가 참으로 사려 깊게 일상을 성찰해야 하는 부분에 해당된다. 금이 간 항아리에서 새어나왔던 물들이 길가의 꽃을 아름답게 피우듯, 금이 간 듯이 보이는 한 측면의 상황들이 어떻게 다른 쪽에서 아름다움을 꽃피우고 있는지를 곰곰이 묵상해 보아야 할 것이다. '내가 원하는 것'이 잘 될 때, 세련되고 온전한 항아리라고 느낀다면, 사실 그것은 상당히 근시안적인 시각이 될 가능성이 있다. 현실은 하루하루가 변하고 있고, 순간순간 변화의 속도는 빠르게 치닫고 있다. 그 변화의 물결 속에서 어느 부분이 어떻게 사용되어지고, 소모되고, 사라질지는 아무도 예측할 수 없을 만큼 빠르다. 언뜻 볼 때 금이 간 항아리 같지만, 저 항아리가 또 다른 환경에서는 어떻게 쓰여 질는지에 대하여 아무도 예측할 수 없다. 19세기에 중요하게 다루었던 사회적 가치가, 21세기에 동일한 가치가 되지 않는 것이 많다. 물론 변하지 않는 절대적인 가치도 있을 것이다. 하지만, 일상의 중요한 기준은 순간순간 변화하며, 그것이 부정적으로 혹은 긍정적으로 다양하게 사용되어질 것이다.

우리는 변화의 물결에 순응해야 한다. 파도를 두려워할 것이 아니라 파도를 타야 한다. 두려워하는 순간, 우리는 그 파도에 빠진다. 하지만 파도를 즐기는 순간 함께 두둥실 즐길 수 있다. 즉, 변화를 두려워하거나 불안해하지 말고, 그 변화의 파도를 있는 그대로 맞아들여야 한다. 그래야 우리는 금이 간 항아리처럼 보이는 것들이, 결국은 어떻게 쓰여질지에 대하여 편안한 자세로 맞이할 수 있을 것이다. 사실, 외부의 현실은 이렇게 빠르게 변하고 있는데, 우리 내면의 상태는 과거의 욕구와 갈망을 성공 여부의 기준으로 삼기 쉽다. 그렇게 되면 현실적인 관계에서 어려움이 발생될 소지를 가지게 된다. 예컨대, 자녀의 성공 기준이 A이고 부모의 성공 기준은 무가치하게 느껴지는 A가 아니라 더 가치 있게 보이는 B라면, 그 갈등은 심각해질 수 있다. 단순히 갈등의 문제가 아니라, 변화의 상황 속에 있는 자녀가 A를 추구하고 A를 잘 할 수 있는 상황인데도 불구하고, 그 자녀는 잘하는 A부분에 대한 자책감과 실패감을 느끼게 될 수도 있다. 이것은 자신의 정체성과 자존감에 큰 오류를 남기게 되면서, A마저도 잘 못하게 되는 고통을 맞이할 수도 있다. A를 추구하려니 부모에 대한 죄책감과 좌절감이 생기고, B를 추구하려니 자신이 잘 할 수 있는 부분이 아니라 또한 죄책감과 낙담이 일어나는 등, 어느 쪽으로든 스스로가 괴로워지기는 마찬가지인 셈이다.

자신이 확고하게 잘 할 수 있는 것과 잘 할 수 없는 것, 즉 온전한 항아리와 금이 간 항아리를 잘 알아볼 수 있는 안목이 필요할 것이고, 혹시나 잘 할 수 없는, 금이 간 항아리일지라도 우리는 유익하게 그것을 사용할 수 있다는 점을 생각해야 한다. 때론 지금-여기에 그것이 즉시 쓰여지지 않을지라도, 얼마간의 시간이 경과한 후에 다른 것을 꽃피울 거름의 역할을 할 수도 있지 않겠는가! 죄책감이나 실패감을 느낄 이유가 없는 것이다. 단지 우리는 그것을 잘 인내하며 하늘이 내려준 자신의 정체성을 알아차리는 일이 중요할 것이다. 선천적인 기질이나 자라온 환경에서 주어진 '나의 정체성'을 다시 한 번 생각해 보며, 스스로를 있는 그대로 직면하고 이해하는 작업을 해야 할 것이다.

40. 복음 삼덕(三德)

> 수도원의 복음 삼덕은 청빈, 정결, 순종이다. 물질에 예속되지 않는 청빈의 생활, '청빈'은 물질을 포기하는 것이 아니라, 인간을 노예로 만드는 물질의 마력에서 해방되기 위해 물질에 구애받는 삶을 포기하는 것이다. 쾌락적인 유혹에 들어가지 않는 정결의 생활, '정결'은 자신의 인생을 오직 참된 진리만을 등불삼아 살아가는 길을 택하겠다는 큰 서약으로 생각하여도 될 것이다. 오직 하느님의 종으로 살겠다는 순종의 생활, '순종'은 내 일신의 영달과 편안함을 약속하는 권력자에게 순종하기보다는, 참다운 길이 어디에 있는가를 늘 염두에 두면서, 그 진리에 그대로 엎드려 자신을 바치겠다는 것이다.

세상 속에서 이런저런 일들에 부대끼며 살아가는 우리네들이, 때로는 마음을 비우면서, 때로는 슬기롭게 대처하면서 살아야 할 때가 있다. 하지만 어떠한 것이 진실인지 거짓인지, 어떤 방법이 참인지 거짓인지 애매할 때가 많다. 또한 매우 간결하고 핵심적인 내용을 담고 있는 무엇인가를 알고 싶을 때가 있다. 이런 경우에 다음 내용은 한 번쯤 참고할 만한 것들로 응용해보기를 바라는 마음으로 언급해 본다.

일반인들은 잘 모를 수 있겠지만, 수도자는 복음 삼덕(三德)이라고도 불리는 복음적 권고를 받아들여 평생을 살겠다고 서약한다고 한다. 그 내용들은 곰곰이 생각해보면 보통 사람들의 행동방식이나 건강한 정신생활에 도움이 되는 구체적인 길에 참고가 되기도 한다. 복음 삼덕은 '복을 부르는 세 가지의 중요한 덕행'으로서, 그 개념을 잘 이해하고 수용한다면 삶의 방향에 유용할 것이리라 여겨진다. 사실, 이런 내용을 소개한다는 것은 조심스럽다. 수도자의 삶을 살지 않는 평범한 우리들이 이런 내용을 이야기한다는 것은 곤란하지 않나 하는 생각이 들기 때문이다. 하지만, 이런 기회는 답답할 때 다가오는 한줄기 빛이나 바람처럼, 신선하고 맑은 기운을 전해 주기도 할 것이다.

수도원의 복음 삼덕은 청빈, 정결, 순종이다. 물질에 예속되지 않는 '청빈'의 생활, 쾌락적인 유혹에 들어가지 않는 '정결'의 생활, 오직 하느님의 종으로 살겠다는 '순종'의 생활이다.

'청빈'의 생활을 한번 살펴보자.

"사람은 빵으로만 살지 못하고 하느님의 입에서 나오는 모든 말씀으로 산다"(마태오 4, 4). 이 경구는 현대를 살아가는 우리에게 필수적으로 필요한 물질에 대하여, 그것만이 전부가 아니라는 경각심을 되살린 글로서 유명하다. 물론 많은 사람들은 이 말의 뜻을 알고 있으며 충분히 이해하기도 하지만, 또 다른 사람들은 이 내용을 현실적으로 적절치 않은 말이라고 생각할 수도 있다. 사실, 이해한다고 할지라도 그런 내용을 생활 속에 적용시키기에는 여러 가지 의문점이 있기도 할 것이다 단 하루도 물질이 없다면 살아갈 수 없는 세상에서, 빵만으로는 안 되며 '하느님의 입에서 나오는 말씀'으로 살아야 한다는 것을 어떻게 받아들여야 한단 말인가!

그렇다. 물질은 필요하다, 필요 없다는 것이 아니라, 그것만으로 살 수 없다는 뜻이다. 물질이 우리에게 삶의 높은 가치로 받아들여지는 순간, 우리는 인간다운 생활을 할 수 없다는 뜻이리라. 물질의 소유가 삶의 보람일 수는 없다. 한마디로, 물질은 궁극적으로는 우리의 영혼에 구원을 주지 않는다. 오히려, 줄기차게 죄(!)를 저지르는 인간의 영혼을 가만히 분석해보면,

물질적 삶이 그 원인이 됨을 쉽게 느낄 수 있다. 물질이 우리를 행복하게 하지 않는다는 사실을 깊이 느껴야 함에도 불구하고, 그것이 인생의 목표가 되거나, 삶의 평가의 잣대가 되는 것은 안 된다는 뜻이다.

하지만, 그것이 그리 쉽겠는가! '청빈'은 물질을 포기하는 것이 아니라, 인간을 노예로 만드는 물질의 마력에서 해방되기 위해 물질에 구애받는 삶을 포기하는 것이다. 때론, 물질이 사람보다 더 강하다. 물질이 사람을 한번 사로잡으면 온갖 속물 현상이 나타난다. 사람의 생애는 한시적이지만 물질은 그렇지 않다. 사람이 죽고 나면 물질은 또 다른 사람을 사로잡아서 추태를 부리게 한다.

인간은 누구나 자기 생명이 지닌 창조적 힘을 발휘하고 그 대가를 얻어 생활한다. '청빈'은 '하느님이 함께 계시기에' 물질이라는 자기 노동의 정당한 대가에 구애받지 않는 자세이다. 또한 물질을 기준으로 상대방을 판단하지도 않게 한다. '하느님'이라는 표현이 어색하신 분들은, '하느님이 함께 계시기에'라는 뜻을, '참된 진리가 나와 함께 하기에'라는 의미로 해석하여도 될 것 같다. 진실된 삶의 방향을 깨닫지 못할 때, 우리는 점차 물질의 노예가 되는 것이다. 물질의 주인이 아니라, 물질의 노예가 된다는 점이 가장 큰 문제점인 것이다. 주인이 누구인지를 잊어버리는 것이다. 그렇다. 우리는 진정 나의 주인이 누구인지를 놓치고 살기 쉽다. "주님! 주님!"이라고 반복적으로 읊조리는 종교인들의 모습은, '나의 진정한 주인'은 과연 누구인가를 생각해보는 수련과정으로 매우 심오한 의미가 있지 않을까 싶다.

또 하나의 덕을 보자. '정결'이다.

'정결' 혹은 수도자의 '독신생활'은 인간이면 정당하게 누릴 수 있는 권리, 곧 배우자와 함께 가정을 꾸며서 안정적으로 사는 권리를 포기하는 것이다. 이성(異性) 간의 사랑, 자녀 생산, 가정적 안정이 나쁘다는 것이 아니다. 인간은 '자기 부모를 떠나 배우자와 결합하여 한 몸을 이루고 자식 낳아 번성하며 살도록' 하는 것이 자연스러운 창조성이라고 본다. 그런데, 이 권리를 포기하는 것은 '하느님이 함께 계심'에 더 민감하고 더 충실하기 위해서이다. 다시 언급하건대, '하느님이 함께 계심'이라는 말이 좀 익숙하지 않은 분들은, 자신의 인생을 오직 참된 진리만을 등불삼아 살아가는 길을 택하겠다는 큰 서약으로 생각하여도 될 것이다. "지극히 작은 내 형제들 가운데 하나에게 해주었을 때마다 나에게 해준 것이다."(마태오 25, 40)라는 말씀을 통해서, 내 주변의 모든 대상들이 바로 나의 형제자매가 되어, 나, 너가 분리되지 않는 통합된 인격으로 살아가야 한다는 뜻이 담겨있는 것 같다. 좀 더 확장되면 주변의 산, 바람, 공기, 동물 등 각종 유기체, 이 모든 것이 우리와 더불어 살아가야 할 친구요, 부모요, 자식이요, 형제가 된다면 우리는 얼마나 주변을 아우르며 살아가는 건강한 인격체가 될 수 있을까! 이 얼마나 고귀한 것인가! 가족이기주의, 집단이기주의에 빠져서 내 자식, 내 것, 내 부모, 내 물건 등에 집착하여 평생을 강박증적으로 살아가는 우리의 삶에 수도자의 '정결' 생활에 대한 의미를 느낀다면, 참된 행복에의 길을 다시 한 번 느껴볼 수 있을 것 같다.

그 다음의 덕은 '순종'이다.

'순종'은 방종으로 흐를 수 있는 자유를 참다운 것이 되게 하기 위한 것이다. 하느님이 함께 계시기에, 참된 진리가 나와 늘 함께 하기에, 나를 위주로 한 이기적 자유 행사를 포기한다는 의미일 것이다. 종교를 가지지 않은 분들은 '하느님이 함께 계시기에'라는 말을, 이 우주의 모든 것들은 나와 함께 하며, 나 역시 소우주로서, 나와 이 세상 모든 것들이 함께 움직이고 있다는 뜻으로 생각하여도 무방할 것이다. 자유라는 이름으로, 나의 이기적인 욕구를 충족하려 하고, 남에게 피해를 주면서까지 내 것을 쟁취하려 하고, 남과

더불어 살아가는 공동체 인식을 하지 못한다면 이 사회는 어떻게 될 것인가! '자유'라는 이름으로 '방종'을 하는, 개념 없는 삶에 경각심을 가져야 할 것이다. 그렇다. 수도자들은 '함께 계시는 하느님'의 시선에서 자신의 자유 선택을 하려 한다. 내 일신의 영달과 편안함을 약속하는 권력자(사람뿐만 아니라 부, 명예, 각종 개인적 성취욕구들도 포함)에게 순종하기보다는, '참다운 길이 어디에 있나?'를 늘 염두에 두면서, 그 진리에 그대로 엎드려 자신을 바치려 한다는 것이다.

이 세 가지 약속은, 복을 부르는 하늘의 음성으로 느껴야 할 것이며, 우리가 세상을 살아가면서 누구나 한번은 생각해 봄직한 내용들이다. (이에 대한 새로운 해석[서공석, 2001]도 귀 기울여 볼 만하니 기회가 있으면 접해보길 바란다.) 복음 삼덕에 대한 해석은 수도회에 따라 조금씩 차이는 있으리라 보며, 자칫 극단적으로 해석을 해 버리면, 양자택일의 논리가 작용하고 있음을 볼 수 있다. 청빈(淸貧)은 이 세상의 재물과 하느님 중 하느님을 택했다는 것을 의미한다. 정결(貞潔)은 이 세상의 쾌락과 하느님 중 하느님을 택했다는 것이다. 순종(順從)은 자기의 자유와 하느님 중 하느님을 택했다는 것이다. 이런 해석은 이 세상의 재물, 가정생활과 개인의 자유를 무조건 하느님과 대립관계에 있는 것으로 전제한다. 이것은 과거 우열이 있는 형이상학적 이원론에 입각한 양자택일의 논리이다. 이런 식의 극단적인 개념으로 되어버리면 곤란할 것 같다. 즉, 물질적이고 육체적이며 개별적인 것은 정신적이고 영적이며 보편적인 것보다 서열이 낮다는 식으로 되어버리면 문제가 발생한다. 특히 현실적으로 미성숙한 사람들이 가지는 이러한 극단적 사고방식은 오히려 자신과 타인을 기만하는 더 큰 문제를 야기할 수 있다는 점도 생각해야 할 것이다. 차라리 솔직하게 자신의 욕구를 채우면서 살아가는 사람이 더 인간적으로 느껴질 것이다. 즉 겉으로 그러한 수덕생활을 하는 것 같지만, 내적으로는 엄청난 고통과 똘똘 뭉친 이기적 상태로 살아간다면 문제는 더 심각해질 것이다.

우리는 그러한 극단적인 이원론을 피하고, 본래의 수덕생활의 취지를 잘 생각한다면, 일상생활에도 많은 도움이 된다. '생각'으로는 이것저것 좋은 것을 많이 알고 있지만, '행동'에서는 그 생각과 일치되지 않는 사람들이 많다. 또 정서적으로 좋은 느낌은 받지만 행동이 병행되지 않는 사람들도 많다. 즉 '생각', '정서', '행동'이 일치되지 않고, 서로 부딪치며 방어하고 살아가기 쉬운 것이 우리네들이다. 이럴 때일수록, 구체적인 생활 실천 사항으로서, 복음 삼덕의 의미를 다시 한 번 깨닫고, 의식하여 실행한다면 아마도 '생활 속의 훈습' 과제로서 유용하게 작용하리라 본다.

41. 가장 '아픈 곳', 사랑이 필요한 자리

> '아픈 곳'은 자기 목소리를 낸다. "아이구 여기가 아파. 날 좀 신경을 써야 해!"라고. "주인님! 제가 이렇게 아프니, 보통 때는 신경도 쓰지 않았지만, 지금은 관심을 가지셔야 합니다!"라고. "이렇게라도 잠깐 아프지 않으면, 주인님이 저에게 관심을 가지신 적이 별로 없잖아요. 섭섭해요. 저를 귀하게 취급해 주세요!"라고. 즉, 그것은 스스로에게 관심을 가지고 사랑해 달라는 신호일 수 있다.

두말할 필요 없이 사람에게는 각자 나름대로 정신적으로 가장 '아픈 곳'이 있을 수 있다. 아픈 곳이라고 하여, 어떤 심리적 상처나 구체적인 불행한 경험에 의해서 생긴 것으로만 생각하기 쉬우나, 지나친 인정과 사랑을 받아서 그것에 목을 매는 경우 역시, 상처받기 쉬운 영혼인 것은 마찬가지이다. 인간은 깊은 수행을 통하여 자기로부터 자유로워지지 않으면, 이러한 상처는 누구나 다 지니고 있다고 하여도 과언이 아닐 것이다. 예컨대, 자라면서 "나는 조부모 또는 부모로부터 많은 사랑과 존중을 받으면서 살아왔기 때문에 조금의 상처도 없다."라고 하는 사람이 있다고 가정하자. 만약 이 사람이 현실적 여건에서 관심을 받지 못하거나, 실패하거나, 무시를 받으며, 함부로 대하는 취급을 받는다고 하면, 그는 그런 대접을 상처 없이 받아들이기는 결코 쉽지 않을 것이다. 다시 말해, 자라면서 무시를 받았을 경우에는 누군가가 나를 무시하는 말이나 행동이 가장 아픈 곳일 수 있으며, 또 가족 안에서 최고의 인정을 받았을 경우에는 어느 집단에서 나를 최고로 인정해주지 않을 때, 그 자리가 바로 나에게 아픈 곳이 될 수도 있다는 것이다. 그렇다.

인간이라면 누구나 다 주변 환경에 취약하지 않을 수 없는 '아픈 곳'을 잠정적으로 지니고 있고, 그것이 표면적으로 드러나느냐 드러나지 않느냐 하는 정도의 차이만 있을 뿐이다. 즉, 누구라도 자신 속에는 아픈 곳이 있다는 것이다. 이는 인간이라면 누구나 지닌 원리 같은, 인간의 보편적인 현상으로 보아야 할 것 같다.

그런데, 가만히 보라. 아픈 곳이 있다 할지라도, 사실상 우리에게는 아프지 않은 부분이 훨씬 더 많다. 양적으로 보자면 정말 작은 한 부분이 아플 뿐이다. 그러나 그 아픔은 매우 크게 느껴진다. 간단하게 몸에 상처가 있다고 가정해 보자. 예컨대 발바닥 피부를 무심코 잘못 뜯어 생살을 건드려 피가 나면서 조금 패인 적이 있다고 하자. 사실 별것은 아니고 크게 아프지도 않지만, 걸으려고만 하면 온 몸의 신경이 그곳에 집중되면서 불편하고 심지어 살짝 절뚝거리기까지 한다. 가만히 있으면 아프지 않는데, 걷기 시작하면 발바닥에 통증이 오면서 여간 아픈 게 아니다. 온 신경이 그곳으로 몰린다. 이렇게 몸과 마찬가지로 우리의 심리상태에서도 아픈 통증은, 다른 건강한 부분들을 생각하지 못하고 신경을 모아야 할 만큼 크게 느껴지는 것이 사실이다.

'아픈 곳'은 우리에게 크게 다가온다. 즉, '아픈 곳'은 자기 목소리를 간절하게 낸다. 다수의 침묵하는 '아프지 않는 곳'보다, 소수의 '아픈 곳'은 간절함으로 호소한다. "아이구, 여기가 아파. 날 좀 신경을 써 주세요!"라고. "주인님! 당신의 부주의로 내가 이렇게 조금 아프니, 보통 때는 신경도 쓰지 않았지만, 지금은 관심을 가지셔야 합니다!"라고. "아, 꼭 부주의 때문이 아니더라도, 이제는 주인님 스스로가 몸을 챙겨주세요."라고. "이렇게라도 잠깐 아프지 않으면, 주인님이 저에게 관심을 가진 적이 별로 없잖아요. 섭섭해요. 저를 귀하게 취급해주세요!"라고 말하는 듯하다. 즉, 육체가 우리의 영혼에게 관심을 가지고 사랑해 달라는 것이다. 아픈 곳의 신호는 자신의 심신을 향한 관심의 '콜'인 것이다. 통증은, 어느 누구라도 관심과 챙김을 주지 않을 수 없을 만큼의 메시지이다. 즉, 통증은 사랑을 향한 신호이며, '필요한 그 무엇'에 대한 가르침이다.

조금 더 이 아픔을 확대해서 느껴본다. 우리의 중심은 어느 부위가 되기 쉬운가 하는 것을 생각해 본다. 바로 그것은 '아픈 곳'이다. 우리가 가장 중점적으로 신경이 쓰이고, 쓰지 않을 수 없고, 꼭 신경이 가야만 하는 곳은 '아픈 곳'이다. 즉 무감각하게 내버려 둔 어떤 곳에서 아픔이 슬슬 등장하기 시작하고, 그것들은 '아프면서' 자신의 목소리를 내고 있는 것이다. 바로 그 곳에 우리의 관심이 중점적으로 들어가야 하는 곳이지 않을까 한다.

'아, 이렇게 내 몸의 중심은 머리도, 심장도 아니라 바로 '아픈 곳'이구나!' 라는 생각이 든다. 그렇다. 그곳은 무엇인가를 요구하고 있다. 사랑과 관심을 요청하고 있다. '내면에서 사랑이 부족해질 때, 뭔가 아픈 곳이 필요하구나!'라는 통찰을 바라고 있다.

사랑이 깊은 사람은 주변을 잘 살펴나간다. 주변을 사랑해 나가는 힘이 있다. 함께 어우러져 나간다. 그러다보니, 사랑을 잘 느끼는 사람은 주변이 아프면 자신이 아프기 시작한다. 사랑이라는 힘은, 상대방을 대신하여… 그들과 함께… 그들 안에서… 함께 아파질 수 있다. 남편이 아프면 아내도 함께 마음 아프고, 자식이 아프면 부모도 함께 아픈 것, 이것은 바로 사랑하기 때문이 아닐까! 우리가 어느 누구인가가 아플 때 함께 아파할 수 있고 그들이 회복되면 같이 회복되는 기분을 느낀다는 것은 '사랑'이라는 이름이 가르쳐 준 선물이 아닐까 싶다. 그 속에 내가 있고, 내 속에 그가 있는 '한 몸'이 된 것이다.

'우리 자신이 누군가를 깊이 사랑하면, 그와 함께 아플 수도 있구나!'

많은 사회학자들은 이 사회를 인간의 몸에 비유하고 있다. 몸과 마찬가지로 우리 사회의 '아픈 곳'은, 사람들의 관심과 배려가 필요한 곳이라는 뜻이다. 그 '아픈 곳'을 무시하고 외면하고서는 우리 몸은 제대로 걷지도 못하고, 제대로 일하지도 못하며, 제대로 먹지도 못하고, 제대로 자거나 쉴 수도 없다. 마찬가지로 이 사회에서도 그 아픈 곳을 무시하고는 사회가 전체적으로 제대로 돌아가지 않는다. 계속 그곳에 신경이 곤두 서 있기 때문에 건강한 다른 조직을 효율적으로 가동시키기가 힘이 드는 것이다. 그러므로 그 아픈 곳에 많은 사랑과 관심을 가지면서 함께 해줘야 한다.

혹자는 그들이 잘못했기 때문에 그런 문제점이 발생하였고, 자기가 몸을 잘못 관리했기 때문에 아프며, 죄가 많아서 그렇게 많이 아프다고 말하는 경우도 있다. 그러나, '아픈 곳'은 자칫 놓치기 쉬운 전체적인 배려와 사랑을 가르치기 위한 고마운 신호이며, 나뿐만 아니라 주변을 아울러야 하는 '큰 사랑'에 대한 깨달음의 신호가 아닐까 생각된다. 그리고 누군가를 대신해서 우리는 아플 수도 있다. 정말이지 그렇다. 사실, 예수님이 우리를 대신하여 십자가에 못 박혔다는 성경말씀이 도저히 이해되지 않을 수 있다. '왜!', '누구를 대신하여!'라고 논리적으로 알려고 할 것이다. 그게 무슨 뜻이란 말인가! 성자의 무한한 그 큰 사랑을 도저히 이해할 수 없는 인간의 무지와 작은 가슴, 심리적 정신적 영적 한계를 우리는 얼마나 많이 가지고 있을까! 어쩌면 그것을 인정하고 고개 숙이는 겸손한 자세를 그나마 훌륭한 인품으로 보아야 할 것이다. 하지만 우리는 가끔 느낄 수 있다. 예컨대, 배우자 자식 등 아주 사랑하는 가까운 사람에 대한 염려가 생길 때, 내 몸이 슬슬 아파오는 경험을 하게 될 때가 있다. 도저히 머리로 가늠할 수 없는 어떤 사랑의 힘이 없다면, 그런 아픔이 올 까닭이 없다. 아무런 관심 없는 누군가에게 우리는 별로 반응하지 않는다. 즉, '아픈 곳'은 증상이요, 반응으로서, 바로

'사랑'에서부터 비롯된 것이 아닐까! 그래서 '죄인은 사랑이 많은 사람' 이라는, '자식 앞에서는 부모는 죄인!'이라는 어느 시인의 말이 그대로 와 닿는다.

"'아픈 곳', 바로 그곳이 하느님 나라가 선포된 곳이고 하느님 나라가 확산되어 가는 중심입니다." 요한 바오로 2세 교황의 문헌 〈사회적 관심〉 은, 이런 원리를 '가난한 이들에 대한 우선적 선택'이라고 언급한 내용을 읽은 적이 있다. '아픈 곳'과 '약한 곳'은 우리가 가장 우선적으로 선택하여 사랑하려는 장소여야 하며, 단순히 한두 사람에 대한 치료만이 아니라, 사회 전체의 치유, 즉 제도와 법률과 관행의 개선을 요구하는 것을 강조하는 글인 것 같다.

정말이지, 한 개인이든 사회이든 '아픈 곳'과 '약한 곳'은, 우리의 자기중심적인 사고와 가족이기주의적인 상태에서 좀 더 대승적인 사랑에 대한 깨달음을 안겨주는 선물이 될 수 있을 것 같다. 때때로 논쟁적인 사람들은 마치 이러한 말들이 감정적으로 약자를 편들고, 가난한 이들을 위하는 척한다는, 즉 가진 자와 약자를 분열시키는 것으로 오해하기도 하지만, 이것은 단순한 그런 강약의 논리가 아니라, 약자를 통한 깨달음에 대한 문제이며, 인간 근원의 '사랑'의 문제라고 본다.

'아픈 곳'과 '약한 곳'은 사랑이 필요한 자리이다. 사랑이 없는 사람에게는 아픈 곳과 약한 곳이 생겨서라도 사랑을 샘솟게 만드는 명약일 가능성도 있다. 그 아픈 곳은 우리를 더욱 더 통합적인 인격으로 향하게 만드는 기로이며, 폭넓은 인격으로 향하게 만드는 신호가 될 것이다.

42. 이성적 사고와 관상적 태도

> 깊은 바라봄, 즉, 관(觀)의 자세를 통해서 자신의 모든 감정이나 욕망, 생각, 행동으로부터 벗어날 수 있다. 내 안에서 일어나는 모든 감정이나 생각 등을 조용히 지켜보다 보면 그것들이 생겨나는 것을 바라보고, 그것들이 내 안에서 머무는 것을 지켜보고, 그것이 변화하는 것을 바라보고, 그것들이 사라지는 것을 지켜보게 된다. 수행법 모두가, 결국은 '깊은 관상적 태도'를 제시하고 있다.

사람마다 하늘이 내려준 각자의 타고난 기질이 있을 것이다. 그 기질 가운데 비교적 직관이나 감성이 발달한 사람이 있는 반면에, 감각이나 이성이 발달한 사람이 있을 것이다. 후자 즉 오감 위주의 경험이나 이성적 사고를 바탕으로 한 사람이, 전자 즉 직관적으로 사물을 바라보고 감성적으로 느끼는 사람을 볼 때는, "저렇게 앞도 뒤도 없는 소리를 하느냐!", "그래서 어찌 되었다는 말인데!"라고 불합리성을 주장하기가 쉽다. 그러나 전자의 사람은 분명 뭐라고 꼬집어 말할 수는 없으나 마치 섬광처럼 느껴지는 그 어떤 것들이 있기 때문에, 그런 주장에 대하여 '할 말은 없지만 분명이 존재하는 그 어떤 것'에 대한 감(感)을 '아니오!'라고 말하기는 곤란할 것이다.

현대사회는 인간의 이성과 지력을 대체로 숭배하는 시대라고 본다. 12세기경 인류가 이성의 가치를 깨우치기 시작한 이래 이성적 활동이 종교개혁 이후에 급격히 발달하여 온갖 이성 중심 사상이 자라났고(합리주의, 계몽주의, 인본주의, 실존주의, 실증주의 등) 모든 것을 실증(實證)하며 분석하고 분류하는 과학적 태도가 자라났다. 이러한 시기를 거치면서, 눈에 보이지 않는 인간 내면의 마음, 정신, 영적 깊이를 가진 사람들(흔히 이들을 '신비주의자'라고 한다)을 요주의 인물로 보는 풍조까지 생기면서, 깊은 기도를 할 수 있는 관상기도자들을 '문제'로 보기도 하였다고 전해진다. 16세기의 위대한 관상가였던 십자가의 성 요한과 아빌라의 데레사의 글도 더러는 삭제되고 더러는 숨기는 사례도 있었다고 한다. 같은 시대에 생겨난 이냐시오의 영성수련도 결국 관상을 지향하는 것이었지만, 50여 년이 지난 후에 마지막 부분인 관상부분을 금지할 정도였다고 한다. 그리하여 관상수련을 하고 싶은 사람들에게는 많이 알려져 있는, 지금의 이냐시오 영성수련은 상상과 지력과 의지를 동원하는 구조화된 묵상의 단계에 머물러 있다고 토마스 키팅은 말하고 있다(「마음을 열고 가슴을 열고」 p39-40). 즉 이 영성수련은 이성에 의존하는 수련이라는 뜻이다.

현대 심리학의 발전 역시 인지적인 접근의 중요성과 그 필요성이 많이 강조되었으며, 감성이나 어떤 주관적 직관에 근거한 생각들을 좀 더 합리적인 생각으로 바꾸는 것이 필요하다는 입장이었다. 한편 보편적 이성의 추구와 획일적 이성의 횡포(!)를 추구하는 서양의 과학적 태도를 벗어나야 한다는 것은, 동양심리학에서는 이미 예전부터 추구해 온 것이나, 이러한 것들은 과학적이고 체계적인 이성과 경험에 근거한 이데올로기에 밀려 빛을 발하지 못하였다고도 볼 수 있다.

사실, 우리의 이성과 지력은 하늘의 섭리를 인간이 깨닫게 하고, 자신에게 주어진 달란트를 개척하여, 그 능력을 최대한 발휘하여 살아가게 하는 큰 선물이다. 그 선물 역시 하늘이 내린 고귀한 것이다. 즉 진리를 깨닫게 하려고 주신 선물인 것이다. 그래서 오늘날과 같이 문화가 발전하고 과학이 발전한 것은 하느님께서 주신 이성과 지력의 덕분이라고 생각된다.

그러나 이러한 이성이 잘못 활용되면, 인간의 이기심을 부추기는 도구가 되면서 문명의 발전은 오히려 인간의 가치를 떨어뜨리고 인간이 비도덕화되면서 감성과 쾌락을 좇는 비이성화, 비인간화의 역설적 사태로 치닫게 만들 수 있다. 이것을 바오로 사도는 "우리가 지금은 거울(이성의 힘)에 비추어 보듯이 희미하게 보지만 그때에 가서는 얼굴을 맞대고(가슴과 가슴, 영과 영으로) 볼 것입니다. 지금은 내가 불완전하게 알 뿐이지만 그때에 가서는 하느님께서 나를 아시듯이 나도 완전하게 알게 될 것입니다."(1고린 13, 12)라고 표현했다. 즉, 이성과 논리로 설명하기는 어렵지만, 오직 궁극적으로 실재하는 존재를 관(觀)하는 수행태도를 통하여 깊은 영적체험을 하는 것이야말로, 진정한 기도라고 관상기도자들은 보고 있는 것 같다. 그래서 묵상과 기도는 그 자체가 목적이 아니고 관상으로 나아가기 위한 하나의 단계라고 한다. 또한 논리적 묵상이나 이성적인 기도에 계속해서 머무는 것은 현명한 일이 아니라고까지 한다. 즉 궁극적 실재인 하느님을 (논리적 이성이나 경험에 의해서 따지고 분석하는 것이 아니라) 그냥 있는 그대로 깊이 바라보는 자세를 말한다.

관상기도의 개념과는 좀 다르겠지만, 이성이나 경험 그 자체에만 의지하지 않고, 자신 속에서 일어나는 모든 것들을 있는 그대로 관(觀)하는 대표적인 수행법으로, 불교에서는 사념처관(四念處觀)이라는 것이 있다. 즉, 네 가지 대상 중 어느 한 가지에 주의를 집중하여 있는 그대로 관찰하는 것이다. 네 가지 대상이라 함은 몸(신 身), 느낌(수 受), 마음의 상태(심 心), 그리고 마음의 내용(법 法)이다. 한마디로 몸이나 마음에서 벌어지는 현상들을 아무런 생각이나 감정, 욕망을 개입시키지 않고 평가나 분석하지 않고, 심지어 벌어지는 경험 자체도 아무런 평가를 가하지 않고, 있는 그대로 바라보는 것이다. 다만, 있는 그대로 바라볼 뿐이다.

예컨대 몸의 관찰과 관련하여 염처경(念處經)에 나온 바를 그대로 인용해보면 다음과 같다.

> "그는 안으로나 밖으로 혹은 안팎을 동시에 몸 안에서 몸을 관찰하여 조용히 머문다. 그는 몸 안에서 일어나는 현상을 관찰하여 조용히 머문다. 그는 몸 안에서 일어났다 사라지는 현상을 관찰하여 조용히 머문다. 깨어있음의 상태가 유지되면서 '이것이 몸이다.'라는 사실이 저절로 드러나게 한다. 이 깨어있음은 오직 철저한 관찰만이 남는 상태까지 발전하여 세계의 그 어떤 것에도 집착하지 아니하고 초연하게 머문다."

즉 몸에 대한 깊은 '관'의 과정을 통하여, 몸에서 일어나는 현상이 생겨나고(생 生), 머무르고(주 住), 변화하고(이 異), 사라지는(멸 滅) 것을 있는 그대로 놓치지 않고 관찰함으로서 그 현상이 인연 따라 무상하게 생멸할 뿐 어떤 고정된 실체로 존재하지 않는다는 것을 철저히 절감하는 것이다. 몸 안의 어떤 현상도 영원하지 않고(무상 無常), '이것이 나요!!' 하는 실체가 없는 것임(무아 無我)을 깨닫는 것이다.

이는 몸과 마찬가지로 느낌이나 마음의 상태에 대해서도 그대로 적용 가능하다. 깊은 바라봄, 즉, 관(觀)의 자세를 통해서 자신의 모든 감정이나 욕망, 생각, 행동으로부터 벗어날 수 있다. 내 안에서 일어나는 모든 감정이나 생각 등을 조용히 지켜보다보면 그것들이 생겨나는 것을 바라보고, 그것들이 내 안에서 머무는 것을 지켜보고, 그것이 변화하는 것을 바라보고, 그것들이 사라지는 것을 지켜보게 된다. 즉, 이 수행법 모두가, 결국은 '깊은 관상적 태도'를 제시하고 있다. 깊은 주의 집중 가운데서 신비한 체험이나 무아의 체험을 함으로써, 우리가 경험이나 인식으로만 알 수 있는 것들 너머의 새로운 세계를 경험할 수도 있고, 그럼으로써 일상적인 욕구나 감정들로부터 해방될 수도 있다는 것을 제시하고 있다.

이렇게 깊은 관상적 태도를 통하여, 이성적 사고의 한계를 보완하고 실제적인 도움을 받을 수 있다면, 삶의 알찬 도구를 가지게 되는 것이 아닐까 여겨진다. 물론 이성적 사고 자체를 건강하게 하지 못한 사람들이 관상적 태도를 행할 경우에는, 자기 속임수에 스스로가 빠져 더 큰 문제를 야기할 수 있다는 점을 간과해서는 안 될 것이다. 그들은 이성적 사고 자체가 두렵고 힘들거나 모르거나 피하여, 그냥 관상적 태도를 하는 흉내를 낼 수도 있다는 것이다. 그런 자세들이 반복적으로 되면 오히려 현실도피를 위한 합리화를 하며, 가족을 버리고 주변에 상처를 주면서 현실에서 멀리 도망가는, 미성숙한 인격으로 살아가게 될 것이다. 불건강한 자아기능으로 관상적 태도만을 고집하는 것은 또 다른 우려가 있다는 뜻이다. 이런 점들을 잘 분별하며, 체계적으로 자신의 마음 다스림의 자세를 해 나간다면, 관상적 태도는 큰 힘을 발휘하리라 본다.

이성적 사고를 통하여 좀 더 비례적인 일상을 살아가고 인간관계를 하는 것은 매우 중요하다. 그러한 기본을 발판으로 하면서, 눈에 보이지는 않으나 모든 사물을 깊이 바라보는 관상적 태도를 가진다면 아마도 일상의 삶에 결정적인 도움을 받을 것으로 생각된다. 궁극적으로 나아가야 할 진리의 세계를 느끼는 그런 통합적인 정신개발을 이런 기회로 다시 한 번 생각해 본다.

43. "부정적인 감정은 느끼면 안 돼!"

– 열심히 살아오신 50대 어느 분의 죄책감 –

자라면서 비교적 무엇이든지 잘하는 편에 속했지만, "넌 더 잘해야 돼. 넌 장남이잖아. 네가 잘못하면 동생들에게 잘못된 본을 보여줄 수 있어."라는 말을 자주 듣고 살아왔다는 것이 기억났다. 잘하는 것에 대하여 자연스러운 축하나 칭찬이 아니라, 잘하면 할수록 '더 잘해야 한다.'는 부담감, 잘못하면 쏟아져 나오는 비난과 질책에 대한 두려움이 도사리고 있었다는 것도 알게 되었다. 부모님의 이런 훈육 태도는 자식을 더 잘되게 하려는 채찍질로 일종의 사랑이지만, 자녀들이 느끼는 정서는 '내가 뭘 잘못하면 안 된다.'라는 죄책감으로 잠재되기가 쉽다.

상담이나 교육 장면에서 사람들의 내면을 가만히 들여다보면, 생각보다 훨씬 많은 사람들이 '죄책감'이라는 심리상태 속에 살아가고 있는 경우가 많다. 이 죄책감은 자아기능이 튼튼한 경우와 그렇지 못한 경우에 따라서 그 속성이 조금 차이가 있다고 본다. 즉, 자아기능이 튼튼한 경우의 죄책감은 자기성찰과 반성, 자기반조의 깊은 의미 속에서 이루어지며, 그 상태는 좀 더 생산적이고 지혜로운 삶을 살기 위한 디딤돌 역할을 하는 경우가 많은 것 같다. 그러나 자아기능이 튼튼하지 못한 경우의 죄책감은 자기비난, 자기부정, 피학증적인 자기 손상으로 향하는 뜻이 내포되어 있어서 걸림돌 역할을 하는 경우가 있다. 사실, 죄책감을 마땅히 느껴야 하는 것조차도 죄책감을 느끼지 못하는 성격을 가진 사람이라면, 자기중심적이거나 대인지각의 상태가 병리적일 가능성, 좀 더 심각해지면 반사회적이며 유아적인 심리상태와 관련되어 있지 않는지를 생각해보아야 할 것이다. 그 반대로 죄책감을 굳이 느낄 필요가 없는 것조차도, 마땅히 '죄인'으로 살아가야 한다는 가치관으로 자신을 옭아맬 경우에도 병리적 현상에 대한 진단이 필요할 수도 있다. 우울하고 불안이 많은 사람들, 다소 긴장되고 자책하는 사람들의 이면에는 이러한 비례적이지 않는 죄책감이라는 함정이 도사리고 있다. 이 사실은, 보통의 일반인들과의 만남에서 자주 접하는 것이기도 하다. 외부 자극에 비하여 일어나는 정서반응이 비례적이지 않을 때, 즉 죄책감이라는 정서반응이 외적인 상황에 비하여 보편적이지 못할 경우에는, 자신의 정신역동과의 관련성을 통찰해 보면 도움이 될 것이다. 죄책감이 보통 사람들의 생활가운데서 어떤 식으로 드러나며, 그로부터 자유로워지기 위해서는 어떤 경로가 필요한 것인지를 사례를 통하여 살펴보자.

어떤 한 50대 중반의 1남 1녀를 둔 남자분이 있었다. 이 분은 누가 보아도 생각이 바르고 반듯하며 야무진 느낌을 주는 분이었다. 가정생활에서도 비교적 모범이며 자녀에게나 아내에게도 크게 나무랄 것 없는 생활태도를 보여주고 있었다. 그러나 이 분은 누군가가 혹은 어떤 상황이 '제대로' 되지 못하는, 특히 '제대로' 뭘 하지 않는 사람에 대하여 불만이 많은 편이었다. 물론 이 불만은, 사소한 말 한마디, 생활의 불합리성 등, 일상에서 누구라도 느낄 수 있는 비례적인 정서일 뿐, 특별하게 이상한 느낌이 아니었다. 또한 이분은 사소한 불만을 노골적으로 드러낸 적이 거의 없었다. 그냥 조금 경직되어 있거나, 인상을 약간 쓰거나 무표정하게 있거나, 별다른 반응을 하지 않는 등으로 나타날 뿐이었다. 가능하면, 이 불만을 타인에게 표현하지도 않고, 표시를 내려고 하지 않았다. 오히려 뒤돌아서서 '내가 뭘 잘못하지 않았을까!', '내가 이런 말을 하면 저 사람은 상처를 받지 않을까!', '내가 더 신경 쓰고 잘해야 하는 것이 무엇이었을까!'라는 착하고(!) 겸손한 자세가 나오기 시작하였다. 이러한 자세는 어느 정도까지는 성찰에 도움이 될 것이다. 또 필요하기도 하다. 하지만, 어느 한계가 지나가면 뭔가 자책하는 느낌이 들면서 주변 사람들도 불편해진다. 특히 그의 아내가 느끼는 남편에 대한 가장 큰 안타까움은, 과한 죄책감 속에서 여러 날을 시무룩해하고 괴로워하며 우울해하면서 자기 연민에 빠지는 점, 그러면서도 특별한 일이 없는데도 자신도 모르게 투덜거리는 태도가 많았다는 것이다. 그냥 자기반성과 성찰로서 끝나는 것이 아니라, 주변사람들에 대한 뒤끝이 자주 나오면서 불평불만이 사실상 전이되고 있는 것이다. 같이 사는 사람으로서는 별로 재미가 없고 경쾌하지 못하고 어두운 인상을 쓰고 있어 어쩐지 한 공간에서 불편하다는 것이었다.

이 분은 자신이 비이성적이거나 남을 생각하지 않는 그런 종류의 사람은 결코 아니라고 생각한다. 스스로를 많이 반성하며 착하게 살려는 평범한 소시민의 수준으로 생각한다. 그래서 남에게 이런 마음들을 드러내지 않고 '내가 더 잘하면 되지. 뭐! 괜히 딴 생각할 필요는 없어.'라는 마음만 있을 뿐이다. 그러나 여기에서 중요하게 생각해 볼 점이 있다. 자신의 이러한 '생각'이 바로 자신의 '감정'이라고 생각하다 보니, 자기 스스로는 이러한 자신의 반응을 볼 때 스스로는 불만이 없다고 느끼는 것이다. 살짝 느끼다가도 '뭐, 그냥 이해하여 주면 돼! 난 잘 이해하고 있어.' 하는 정도로 스스로 잘 알고 있다는 식으로 생각하고 넘어간다. 즉 불만을 별로 대수롭지 않게 넘기는 것이며, 조금 더 나아가면 '나는 남을 이해하는, 남을 탓하지 않는, 남에 대하여 관대한 사람'으로 인식할 정도로, 타인에 대한 불만이라는 감정 자체를 자기 스스로 외면하게 된다. 즉, 자기감정에 대한 '부인(denial)'이라는 방어기제를 사용하는 것이다. 자기 마음을 회피하는 것이다. '뭘 그 정도의 사소한 것으로 불만을 가질 필요가 있겠어! 속 좁은 사람처럼…', '그럴 수 있지 뭐! 충분히 난 이해하고 있어.', '정말 그럴 수 있어! 난 알겠어.'라는 생각을 하면서 자기마음을 제대로 자각하지 못하는 것이다. 이렇게 말하면, 어떤 사람들은 "이런 생각들이 잘못된 것은 없지 않는가?"라고 금방 반문하기도 한다. 이것은 잘못되었다, 잘했다라는 평가의 문제가 아니라, 자기 스스로가 머리로 생각하는 것을, 마치 마음 자체가 그렇게 느끼는 것처럼 착각(!)한다는 것이다. 한마디로 머리와 가슴이 따로 있는 것이다.

우리가 자기 마음을 정직하게 포착하는 것, 충분히 느낀다는 것은 그리 쉬운 것만은 아니다. 어쩌면 이것 자체를 이해하지 못하는 분들도 많다. '충분히 느낀다.'는 것, '자기 마음에 머문다.'는 것, 자기의 '정서를 잘 포착하여 들여다본다.'는 것, '마음을 바라본다.'는 것… 이런 것들에 대한 감을 잡지 못하는 분들이 많을 것이다. 정서의 알아차림이 미숙한 채, 가능하면 억압하거나 억제하는 식의 감정 처리 방식에 익숙해 있기 때문이다.

이 남자분도, "그럴 수 있지 뭐! 괜찮아. 사람은 다 그런 거지!" 하면서 자신이 상대에게 느끼는 못마땅함, 불만, 답답함, 거부감 등의 부정적 정서를 억압하였다. 억압하면서 자신의 '생각'으로 그 '감정'들을 합리화시키는 것이다. 때로는 자기의 감정을 투사시켜, 오히려 불만을 토로하는 사람들에게 "뭘 그렇게까지 생각하느냐. 좋게 생각해야지."라고 말하며, 그 불만 자체의 감정을 수용하지 않는다. 자신의 감정을 자각하거나 이해하며 수용해 본 경험이 없는 사람들은, 타인의 감정에서도 이해와 수용의 폭이 약하다. 자기 자신의 감정에 대한 이해와 수용 정도는 타인에 대한 것과 비슷하기 때문이다.

이렇게 타인에게 투사시켜 느끼는 경우도 많이 있지만, 대체로 자신을 잘 관리하며 살아오신 분들은, 자기가 느끼는 부정적인 감정 자체에 대하여 죄의식을 느낀다. 즉, 자기의 부정적 정서를 인정하지 않는다. 남을 이해하지 못하는 자신에 대한 부끄러움 혹은 미안함 등을 느끼게 된다는 뜻이다. '아, 내가 이렇게 느껴서는 안 되는데…'라고 생각한다. 한마디로 '스스로의 감정에 대한 죄책감'을 느낀다. '내가 왜 이 정도까지 밖에 안 되나? 속 좁게… 내가 그렇게 느끼면 안 되지. 난 뭘 잘한다고! 뭘 그런 것을 가지고! 내 말이 혹시 상대방에게 조금이라도 상처를 주지 않았을까! 정말 그런 말을 하지 말았어야 하는데! 앞으로는 말을 조심해야겠어.'라는 생각으로 들어간다.

죄책감의 이면에는, 이렇게 대상에 대한 부정적인 감정이 억압되어 있는 경우가 허다하다. 이 부정적 감정 자체를 자신 스스로가 용납하지 않는 것이다. 집단심리치료 장면에서 50대의 이분에게 다른 참가자들이 그러한 감정은 누구라도 느낄 수 있는 것이라는 사실을 편안하게 말해 주었다. '저도 그렇게 느꼈는데요. 저도 그런 경우라면 좀 못마땅했을 것 같아요.' 등으로. 이런 말들을 자주 듣다보니, 어느새 자신의 감정을 이해하고 수용하는 태도가 확장되는 느낌을 받았다. '내가 이 정도밖에 안되나.'라고 긴장하고 불안했던 마음에서, '아, 이렇게 느껴도 괜찮구나.'라는 마음으로 변화가 왔다. 자기감정을 수용하는 상태가 되니 뭔가 긴장이 풀리는 느낌이 왔다. 차차 자신의 마음에 대하여 좀 더 느껴보기 시작했다. 자라면서 비교적 무엇이든지 잘하는 편에 속했지만, '넌 더 잘해야 돼. 넌 장남이잖아. 네가 잘못하면 동생들에게 잘못된 본을 보여줄 수 있어.'라는 말을 자주 듣고 살아왔다는 것이 기억났다. 잘하는 것에 대하여 자연스러운 축하나 칭찬이 아니라, 잘하면 잘 할수록 '더 잘해야 하는 불안', '잘못하면 쏟아져 나오는 비난과 질책에 대한 두려움'이 늘 도사리고 있었다는 것도 알게 되었다. 부모의 이와 같은 훈육 태도는, 부모의 입장에서는 자식을 더 잘되게 하려는 채찍질로 일종의 '사랑'이지만, 자녀들이 느끼는 정서는 '내가 뭘 잘못하면 안 된다.'라는 죄책감으로 가기가 쉬운 것이다. 이분은 이런 성찰을 통하여 자신 역시 부모로서 자식들이나 다른 사람들에게 그렇게 대하여 왔다는 생각이 들었다. 이러한 통찰은 오랫동안의 긴장과 불안을 조금씩 해체시키게 되었으며, 뭔지 모르는 편안함을 가져오는 경험을 하게 되었다. 특히 "감정은 평가의 대상이 아니라 알아차림의 대상일 뿐이다."라는 가르침은 뭔지 모르는 깨달음을 가져다주면서, 마음의 큰 짐을 내려놓는 것 같았다.

대상에게 느끼는 부정적 정서를 있는 그대로 잘 포착하고, 그것을 그대로 느끼고, 수용하는 자세를 길러내는 것은 매우 중요하다. 왜냐하면, 자신의 감정 자체에 대한 이해와 수용은, 바로 자기 스스로의 존재 자체에 대한 존중과 같은 맥락에 있기 때문이다. 그런 자세가 자기 사랑의 힘을 길러낸다. 불필요한 죄책감에 시달리지 않으면서도, 겸허한 사랑의 힘으로 타인을 진심으로 아끼고 존중하는 태도가 자연스럽게 길러지기 때문이다. 그러므로 부정적인 정서도 우리의 존재 자체가 느끼는 고귀한 것이다. 그것을 있는 그대로 바라보아 줄 때, 비로소 그 부정적 정서가 안정되면서 자연스럽게 지나간다. 흘러 흘러서 구름처럼 사라지는 경험을 하게 되고, 명실공히 자유로워지는 것이다. 이렇게 볼 때 '자유'라는 것은 이 세상의 모든 대상들을 있는 그대로 느끼는 것부터 시작되지 않을까 싶다.

44. 상대방의 반응에 나의 마음이 걸릴 때!

이 걸리는 마음의 주인은 '나 자신'이기 때문에, 그것을 풀어야 하는 사람 역시 '나 자신'이다. 상대방이 자극을 주었다고는 하나, 마음의 주인은 '나 자신'이지 않은가! 그러므로, 그 걸리는 마음을 걸리지 않게 다스려야 하는 당사자는 상대방이 아니라 '나'이다.

누군가가 우리 자신을 건드리지 않고, 내가 원하는 대로 무엇인가가 이루어지는 세상에서 산다면, 우리는 과연 어떨까! 편안할까? 행복할까? 마음의 갈증이 없을까?

사회생활에서 인간관계를 맺을 수밖에 없는 우리는 그물망처럼 얽혀있는 구조 속에서 서로서로에게 의식적 무의식적 영향을 주고받고 살아간다. 나 자신은 상대방에게 피해를 주지 않으려고 하지만, 타인으로부터 피해를 받을 수 있다. 상대방의 입장 역시 스스로는 남에게 피해를 주지 않으려고 했으나, 타인이 느낄 때는 나로부터 피해를 받았다고 생각할 수 있다. 그 진위여부를 떠나서 서로가 상호작용하는 가운데 각자에게 지대한 영향을 미치는 것은 사실이다. 즉, 우리는 서로가 서로에게 알게 모르게 상대방을 아프게도 하고, 서로에게 편안하고 아름다운 마음으로 주고받기도 한다.

조직 공동체에서나 가족관계 내에서 가만히 우리의 생활을 느껴보면, 많은 사람들이 사소한 상대방의 반응, 즉 조언, 충고, 설명, 해결책 제시 등과 같은 중립적 피드백이나 비꼼, 경고, 비난, 질책 등과 같은 부정적 피드백을 듣게 되는 경우가 종종 있다. 그러면 마음이 불편하면서 걸려버린다. 보통의 사람이라면 누구라도 그럴 가능성이 높으며, 어쩌면 당연한 것일 수도 있다. 이럴 때 우리는 대체로 상대방 탓을 하기 쉬우나, 문제는 우리가 상대방의 이러한 부정적 반응에 대하여 어떻게 대처하는가, 혹은 걸리지 않고 살아가느냐 하는 것이다. 걸리는 것이 보통 사람들이 느끼는 비례적인 반응이라 할지라도, 이 걸리는 마음의 주인은 바로 '나 자신'이기 때문에, 그것을 풀어야 하는 사람 역시 바로 '나 자신'이다. 상대방이 자극을 주었다고는 하나, 그 자극의 씨앗을 받는 마음 밭의 주인은 바로 '나 자신'이기 때문이다. 그러다보니, 그 걸리는 마음을 걸리지 않게 다스려야 하는 당사자는 상대방이 아니라 '나'이다.

상대방의 부정적 반응에 우리는 어떻게 대응하며 살고 있는가! 누구라도 기분 나쁘다고 느낄 만한 상대방의 자극적인 반응에 대하여, 대부분의 사람들은 그 상대방을 피해버리고 침묵하면서 마음에 담고 있거나, 그 사람에 대한 뒷담화를 하면서 마음이 풀릴 때까지 씹는다! 어느 정도까지는 그런 방법으로 자기 마음을 풀어가는 것도 일반적인 사람들의 일상일 수 있다. 하지만, 우리 주변에는 그런 상황이 흔하고 그럴 때마다 우리는 늘 피해야 하고 뒷담화하면서 씹어야(!) 한다면, 그것도 그리 편치만은 않을 것이다. 피하지 못할 상황도 얼마든지 있을 수 있으니, 난감한 경우도 많을 것이다. 그것이 누적되다 보면 소중한 직장을 그만 둬 버린다든지, 나에게 중요한 사람을 멀리하게 되거나 이별해야 된다든지 하는 상황으로 돌변할 수 있다. 그러므로 우리는 상대방의 부정적인 피드백에 대하여 어떻게 하면 걸리지 않고 살아갈 수 있는가를 연구해 볼 필요가 있지 않을까 싶다.

상대방의 반응에 대하여 걸릴 때, 우리는 크게 다섯 가지를 생각해 보아야 한다.

첫째는, 즉각적인 반응을 중지하고, 걸리는 부분에 대하여 일어나는 자신의 생각이나 감정을 알아차리는 것이다. 상대방의 말이나 행동에 대하여 나 자신에게 느껴지는 감정이 있는데, 그 감정이 일어나는 이유나 동기에 해당하는 중간 과정이 있다. 이 때 감정과 중간 과정의 포착이 필요하다. 포착하여 알아차리기까지는 즉각적인 반응을 피해야 한다.

중간 과정은 그것 자체가 사실이든 추측이든 상관없이 어떠어떠한 인지적 반응이 머리에 작동되면서, 정서적 반응에 해당하는 느낌이 일어나게 된다. 이 때 일어나는 내 사고와 정서반응에 대한 알아차림이 가장 우선시되어야 한다.

예컨대, "저 사람이 저러저러한 표정이나 말을 하는 것을 보니까(상대방의 반응), 지난번에 나와의 이러이러한 일에 대하여 꽁하는 마음이 있어서 저런 표정으로 나를 대하는 걸 거야(나의 생각이나 추측 등의 중간 과정), 그러다보니 나를 노골적으로 공격하는 것 같아(나의 추측 등의 중간 과정) 마음이 영 불쾌하네(나의 감정)."라는 상황이 있다고 하자. 이 때 상대방의 반응이나 중간 과정, 그리고 내 감정을 구분해서 일단 느껴볼 수 있으면 좋다. 그런 후, 상대방의 반응이 나의 감정이나 중간 과정을 일으키게 하는 자극은 되었지만, 일으킨 것은 '나'라는 사실에 대한 깨달음이 중요하다. 우리 대부분의 사람들은 이 상황에 대한 스스로의 중간 과정과 걸리는 내 감정을 알아차리지 못하고 즉각적인 반응으로 상대방을 공격하거나 일방적으로 피해버린다. 투쟁-도피 반응으로 상대방과의 관계 단절 혹은 관계 손상을 해 버리기 쉽다는 것이다. 그러므로 우선 이 상황을 있는 그대로 정확하게 포착하여 알아차릴 수 있어야 한다. 그리고 자책하거나 급히 반성하기보다는 '그럴 수 있어!'라고 스스로를 수용해야 한다. 이 과정을 알아차리는 것만으로도 걸리는 일부분은 사라지는 경우가 많다.

둘째, 생각이나 감정을 일으킨 나의 내면의 중간 과정을 상대방에게 확인해야 한다.

"어제, 나에게 이러이러한 표정을 짓고 이러이러한 말을 했는데, 나를 아무래도 저번에 있었던 일 때문에 오해한 것 같고, 날 공격하는 것 같았는데, 내가 혹시 내 식대로 생각한 것인가요? 어떤가요?"라는 반응이다. 이 중간 과정의 확인 작업은 내 스스로가 추측했을 경우에는 그 사실 여부를 확인하면서 오해가 풀어질 수 있고, 상대방 입장에서 무엇인가 더 말할 기회를 주기도 한다. 사실 이 확인은 용기가 다소 필요하지만, 한두 번의 성공 경험이 있다면 좀 더 편하게 할 수 있게 되므로 불필요한 오해의 상황에서 걸리는 마음이 풀어지는 경험이 될 것이다. 당사자에게 직접 확인하기가 곤란하다면 제 3의 사람과 의논하는 것도 좋을 것이다. 특히 개인적인 특징에서 감정적이거나 흥분을 잘 하는 성격이라면, 이러한 확인 작업은 원만한 인간관계를 위하여 더욱 더 도움 될 것이다.

셋째, 걸리는 내 마음부터 조절하는 과정이 필요하다. 걸리는 마음을 가진 채로, 상대방을 변화시키려는 태도는 금물이다.

우리는 상대방의 어떤 반응에 대하여 내 마음이 걸릴 때, 즉시 상대방을 변화시키려고 한다. '내가 걸리지 않게 당신이 변화해 주기를 바란다.'는 마음이다. 이럴 경우 상대방 역시 '당신이 좀 걸려하지 않게 되기를 바란다. 내가 이러이러한 반응을 하더라도!'라고 생각하는 것과 무엇이 다르겠는가! 결국 상대방에게 '바라는 마음'이라는 측면에서 말이다. 이렇게 말할 때 사람들은 "상대방의 행위가 분명히 뭔가 잘못되었으므로 변화해야 한다."라고 간절하게 표현하기도 한다. 자신의 걸리는 마음은 정당한 것이고, 상대방의 행위는 문제가 있다는 식으로 믿고 있기 때문이다. 물론 객관적인 사실에서 그럴 수 있다. 그러나 여기서는 상대방의 행위가 '옳고 그르고', 내가 느끼는 것이 '옳고 그르고'의 문제가 아니라, 내 마음이 걸리지 않아야 하는 것이 우선적으로 중요하다. 왜냐하면 상대방의 변화가 꼭 필요하다는 객관적인 사실이 있다 할지라도, 걸리는 내 마음으로는 상대방에게 변화를 줄 만한 포용력이나 통찰력의 한계가 있으므로 곤란하기 때문이다. 또한 상대방의 변화는 자신 스스로의 깊은 통찰이나, 누군가의 이해와 수용, 사랑과 존중 등과 같은 '신뢰로움'이 들어가지 않을 때는 어렵다고 보기 때문이다. 그러므로 걸리는 내 마음부터 조절하려는 자세를 가지는 것이 중요하다. 이 사실을 개념으로 정확히 아는 것만으로도, 적어도 상대방 때문에 걸리는 내 마음이 조절될 수도 있다.

넷째, 걸리는 내 마음을 상대방에게 적개심 없이 건강하게 표현할 수 있어야 한다.

나-전달법(상대방의 행위와 나의 감정을 전달하는 의사소통의 기본방식)이라는 표현방식이 있다. 춧대(외부 대상)와 춧불(나의 마음상태)로 설명하기도 하는데, 이것은 너-전달법(네가 이러이러 했잖아! 너는 왜 그래! 등의 표현방식)보다는 훨씬 낫겠지만 조심해야 하는 부분도 있다.

상대방에게 나의 마음을 표현하는 데 있어서 분노의 감정, 즉 적개심이 섞여 있는 감정표현은 그것이 아무리 정당한 나-전달법이라 할지라도 상대방은 공격당하는 느낌밖에 없다. 분노나 적개심의 본마음이 분명히 있으므로, 그 본마음을 표현해야 한다. 즉, "화가 난다. 분하다. 미치겠다. 사라졌으면 좋겠다." 등의 분노의 감정표현은 나-전달법의 형식만 빌릴 뿐, 너-전달법으로 공격하는 태도와 동일한 것으로 본다. 그 분노의 본마음을 잘 포착해야 한다는 뜻이다. 답답해서 화가 나고, 상처받아서 없어졌으면 좋겠고, 억울해서 분하고, 밟히는 듯 눌려지는 것 같아 화가 나 미치겠고 등등이 있지 않는가. 그러므로 감정표현을 할 때는 꼭 그 본마음을 표현하는 연습을 해야 한다. "답답하다. 외롭다. 상처가 되었다. 뭔가 모르게 억울했다. 눌려지는 기분이 든다." 등의 본마음을 드러내어야 한다. 이 때 상대방은 이 마음을 받아들이고 이해하며 바로 사과하거나 생각해 볼 여지를 가지겠다는 반응이 나올 수도 있다. 그렇지만 "엉뚱하다. 말이 안 된다."는 등, 전혀 그런 것에 대하여 수용할 수 없다는 반응이 나올 수도 있다. 어떤 경우라도 다 가능한 일이다. 그러나 상대방이 나의 감정을 수용하든 하지 않든, 제대로 나의 본마음을 표현한 것만으로도 내 마음의 걸림이 약화될 수 있다.

다섯째, 상대방의 어떤 반응에도 불구하고, 자기 마음을 가만히 스스로에게 표현하듯 전달해야 한다.

걸리는 내 마음은 '나 자신의 것'이니, 나 스스로에게 전달해 주는 것이다. 조용히 손을 가슴에 얹으면서, "A의 이러이러한 반응들로 인하여, 나에게 이러이러한 마음이 들게 되었구나."라고 스스로와 대화해 보라. 천천히… 조용히… 내 가슴에 손을 대며 나의 마음에 관심을 가져주는 것이다. 상대방에게 나의 마음의 원인을 던지는 것, 즉 '나의 마음을 일으키게 한 것은 당신이다.'라는 식으로 상대방에게 나의 상태를 넘기지 않아야 한다. 이 사실은 정말 중요한 '바라보기'의 핵심 작업이다. 또한 나의 마음에 진심으로 관심을 가져주고 챙김을 주고 사랑해주는 작업의 일환이다. "당신이 이러이러했을 때 제 마음이 저러저러 하더라구요."라고 마치 스스로에게 속삭이듯 상대방에게 전달해 보라. 상대방 역시 자기 스스로에게 속삭이듯 "아… 저러저러했구나. 나 자신도 미처 생각해보지도 않은 것인데…. 나도 한번 고려해 보아야겠구나."라는 마음이 생길 가능성이 높다. 상대방의 변화는 이때부터 시작될 수도 있다. 나의 입장에서는 상대방의 변화를 기대하고 한 말이 아니라, 나 스스로를 챙기는 마음으로 했을 뿐인데 상대방은 나의 좋은 에너지를 받는 셈이다. 그 여파로, 오히려 자신 스스로를 생각해보며 대상을 챙겨주고 싶은 마음도 생길 수 있는 것이다. 이것은 계절의 순리에 따라 모든 식물이 변화하듯, 어떤 에너지 흐름이 자연스럽게 변화의 물결이 되었다는 의미도 된다. 변화가 되어 준다면 고맙지만, 혹여나 현재 변화되지 않는다 하더라도, 내 마음의 걸림이 사라지는 경험은 바로 변화의 시작을 알리는 신호일 것이다.

다시 한 번 말하자면, 내 마음의 걸림은 '내 몫'이다. 그것을 풀어야 하는 것도 '내 몫'이다. 어쩌면 내 몫은 나를 진심으로 존중하고, 아끼고, 챙기고, 사랑하는 것부터 시작되어야 할 것이다. 그러다보면 차츰차츰 우리는 상대방을 깊이 존중하고 아끼고 사랑하는 성숙한 인격으로 나아가게 될 것이다.

45. 열등감, 그리고 자격지심

> 우리는 이 열등감, 그리고 자격지심의 상태로 똘똘 뭉쳐진 아픔의 덩어리에 머무르는 시간을 가지려고 하지 않는다. 존재와 아픔이 동일시되어, 그 아픔 자체가 내 존재 자체가 되어 있기 때문에, 너무 힘들어서… 너무 괴로워서… 우리는 잊고 싶어 하고, 도피하기 위하여 투쟁적으로 외부로 뛰어다니며 메꾸려 한다. 때론 그 마음을 투사시켜 남을 부러워하고 시기하는 데 시간을 많이 보낸다. 그렇다. 우리는 이 아픔에 그대로 머물러야 한다.

사람들이 사용하는 심리적 용어 중에, 가장 보편적으로 쓰는 '열등감', '자격지심'이라는 말이 있다. 이런 말들의 의미를 모르는 사람은 없을 것이다. 하지만 이러한 심리적 현상에 대하여, 상대방에 대해서는 쉽게 말하곤 하지만, 자신이 겪는 경우에는 그리 쉽게 말할 수 있는 것이 아니다. 어느 누군들 그런 마음을 가지고 싶어서 가지겠는가! 열등감이 많은 경우의 입장에서는 남들 눈에는 아무렇지 않은 일이지만, 놀라고, 상처받고, 위축되고, 당당하지 못하는 등, 열등감은 우리 내면을 괴롭히는 골치 아픈 괴물(!)이 될 수 있다.

사실 우리 모두는 다 자기 나름대로의 능력과 가치, 자질과 재능을 가지고 태어난다. 그러나 그러한 달란트를 진정 누구나 다 고개 끄덕일 정도로 현실에서 실현시키고 사회화시키면서 충분히 인정받기는 쉽지 않다. 특히 피라미드식 사회적 구조 아래서의 능력 평가 기준으로는 필연적으로 열등생이 발생한다. 즉 상대적 상황에 근거를 두고 있는 사회 환경 속에서 살아가는 한은, 누구나 다 필수적으로 우열식의 구조적인 과제를 안고 있는 것이다. 그런 사회적 구조에서 다소 벗어난 공동체에서는 어떠할는지 모르지만, 대부분의 우리네들은 이 구조 속에서 자기실현을 하면서 만족하고 인정받으며 살아가길 간절히 원하고 있지 않은가 말이다. 많은 부모들 역시 이 구조 속에 다른 대안을 모색해 보지만, 내 자식이 인정받고 존중받으며 잘 살아가도록 원하는 것은 인지상정일 것이다. 그러므로 우리는 국가, 사회, 문화, 전통 등이 원하는, 그 기준에 맞는 학벌, 외모, 직업, 경제력, 도덕, 윤리 등의 가치에 부합되느냐 되지 않느냐 하는 것이 열등감의 중요한 기준이 되어 있다는 사실을 인식해야 한다.

혹자는, '그 사람의 인격 자체가 중요하지, 그런 것은 크게 중요하지 않다. 그런 것에 연연할 필요 없다.'라는 말로 근본적인 것에 대한 소중함을 말하기도 하지만, 사실 조금만 더 깊게 관계를 하다보면 이런 말들은 그냥 말일 뿐이라는 느낌을 종종 받을 수 있다. 진짜 본마음은 아닐 경우가 많다는 뜻이다. 우리는 뿌리 깊은 집단 무의식 속의 기준에서 한 사람의 가치를 평가하는 환경 가운데에서 살아왔고, 지금도 살아가고 있는 것이다. 이것이 우리가 직면하고 있는 당면한 현실이다.

그렇다면 정말 어떻게 이러한 열등감, 그리고 자격지심을 조금이라도 극복할 수 있을 것인가! 참으로 난감하고 힘겨운 과제이다. 우선, 우리는 스스로의 존재 자체를 있는 그대로 존중받지 못하고, 상대적 기준에 의하여 우리의 가치가 평가되었다는 사실에 주목해야 한다. '존재 자체'에 대한 존중을 우리는 얼마나 받고 살아왔는가! 과연 이런 것이 있기나 했을까! '존재'를 '있는 그대로' 수용 받아온 경험이 있는가 말이다. 정말이지 이 세상의 모든 것은 존재 이유가 있을 것이다. 존재 이유! 아마도 이것은 사람의 생각으로 재단할 수 없는 하느님의 고귀한 영역일 것이다. 예컨대, 명실공히 우수한 사람이었지만 원하는 학교를 제대로 가지 못한 이유가 있을 것이요, 더 좋은 환경이나 부모를 만났더라면 더 빛나는 청소년 시절을 보냈을 법도 한데 그렇지 못한 이유도 있을 것이다. 떵떵거리는 명문가(!)에 태어난 이유도 있을 것이고, 우수한 유전자를 가지고 태어난 이유도 있을 것이다. 자격지심이 많은 사람은 지금 이 글을 읽으면서도 차츰 속상하고 화가 날 것이다. “이거 뭐야! 그럼 누구는 금수저로, 누구는 흙수저로 태어난 것이 이유가 있다는 말이야?”라는 식으로 못마땅해 할 수 있다. 자신의 현실 상황을 있는 그대로 인정하기 쉽지 않을 것이다. 충분히 이해됨직한 반응들이다. ‘있는 그대로’의 안목이란, 잘난 사람에 대한 경쟁심이나 적개심도 아니며, 못난 사람에 대한 우월감과 안타까움도 아닌, 존재 그 자체로서 평등하게 보이는 자세라고나 할까! 그렇다. 사실 우리 모두는 소중한 존재로서 ‘절대 존중’의 존재이다. 하늘이 내려준 각각의 상황에서, 나름의 존재 이유가 있다는 사실! 이것 자체는 동일한 것이라는 것. 아마도 우리가 이 점을 깊이 성찰하게 된다면, 놀랍게도 우리 스스로가 얼마나 ‘귀한’ 존재인지를 알게 될 것이다. 문제는 그 존재 이유에 대한 깨달음이다.

열등감 그리고 자격지심은, 존재 이유를 깨닫지 못하는 데서 오는 고통이라고 본다. 이들은 자신의 열등감의 원인을 외부의 탓으로 돌리며, 또 다른 외부가 자신을 채워주지 못할까 봐 전전긍긍 힘겹게 살아가기 쉽다. 그러다 보니 외부의 어떤 사람들 행동 하나 말 한마디 등이 ‘나의 존재’에게 상처주기 위한 준비 화살로 느껴지고, 그러한 망상이 마치 사실인 것처럼 느껴져, 늘 외부 대상에 대해 신경을 곤두세우고 있는 경우가 많다. ‘자격지심’ 속에서, 외부의 많은 것들로 인하여 민감하게 상처받는 것이다. 자격지심이라는 심리적 현상은, 스스로를 굉장히 불안하고 힘들게 만들고, 사람 만나기가 불편하여 꺼려지게 만든다. 남들이 별 말을 하지 않았는데도 ‘저런 행동은 나를 무시하는 태도야.', '저것 봐. 날 보고 하는 말이지, 그래, 사실이야.', '사람들은 다 나를 별로 좋아하지 않아.'라는 식으로 생각한다. 이렇게 비하하는 스스로의 마음을 투사시켜, 남들이 자기를 무시한다고 느끼는 심리상태가 자격지심이요 열등감이다. 이것은 일종의 피해의식이며, 좀 더 심하면 피해망상이 된다. 투쟁적으로 되면 상대방에게 적개심을 드러내기도 한다. '자긴 뭐가 잘났다고 저런 말을 하나? 별로 잘 난 것도 없으면서!', '쳇, 내가 아는 A씨는 자기보다 훨씬 더 잘났는데, 뭘 저런 것을 가지고 자랑하고 있나?', '당신 말 듣기 싫어. 조금이라도 나보다 더 잘난 인간들은 꼴 보기 싫어. 별것도 아니면서…', '나도 너만큼은 잘났어!' 등의 적대적 형태의 자존심만 내세우기도 한다. 이러한 자존심은 사실은 열등감이 가득 찬 상태를 드러내고 있는 것이다. 즉, 남의 잘난 것을 보면 너무나 상처받는 자신의 본마음을 보지 못하고, 상처받은 마음을 투사시켜 상대방을 보는 것이다. 경우에 따라서는 자기식의 사고방식에 도취하여 '병리적 자기애적 증상'을 가지고 현실을 직시하지 못하는 문제점까지 안게 되는 것이다. 자격지심이 많은 사람들과 관계하는 사람들의 입장에서는, 불필요한 오해를 받고 비현실적이며 어떨 때는 공격을 받기도 하기 때문에, 사실 불편하기 짝이 없다.

이들도 때로는 각각의 탄생에는 그 존재 이유가 있다는 사실을 듣고 알고 있기도 하다. 하지만 그것은 잠깐일 뿐, 마음 깊은 곳에 남아있는 열등감, 그리고 자격지심은 그리 쉽게 사라지지는 않을 것이다. 'I'm OK, You're OK.'라는 문구로 스스로를 위로하려고 하지만, 그것 역시도 잠깐뿐이다. 상대방의 잘난 것이 보이면 바로 내 못난 것에 대한 아픔이 올라오고, 상대가 무엇을 성취하였다고 하면, 바로 '나는 뭘 하고 살고 있는가?'라는 회의감이 물밀듯이 올라온다. 친구의 자녀가 좋은 대학에 들어갔다고 하면 축하하는 마음보다는 '아, 우리 아이는 저렇게 못하는데 어떡하나!' 하는 불안감과 부러움, 시기심과 질투심이 올라올 수도 있는 것이다. 이것이 바로 '인간'의 모습이요 '우리 자신'이다. 아무리 옆에서 각자의 존재 이유가 있을 것이라는 말로 위로하여도, 그것은 '가진 자의 여유로움'이나 '얄미운 배려심' 정도로밖에는 느껴지지 않을 것이다. 정말 인간적으로 충분히 이해됨직한 마음이라고 본다.

그렇다. 우리는 이렇게 약하다. 쉽게 상처받는다. 이것이 우리 모습이다. 바로 우린, 이러한 인간의 모습으로 살아가고 있다. 지극히 인간적인, 너무나 인간적인 우리 모습이지 않는가! 그러므로 이 사실을 있는 그대로 받아들이는 것이 가장 중요하다. 좋은 말로 좋은 글로 위로하려고 하지 말고, 그냥 그것이 바로 우리 자신이라는 것을 충분히 '알아차리고', 충분히 '인정하고', 충분히 '수용하는' 것이다. 다른 무슨 말들이 필요하겠는가! 차라리 하느님께 엎드려 '바로 이 모습이 저의 모습입니다. 불쌍한 저에게 자비를 베풀어 주십시오!' 하는 간곡한 간청이 훨씬 더 인간적인 것이다. 그냥 '저 좀 살려주세요. 힘들어 죽겠습니다.'라고 어린애처럼 가장 처절한 모습으로 청원하는 것이 더 와 닿을 것이다. 그런 것이 나의 모습이라는 것, 그것이 바로 나라는 것을 그냥 인정하는 것이다. 우리는 이 사실 자체에 그대로 머물러야 한다. 그 아픔과 내 존재가 동일시되어 있는, 그 원함과 내 존재가 바로 동일시되는, 그 현상 자체에 그대로 머물러야 한다.

그러나 우리는 이 열등감, 그리고 자격지심의 상태로 똘똘 뭉쳐진 아픔의 덩어리에 머무르는 시간을 가지려고 하지 않는다. 존재와 아픔이 동일시되어, 그 아픔 자체가 내 존재 자체가 되어 있기 때문에, 너무 힘들고 괴로워서 잊고 싶어 한다. 도피하기 위하여 투쟁적으로 외부로 뛰어다니며 메우려 하거나, 남을 부러워하고 시기하며 세상살이에 시간을 많이 보낸다. 그렇다. 우리는 이 아픔에 그대로 머물러야 한다. 그 아픔 속에서 좀 울기도 해야 한다. 그 아픔 속에서 괴로워하기도 해야 한다. 그리고, 그 아픔을 조용히 관찰해야 한다. 그 아픔을 가만히 지켜볼 수 있어야 한다.

동일시되어 있는 그 아픔과 나의 존재가 분리될 때까지… 그 아픔은 아픔이고, 나의 존재는 존재로서 분리되어 느껴질 수 있을 때까지… 머무르면서 깨달을 수 있어야 한다. 그리고 나의 존재와 그 아팠던 상처가 분리되어져야 한다. 그렇게 되면서, 우리는 그 아픔을 있는 그대로 감싸주게 되고, 바로 그것은 내 존재에 대한 용서로 이어지며, 내 존재의 참 가치를 자연스럽게 느끼게 된다. 즉, 진정 자신을 사랑하는 것이 무엇인가를 체험하게 된다는 것이다. 우리는 우리 자신을 너무 사랑하기 때문에 아픈 것이다. 자식을 너무 사랑하기 때문에 부모는 아픈 것이다. 그래서 화를 낸다. 아울러 그 마음을 투사시켜 자식을 아프게 하는 것이다. 아픔은 사랑의 또 다른 이면이다. 사랑이 아픔으로 피어나지 않고, 사랑 그 자체로서 피어나도록 우리는 학습하며 기도하는 자세가 되어야 할 것이다. 사랑이 사랑 그 자체로서 있는 그대로 피어나도록…

46. 핵심역동의 극복 후…

- 근본적인 것에 대한 추구 없이는 늘 허하다! -

핵심역동의 의미에 대한 성찰은 좀 더 근본적인 것에 대한 갈구로 이어진다. 예컨대 삶의 현실에서는 잘 대처하고 살아간다 할지라도, 가슴 밑바닥에는 뭔가 허하다는 느낌을 지니게 된다. 단순히 핵심역동의 영향이라고 말할 수도 있겠지만, 어떠한 역동이라 할지라도, 인간의 밑바닥에 들어가면 허하지 않은 사람이 없다는 것을 느끼게 된다. 인간의 조건에 대한 통찰을 하게 되는 것이다.

의식적이든 무의식적이든, 인간은 태어나는 순간부터 생존을 위한 본능적 욕구와 아울러 심리적 욕구를 지닌다. 아울러 그 욕구와 관련된 대상관계, 환경요인, 적절 여부 등 다양한 상호작용에 의하여 이후의 정신건강과도 중요한 관련성을 가지게 된다. 즉, 우리 모두는 생존욕구와 관련하여 의존욕구, 애정욕구, 인정욕구 등을 가지고 있으며, 그 욕구를 채워야만 하고, 또 계속 채우고 싶어 한다.

현실에서는 그 욕구와 맞닿아서 직면해야 하고, 그 욕구를 좌절당하기도 하고, 욕구를 조절해야 하는 과정을 거치기도 한다. 욕구충족 혹은 좌절의 과정에서 한 개인은 필연적으로 자기만의 특수한 다양한 감정을 내면에서 가지게 되고, 그것은 세력화된다. 그 세력화된 정서로 인하여 나름대로의 독특한 사고방식이나 행동방식이 패턴화된다. 이러한 방식들은 아직 자신의 자아기능이 확고하지 않은 어린 시절의 부모나 주변인들의 영향력이 더 클 가능성이 있지만, 그런대로 자아기능이 형성된 청소년, 성인 시기의 영향도 간과할 수 없는 부분이다.

그런데 특히 주요양육자에 대한 감정세력들은 억압된 채 우리의 무의식에서 잠자고 있는 것이 많다. 그 중에서도 핵심적으로 작용되는 주요한 감정세력을 핵심역동(Core-psychodynamic)이라고 한다. 핵심역동이 일상생활의 사소한 행동 하나하나에 심대한 영향들이 있다는 것은, 심리치료 임상경험에서 보면 부인할 수 없는 것 같다. 핵심역동은 주로 자아가 제대로 형성되기 전에 발생된, 대부분 무의식 속에 깊이 잠재되어 있는 약 6세 이전의 주요한 감정 세력들이라고 보는 것이 일반적인 심리학자들의 견해이다.

핵심역동은 특별한 사람에게만 형성되는 것은 아니고, 이 세상에 존재하는 사람이라면 누구나 다 지니게 된다. 어떠한 종류의 핵심역동을 지니고 있느냐 하는 것도 중요하기는 하지만, 더 다루어야 할 문제는 지금 현재의 시점에서 핵심역동의 영향을 어떻게 받고 있느냐 하는 것이다. 사랑과 인정과 존중과 같은 긍정적인 느낌의 핵심역동을 지닌 사람도 있지만, 박탈과 경시와 지배와 같은 부정적인 느낌의 핵심역동을 지닌 사람도 있다. 그러나 그 영향은 외부의 자극에 따라서 긍정적인 느낌의 핵심역동이었다 할지라도 부정적으로 작용될 수도 있고, 부정적인 느낌의 핵심역동이었다 할지라도 긍정적으로 작용될 수도 있다. 그러므로 핵심역동 자체를 '좋다 나쁘다'라는 것으로 평가하기는 곤란하다. 지금-현재에서 외부 자극에 따른 반응체계의 영향력을 깨닫고 인식하는 것 자체가 중요하리라 본다.

심리학적인 견해만을 생각하면, 이러한 인간의 주요 핵심역동의 영향력은 결코 줄이기 곤란하며, 평생토록 그 영향력에 지배(?)당하는 어려움이 늘 도사리고 있는 점을 느낄 수 있다. 외부 자극에 대한 우리의 정서반응은 인간이라면 당연하게 발생한다. 긍정적이든 부정적이든 중간적인 느낌이든, 그 어떤 것이라도 정서반응은 내면에서 나타날 것이다. 정서반응이 남들도 다 보편적으로 느끼는 '비례적인' 것도 있으며, 남들에 비해서 좀 더 특수하게 느끼는 '비례적이지 않은' 것도 있을 것이다. 또한 그 '정서반응'으로 인하여 발생되는 '행동반응'이 있을 것이다. 행동반응 역시 드러나는 사람도 있고, 잘 드러나지 않는 사람도 있을 것이며, 비례적인 것도 있고 비례적이지 않는 것도 있을 것이다. 여기서 중요한 것은, 그 정서반응과 행동반응의 주인은 바로 '나'라는 사실의 인식이다. 마음의 주인이 '나'인 것처럼, 그 행동반응의 책임자도 바로 '나 자신'이라는 뜻이다. 그러므로 그것을 다스리고, 조절하고, 통합하며 넘어가야 하는 것도 '나의 몫'이다. 여기에서 자신의 심리적 현상의 모든 책임을 '나' 스스로가 지고, 그것을 자기의 몫으로 확고하게 받아들여 인생을 주체적으로 자율적으로 살아가는 기능을, 바로 '성숙한 자아기능'이라고 말할 수 있다. 우리는 핵심역동의 영향력에 어느 정도는 지배당하지 않을 수 없지만, 성숙한 자아기능을 가지고 있다면 그 영향력에 걸리지 않고 살아갈 수 있는, 즉 주체적으로 대처하는 현실적인 힘을 지니게 된다. 이러한 힘을 가지고 있는 것만으로도 우리가 이 세상을 살아가는 데 충분히 훌륭하다고 말할 수 있지 않을까 싶다.

성숙한 자아기능으로 이 세상을 잘 살아가는 분들은 비교적 건강한 인격을 지니고 있을 것이다. 우리 주변에서 이런 인격을 가진 분들이 그리 흔치는 않지만, 속 깊이 들여다보면 성숙한 삶에 대한 가치를 추구하는 분들이 꽤 많다. 또한 스스로의 내면에 관심을 가지고, 자기를 성찰하고 탐색하며 통찰해내는 능력을 가진 많은 분들도 있을 것 같다. 이러한 분들은 타인을 도와주는 구체적인 직업을 가지고 있지 않아도, 그 존재 자체가 주변에 사람들을 모이게 하고, 자연스럽게 인격 스승으로서의 존재가 되기도 할 것이다.

일반적인 자아기능을 갖춘 이들은 사회생활이나 인간관계를 무난히 할 것이다. 물론 누구나 다 일상 속에서 가끔 허하고 미진한 느낌을 가지기도 한다. 자신도 모르게 삶에 의구심을 가지기도 하고 일상 그 너머에 있는 무엇인가를 추구하게 되면서 이곳저곳을 기웃기웃하게 될 것이다. 그리고 아마도 서서히 느껴갈 것이다. 이 세상에는 필요하지 않는 것이 없다는 것을… 어떠한 핵심역동이라도 그것은 우리에게 필요해서 다가왔다는 것을… 나의 의지와는 관계없이 형성된 핵심역동은 나의 운명과 같다는 것을… 긍정・부정의 판단이 중요한 것이 아니라, 내게 그러한 심리상태가 주어진 의미가 있다는 것을…. 그리고 난 후, 핵심역동의 의미에 대한 성찰은 좀 더 근본적인 것에 대한 갈구로 자연스럽게 이어질 것이다. 거의 모든 사람들은 현실에 잘 적응하고 살아가지만, 가슴 밑바닥에는 뭔가 허하다는 느낌을 지닐 수 있다. 감각적이고 쾌락적인 것을 통하여, 좀 더 가치 있는 일을 통하여 그런 느낌들을 잘 다스리고 살아갈 뿐이다. 심리적 현상에 대한 분석과 진단이 이루어지겠지만, 어떠한 핵심역동이라 할지라도 인간의 밑바닥에 들어가면, '이것이 전부는 아닌데…'라는 생각이 든다는 것을 느끼게 된다. 한마디로, 인간의 조건에 대한 통찰을 하게 되는 것이다.

개인에게 주어진 핵심역동을 깊이 성찰하면 할수록, 그 자체가 좀 더 근원적인 것에 대하여 끊임없이 추구하지 않을 수 없게 만드는 자극이 된다. 자신의 핵심역동과 관련하여 깊은 성찰을 한 사람들은 좀 더 근본적인 것에 대한 추구를 하지 않을 수 없는 지점을 맞이하게 된다는 뜻이다. 다시 말하면, 현실에는 뭔가를 잘하고 있거나 채워져 가고 있지만, 또 다른 것에 대한 허함을 느끼게 되어 근본적인 것에 대한 의구심과 추구가 시작될 수 있다는 것이다.

예컨대, 사랑받지 못한 사람은 그 박탈감에 마음이 늘 아리고 가슴이 아파, 좀 더 근원적인 것을 추구하려는 마음이 생긴다. 인정받은 사람은 더 인정받기 위하여 무엇인가를 늘 추구하다보면 '이것이 전부일까!' 하는 물음과 함께, 좀 더 근원적인 것으로 넘어간다. 존중받지 못한 사람은 '누군가 나를 무시하지는 않을까! 내 존재를 업신여기지 않을까!' 하는 두려움과 불안으로 무엇인가를 추구하다보면, 좀 더 근원적인 것으로 넘어간다. 사랑받고 존중받은 사람은, 그 사랑과 존중을 받지 못하면 너무 힘들기 때문에 끝없이 무엇인가를 최선을 다하여 추구하다보면, '내가 이렇게까지 바쁘고 힘들게 살아야하나!' 하는 의구심과 함께 좀 더 근원적인 것으로 넘어간다. 강력한 지배를 받은 사람은 '어떤 일이 있어도 지배받지 않아야 돼! 이제 더 이상은 당하면 안 돼! 너무 무서워!' 하는 마음으로 스스로의 힘을 기르기 위하여 노력하다보면, 무엇인가 모르게 그 힘이 오히려 주변을 불편하게 만든다는 것을 느끼고, 다른 근원적인 것을 생각하게 만든다. 이렇게 우리는 어떤 핵심역동을 가지고 있다 할지라도, 그 밑으로 들어가면 뭔가 허한 것을 느끼면서 좀 더 근원적인 것을 추구하게 된다.

대부분의 사람들은 바로 이 지점에서 근원적인 것에 대한 추구를 회피하기도 한다. 그리고 밖으로 향한다. 외부의 이런저런 것들에 엄청난 시간과 수고를 투자한다. 허전함의 투사체, 허한 것의 대리물, 채우기 위한 끝없는 노력, 대상 보상 등이 그런 것이다. 정말 많은 사람들이 자신의 내면을 직면하기보다는, 외부로 향하는 생활방식을 추구하고 있다. 도피하는 방식으로 끝없이 외부로 향하지만, 허전하여 또 다른 자극제가 필요하다. 그러다보니 감각적인 것들로 일시적인 허함을 메꾸면서 살아가는 것이 바로 우리의 일생이고 평생의 생활방식이 될 수 있다.

그렇다. 우리는 어떠한 핵심역동을 가지고 있더라도, 결국은 '허'하다. 그것이 바로 우리 인간이다. 좀 더 근원적인 것에 대한 추구로 나아가지 않는 이상은 인간의 심리상태 자체만으로는 '허'하다는 이 사실을 그대로 인정해야 할 것이다. 근원적인 것에 대한 추구는 나름대로의 방식으로, 즉, 각자의 성향에 의하여 철학을 접하고, 종교를 접하고, 새로운 학문을 접하고, 수행과 기도를 접하고 등등, 여러 방식들을 만나게 될 것이다.

어쩌면 이 세상의 모든 개체는, 그 자체로서는 있는 그대로 잘 살아가는 것 같지만 그 본마음에는 허함이 있는 것 같다. 서로 엉켜 돌아가는 것이 귀찮고 싫은 사람들은 허전하더라도 개체로서 각자 살아가는 것이 제일 좋다고 말하겠지만, 그것은 개인의 심리적 현상이지, 사실은 그 내면에서는 건강한 의미의 사랑이 필요할 것이다. 즉, 서로가 불필요하게 침범하여 관여할 필요는 없겠지만, 지혜로운 '분별' 속에서도 '분별심 없는' 사랑이 있어야 하지 않을까 생각된다. 모든 것이 조화로워야 하고, 서로 통합되어야 하고, 서로 사랑하는 마음을 가져야 할 필요가 있지 않을까. 이 세상의 개체가 개체로서 존재하지 않는다는 사실, 공동체로서 서로 상호작용하며 살아갈 수밖에 없다는 것, 서로 상생하여 공존해야 된다는 것, 어쩌면 이러한 개념이 인간세상의 근원적인 것을 생각하는 기초적인 사실이 아닐까 여겨진다. 모든 개체는 서로가 서로에게 보이지 않는 영향을 끼치고, 그것들이 조화롭지 못할 때 결국 그 고통은 각 개체에게 다시 되돌려질 수밖에 없는 이 근원적인 현실을 잘 성찰해야 할 것 같다. 어쩜 지극히 단순하게 '서로 사랑하라!'는 선각자들의 말씀이 핵심이 아닐까 여겨진다.

47. "난, 그런 뜻으로 한 말이 아니다!"

"난 그런 뜻으로 한 말이 아니다!"라고 무조건 피하는 것보다는, 돌고 돌아 어려움 속에서 그 본마음을 깨닫는 것보다는, 내 소중한 가족에게 영향이 가고 난 뒤 가슴을 치는 것보다는, 비록 부정적인 피드백이라 할지라도 가까운 주변인의 소중한 반응들에 귀 기울이고 성찰하는 자세를 가져보면 좋을 것 같다. 특히, 사랑이 담긴 외부 대상의 피드백은 어쩌면 하늘이 내게 선물로 내려 준 정신적 양식이 될지도 모르지 않는가 말이다. 지금-여기에서의 여러 가지 반응들이 바로 하늘이 내게 준 삶의 동아줄인지도 모르지 않는가 말이다.

처음 인간관계를 맺을 때는, 대부분의 정상적인 사람들은 적절히 자신을 방어하며 조심하고 배려하는 모습을 보인다. 차차 서로 간에 친밀감이 형성되고 약간의 속사정을 알게 되면 이런저런 이야기를 통해서 상호간의 생각과 가치관, 생활양식 등을 이해하게 되고 장단점도 발견하게 된다. 더욱 더 친밀해지면 서로의 성격이나 내면의 어떤 점에 대해서 진솔하게 주고받고, 심지어 현실적인 어려움에 대하여 관여하기도 하면서 도와주고, 고쳐야 되는 점도 피드백해 주는 지점까지 이르기도 한다. 이 정도까지 가까워지게 되면, 대체로 서로에 대한 방어기능이 조금씩 해체되기 시작한다. 이때 의식적인 것뿐만 아니라, 무의식적으로 진행되는 잠재의식 속의 조건화된 사고나 행동 감정도 동시에 드러나기도 한다. 즉, 본인이 의식적으로 하는 말은 a라는 것이었는데, 무의식적으로 진행되는 b라는 것도 동시에 묻어나온다는 뜻이다.

예컨대, 비슷한 또래의 자녀를 키우고 있는 A와 B라는 친구가 있다고 하자. A의 아들 a가 원하던 일류 대학의 입학시험에 실패하였다고 하자. 이 때 a보다 약간 학습능력이 떨어지는 아들 b를 키우고 있는 B가 A에게 의식적으로 전한 말은 이렇다.

"A, 너무 안타까워! a가 실력이 괜찮았는데… 아무래도 들어가기 어려운 대학이니까! 그래도 a는 잘할 거야. 사실 대학 간판이 중요한 것은 아니지. 그 대학 출신들이 인격적으로 문제가 되는 사람도 많더라고. 살아가는 데는 그런 것이 진짜 중요한 것은 아니잖아. 사실, 요즘 그 대학 나와도 취직 못하는 사람이 많다는 말을 들었는데… 낮은 대학 나와도 취직 할 사람은 잘하더라고. 차라리 공부 좀 못하는 우리 b가 더 나을 수도 있어. 기대를 안 하니까. 서로 같이 잘 지내보자고."

이 말을 들은 A는 왠지 기분이 언짢아졌다. 평소 때 A와 B와의 정서적 관계가 어떠한가에 따라서 달라지겠지만, A와 B는 겉으로는 친한 척하지만, 속으로는 약간의 경쟁적 관계가 있었다면 이 발언은 그 의미가 묘하게 다르게 느껴질 수 있다. 이것이 위로인지, 안타까움인지, 시기심인지, 고소함인지, 왠지 모를 찝찝한 기분이 들어서 A는 한마디 슬쩍 한다.

"B! 혹시 그게 무슨 뜻이야?"라고 하니, B는 금방 준비라도 하였다는 듯이

"무슨 뜻이긴! a가 그 대학 떨어져서 안타깝다는 말이지. 그리고 a가 공부를 늘 잘했으니까 고민하지 말라는 말이지. 다른 뜻으로 듣지 마!"라고 말한다. 그러면서 다음과 같이 덧붙인다.

"a가 우리 아들 b와 어릴 때는 친했잖아. 그런데 너무 차이가 나면 같이 못 어울리잖아. 같은 또래인데… 아무래도 좀. 서로 비슷하게 되면 잘 어울

릴 수 있고. 뭐… 별다른 것은 없어. 너무 예민한 것 아냐?!" 하고 되묻는다.

A는 기분이 찝찝하지만, 이래저래 이야기하다가는 더 오해만 생길 것 같아 그냥 둬 버린다. 더 이상 아이들 문제를 논하고 싶지 않고, 다른 말을 섞기 싫을 정도로 피하고 싶은 마음이다. 사실 B 입장에서는 의식적으로는 'A가 그동안 부러웠다.'라는 뜻일 수 있다. 그러나 무의식적으로는 'A에 대해서 질투감이 있었고, 어쩌면 a가 그 대학에 붙을까봐 불안하였다.'라는 뜻이 내포되어 있을 수 있다. 또한 의식적으로는 'a가 그 대학에 떨어진 것이 안타깝다.'라고 하지만, 무의식적으로는 '떨어진 것이 정말 다행이다.'라는 뜻도 된다.

이렇게 우리는 표면적으로는 '안타깝다.', '부럽다.'라는 말을 하지만, 속으로는 '정말 못마땅하다. 보기 싫다. 당신의 잘난 것이 상처가 된다.'가 될 수 있다. 의식적으로는 '당신과 친하고 싶다.'이지만, 무의식적으로는 '한번 두고 보자.'일 수 있다. '당신이 미워죽겠다.'라는 의식적인 말이, '당신에게 의지하고 싶다.'라는 무의식적인 반응일 수 있다. '화가 난다.'라는 말은 '기대가 크다.'라는 뜻이 될 수 있다.

문제는, 상대방은 이러한 무의식적인 반응에 대한 느낌을 알아차릴 수 있기 때문에 기분이 다를 수 있다는 것이다. 그런데, 자신의 무의식적 측면을 잘 자각하지 못하는 대부분의 사람들은 상대방의 이러한 느낌에 대해서도 잘 알아차리지 못한다. 예컨대, 용기를 낸 A는 불편한 마음을 감출 수가 없어서, "B! 정말 묘하게 섭섭하네. a 때문에 그렇잖아도 마음이 영 편치 않은데, 너의 그런 반응 때문에 정말 기분이 묘하게 안 좋아."라고 말한다. 그러면 B는 "난 그런 뜻으로 한 말이 아닌데!" 하고 정색을 띠고 말할 수 있다. 오히려 "정말 오해를 그렇게 심하게 할 수가 있느냐! 사람을 무엇으로 보고!"라는 뜻밖의 반응이 나올 수 있다. 그리고 더 심하면 역공격이 들어온다. "사람을 어떻게 보고, 그런 식으로 곡해를 할 수 있느냐! 진짜 내가 더 기분 나쁘네." 하면서 "자식이 공부 잘 한다고 나를 무시하는 거야?!"라는 강한 저항이 들어오기 시작한다.

"난 그런 뜻으로 한 말이 아닌데!"

이 말은 '말하는 당사자'의 입장에서는 진실일 수 있다. 정말이지 그건 그 당사자의 입장에서는 진실이다. 그런데 이 진실(!)은 자신의 무의식적으로 작용하는 심리적 상태에 대한 반조(返照)가 되지 않은 상태의 진실이라는 뜻이다.

예를 들어 자신 내면의 열등감, 피해의식, 낮은 자존감으로 인한 상처가 스스로의 무의식 속에 전반적으로 깔려있을 경우, 우리는 남들의 잘난 면에 대하여 대단히 민감하다. 상처가 건드려지는 것에 대한 긴장과 불안이 매우 크다. 도사리고 지켜보는 중이다. 아슬아슬하게 그 잘난 면에 대하여 숨죽이며 지켜본다. 그런데 이때, 상대방의 잘난 면이 무너지는 것을 보았을 때, 그 긴장은 갑작스럽게 풀린다. 정말 아슬아슬하게 조심하고 있었던 내 가슴의 숨이 크게 쉬어진다. 굉장히 안심이(!) 된다. 겨우 풀린 내 안심에 의하여 드러나는 나의 표현에 속마음이 어찌 무심코 나오지 않겠는가! 의식적인 표현을 하지만, 무의식적인 속내들이 드러나면서 표현이 매우 야릇하게(?) 나오게 된다는 뜻이다. 그냥 '안타깝다.', '부럽다.' 정도로 표현되는 말 속에는 잘난 것에 대한 불편함, 긴장감, 질투심과 시기심, '잘났으면 얼마나 잘났는가 한번 보자. 앞으로 두고 보자. 저거 봐! 잘 안될 줄 알았어.'라는 적대감 등의 무의식적인 마음들이 드러나게 된다는 것이다.

그러나 이런 자신의 마음을 자각한다는 것은 대단히 위험하다. 감추고 싶었던 스스로의 보기 싫은 측면이 벌거벗겨지는 것이므로, 그런 자신을 수용하기는 참 쉽지 않다. 일단 덮어버리고 싶은 마음이 앞서기 때문에 부정적인 감정과 잘못한 점을 알아차린다는 것은 그리 간단한 것이 아니다. 오히려 자신의 감정에 대한 저항감이 생기게 되고, 그러다 보니 "난 그런 뜻으로 한 말이 아닌데!"라면서 강력하게 저항하는 것이다.

듣는 입장에서 잘못 이해하여 진실로 '그런 뜻으로 한 말이 아닌 것'을 오해할 수 있다. 그런 경우는 비례적으로 듣지 못한 자의 문제점도 있을 수 있으므로 이는 당연히 듣는 자의 몫이다. 이런 경우, 상대방의 뜻을 잘못 알아들은 '내 몫'은 매우 소중한 나의 성찰 자료가 될 것이다. 그러나 그 말에 대하여 다른 사람들이 느꼈을 때도 '그런 뜻'으로 들리는 말은, '그런 뜻으로 한 말이 아닌데.'라는 것은 의식적인 마음일 뿐, 자신도 모르는 무의식적인 마음이 있을 가능성이 있다.

주변인들이 같은 뜻으로 들었는데도 불구하고, 자신은 '그런 뜻으로 한 말이 아니다.'라고 할 때는, 그 당사자의 입장에서는 충분히 그렇게 표현할 수 있다. 왜냐하면 자신 스스로가 자기의 본마음을 잘 모를 수 있기 때문이다. 우리의 대부분은 자신의 본마음을 잘 알아차리기가 쉽지 않다. 현대를 살아가는 우리네들은 깊이 스스로에 대한 통찰을 하는 경우가 드물고, 있는 그대로 자신을 느끼고 바라보는 자세를 취하지 못하는 경우가 훨씬 빈번하기 때문이다. 또한 자신의 마음을 어느 정도 알고 있다고 하더라도, 그 마음을 수용하기 어려울 경우에는 회피하기가 십상이다. 그런 마음 자체에 대한 거부감과 부인하고 싶은 마음으로 인하여 억압하려고 하기 때문이다. 만약 누가 그런 마음을 건드리면 굉장히 화가 난다. 겨우겨우 숨기고 있는 마음을 자꾸 막대기로 쑤셔대는 꼴이 되기 때문이다.

그러나 자신의 '잘 모르는 본마음' 때문에 상대방에게 자신 스스로도 원치 않는 피해를 줄 수 있다는 사실을 꼭 인식하여야 한다. 그리고 그 피해는 부메랑의 화살로 서서히 자신에게 되돌아온다. 물론 그 상대방은 내 소중한 가족 구성원이 될 가능성이 크다. 부메랑의 화살이 되는 이유는, 그 상대방이 나 자신에 대하여 불편하므로 그 반향이 오지 않을 수 없기 때문이다. 결코 내가 일부러 그렇게 한 것도 아니고, 내가 원해서 한 것도 아닌데, '잘 모르는 본마음' 때문에 내 자신 스스로가 힘겨운 과제를 떠안을 수 있다는 뜻이다. 이런 상황을 볼 때, 치료적인 상황이 아닌 곳에서 오고가는 부정적인 피드백은 지혜로운 분별 없이는 조심해야 할 것이다. 또한 친근한 상대방이 나의 태도나 말에 대하여 반응할 때, 한두 번 정도의 경험으로 피드백하는 것이 아니라 평소 때 자주 느꼈던 것을 표현할 가능성이 있기 때문에 매우 중요한 내용으로 받아들여야 할 것이다. 이러한 피드백은 처음에는 저항하고 싶고, 억울하고, 속상하겠지만, 시간이 흘러 그 피드백이 내 자신의 삶에 얼마나 큰 비료가 될지는 어느 누구도 예측하기 힘들다.

내면의 무의식에 대한 의식의 저항은 전자동적으로 우리 내면에서 일어나는 하나의 현상이다. 무의식에서 올라오는 감정을 탐구하는 연습을 하게 되면 의식적인 자기 마음과 조율해 나가게 된다. 그러면 외부로 투사되어 나타나는 갈등이 결국 내적 갈등임을 인식하게 되면서 서서히 '자기'에 대한 이해가 깊어진다. 그러면서 차분해진다. 자기 탐구의 자세를 가진다는 것은 특정한 사람만이 필요로 하는 것이 아니라, 누구에게나 다 필요한 수행의 일종이다. 마음에도 없는 엉뚱한 말이 나오거나, '난 그런 뜻으로 한 말이 아닌데!'라며 속상해 하거나, '사람들은 왜 나의 말을 다르게 들을까!'라는 불만을 가지기 쉽다. 하지만, 한 번쯤 의식적인 마음과 다른 무의식적인 감정이 있다는 것부터 인식하는 출발점을 가져야 할 것이다.

"난 그런 뜻으로 한 말이 아닌데!"라고 무조건 피하는 것보다는, 돌고 돌아 어려움 속에서 그 본마음을 깨닫는 것보다는, 내 소중한 가족에게 영향이 가고 난 뒤 가슴을 치는 것보다는, 비록 부정적인 피드백이라 할지라도 가까운 주변인의 소중한 반응들에 귀 기울이고 성찰하는 자세를 가져보면 좋을 것 같다. 특히, 사랑이 담긴 외부 대상의 피드백은 어쩜 하늘이 내게 선물로 내려준 정신적 양식이 될지도 모르지 않는가! 지금-여기에서의 여러 가지 반응들이 하늘이 내게 준 삶의 동아줄일지도 모르지 않는가!

48. 침묵, 그리고 제대로 된 표현!

침묵이 가져다주는 '알아차림'과 '깨달음'은 아마도, 침묵하지 못하는 사람은 결코 그 진가를 알 수 없을 것이다. 많은 수도자들이 침묵 속에서 수행하며, 하늘의 뜻을 듣고(!) 느끼고 실행하는 가르침을 어디다 비유할 수 있으랴! 어쩌면 침묵을 제대로 못하는 사람은, 표현도 제대로 할 수 없지 않을까 싶다. 그러나, 침묵은 그 자체가 가지는 '거룩한' 의미의 '자기 바라봄'이어야지, '병리적' 의미의 '자기 함몰'이 되어서는 오히려 더 큰 화를 불러일으킨다는 점을 생각해 보아야 할 것이다.

'침묵은 금'이라는 말을 들어본 적이 있을 것이다. 오죽하면 '금'이라고 했을까! 우리의 내면에 침묵함으로써 오는 '앎'이 얼마나 컸으면, 침묵이 금이라는 금언이 옛날부터 지금까지 전해 내려오겠는가! 침묵이 가져다주는 '알아차림'과 '깨달음'은, 아마도 침묵하지 못하는 사람은 결코 그 진가를 알 수 없을 것이다. 많은 수도자들이 침묵 속에서 수행하며, 하늘의 뜻을 듣고(!) 느끼고 실행하는 가르침을 어디에 비유할 수 있으랴! 어쩌면 침묵을 제대로 못하는 사람은, 표현도 제대로 할 수 없지 않을까 싶다.

침묵과 표현은 여러 면에서 중요한 관련성을 가진다는 것을 느낀다. 침묵 속에서 진정 내 자신이 드러내어야 하는 것이 무엇이며, 차분히 기다려야 하는 것이 무엇인지, 드러내어야 할 시기가 오늘인지 내일인지, 버텨내며 스스로를 돌아보아야 하는 것인지, 직접 표현해야 옳은지, 나를 위한 표현인지 상대방을 위한 표현인지, 현실적으로 대처해야 하는 것인지 아닌지, 표현해야만 풀릴 수 있는 오해인지 등등… 침묵은 우리의 표현 여부에 대한 식별력을 가져다주는 중요한 과정이 될 수 있다. 표현에 대한 식별이 되지 않은 채로 이루어지는 '드러냄'은 여러 가지 실수가 유발될 가능성이 있다. 즉, '나의 마음을 표현하고 싶다!'라는 생각이 떠오를 때마다 그냥 드러내는 것은, 상대방의 수용 여부에 따라서 호불호가 가려지게 된다. 이것은 표현하는 입장에서의 문제점도 작용하지만, 받아들이는 상대방이 아직 '받아들일 마음의 준비'가 되지 않을 경우의 문제점도 있다는 뜻이다. 만약 상호간에 시기와 때가 적절치 못하다면, 오히려 그 후유증으로 고통을 더 받을 수도 있을 것이다. 말하자면 표현 여부에 대한 식별력이다. 특히 차분하게 스스로를 생각하는 침묵의 시간을 가지지 못할 때 발생하는 오류가 될 것이다. 그러므로 침묵은 여러 측면에서 우리에게 지혜로운 그 무엇인가를 제공하는 중요한 한 과정이다.

한편, 필자가 심리치료 임상장면에서 많이 깨달아지는 것은, 침묵은 자아기능이 원활하지 못한 사람에게는 '참된 침묵'으로 활용되는 것이 아니라 억압의 한 방편으로 사용되기 쉽다는 점이다. 이것은 침묵을 참되게 이끌기 위한 도제(徒弟)식 스승의 부재(不在)와, 진정하게 자기를 표현하는 것이 무엇인지를 교육받지 못한 문제점이 있기 때문일 수 있다. 즉, 병리적 심리현상을 가진 내담자들의 어려움은, 의사소통의 방법적인 도구로서 '침묵'을 활용하지만 결국 그것이 회피의 한 수단으로 이용되면서, 갈등을 훨씬 더 심화시키는 셈이 되기 때문이다. 정말이지 우리는 침묵 속에서 얼마나 많은 병폐를 일으키는지! 자기 식의 꼬리에 꼬리를 무는 생각들, 외부의 잘못된 정보를 통한 오해, 대상을 바라보는 왜곡된 사고방식, 피해의식 속에서 이루어지는 감정들, 자기애적인 과대망상, 편집증적인 의구심, 강박증적인 고정관념, 생각하면 할수록 확고해지는 자기만의 고집, 애착과 분리가 원활하지 못한 대상관계, 집착하는 듯한 사랑과 증오의 끝없는 악순환 등… 그 병폐는 이루 다 말할 수 없을 것이다. 침묵은 그 자체가 가지는 '거룩한' 의미의 '자기 바라봄'이어야지, '병리적' 의미의 '자기 함몰'이 되어서는 오히려 큰 화를 불러일으킨다. 만약 침묵이 제대로 된 '자기 바라봄'이 된다면, 그 침묵은 진정 '금'이 될 것이다. 하지만, '자기 함몰'로 이어져, 침묵 속에서 우울하고 자책하고 고통 그 자체로만 들어간다면, 그것은 자아붕괴의 위험이 있다. 따라서 침묵과 표현이 건강하게 이루어지는 자아기능의 역할에 따라서 호불호가 나누어지리라 본다.

너무나 흔한 말이지만, 과거 친정 부모님이 시집가는 딸에게 하는 가르침 중의 하나가 "시집가서 시부모님께 순종하거라. 벙어리 3년, 귀머거리 3년, 봉사 3년, 그렇게 세월을 보내거라."는 말이다. 이 말은 현대적으로 보면 매우 답답한 소리라고 할 것이다. 도대체 그런 말들이 요즘 같은 세상에서 말이 되는 소리냐고 비웃을 것이다. 지배적이고 권위적인 태도에 무조건 굴복하라는 의미의 순종적 요구는 매우 부당하다고 느껴진다. 그러나 다른 의미로 생각하면 다시 한 번 새겨들어야 할 말일 수도 있다. 이 말에는 상대방(시집 식구들)을 가까이에서 제대로 알아차리고 주변 환경에 더욱 더 익숙해지고, 서로간의 신뢰감이 형성되기 전까지는 자신이 하고 싶은 말을 함부로 드러내는 것이 더 큰 위험을 안겨줄 수 있다는 생각이 담겨있지 않을까 싶다. 또 다른 측면에서 본다면, 제대로 된 표현을 할 수 있으려면 좀 더 지혜로운 의사소통 방법을 익혀야 한다는 점도 있을 것이다. 충분히 서로간의 마음을 파악하고 현실적인 정보 파악을 하고 난 뒤, 내 뜻을 전달하고 내 마음을 전하는 슬기가 필요하리라 보는 것이다. 즉, 억압하면서 침묵하는 그런 의미가 아니라, 제대로 된 관찰과 성찰 후, 건강한 방법으로 마음을 전달해야 한다는 것이다. 자칫 사람들은 표현 방법을 배우면 '무조건 표현을 해야 한다!'라고 생각하기 쉽고, 침묵이 좋다는 것을 듣고 나면 '아, 침묵을 늘 해야겠구나!'라고 생각하기 쉬운데, 이 세상의 모든 측면이 그러하듯이, 어느 한쪽으로 치우치는 것은 적절하지 못하다. 모든 것은 외부 대상에 대한 적절한 반응 체계가 있을 것이며, 현명하다는 의미는 바로 이러한 '적절함'이 '지금-여기'에서의 상황과 조화로울 때라고 본다.

표현은 상호간에 서로 알맞은 양과 시기와 때를 잡는 것이 중요한 것이다. 상대방의 입장을 고려치 않는 표현은, 내 입장에서만 생각하는, 말하자면 내 뜻을 관철하겠다는 '자기중심적인 것'이기 때문에, 그것이 아무리 논리적이고 지혜로운 내용이라도 곤란할 것이다. 대화는 상호간의 주고받음을 전제로 하는 것이기 때문에, 그 포장이 아무리 화려하여도 자기중심적인 대화는 결국 화를 불러일으키게 될 것이다.

그렇다면 보통 사람들이 사용할 수 있는 제대로 된 표현이란 어떤 것일까? 인간관계론적 입장에서의 심리학에서는 '나 전달법'이라는 것을 언급한다. 이는 상대방의 행위에 대한 나의 마음을 표현하는 기본 요소를 말한다. 상대방이 '주어'가 되어 '너 이러이러한 행동은 어떠어떠한 문제가 있는 것이니까, 좀 고쳐 주었으면!'하고 표현 하는 것을 '너 전달법(You-message)'이라고 한다. 나 자신이 '주어'가 되어 '너의 이러이러한 행위가 나에게는 저러저러하게 느껴진다.'라는 표현법을 '나 전달법(I-message)'이라고 한다. '너 전달법'은 상대방을 문제 있는 사람으로 취급하고 탓하고 질책하고 비난하는 듯이 느껴지지만, '나 전달법'은 나의 상태를 전달하는 것에 초점을 맞추어 자신을 드러내는 것이므로, 상대방 입장에서는 거부감이 덜할 것이다. 특히 '너 전달법'은 '존재 자체'에 초점을 맞춰지기가 쉬운데, '나 전달법'은 '행위 자체'에 초점을 맞추게 됨으로써, 상대방의 존재를 건드리지 않는다는 점이 매우 중요하다. 즉, '나 전달법'의 표현 형태가 상대방의 행위에 대한 나의 감정이기 때문에, 행위에만 초점을 맞춘다는 뜻이다. 아무리 행위가 잘못되었다 할지라도, 존재 자체에 대한 건드림을 당하면 상처가 되기 때문에, 상대방은 결코 그 내용을 받아들일 수 없다. 존재가 행위에 우선하기 때문이다. 그러므로 대상의 행위 자체에만 초점을 맞추는 '나 전달법'이, 존재 자체의 건드림으로 기울여지기 쉬운 '너 전달법'보다 전달 체계에서 더 효율적일 것이다.

'문제 자체'에만 초점을 맞추면서 '존재 자체'를 건드리지 않는 '나 전달법'의 표현방식은 일반적인 경우의 의사소통에 도움을 준다. 일상생활 속에서 '나 전달법'을 실제로 사용하게 되면, '너 전달법'보다는 더 바람직하다는 것을 느낄 수 있다. 하지만, 경우에 따라서는 '나 전달법'도 상대방에게 영향력이 없고, 오히려 더 큰 불신을 낳게 될 수도 있다. 이럴 경우에는 다음과 같은 몇 가지 점에 대하여 심사숙고해 보면 좋을 것이다.

첫째, 상대방의 행위에 대한 나의 마음을 표현할 때, 분노의 감정을 드러내지 않았는지를 살펴보아야 한다. 분노의 감정보다는 분노의 본마음을 표현해야 한다.

분노의 감정이라 함은 '화난다.', '짜증 난다.', '열 받는다.', '신경질 난다.', '분하다.' 등의 적개심의 표현이다. 이것은 상대방의 행위에 대한 나의 마음을 전달하는 것이 아니라, 사실은 그냥 적대적인 감정을 퍼 붓는 식, 즉 화풀이가 될 가능성이 있다. 때로는 이 화풀이로 자신의 감정은 해소될지는 몰라도, 훗날 후유증으로 인한 더 큰 갈등을 남길 가능성이 있으므로 주의하여야 한다. 예컨대, "당신이 이렇게 일주일에 3-4번 술을 마시고 오면, 난 화가 나서 미치겠다!"라고 표현한다고 하자. 이것은 표면적으로는 '나 전달법'이다. 하지만 이 표현은 나의 화난 감정을 표현하였지만, 잘못하면 상대방에게 싸움을 거는 듯, 시비를 거는 듯한 느낌을 전달한다. 이러한 전달 방식은, 나의 마음을 전달하는 목적이 무엇인지를 제대로 알지 못하고 그냥 감정을 퍼내는 형식이다. 즉 무늬만 '나 전달법'이지, 사실은 '네가 잘못했어.'라는 '너 전달법'인 셈이다. 말하는 입장에서는 너무 속상하고 답답하고 걱정되고 괴로워서 하는 말이지만, 실제로 전달받는 입장에서는 '또 시비를 거는군. 또 싸움을 걸기 시작하는군. 오늘은 무슨 전쟁을 치르게 될까!'라는 뜻으로밖에 느낄 수 없다. 즉, 그 본마음을 알아차리지 못한다는 것이다. "당신이 이렇게 술을 자주 마시고 오니까, 정말 당신 건강이 걱정되고 두려워. 그리고 내 입장을 배려 받지 못하는 것 같아 속상하고 너무너무 서운해."라는 말로, 분노의 본마음을 전달해야 할 것이다.

둘째, 우선적으로 '나 전달법'의 목적은 내 마음을 걸리지 않도록 하는 것이지 상대방의 변화가 아니다. 상대를 변화시키려는 의도는, 사랑과 지혜 용기 등이 합해져야 할 것이다.

변화시키고 싶은 마음은 나의 마음이므로, 변화시키고 싶은 그 마음부터 나의 몫으로 챙겨야 한다. 또한 변화의 주체는 상대방이기 때문에 변화의 몫은 상대의 몫이다. 그와 나를 동일시하지 말아야 한다. 나의 몫과 상대방의 몫을 분리해야 한다.

우리는 내 마음을 전달하는 것을, 모두 내 뜻대로 상대방을 변화시켜보려는 시도로 이용하기 쉽다. 즉, 사실상 상대방과 나를 동일시한다. 나의 기대대로 상대방을 맞추어나가려는 시도는 대단히 어려운 일이다. 간단하게 생각하면, 상대가 나를 변화시키려고 한다면 어떨까! 입장을 바꾸어보면 그리 쉬운 것이 아니라는 것을 느낄 것이다. 상대방이 나를 바꾸어 보려고 반복해서 '당신의 이러이러한 행동이 너무 속상해.'라는 '나 전달법'을 한다고 가정해보라. 결국 그 말은 '제발 내가 원하는 대로 당신이 좀 바꿔!'라는 '너 전달법'이지 않겠는가! 그것은 진정한 '나 전달법'이 아닌 것이다. 상대방을 바꾸기를 원한다면, 우선 나의 '상대방에 대하여 걸리는 마음'부터 '상대방을 있는 그대로 보는 마음'으로 바꾸어야 한다. 즉, 바꾸려는 의도보다는 내 마음이 그러그러하다는 것을 표현함으로써, 내 마음이 걸리지 않게 되는 경험을 먼저 하여야 한다는 뜻이다. 이것을 직접 해 보지 않는 사람들은 '그것이 가능할까?'라고 생각하기 쉬운데, 잠깐이라도 내 가슴에 손을 얹고 누군가의 행동을 떠올리며, "당신이 이러이러할 때, 내 마음이 정말 힘드네요."라고 연습해보라. 상대를 향한 마음 전달이 아니라, 내 마음을 위로해 주고 관심 가져 주고 포옹해 주듯이, 내 가슴을 조용히 만져주듯 말해보라. 그 속상함은 조용히 가라앉을 수도 있다. 상대방의 변화 여부와 전혀 관계없이 내 마음을 전달하는 것만으로도 편해지는 경험을 하게 될 것이다.

셋째, 상대방의 변화를 바랄 때에는, 나의 바라는 마음을 전달하고, 적개심 없는 정중한 요청이 필요하다. 참고로, 변화를 바라는 마음이 없는 것은 '그냥 있는 그대로' 바라보는 마음일 수도 있으며, 포기와 무시 등의 '적대감을 방어하는' 도피적인 마음일 수도 있다.

함께 살고 있는 대상에 대해서, 옳고 바른 방향으로 변화하기를 바라는 마음은 누구나 다 있을 수 있다. 또한 그 방향이 진실하고, 진정 상대방을 위해서라도 바람직하다는 판단이 설 경우에는, 더욱 더 변화를 바랄 것이다. 그렇다면 우리는 '바라는 마음'을 그대로 전달하고, 왜 그렇게 바라는 마음이 생길 수밖에 없었는가도 설명하며, 정중하게 요청할 수 있어야 한다. 이 경우에 가장 문제가 되는 것은 상대방에게 비난과 질책, 짜증과 투덜댐, 성급하게 밀어붙이고 싶은 답답함 등의 감정을 깔고 변화를 요구하는 것이다. 정중하게 요청하는 것이 아니라, 강압적인 요구를 하는 셈이다. 많은 사람들은 나의 생각이 옳다는 전제하에, 상대방의 변화를 요구한다. 또한 나의 뜻과 가치관과 의견 등을 따르지 않으면 안 될 것 같은 불안과 두려움 속에서 상대방의 변화를 바란다. 이것은 나를 위한 변화이지, 상대방을 위한 변화는 아니지 않는가! 이러한 요구는, 상대방의 입장에서는 강요받고 무시받고 지배받는 느낌이 들기 때문에, 변화는 고사하고 오히려 불필요한 저항감과 반항심만 불러일으킨다. 이렇게 되면, 그나마 스스로 가지고 있는 변화에 대한 씨앗마저도 없앨 수 있으므로 주의해야 한다.

넷째, 나의 말을 전달했을 때, 오히려 상대방이 할 말이 더 많다는 것을 알게 될 때가 있다. 즉, '표현하는 자세'에서 '듣는 자세'로의 기어 바꾸기를 해야 할 때가 있다는 것이다.

상대방에게 나의 마음을 전달했을 때, 상대방은 나와 전혀 다르게 생각하고 있었다는 것을 알게 될 때가 있다. 또한 자신 스스로도 무엇인가 할 말이 있어서 오히려 자기 할 말을 하려고 하기도 한다. 이럴 때는 '나의 마음을 표현하려는 자세'에서 '상대방의 말을 경청하는 자세'로 기어 바꾸기가 필요하다. 즉, 명료화 반응이나, 귀 기울이기, 맞장구 반응 등의 경청 자세가 필요하다는 뜻이다. 예컨대, "아, 당신이 생각하는 것들은 이러이러한 것이었다는 말이네요. 음 그랬었구나!"라는 식의 명료화 반응이나 간단한 맞장구반응을 해줘야 한다. 그리고 난 뒤, 나의 마음들을 다시금 표현하여도 늦지 않다. 상대방 입장에서는 자신의 의도를 표현할 수 있게 되었다는 것만으로도, 그 의도를 상대방이 들어주었다는 것만으로도, 더욱이 나의 표현 내용을 명료하게 이해받았다는 것만으로도 크게 마음이 안정될 수 있다. 경우에 따라서는 많은 오해가 풀리고, 마음이 가라앉을 수 있다. 그러다보면 처음에 전달하려고 했던 나의 입장도 받아들일 수 있게 되고, 천천히 나의 말을 들어보려는 시도도 가능해질 수 있다. 어쩌면 아주 서서히 변화의 물꼬도 틀 수 있다.

다섯째, 나의 감정이나 나에게 미치는 영향들이 비례적이지 않을 수 있다는 사실도 미리 계산하여야 한다.

남들이 모두 다 자신처럼 생각하는 것은 아니다. 각 집단이 속한 문화와 시대적 배경, 자라온 환경, 선천적 기질 등 다양한 조건에 따라 여러 가지로 생각할 수 있다. 지금-여기에서의 보편적인 현상에 맞는 비례적인 것들이 중요하겠지만, 서로의 환경에 따라서 비례적인 양상은 다양하므로, 그것을 조화시키고 통합시키는 것은 그리 간단한 일이 아니다. 얼마든지 다를 수 있다는 생각으로, 내 것을 무조건 주장해서는 곤란하다. 한 번쯤 타인들의 의견을 들어보고, 내 감정과 영향들이 비례적인지를 확인할 필요가 있다. 자기 것에 대한 고착 현상은 사람마다 누구나 다 조금씩은 있는 것 같다. '고착'된 자기의 신념이나 가치관을, '비례적인 것'으로 확고하게 고정시키면, 상대방의 입장에서는 정말 상대하기 어려운 대상이 된다. '깨어있는 마음'과 '열린 마음'으로 이 세상을 바라보는 것은 그리 쉬운 것이 아니지만, 성숙한 인품으로 가기 위한 꼭 필요한 여정이라고 본다.

여섯째, 나의 감정이나 영향들이 지극히 비례적이라 할지라도, 상대방은 전혀 그것을 받아들이기 어려울 때가 있다. 그것은 상대방이 일부러 그렇게 하는 것이 아니라, 과거로부터 영향 받은 '정신역동(내면의 감정 항아리)'으로 인하여 깊이 무의식 속에 담겨있는 어떤 요인이 있기 때문이다. 스스로도 이 부분은 자각하지 못하는 부분이므로, 아무리 부드러운 '나 전달법'이라 하더라도, 반복해서 그 부분을 건드리게 되면, 그것을 강요하는 셈이 될 수 있다. 손댈 수 없는 어떤 영역이라는 점이다. 특히 3세 이전에 받은 영향과, 선천적인 기질적 영향은, 사실 어느 누구라도 쉽지 않은 영역이다. 그들이 무의식적으로 행하는 자신의 부적절한 행동이 의식화될 수 있게끔 오히려 많이 표현하도록 도와주고, 그것을 들어주면서 이해해주고 인정해 주고, 있는 그대로 수용해주면, 그들은 편안하게 별 저항 없이 자신을 의식적으로 드러내게 될 수 있을 것이다. 이것은 결국 서로에게 사랑의 힘이 작용하게끔 될 수 있어, 부메랑처럼 나에게 그 행복감이 되돌아오게 될 것이다.

마지막으로, 한 개인의 정신기능은 수많은 배경과 전경의 상호작용이라는 점을 기억해야 한다. 수많은 '배경'을 뒤로 한 채, 드러나는 '전경'만으로 그 사람의 모두를 평가해서는 안 된다. 우리의 안목은 너무나 미약하고 좁을 수 있으므로, 드러나는 '전경'만이 이 세상의 전부로 생각하고, 유기체의 모든 것이라고 생각하면서 자신의 좁은 잣대로 상대방을 평가하기 쉽다. 배경 없는 전경은 없다. 배경이 없이는 그 전경이 존재하지 않는다. 보는 자는 보는 자신을 책임지고, 보여지는 사람은 보여지는 모습을 책임지면 되지 않을까! 보는 자가 자신의 '안목'을 생각하지 않고, 보여지는 대상을 탓해서는 안 될 것이다. 보는 자의 안목은 상대방의 '배경'이 '전경'으로 나오게 할 수도 있고, '전경'을 '배경'으로 돌릴 수도 있다. 이 세상의 모든 유기체는 흙속의 보물과 같은 '귀한' 존재라는 사실을 잊어서는 안 된다. 누구나 다 하느님의 귀한 피조물이며, 사랑받는 존재들이다. 대상을 바라보는 관점에서, 무엇을 전경으로 볼 것인가 하는 것은 보는 자의 안목에 달려있다는 점을 명심하여 보자.

요즘은 나름대로 인격도야를 위해서 학습하시는 분들이 많아지고 있다는 느낌이 든다. 하지만 만약 누군가가 "무엇을 배웠는가?"라고 물으면 할 말이 없을 수 있다. 그것은 어떤 기술이나 양적인 것이 아니라, 개인의 마음속으로 배어 들어오는 것이므로 딱히 드러낼 수는 없을 것이다. 분명 나의 내면에는 무엇인가(!)가 있다. 즉 보물이 있는 것이다. 드러내어 뽐내지 않아도 은근히 간직되어 있는, 할 말이 없는 그 무엇들이 바로 가장 소중한 것들이지 않을까! 소중한 것은 그냥 스며든다. 어느 누구도 방해할 수도 없다.

가랑비에 옷 젖듯 스며드는 깨달음은, 우리의 인격을 조금씩 변화시켜가며, 우리를 접하는 다른 이들에게도, 다음 세대에게도 서서히 그 가랑비를 젖게 할 것이다.

49. "말을 아껴야 할 때도 있지만, 꼭 말을 해야 할 때도 있다"

지각 있는 사람은 그 말 자체가 하나의 선물이다. 생각이 깊고 주체성과 배려심을 동시에 가지고 있는 사람의 '말'은, 참으로 명쾌하고 따뜻하다. 자기의 정체성을 뚜렷이 가지고 있고 당당한 자존감이 내재되어 있으면서도, 상대방에 대한 사려 깊은 관대함이 있기 때문이다. 그런 사람들에게는 '말'에서 풍겨 나오는 인품이 저절로 느껴진다. 그런 경우의 '말'은, 그 자체로서 기쁨이요, 사랑이다. 그들은 말을 아낄 때도 알지만, 말을 꼭 해야 할 때를 잘 알고 있다.

"대답할 줄 몰라서 침묵을 지키는 자가 있는가 하면
말할 때를 알고 있어서 침묵을 지키는 이도 있다.
지혜로운 사람은 때를 기다리며 침묵하지만
허풍쟁이와 바보는 말을 할 때, 때를 놓친다." (집회서 20, 6-7)

"어리석은 자의 말은 여행 중의 짐과 같고
지각 있는 이의 말은 기쁨이 된다." (집회서 21, 16)

위의 말은 지혜의 보물창고(寶庫) 같은 역할을 하는 성경 '집회서'에 나오는 내용이다. 말을 할 때와 하지 않아야 할 때를 잘 나타내는 의미 있는 글이다. "사람은 입이 무거워야 한다!", "말이 많은 사람은 쓸 말이 적다.", "침묵은 금이다." 등의 말을 들어보았을 것이다. 경우에 따라서 이 말은 금언(金言)이지만, 다른 경우에는 답답한 표현이 되기도 한다. 모든 것은 상황에 따라서 비례적으로 드러날 때, 그것이 금도 되고 돌도 되는 것이기에, 맥락에 맞지 않을 경우에는 다르게 적용되기도 할 것이다.

참으로 어떤 경우에는 깊은 침묵이 필요하다. 조용히 '내가 지금 무엇을 하고 있는가!', '나의 마음은 지금 어디로 향하고 있는가!', '내가 무엇을 바라고 있는가!' 등등, 나 자신과의 대화가 필요할 때가 있다. 언어는 때론 우리 스스로를 속인다. 우리 내면을 방어한다. 우리를 포장한다. 처음에는 상대방이 나의 언어에 의해서 미혹당할 수 있지만, 시간이 흐르면 그 포장은 벗겨지게 되어 있다. 침묵하게 되면, 우리의 내면은 많은 소용돌이를 겪고 있다는 것을 느끼게 된다. 무수한 생각들이 올라왔다 가고, 또 올라왔다 가고, 끝없이 흘러 흘러가는 것을 느낄 수 있다. 또 어떠한 생각이나 감정 속에 걸리면, 그 속에 마구 함몰되어 가는 것도 느낄 수 있다. 참으로 우리 스스로가 얼마나 어마어마한 잡념 속에 살고 있는가를 알 수 있다. 한평생 얼마나 망상과의 줄다리기를 하면서 살고 있는가를 끝없이 성찰하게 된다.

하지만, 이러한 침묵이 '알아차림'으로 끝나지 않고, '참된 나'의 모습으로 돌아오기 위한 시간으로 끝나지 않고, '건강한 자아기능'의 회복으로 끝나지 않고, 맨홀 속에 들어가는 것 마냥 되어버리면 곤란해진다. 가끔 경험해 보았을 것이다. 침묵의 상태에서 생각이 생각을 꼬리쳐서 물고 늘어지며, 나중에는 정신이 혼미할 정도로 어떤 구덩이 속에 들어가는 기분을 느낄 수 있다. 블랙홀에 빠진 것처럼 힘들어질 수도 있다. "생각도 질병이다."라고 톨레는 단언한다(Eckhart Tolle, 2013). 만약 생각의 구덩이 속에서 침묵이 되어지면, 즉 그 속에서 허우적거리고 괴로워하는 것으로 침묵을 즐기게(!) 되면, 우리는 많은 정신적인 어려움을 겪을 수 있다. 실제로 심리진단 후, 약물치료를 받아야 할 정도의 문제점을 지닐 수도 있다.

침묵은 그 질이 중요하다고 본다. '지혜로운 사람은 때를 기다리며 침묵하지만'이라는 내용에서 나와 있듯이, 지혜로운 사람은 침묵을 할 때와 하지 않아야 할 때를 잘 안다. '허풍쟁이와 바보는 말을 할 때, 때를 놓친다.' 우리가 말을 해야 할 때와 하지 않아야 할 때를 제대로 안다는 것은, 인간관계론적 입장에서 보면 '감수성'이 건강하게 발달한 사람들의 특징이다. 자신의 감정을 포착하고 스스로의 내면상태를 파악하면서, 동시에 상대방의 감정을 잘 알아차릴 수 있기 때문에 적절한 '때와 시기'를 맞춘다는 것이다. 지금 이런 말들이 오히려 상대방에게 방해를 주고 있는 것은 아닌지, 혹은 지금 해야 할 말을 놓쳐서 큰 화를 불러일으키지 않는지 등을 알아차린다는 것은, 건강한 감수성을 가진 사람들에게 가능한 것이다. 물론 이 감수성은 그 사람의 지각 있는 사고와 참된 내면이 바탕이 되어 나온다.

집단심리치료 장면에서 상담자 혹은 부모역할을 배우기 위하여 참여한 사람들이 가장 많이 하는 구체적인 학습은 '감수성 훈련'이다. 집단 구성원들 간의 긴밀하고 애매한 이야기들을 귀담아 들으면서, 그 속에 있는 감정들을 민감하게 알아차리고, 그로 인하여 적절한 피드백을 하는 상담자의 언어능력은, 사실 훌륭한 '경청능력'이 아니고서는 힘든 일이다. 이 능력은 바로 '뛰어난 감수성'이라고 볼 수 있다. 감수성이 건강하게 발달된 사람은, 침묵을 할 때와 말을 할 때를 적절히 잘 안다. 그 때와 시기가 매우 적절하여, 상담자 입장이라면 치료적으로 내담자를 도울 수 있는 기술로 활용되기도 한다. 하지만, 감수성이 발달한 사람들 중에는, 때로는 눈치를 많이 보고 적대적이고 경쟁심을 가진 사람들도 제법 많다. 그들은 자신을 보호하고 지키기 위하여 상대방의 감정을 민감하게 알아내는 습관으로 인하여, 감수성이 발달된 경우이다. 이들은 그 본마음에 억압된 부정적 감정이 잘 극복되지 않으면, 오히려 그 감수성으로 상대방을 상처 주는 반응을 하기도 한다. 상대방의 약점을 민감하게 알아차려서 여러 가지 말과 행동으로 상대방을 비판하고 못 마땅히 느끼게도 한다. 즉, 감수성이 자기를 탐구하고 성찰하는 것에 활용되기보다는, 상대방의 감정을 추적해내고 평가, 지적, 질책 등의 도구로 의사소통에 활용되는 것이다. 이것은 감수성이 잘못 사용되어지는 경우이다. 그러나 이들이 자기내면의 부정적 감정들을 잘 바라보면서 극복하게 되면, 이러한 감수성은 자신과 타인에게 상당히 긍정적인 방향으로 도움을 주게 될 것이다. 그러한 것을 극복하지 못하여, 감수성을 잘못 활용하는 경우도 많지만, 무사히 잘 극복하고 도움이 되는 사람들도 많다.

감수성은 말로만 표현되는 것이 아니라, 깊은 침묵 속에서도 그 빛을 발휘한다. '침묵'을 제대로 할 수 있는 사람이, 말도 제대로 할 수 있다. 말은 침묵 속에서 나오는 울림이기 때문에 '말' 그 자체는, 사실 침묵의 연장선상에 있다고 보아야 한다. 침묵하지 않고 말만 계속 하는 사람을 보라. 그 말을 한번 들어보라. 정말 피곤하기도 하고 무슨 말을 하고 있는지를 알 수 없을 정도로 혼란스러울 것이다. 참된 '말'은, 질 좋은 '침묵'에서 나오지 않을까 싶다. 참된 침묵은 스스로의 내면에 깊이 들어가서 다시 '지금-여기'로 빠져나오는, '건강한 자아기능'에 많은 영향을 준다. 이들의 침묵은 안정적인 생활에 큰 도움을 안겨주게 될 것이다. '말'은 정말이지, 사람을 살리기도 하고 쓰러지게도 한다.

어리석은 자의 말은 여행 중의 짐과 같고
지각 있는 이의 말은 기쁨이 된다. (집 21, 16.)

그렇다. 어리석은 사람들의 말은 들으면 들을수록 지친다. 즉, 여행 중에 짊어져야 할 짐 같다. 특히 가까운 주변 사람들에게서 불필요한 말을 반복적으로 들어야 한다면 우리는 늘 스트레스를 받을 수 있다. 답답하고 짜증나며 싫증날 것이다. 가능하면 피하고 싶을 뿐이다. 자녀의 입장에서 부모가 그런 말을 한다면, 집을 나가고 싶을 것이다. 사실은 그 '집' 혹은 '부모'를 피하고 싶은 것이 아니라, 그 '말'을 안 듣고 벗어나고 싶다는 것이다. 부모가 스스로의 '말'이, 불안하고 두려운 감정이나 어리석은 자신의 생각 등에서 나온다는 것을 모르고, 끊임없이 가정에서 이러한 말들을 하면 가족들이 받는 고통이 어떠하겠는가! 이것을 부모는 깊이 느껴야 할 것이다. 일상의 생활을 하는 우리는 사실 '말'로써 주변 사람들을 괴롭히고 있는 경우가 훨씬 많다. 특수한 경우에는 폭력이나 사고로써 괴롭히기도 하지만, 대체로 많은 경우에는 '말' 그 자체가 가족갈등의 주범이며, 인간관계의 큰 갈등의 씨앗이 된다. '말'은 정말이지, '독'도 되고 '약'도 된다. 꼭 같은 말을 하여도 '그 사람의 인격이 어리석은 수준이냐! 지각 있는 수준이냐!'에 따라서 그 말의 질이 많이 다른 것이다.

지각 있는 사람은 그 말 자체가 하나의 선물이다. 생각이 깊고 주체성과 배려심을 동시에 가지고 있는 사람의 '말'은, 참으로 명쾌하고 따뜻하다. 자기의 정체성을 뚜렷이 가지고 있고 당당한 자존감으로 권위와 영향력이 있으면서도, 상대방에 대한 사려 깊은 관대함이 있기 때문이다. 그런 사람들에게는 '말'에서 풍겨 나오는 인품이 저절로 느껴진다. 그런 경우의 '말'은, 그 자체로서 기쁨이요, 사랑이다. 그들은 말을 아낄 때도 알지만, 말을 꼭 해야 할 때를 잘 알고 있다. 특히 상대방이 어려움을 당하고 있을 때나 고통 속에 있을 때, 보약과 같은 말이 필요할 때가 있다. 이럴 때는 '말'을 아끼지 않고 마음을 함께 하면서, 상대방에게 알맞은 '말'을 건네면 좋다. 이 경우의 '말'은, 그에게는 사랑이며 치료약이다. 상대방이 하기 힘든 이야기를 노출하였을 때, 무표정이나 '침묵'은 때론 상처가 될 수도 있다. 침묵하는 입장에서는 '무슨 말을 어떻게 해야 할지 몰라서…', '무슨 해결책이 있는 것도 아니고~', '말을 해 봤자!' 등등으로 생각할 수 있다. 하지만, 가까운 누군가가 한없는 아픔 속에 있는데 침묵하는 태도로 일관하게 되면, 처음에 발생한 어떤 일보다도 그 침묵 자체가 오히려 큰 '박탈'이며 '상처'가 될 수 있다. 누군가와 어떤 말을 주고받고 난 뒤, 개운해지고 뭔가 응어리가 풀리고 삶이 새로워지며 마음이 편해진다고 생각해 보라. 그러한 말들의 주고받음은 지혜로운 사람이 베푸는 최고의 선물이 아니겠는가!

입술로 나오는 말이 아니라, 가슴에서 우러나오는 말을 통하여, 진실된 관계가 이루어질 수 있다는 사실을 느껴보자. 지각 있는 자의 말은 참된 침묵으로부터 출발하며, 말의 때와 시기가 적절할 때, 삶의 질이 참으로 풍성해 질 수 있다는 사실을 다시 한 번 생각해 본다.

50. '증상'은 마음을 감추는 활동, 그리고 생존의 힘

'증상'은 습관화되어, '그 증상'이 없으면 마음이 불안해지고 힘들어진다. 망상이 시작되기도 한다. 증상이 반복적으로 될 때는, '증상'으로 감추어진 불안을 다소 해소하고 있으므로 조금 안정이 될 수 있다. 하지만 그 증상에 대하여 주변에서 반복적인 잔소리를 듣게 되고 스스로 부적절함을 느끼게 되면서, 서서히 그 자신도 그리 마음이 편하지는 않다. 사실 그것마저도 하지 않으면 안 될 것 같은 강박증적인 상태에 휩싸이기 때문에 어쩔 수 없는 한계를 느낄 것이다. 그러다보니 '증상'을, 안할 수도 없고 할 수도 없는 곤란한 상태가 된다. 여기에서 우리는 다시 한 번, 이러한 감출 수밖에 없었던 감정의 뿌리는, 한 개인에게 주어진 중요대상에 대한 사랑과 의존욕구의 트라우마라는 것을 잊지 말아야 할 것이다.

살아가노라면 우리의 마음속에는, 중요한 대상에 대한 풀리지 않는 감정들이 있을 수 있다. 세월이 흘러 인격이 성숙해지고 지혜로워지면서 그 감정들이 스스로 해결되는 경우도 있지만, 세월이 갈수록 그 감정들이 더 축적되어 원 대상을 보고 싶어 하지 않거나, 현실의 다른 대상에게 전이되는 것들도 있다. 혹자는 "풀리지 않는 것이 바로 귀신이요 환(幻)이다."라고 말하기도 한다. 가슴속에 매듭지어 있는 감정은 뚜렷이 기억나고 의식되는 것도 있지만, 전혀 기억나지 않고 완전히 억압되어 있는 것도 있다. 하지만, 그것이 의식이 되든 의식이 되지 않든, 풀리지 않은 감정은 우리의 몸이 잘(!) 기억하고 있다. 그래서 풀리지 않고 있는 감정들의 여파는 여러 가지 현상으로 드러나게 된다. 꿈으로, 성격으로, 언어적 표현으로, 태도로, 표정으로, 신체화 현상으로, 경제 사회적 활동으로, 대인관계 방식으로… 다양하게 그 파장들은 이어진다. 한마디로 말하면, 일종의 '증상'이다.

'증상'이란, 자신의 마음을 '있는 그대로' 드러내지 못하고, 다른 측면의 활동으로 그 마음을 감추며 표출되는 양상을 말한다. 즉, '증상'은 마음을 감추는 활동이며, 자기만의 방어기제를 사용하면서 자신의 진실된 마음을 가능하면 드러내지 않으려는 태도이다. 사실, 마음을 감추는 활동은 거의 누구나 다 지니고 있다. 과연 어느 누가 외부의 대상 앞에서 자기 마음에 있는 것을 있는 그대로 드러내기가 쉽겠는가! 아주 특별하게 성숙한 사람이거나, 반대로 사회성에 문제(!)가 있는 사람 이외는 누구나 다 비슷할 것이다. 때때로, 이러한 방어본능을 제대로 내지 못하는 사람은 '자아 붕괴'의 수준에 있기 때문에, 오히려 정신적으로 문제가 있는 것으로 간주된다. 이럴 경우에는 또 다른 '증상'이 드러날 것이다. 그러므로 '증상'은 그것이 사회적으로 승인되느냐 되지 않느냐의 차이일 뿐, 누구나 다 어느 정도는 지니고 있는 보편적인 현상으로 보아도 될 듯하다.

인간이 자신의 마음을 감출 수밖에 없었던 심리적 배경에는 미움과 분노, 좌절 등의 고통으로 인한 적개심이 많이 억압되어 있고, 그 적개심은 사랑과 의존의 욕구로부터 출발된 것이 대다수이다. 즉, '의존적 사랑의 욕구'에 대한 과잉 충족과 결핍으로 인한 어떤 감정들의 억압이 주요한 원인이라고 볼 수 있다. 적개심은 어떤 형식으로든 드러나긴 하지만, 주변 대상의 상태에 따라서 감추어 질 수밖에 없는 경우가 많다. 그 대상이 한 인간의 생존을 쥐고 있을 때가 많기 때문이다. 예컨대, 한 자녀가 엄마 아빠가 너무 답답하고 싫지만, 그 부모를 미워하고 싫어하게 되면, 자신의 생존 욕구는 어디서 어떻게 채워야 할 것인지 답이 없다. 제대로 된 감정 표현은 허락되지 않고,

바람직한 표현을 배울 모델도 없는 상황에서, 더욱이 그 대상은 나의 생존을 쥐고 있는 중요한 대상이기에, 어떤 방식으로든 표현하기가 어렵다. 하지만, 마음속에서는 부모에 대한 감정이 자꾸만 답답하고 짜증나고 피하고 싶을 정도로 싫지만 사랑받고 의지하고 싶은 마음도 있다. 집 안에서는 가능하면 피하고 싶지만, 마주치지 않을 수도 없다. 식탁에서 부모와 마주보고 앉아있으면 자신도 모르게 가슴이 답답해지고 두근거려지면서, 저절로 손톱을 만지작거리며 뜯게 되고, 머리카락을 돌돌 말게 된다. 자기 마음을 감추기 위하여 손가락으로 머리카락을 자꾸만 만지고 손톱을 물어뜯는 등의 '증상'이 나타나게 되는 것이다. 그렇게라도 하지 않으면 그 마음을 어떻게 해 볼 수 없다. 딱히 '난 부모가 싫어!' 이런 식의 감정이 떠오르는 것도 아니다. 그냥 자신도 모르게 자동적으로 부모의 눈을 쳐다보기 어렵고, 손가락으로 무엇인가를 하는 '증상'만이 있을 뿐이다. 부모는 잔소리를 하기 시작한다. 똑같은 잔소리가 시작된다. "손! 가만 두지 못해? 정말 보통 일이 아니네! 그만큼 하지 말라고 했잖아. 밥상머리에 앉아서 머리카락이나 만지고 말이야!" 등등의 가차 없는 비난과 질책, 무시와 힐난조의 언어 매질이 시작된다. 아이는 다시금 부모에 대한 두려움과 분노감이 누적된다.

이 때, 부모가 깨달아야 하는 것이 있다. 자녀가 이런 증상을 가지지 않았다면, 그 감정을 해소하기가 어려웠을 것이고, 그렇게 될 때 그 아이는 '정신병적', '노이로제적', '신경증적' 증세를 지니게 될 수도 있다는 사실이다. 자녀는 스스로가 살아남기 위하여, 한마디로 '생존전략'으로서 그러한 '증상'을 가진다는 뜻이다. 자녀가 그러한 증상을 가지지 않았다면, 자기 자신이 그 감정을 해소할 수 있는 다른 방향을 모색할 수 없었으므로, 바로 그 감정으로 인한 정신병적인 증세를 가지지 않으리라는 법이 있겠는가. 어쩌면 증상은 자기 마음을 감추는 활동이면서, 스스로는 살아남기 위한 생존전략의 일환인 셈이다. 인간은 생득적으로 자기보존 본능이 있으므로, 누구에게서 배우지를 않아도 자신을 지키기 위한 자동조절 기제를 가지고 있다. 어쩌면 '증상'이라는 것을 통하여, '내면 아이'를 보호해주려는 뜻으로도 생각해 볼 수 있다. 그러므로 우리는 그 증상에 대하여 깊이 이해하고 수용하며, 그것을 어떻게 도움 되는 방향으로 자연스럽게 드러내게 도와줄 것인가를 연구해야 할 것이다.

부모가 사랑받고 싶고 인정받고 싶은 대상이 아니었다면, 부모가 생존의 끈, 의존대상이 아니었다면… 그냥 얼굴 안보고 피해버리면 되고, 그냥 무시해 버리고 더 이상 안보고 살면 되지만, 그게 그리 간단한 것은 아니지 않은가! 가장 핵심은, 미운 대상이 바로 사랑받고 싶고 의지해야 되는 대상이라는 사실이다. 더욱 더 중요한 부분은, 그 대상이 과거의 사람이었지만 현실에 전이되어 유사한 다른 대상에게도 같은 감정을 느끼면서 '망상'이 시작된다는 점이다. 아울러 '증상'은 습관화되어, 그 증상이 없으면 마음이 불안해지고 힘들어진다는 점이다. 망상이 시작되기도 한다. 불안이 의식적으로 드러나게 되면 정신적 분열이 오기도 한다. 반복적인 증상을 통하여, 감추어진 불안을 해소하고 있으므로 조금 안정이 될 수는 있다. 하지만 그 증상에 대하여 주변에서 잔소리를 듣게 되고 스스로 부적절함을 느끼게 되면서, 서서히 그 자신도 그리 마음이 편하지는 않다. 그렇지만 그것마저도 하지 않으면 안 될 것 같은 강박증적인 상태에 휩싸이기 때문에 어쩔 수 없는 한계를 느낄 것이다. 즉, '증상'을, 안할 수도 없고 할 수도 없는 곤란한 상태가 되는 셈이다. 여기에서 우리는 다시 한 번, 이러한 감출 수밖에 없었던 감정의 뿌리는 한 개인에게 주어진 중요대상에 대한 사랑과 의존 욕구의 트라우마라는 것을 잊지 말아야 할 것이다.

뿌리를 안다면, 그 열쇠도 있지 않겠는가!

곰곰이 생각해보면, 결국은 부정적인 감정을 푸는 중요한 열쇠는 '건강한 사랑'과 '건강한 의존'이라는 심리적 현상을 떠올릴 수 있다. 이 두 축은 얼마나 중요한 '약'인가! 이런저런 방책으로 이 '증상'을 완화시키기 위한 약물치료와 심리치료를 하더라도, 결국, '의존과 애정욕구'가 약이라는 것을 알게 될 것이다. 만약 이것을 알게 된다면, 현실적으로 이 약을 어떻게 적절하게 받을 수 있을 것인가에 대한 연구를 하는 것이 좋을 것이다. 그리고 누군가로부터 의존과 애정욕구라는 약을 투입할 수 없다면, 자기감정을 자각하고 통찰하여, 진정으로 자기를 이해하고 수용하면서, 스스로에게 믿음과 사랑을 부여하는 훈습을 해 나가는 방법이 있을 것이다.

첫 번째 방법, 즉 타인에게 도움 받는 자세이다. 이는 건강하게 의존을 주고받는 관계, 건강하게 사랑을 주고받는 관계를 말한다. 이것은 우리에게 큰 보약과 같은 것이다. 현실에 맞게, 나이에 걸맞게, 주변 여건에 적절하게 서로 간에 진실된 사랑과 의지를 할 수 있는 관계가 필요하리라 본다. 지금-여기에서 비례적으로 건강하게 새로운 사랑과 의존의 힘을 가진다는 것은 우리를 서서히 변하게 만들고, '증상'을 자연스럽게 완화시키는 역할을 하게 될 것이다.

두 번째 방법, 즉 스스로에게 도움 받는 자세이다. 관계 속에서가 아니라도 자기 스스로가 자기감정을 잘 알아차리고, 자신의 비례적이지 않은 감정들이 어떤 원인으로 야기되었는가에 대한 깊은 이해와 성찰, 즉 통찰을 건강하게 해 나간다면 좋을 것이다. 이 통찰은 자신을 제대로 이해하는 데 큰 역할을 하게 될 뿐만 아니라, 어떻게 자신의 행동양식이 바뀌어져야 하는지에 대한 '자생적 힘'을 방출시키는 데 결정적 역할을 할 것이다. 주체적 힘이 나오기 시작하면, 옆에서 누군가가 "바꾸어라!"는 소리를 하지 않아도, 스스로가 불편하여 수정하지 않을 수 없는 '자기 극복'의 힘이 나오게 된다. 이것은 진정한 변화로 들어서는 것이다. 과거의 뿌리 깊은 '증상'의 습이 있기는 하지만, 새로운 '자기 사랑'의 힘으로 야기되는 '좋은 습'도 강력하게 만들어 갈 수 있다. 자기이해와 수용 후, 자기사랑의 힘은 증상을 서서히 감소시키는 좋은 약이 될 것이다.

증상은 자기 마음을 감추기 위한 것이었지만, 살아남기 위한 것이기도 하였다. 그 뿌리는 자기를 보호하고 지키려는 것이었으므로, 결국 자기사랑으로 그것을 치료해 나가야 할 것이다. 나아가 이 깊은 '자기사랑'은 타인을 이해하고 사랑하는 데 결정적인 역할을 하게 될 것이다.

51. 지금 현재, 무엇을 행하고 있는가!

원함(wanting)을 알아차리기
행함(doing)을 알아차리기
느낌(feeling)을 알아차리기

매년 매 학기마다 실시되어 온 '마라톤 집단(집중형 집단심리치료)' 프로그램이 있다. 매년 비슷한 것 같지만, 집단구성원의 원의나 성격, 지도자의 제반 수준에 따라서 약간씩 변화되고 있는 듯하다. 변화라는 것은 '깨어있음'의 정도에 따라서 바람직한 방향이 될 수도 있고, 바람직하지 못한 방향이 될 수도 있다. 몇 해 전 '현재, 우리 스스로는 무엇을 행하고 있는가!(doing)'라는 주제로 실시한 마라톤에서도 '깨어있음'의 정도가 변화의 방향키가 됨을 여실히 체험하고 나눈 바가 있다.

이 주제를 다루기 전에 우선적으로 필요한 것이 있다. 즉 먼저 정직하게 스스로에게 물어야 할 것이 있다. "나는, 나 스스로에게 무엇을 원하고 있는가!"라는 것이다.

이러한 자문은 여러 가지를 숙고하게 한다. 생각보다 많은 사람들은 스스로에게 원하는 것보다, 타인에게 원하는 것이 많고 다양하다. 매우 세밀한 현실 상황에서부터 깊은 수준에 이르기까지 많은 것을 원한다. 구체적인 대상, 환경, 상황, 특히 가까운 가족에게는 원하는 것이 더 많다. 그러나 이것을 자신 스스로에게 돌려서 원하는 것을 대답해 보라고 하면 주저한다. '마라톤 집단'에서는 상대방이 마치 나를 비추는 거울처럼 되어 주면서 거울이 자신에게 질문하듯('거울장[場]'이라고 함), 마치 하늘이 나에게 물어주듯, "xx님,

당신은 당신 스스로에게 무엇을 원하고 있습니까!"라고 질문한다. 대부분의 집단구성원에게 조용히 자신을 생각하는 기회가 자동적으로 주어진다. '과연 나는 나 스스로에게 어떤 삶을 살기를 원하는가! 타인이 이러이러하게 해 주기를 바랐는데, 과연 나 스스로에게 무엇을 원하기에 '상대방에 대한 원함'이 있는가! 그 욕구는 나의 영혼에게 무엇을 바라는 것인가! 진정으로 나 스스로가 원하는 것은 무엇인가!' 등, 다양한 묵상거리를 제공한다. 그리고 자신의 '원함'이 머릿속으로만 뱅뱅 돌며 엉뚱한 망상으로 상상의 나래를 펼쳤던 것에서부터, 현재 무엇을 '바라고 원하는지'가 뚜렷하게 표면화되기 시작한다. 어느 누구도 그에 대한 비난이나 질책, 평가나 조언 충고 분석 등이 행해질 필요가 없다. 단지 스스로가 그러한 원함을 알아차리는 것뿐이다. 그냥 '원하는 무엇무엇'이 마음속에 있다는 것 자체를 자각하는 것뿐이다.

그리고 그 다음의 질문이 이어진다. 이러한 원함을 위하여 우리는 과연 무엇을 하고 있는가이다. 즉, "현재, 당신은, 당신의 원함을 위하여 어떤 행동을 하고 있습니까!"라는 질문이다.

정말이지 대부분의 사람들의 '원함'은 무진장 많다. '누구누구가 이러이러한 것을 해 주었으면 좋겠다. 내가 이런 성취를 했으면 좋겠다. 무엇무엇이 이렇게 되었으면 좋겠다!'라는 식의 원함을 계속적으로 가진다. 그저 원함 그 자체가 인생이라고 할 정도로 매일매일 홍수처럼 쏟아져 나온다. 각종 대중매체도 그 원함을 더 부추기고, 새로운 원함을 창출한다. 학교에서나 학원에서도 끊임없이 원함을 가지라고 교육시킨다. 가족은 말할 것도 없고 친구나 주변인들도 역시 원해야 이루어진다고 하면서 꼭 원함을 가지라고 한다. 그 원함을 느끼지 않으면 이상하고 비현실적인 사람으로 느껴질 정도이다. 그렇다. '원함' 자체가 없는 사람이 가장 '풍요로운 자'임을 지성으로 이미 알고 있거나 이로 인해 고통이 야기된다는 것도 알지만, 인간적인 우리 자신의 원함 그 자체는 지극히 현실적인 것이다. 우리는 그 현실을 이해하고 받아들일 수밖에 없다.

문제는, 이러한 원함에 따른 행동을 어떻게 하고 있는가, 즉 '지금-여기'에서의 행동이 그 원함과 어떻게 관련되어 있는가이다. 나 스스로에게 원하는 것이 정직하게 탐색되었다면, 우리는 그 원함을 위하여 과연 '현재, 무엇을 하고 있는 중인가!' 마라톤 집단에서 대다수의 구성원들은 "원하는 것을 겨우 알아차렸는데, 그 원함을 위하여 지금 현재 내가 무엇을 하고 있는가?"라는 질문 앞에서는 좀 당황해하고 망설이기도 한다. 그러나 즉각적인 대답을 하는 이도 있다. 때때로 "사실 별로 하고 있는 것이 없었다. 막연하게 욕구만 있었지, 구체적인 행동은 약하다는 것을 깨달았다."는 반응도 나온다. "배우자나 자식에게 무엇무엇을 해라. 제발, 왜 하지 않느냐 라고 했으나, 과연 나는 무엇을 하고 있는가!"라는 성찰이 뒤따르기도 한다. "스스로 꽤 잘하고 있다고 생각했었는데, 막상 드러내어보니 별로 하고 있는 것이 없고, 행하고 있는 것 자체도 뭔가 미심쩍다."는 반응도 많이 나온다. "내 자신이 구체적으로 행동하고 있다는 것을 알게 되면서 스스로에 대한 확신이 생겼다."라는 반응도 있다. 그 어떤 표현도 공감되는 내용들이다. 마땅히 깊은 성찰을 하는 것 자체는 좋지만, 그 성찰 후의 행동이 중요할 것이다.

기억이 희미한 어떤 수사님이 쓴 책에서 본 글이다.

> "즉시 실행할 수 있는 어떤 결심 없이 기도를 끝맺지 말라. 행위로써 사랑하는 습관을 길러라. 기도는 너를 행동으로 이끌어 가야 한다. 기도는 반드시 실제적인 어떤 결심을 하고, 구체적인 사랑의 행위를 만들어내는 힘이어야 한다."

행위 없는 믿음이 과연 제대로 된 믿음인가 라는 '성경' 이야기와, 행원의 중요성을 강조한 화엄경의 '보현행원품' 이야기에는 정말 생각해 볼 내용들이 많다. 인간적인 입장에서 원함을 가지지 않을 수 없다면, 지금-여기에서 '원함'을 위하여 과연 우리는 무엇을 하고 있는가를 다시 한 번 생각하게 하는 대목이다.

조금 더 확대하여 숙고해 본다면, 우리가 길을 걷고 있어도 딴 생각을 하고, 무엇을 먹고 있어도 다른 걱정과 고민을 하면서 먹고 있을 때가 있다. 이곳에 가서 저것을 생각하고, 저곳에 가서 그 다음 것을 생각하면서, 늘 '지금-여기'에서 떨어져 있다. 바로 현재 내가 하고 있는 행동을 잘 알아차린다는 것은, 어쩌면 지금 이 순간을 잘 살고 있다는 것이다. '지금-이 순간'을 깨어있지 않고는 우리는 평생 다른 무엇인가에 쫓겨서 살아갈 수밖에 없지 않겠는가! 늘 불안하고 늘 고민하고 늘 걱정하는 삶이지 않을까 싶다. 길을 걸으면 "아, 내 두 다리가 참 튼튼하게 걸어주고 있구나.", 밥을 먹으면 "정말 이 음식은 맛이 좋구나. 이렇게 음식을 먹게 해 주어 고맙구나. 이 반찬은 이런 맛이구나. 아. 이제는 배가 부르구나."라는 식의 '오직 현재'를 느끼는 훈련이 필요할 것이다. 가끔 필자는 경험한다. 몸이 아픈 것 같았는데, 어떤 일의 순간에 집중해 있으면 몸이 언제 아팠느냐는 듯이 아무렇지도 않다는 것을. 어떤 걱정과 고민이 있었는데 중요한 무엇에 몰입해 있으면 걱정거리는 깨끗하게 분리된다는 것을. 결국, '지금 이 순간 무엇을 하고 있는가!'라는 것이 핵심이다.

자, 이제부터다! 이렇게 현재의 자신의 행동을 느끼다 보면, 이 행동이 과연 원함과 관련하여 올바르고 진실된 방향인지 아닌지가 궁금할 것이다. 당연히 체크해 볼 필요가 있다. 무조건 행한다고 다 옳은 것이 아닐 때가 있다. 느낌을 자각해야 한다. 즉, 스스로의 행동에 대하여 자신의 느낌을 알아차리는 것이 중요하다. 그것도 바로 '지금-현재의 느낌'이다. 느낌의 알아차림은, 행동의 평가에 대한 진실된 방향을 알게 해주는 중요한 지혜를 가져다주리라 본다.

그래서 마지막의 질문은 상대방이 거울이 되어 이렇게 물어 주었다. "XX님, 당신은 이러이러한 것을 원했고, 이러이러한 행동을 하고 있군요. 그렇다면 그에 대한 당신의 느낌은 어떠하신지요!" 이 세 차원의 물음은 우리를 깊이 있게 생각하게 만든다. '지금의 행위에 대한 스스로의 느낌'을 알아차리게 한 것이다.

느낌의 알아차림은, 바로 자신의 행동의 비례 여부를 판가름해주는 중요한 척도가 된다. 아무리 최선을 다하여 열심히 하여도, 그 행위가 결국은 자신에게 해가 될 때도 있다. 그것은 자신의 행위에 대한 느낌을 알아차리지 못했거나, 알아차려도 무시하고 그대로 습관적으로 행동한 이유일 것이다. 인간의 마음 속 깊이 들어가면, 그 마음속에서 하늘의 뜻을 느낄 수 있는 힘이 있는 것 같다. 자신의 밑 마음, 자신의 본마음을 느낄 줄 아는 사람은 그 속에 참된 것을 깨닫게 된다는 것이다. 느낌의 알아차림은, 잘못 진행되고 있는 행동을 교정시키는 척도도 되며, 반전시키는 기회가 되기도 한다. 또 제대로 하고 있다는 확신을 가지게도 만들고, 좀 더 분발하게 하는 발전적인 힘으로 작용하기도 한다.

원함(wanting)을 알아차리기
행함(doing)을 알아차리기
느낌(feeling)을 알아차리기

이 세 가지는 우리에게 현재를 가장 현재답게 살게 하면서, 지혜롭게 살도록 스스로에게 도와주는 길이다. 자기 치유 질문이다. 이제 가끔씩 우리 스스로에게 거울이 되어주면서, 마치 타인에게 말하듯, 이렇게 물어보자.

"당신은, 스스로에게 무엇을 원하시나요?"
"당신은, 그 원함을 위하여 현재 무엇을 하고 계시나요?"
"당신은, 그 행함에 대하여 어떤 느낌인가요?"

52. "이제, 그만 화내고 싶다. 나도 힘들다"

주로 화를 유발시키는 외부 자극을 가만히 살펴보자. 대체로 나의 존재가 사랑받지 못하거나, 무시당하거나, 지배받고 공격받거나, 나의 중요한 부분을 인정받지 못할 때에 화가 나게 된다. 즉, 외부의 자극들은 나의 내면에 깊이 잠자고 있는 '존중받고, 인정받고, 사랑받고 싶은 욕구'와 관련이 있다는 것이다.

일상을 살아가는 사람들 중에, 화가 나지 않았던(혹은 않는) 사람이 있을까! "사실 나는 거의 화가 나지 않는다."라고 말하는 사람이 있다면, 마음상태를 잘 조절하고 유지하는 성숙한 인격을 가진 사람이거나, 자신의 부정적 감정을 습관적으로 억압하는 사람, 아니면 그 화를 사회적으로 승화 혹은 전이시켜 다른 것에 몰두하는 사람이거나, 이들을 섞어서 사용하는 등에 해당되는 사람일 것이다. 마음의 크기에 따라 다를 수 있겠지만, 외부의 부정적 자극에 대하여 감정을 드러내는 방식만 다양할 뿐, 평정심의 유지가 가능한 사람은 그리 많지는 않다.

나이가 들어가면서 사회생활이나 가족 안에서 이런 저런 일들에 부딪히다 보면, 이제는 알 것 다 알고, 알다 보니 이해도 되고 사랑하는 마음도 생기면서, 옛날 같으면 마구마구 일어났던 화들이 수그러들고 평화로워지기도 할 것이다. 내 마음 안에서 그런 것들에 대하여 흔들리지 않는 평정심의 유지가 점점 잘 되어 간다는 뜻이다. 하지만, 대부분의 사람들은 외부의 자극이 없을 때는 그런대로 평정심을 유지할 수 있겠지만, 내면의 주요부분을 건드리는 외부의 자극이 들어올 때는 화를 수그리기가 그리 쉽지 않을 것이다. 때로는 외적 압력을 피하기 위하여, 사람들을 만나기 싫어하고 모른 체 한다거나, 무관심한 반응을 보이는 사람도 있다. 이러한 회피의 방식으로 대처를 하면서 '나는 화를 내지 않는다.'라고 하는 것은, 화를 내지 않는 것이 아니라, 화를 피하는 것이라고 보아야 한다. 즉 그 화는 나의 내면에 숨어있는 것이다. 그러므로 외부 자극이 없거나 회피할 때 '나는 거의 화가 나지 않는다. 괜찮다.'라고 하는 것은 다시 한 번 숙고해보면서 통찰해야 하는 부분이다. '통찰'의 중요성은 아무리 강조해도 지나침이 없을 정도로 중요하다. 왜냐하면 부정적 외부 자극이 들어올 때 '나의 솔직한 감정 상태'를 느끼고, 그 원인을 깨달아가는 작업은 결국 분노를 스스로 조절할 수 있는 힘으로 작용하기 때문이다.

주로 화를 유발시키는 외부 자극을 가만히 살펴보자. 대체로 나의 존재가 사랑받지 못하거나, 무시당하거나, 지배받고 공격받거나, 나의 중요한 부분을 인정받지 못할 때 화가 난다. 즉, 외부의 자극들은 나의 내면에 깊이 잠자고 있는 '존중받고, 인정받고, 사랑받고 싶은 욕구'와 관련이 있다는 것이다. 누구라도 나를 건드리지 않을 때는 훨씬 화가 덜 난다. 경우에 따라서는 누군가가 건드리지 않을 때도 '화'가 치밀어 오를 때가 있다. 이 상황은 외부 자극과 관계없이 '내면의 많은 아픔'들이 그대로 산재해 있다고 해석될 수 있다. 이럴 경우에는 상처들에 대한 치료적 도움이 필요하리라 본다. 그러나 누군가가 건드리지 않을 때는 아무런 화가 나지 않다가, 외부 자극이 들어올 때 발생된 화는, 대체로 '사랑받지 못하고, 인정받지 못하고, 존중받지 못했을 때의 상처'가 그 중요한 이유일 가능성이 높다.

인간 내면의 심리적 현상을 잘 이해한다면, 외부 자극을 탓하는 것이 아니라 스스로의 내부에서 어떤 부분이 건드려졌는지에 초점을 맞출 수 있다.

다시 말하면, 외부와 싸우는 것이 아니라, 나의 내부와 대화할 수 있어야 한다. 이것은 아주 큰 차이점이 있다. 그 차이점이란 이런 것이다. 즉, 외부와 싸우는 것은 대체로 좋지 않은 결과를 가져올 뿐만 아니라, 그 결과를 얻는 데 있어서 에너지 낭비가 많고, 심하면 그 후유증 때문에 더 큰 상처를 받게 되고 그로 인한 갈등과 화를 다시 불러일으키게 된다. 하지만 자신 내부와 대화하게 되면 외부에 쏟는 에너지가 줄어들면서, 자신을 이해하게 되고 수용하게 되는 경험을 하게 된다. 이해와 수용의 경험은 놀랍게도 자신 스스로에게 위로와 격려의 마음이 생기고, 에너지 낭비보다는 내부에 힘이 생기는 것을 느낄 수 있다. 그 여파로 분노가 사그라지면서 불필요한 죄책감마저 줄어들기 때문에 정말 마음이 평화로워진다.

화를 자주 내는 사람들은 "이제는 정말 화 그만 내고 싶다. 나도 힘들다."라는 말을 자주 한다. 그런 말들은 이해되고도 남는다. 화를 내는 그 당사자는 얼마나 괴롭고 힘들겠는가! 아마도 이 글을 읽는 독자 중에서도 옛날에는 자주 화를 내는 편이었는데 요즘은 그나마 조금 나아진 편이라고 느끼는 분이 있을 것이다. 필자도 그런 경험이 자주 있었는데, 그때마다 제일 괴로운 것은 바로 나 자신이었다. 그 뒤에 따르는 죄책감도 커서, 그 죄책감 때문에 몇 날 며칠을 괴로워하기도 하였다. 이런 경우 사람들은 '저 사람 때문에 화가 나 죽겠다.'라는 적개심과 '나는 이정도 밖에 안 된다.'라는 죄책감을 가진다. 두 감정이 왔다 갔다 하며 힘겨워진다. "난 이 정도밖에 안 돼!"라고 하면서 자책하는 사람은 상대방 탓을 돌리지 않고 자신을 탓한다고 겸손하게 보일지 모르지만, 참된 통찰이 바탕이 되지 않은 '자기 탓'은 결국 '상대방 탓'으로 돌아가기가 쉽다. 오히려 나중에는 억울함과 속상함의 소리를 더 크게 낼 것이다. 즉, 진정한 통찰이 이루어지지 않은 '자신에게 화나는 마음'은 상대방에 대한 적개심을 억압한 것이므로 결국 동일한 것이다. 힘들게 참고 자신을 자책하지만 타인에 대한 화는 사라지지 않고 끝없이 반복되기도 한다.

일반적으로 분노는 '원하는' 마음 때문에 발생된다. 내가 원하는 것이 제대로 이루어지기를 기대하는 마음, 변화되기를 갈망하는 마음 등이다. 사실, 많은 사람들은 자신의 원함대로 상대방이 변화되기를 원한다. 상대방에게 사랑받고, 인정받고, 존중받고 싶은, 말하자면 정신적으로나 육체적으로 의지하고 싶은 마음이 있기 때문이다. 그러므로 가장 우선적으로 필요한 것은 '원하는 내 마음'을 자각하는 것, 즉 내면의 감정을 포착하여 알아차리는 일이다. 다시 말해 그 원인이 내부에 있다는 것을 깨닫는 것이다. 외부 상황으로 초점을 맞출 때는 화가 머리끝까지 나다가, 내부의 심리적 현상에 초점을 맞추다 보면 신비로울 정도로 마음이 가라앉는 것을 느낄 수 있어야 한다.

정말이지 아주 특별한 경우를 제외하고는 대부분의 인간은 누구나 다 '사랑, 인정, 존중'의 욕구가 있다. 그 욕구에 대하여 비난하거나 부정할 필요가 없다고 본다. 조용히 그 욕구를 가진 스스로에 대하여 이해해 주어야 한다. 인정하고 수용해 주어야 한다. 특히 어린 시절 건강하게 이 욕구를 충족하지 못하였던 사람들은 '받고 싶은' 자기 욕구에 대하여 깊이 이해해야 한다. 충족을 하였던 사람 역시, 그 욕구를 채우며 유지하고 싶은 마음이 있을 수 있다. 받지 못했을 때 발생되는 불안과 두려움이 있다는 뜻이다. '더 받고 싶은' 것은 아니라 할지라도 '존중과 인정과 사랑받지 못하는 외부 자극'이 들어올 때는 결국 그 욕구에 상처를 받기 쉽다. 그러니까, 어느 누구라도 이 욕구의 바람은 있다고 보아야 한다. 따라서 이러한 자신의 욕구에 대하여 특별히 자신만이 문제가 있는 것으로 생각하지 말고, 누구나 가질 수 있는 보편적인 현상이라는 점을 이해하고, 그냥 그대로의 모습을 수용해야 한다.

맞고 틀리고의 문제를 따지지 말고, 있는 그대로 이해해주어야 한다는 것이다. 비난과 질책과 자책감을 멈추어야 할 것이다. 종교적인 가르침, 즉 "그런 것들로부터 일체 자유로워져야 한다. 마음을 비워야 한다. 아무것도 바라지 말아야한다."라는 이야기들은 앞으로 나아가야 할 방향으로 생각하면 좋다. 다만, 현재의 우리 모습 그 자체에 대하여 이해하고, 수용하고, 사랑해야 한다는 것이 우선이다. 지금-여기에서 자신을 있는 그대로 인정할 수 있어야 만이 자기이해가 가능하며, 이해되어질 때 내적인 힘이 생긴다. 그래야 차츰차츰 성장해 나갈 수 있지 않겠는가!

우리는 우리 자신을 너무나 심히 학대하기 쉽다. '이러면 안 돼. 저러면 안 돼. 이래야 해. 저래야 해.' 등등. 이러한 요구와 압박은 인간 본연의 자율성과 자유감을 많이 상실하게 만들었고, 창조성과 독특성에 한계를 지었다고 볼 수 있다. 아이들을 기르다보면 그 아이의 기질에서 나타나는 독특한 창조성을 잘 느낄 수 있다. 하지만, 부모는 각자의 주관적인 사고방식으로, 어떤 통제와 한계를 제시하면서 자녀의 자율성과 주체성을 상실시키며, 동시에 그 나름의 창조성을 잃게 만드는 경우를 종종 경험할 수 있다. 물론 현실적인 감각을 길러내기 위해서는 사회의 기준에 맞는 자아기능을 갖춰야하는 것은 두말할 필요가 없지만, 이러한 건강한 자아기능과 아울러, 그 나름의 창의성을 잃지 않는 인격체가 정말 중요하지 않겠는가.

정리하자면, '이제 그만 화내고 싶다. 나도 힘들다!'라고 하시는 분들이 있다면, 그렇게 화내는 이유를 외부 자극에 돌리는 일을 멈추고, 자신 내부와의 만남을 시도해 보자. 그리고 자신을 깊이 이해하고 수용하자. 좋은 일이 있을 때 좋은 마음을 가지는 것은 누구나 다 가능하다. 그러나 부정적인 외부 자극이 있을 때 평정된 마음을 가지는 것은 그리 쉽지 않다. 그럴 때 자신의 내부 감정을 잘 포착하고, 그 감정을 읽어내면서 이해하게 되면 표현하기도 수월해질 것이다. 예컨대, "당신과 오순도순 이야기 나누며 따뜻함을 느끼고 싶었는데, 당신이 그냥 아무 말 없이 TV만 보고 있어서 사실 좀 서운했어요. 그래서 조금 전에 내가 화가 났어요."라고 표현하면 어떨까! 혼자서 이 작업을 하기 힘들 때는, 주변 건강한 분들과 대화하며 도움을 받는 것도 좋다. 그러면 상대가 나의 원함을 채워주어서 편안해지는 것이 아니라, 깊이 침묵하며 상황을 잘 바라보거나, 나의 주체성을 드러내어 표현하고 교류함으로 편안해질 수 있다는 깨달음을 가지게 될 것이다. 외부 자극에 대한 나의 감정은 나 자신의 몫이다. 그 감정의 주인은 '나'이다. 내면에서 올라오는 감정은 '나'를 새롭게 느끼고 깨닫게 하는 메시지가 된다. '이제 그만 화내고 싶다.'라는 마음은, 다시금 새로운 무엇인가를 깨닫게 해 주는 출발점이 될 것이다.

53. 믿는다고 생각하지만, 사실 잘 믿지 못한다!

정말이지 우리는 과거의 감정 속에서 현재를 살기 쉽다. 믿음이 약하여 발생되는 불안함의 극복은 진정 자신을 믿는 것에서부터 출발해야 할 것이다. 불신의 여파는 상당히 지속되므로 대물림되기가 쉽다. 따라서 우리는 깊이 직면해야 한다. 우리의 내면과 만나야 한다. 우리가 얼마나 큰 절대적 혜택과 사랑을 하늘에서 받고 있는지를 깨달아야 한다.

"나는 과연 다른 누군가를, 특히 가까이 접촉하는 사람을 조건 없이 존재 그 자체로서 믿는가?"

우리는 살아가면서 가끔 위와 같은 의문을 가져볼 때가 있다. 물론 그런 것을 생각하고 살지 않는 분들도 있을 것이나, 만약 자식을 키운다면 '자식을 있는 그대로 믿을 수 있는가?' 하는 질문이 많은 것을 생각하게 만든다는 것을 알 수 있다. 한 번쯤 "내가 과연 사람을 제대로 믿는가?"라는 스스로에 대한 자문은, 타인 혹은 세상을 바라보는 나의 마음을 점검해본다는 의미에서 필요하리라 본다. "나는 진심으로 믿는다. 우리 아이가(혹은 누군가가) 무엇을 해도 그냥 믿음이 간다."라고 대답하시는 분들이 있다면 훌륭한 인격을 가진 분이라고 느껴진다. 우리가 무엇인가를 제대로 믿는다는 것은, '자신 스스로의 존재'에 대한 깊은 믿음이 있기 전까지는 결코 쉽지 않은 인생의 큰 화두이다.

예컨대, 사춘기 청소년을 키우는 부모들은 "저 녀석이 이러이러하게 하면 자기에게 이익이 될 텐데! 왜 저렇게 하는지 속상해 죽겠어. 어떨 때는 정말 미워죽겠어. 자기 잘 되라고 하는 말인데."라는 이야기로 자식 키우는 어려움을 토로하기 시작한다. 부모의 입장으로는 공감되는 내용이다. 청소년들의 입장에서 본다면, 나름대로의 현실 적응과 앞으로의 진로 불안, 가치관 형성에 시행착오를 겪고 있는 과정이므로 어른들의 '바른 행동'에 대한 기대가 부담스러울 것이다. 자신을 믿어주지 않는 것 자체도 속상할 것이다. 부모의 그런 우려들은 '앞으로 더 잘 되어야 할 텐데.', '저렇게 해서는 안 되는데.'라는 불안 혹은 걱정이다. 물론 그것이 내용적으로 타당하다 할지라도, 하늘이 내리는 '시기와 때'를 믿지 못하는 부모 마음이 아니겠는가!

어른이 되었다고 해서 완전하다고 느낄 수 있을까? 완전한 것이 이 세상에 있을까! 완전하다는 개념이 무엇인가! 만족과 불만족이라는 것은, 지극히 주관적인 자신의 감정으로 느끼는 것이다. 외부의 것이 아니라 내부의 느낌으로서만 만족감을 맛볼 것이다. 완벽하게 모든 것이 잘 되어야 한다는 것은, 사실 만족감을 느끼고 사느냐 그렇지 못하느냐의 문제일 것이다. 일반적으로 우리는 그리 완벽할 필요가 없다. 우리는 그저 한줄기 바람처럼 불었다가 잠잠해지고 또 불고 잠잠해지는 과정을 수없이 반복하는 자연과 같은 유기체일 뿐이다. 이러한 자연의 법칙은 어느 누구라도 비슷할 것이다. 청소년보다 훨씬 삶을 더 많이 살아나가고 있는 어른들도 그럴진대, 다양한 사회적 압력 속에서 적응하며 살아나가는 진행형의 아동·청소년들은 오죽하겠는가! 그들 나름으로도 지금-여기에서 최선을 다하여 살아가고 있는 존재들일 뿐이다.

그렇다면 많은 걱정과 불안은 왜 생긴 것일까! 아마도 그 본마음은 상대방에 대한 진정한 믿음이 부족한 것이 아닐까! 믿음이 부족한 우리네들이 자주 하는 말들이 있다.

"네가 이러이러하기 때문에 내가 못 믿지!"

"세상이 이렇게 골치 아프고 문제가 많기 때문에 정신 안 차리고 살면 큰일 나지! 무엇을 어떻게 믿고 살아가겠어. 정말 잘 해야 해. 제대로 잘 하지 않으면 안 돼. 어떤 일이 발생할지."

이렇게 단호하게 말을 하는 사람도 있지만, '이러이러하기 때문에' 어떤 사람을 더 좋아하는 사람도 있고, '이러이러하기 때문에' 부러워하는 사람도 있고 다행스럽게 생각하는 사람도 있다. '네가 이러이러하기 때문에'라는 식의 '상대방 탓' 하는 태도는, 그것이 내 마음에서 나타나는 '믿지 못하는 마음, 그래서 불안한 내 마음'을 직면하지 못하기 때문에 발생되는 것이다. 내 마음을 제대로 바라보고 직면하지 못하면, 대부분의 사람들은 상대방의 탓으로 돌린다. 한마디로 내 마음의 투사체로 상대방을 보는 것이다.

왜 우리는 이렇게 믿음이 부족하게 되었을까!

가만히 살펴보자. 어릴 적부터 정말 큰 믿음이 갈 만한 의존 대상이 있었던 사람, 가족 내에서 이런저런 갈등이 있었지만 믿음이 갈 정도로 잘 해결된 경험이 있었던 사람, 어떤 사건 앞에서 충격적인 상황으로 빠지지 않고 무난히 좋은 방향으로 극복되었던 경험이 있는 사람, 누군가가 집에서 어른의 역할을 제대로 하여 어떤 곤란함을 든든하게 지켜봐주고 의지되었던 경험이 있는 사람 등, 이 같은 정신역동을 가진 사람들은 외부의 힘겨운 상황에 대하여 '지금 힘들지만 잘 해결될 거야. 어떻게든 잘 되었던 경험들이 많았잖아. 그러니까 어떤 결과가 나오더라도 나쁘지는 않을 거야.'라는 식의 긍정적인 예측을 하고, 기본 믿음을 가지고 외부 대상들을 대한다는 것을 느낄 수 있다.

그러나, 과거 가족관계에서 충격적인 경험 후의 큰 아픔들이 해결되지 않은 채 그대로 간직되고 있는 경우가 있다. 예컨대, 더 이상 어떻게 해 볼 수 없는 절망감과 낙담, 창피스러운 마음 한구석에 웅크리고 앉아 평생을 외부에 드러내어 놓지 못하는 어떤 사건들, 갈등만 일어났다면 전쟁과 같이 되어버리는 집안 풍경들, 어느 누구 한 사람이라도 어려운 상황에서 든든한 버팀목이 되지 못했던 어려움 등이다. 이런 경험을 한 사람들은 어떤 상황이 발생될 때 '아, 또 무슨 일들이 일어나려나? 큰일 났네. 또 골치 아프게 되었군. 정말 힘들어 죽겠어.'라는 감정부터 올라오기 때문에, 화를 내거나 피하거나 하는 부적절한 행동방식을 보이기 쉽다. 제대로 상황이 잘 해결될 것이라는 믿음이 약하기 때문이다. 모든 것은 다 나름대로의 길이 있을 거라는 믿음을 가지기가 쉽지는 않다. 어느 누군가가 이러한 것들을 잘 도와줄 거라는 믿음이 생기기도 어렵다. 조금 더 확대되면 거의 모든 사람들을 못 믿겠고 이 세상도 마음에 안 든다. 오직 제대로 해야만 한다는 생각만으로 이 모든 것을 견뎌내는 것이다. 그것이 본인의 강박증적인 불안이란 것을 어렴풋이 자각한다 할지라도, 그 불안으로 더욱 더 열심히(!) 생활해 나갈 뿐이다. '내가 최선을 다하니까 모든 일이 이만큼이라도 되는 것.'이라고 믿으면서…. 그렇기 때문에 '자식들도 나처럼 이렇게 열심히 살지 않으면 안 된다.'라는 생각이 앞서는 것이다. 그 불안이 바로 '믿지 못하는 나의 마음' 때문에 발생되었다는 것을 깊이 생각하지는 못했을 것이다.

믿지 못하고 불안해하는 사람들은 대체로 두 가지 형태로서 그 불안이 합리화된다.

첫째는, 불안으로 인하여 최선을 다하여 자신의 일을 열심히 해 내고, 그로 인한 성취감을 맛보았던 사람이다. 이들은 그 성취감의 결과물이 열심히 최선을 다하여 살아왔기 때문이라고 굳게 믿고 있으므로(현실적으로는 옳지 않다고는 볼 수 없다. 하지만 나름대로 최선을 다하여도 그런 결과가 오지 않는 수많은 사람들도 있다.)

불안에 대한 방어로서 승화된 '투쟁적인 최선의 삶'에 대한 성찰이 부족하다. 따라서 그 방식을 상대방에게도 강요하게 된다. 물론 열심히 살아온 것 자체를 부정적으로 볼 수는 없을 것이다. 그것 자체에 대한 것은 스스로를 칭찬하고 감사할 일로 받아들이면 좋다고 본다. 다만, '그런 불안이 있었구나!'라는 자기 마음의 알아차림이 중요하다. 그렇지 않으면 상대방에게 강요하고, 그 방식만이 앞으로 살아갈 길이라는 고정관념을 지닌 채, 자신이 원하는 대로 되지 않으면 못마땅하게 생각하고 무시하고 짜증낸다. 이러한 상태는, 결국 자신이 자신 스스로를 불편하게 만드는 핵심 요인이라는 점을 생각해 보아야 한다.

한편, 이렇게 생각하는 사람도 있을 것이다. '그렇다면 분명하게 원인 제공을 하는 저런 불편한 사람을 그냥 두어야 한단 말이냐?'라는 의문이다. 그것이 꼭 변화되어야 할 것인지 아닌지의 여부는 두고라도, 상대방에 대한 나의 마음이 불편하거나 불신이 생기면 우선 내 스스로가 편치 않으므로 건강한 대처 행위가 어렵다. 또 상대방의 문제행동이 있다 할지라도 상대방의 존재 자체를 믿지 못할 때는 상대방을 변화시키기가 힘들다. 나 자신이 상대방의 입장이 될 때의 마음을 생각해보라. 믿어주지 않는 상대방의 말을 듣고 변화시키고 싶은지를! 믿음을 통하여 인간은 새로 태어난다는 사실을 꼭 명심해야 할 것이다.

둘째는, 믿지 못하는 불안으로 인하여 원하였던 어떤 일이 제대로 되지 않아 좌절감을 맛보았던 사람이다. 이들은 자신의 좌절감에 대한 죄책감도 함께 가지기 때문에 정말 고통스럽다. '내가 이 정도 밖에 안 되는 사람이야! 난 정말 바보 같아. 이것이 모두 내가 제대로 못했기 때문이야. 우리 자식은 나처럼 절대 살아서는 안 돼! 절대 안 되지! 안 돼!' 하며 주먹을 불끈 쥔 듯한 결심이다. 이들은 자신의 불안으로 인하여, 혹은 누군가의 진정한 격려와 지지가 부족하여 힘을 낼 수 없었던 아픔으로 인하여, 제대로 무엇을 할 수 있는 내면의 힘이 약했다는 것을 깨닫지 못한다. 머리로 잠시 인식하다가도 인정하기가 쉽지 않는 경우가 많은데, 대부분의 사람들은 자책감에 빠져서 불안의 원인에 대한 통찰이 약하다. '내가 바보였어. 난 잘못했어.' 하는 죄책감과 좌절감 속에 있는 것이다. 그리고 자식에게는 이 아픔의 대물림을 하지 말아야 한다는 신념을 가지고 강화하는 것이다. 말하자면 자기의 왜곡된 신념을 고착시켜 굳게 믿는 것이다. 그 마음이 자식에게 투사되면, 그대로 자식은 그 수준대로 마음이 모든 행동에 비춰져서 갈등이 시작된다. 이렇게 되면 '자식'은 바로 '자신'이다. 이들은 믿을 대상이 없었던 극심한 불안이 억압되어 느껴지지 못한 채, 온통 그 마음을 불안하게 만드는 환경적 요인에 초점을 맞추어 살아간다. 한마디로 말해 의지할 대상이 없었던 내부의 아픔을 직면해야 한다. 그렇게 해야만 죄책감에서 풀려나게 되고, 자신을 있는 그대로 볼 수 있는 힘을 기르게 된다.

우리는 과거의 감정 속에서 현재를 살기 쉽다. 믿는다고 생각하지만, 사실 잘 믿지 못한다! 믿음이 약하여 발생되는 불안함의 극복은 진정 자신을 믿는 것에서부터 출발해야 한다. 불신의 여파는 뿌리가 강력하므로 대물림되기가 쉽다. 따라서 우리는 깊이 직면해야 한다. 진실로 느껴야 한다. 우리가 얼마나 큰 절대적 혜택과 사랑을 하늘에서 받고 있는지를 깨달아야 한다. '나는 사랑받기 위하여 태어난 존재'라는 인식이 있어야 한다. 나의 존재는 아무런 조건 없이 사랑받는 귀한 유기체라는 깊은 믿음이 뒷받침되어야 한다. 스스로가 이 믿음이 약할 경우에는 가까운 타인으로부터 반복적인 피드백을 받으면서 이 믿음의 씨앗을 뿌려야 하고, 그것을 가꾸어나가야 한다. 가급적이면 나를 진심으로 믿어주고 격려해주는 누군가를 만날 수 있다면 도움이 될 것이다. 아직 내 힘이 부족할 때는, 의도적으로라도 날 믿어주지 않는 사람과는 약간 거리를 두며 힘이 빠지지 않게 나를 보호하는 것도 필요하다. 나중에 내 힘이 자라게 되면 그들에게도 나의 믿음과 사랑을 전해야 한다. 정말이지 우리는 스스로를, 하늘이 부여한 존재 그 자체로서 '절대 인정', '절대 긍정'해야 할 것이다.

54. 갈등은 피하면 피할수록, 더 심각해질 수 있다

갈등을 해결하는 방법 중에서 건강한 대화를 해 내는 능력은 핵심 관건이 될 것이다. 그러나 그보다 더 중요한 것은, 갈등이 생길 때 피하지 말아야 한다는 것이다. 즉, 상대가 어떤 문제를 제기하였다면, 일단 그 자리에서 일어나지 않아야 한다. 자리에서 일어나지 않아야 한다는, 이 사실을 명심하길 바란다. 피하게 될 때 상대방이 느끼는 박탈감과 무시감은, 갈등 그 자체보다 훨씬 더 큰 문제점을 야기한다는 사실을 꼭 알아야 한다.

살아가면서, 우리는 뜻하는 바가 잘 되고 좋은 일이 일어나면 마음이 기쁘다. 그런 일들이 자주 일어나면 더욱 더 기쁠 것이다. 하지만 각자 나름대로의 욕구를 가진 인간세상에서 어찌 좋은 일만 일어나겠는가! 우리의 일상은 다양한 갈등과 대립이 노골적으로 혹은 은근히 발생하는, 역동적인 공간과 시간의 변화 과정이다. 그 갈등 속에 있는 사람들 중에는, 말 못할 어려움을 겪고 있으면서 어느 누구에게도 드러내지 않고 끙끙 앓는 사람, 그 깊이가 심각하여 혹은 세월이 너무 흘러 더 이상 해결책이 보이지 않는 절망감, 아무리 해도 안 될 정도의 심각한 외부 상황으로 인한 좌절감, 손댈 수 없을 정도의 난감함 등, 다양한 감정의 회오리 속에 있는 사람도 있을 것이다. 좋은 일도 일어날 수 있지만, 갈등 속에서 어려움을 겪을 수도 있는 것이 일반적인 생활이라고 본다면, 갈등이 발생하였을 때 우리는 이 갈등에 대해서 어떻게 대처해야 하는가를 생각해 보는 것은 의미 있는 일이다.

갈등이 발생할 때, 일반적인 사람들의 행동방식은 주로 도전적으로 그 문제를 풀어가거나 혹은 피하는 두 가지 방식을 사용하기 쉽다. 대체로 주체적이고 적극적인 사람들은 다소 투쟁적으로 말을 건네거나 해결하기 위한 도전적 방식을 사용하기도 하겠지만, 마음이 착하고(!) 여리며 순한 성격을 가진 사람들은 피하는 식의 해결책을 사용할 것이다. '좋은 것이 좋은 것이다!', '저 사람은 당해 낼 수 없어.', '언젠가 때가 되면 알게 되겠지.', '내가 좀 참아야지. 그래도 참는 자에게 복이 오지 않을까', '이 일은 어떻게 해 볼 수 있는 것이 아니잖아! 정말 어쩔 수 없어. 나로서는!' 등의 생각과 말로서 그 갈등을 피하는 것이 옳다는 생각을 가지기 쉽다. 물론 그런 생각도 충분히 이해됨직하고, 또 때로는 현명한 처신일 때도 있을 것이다. 하지만, 외부의 갈등 상황은 개선의 여지없이 반복적으로 일어난다고 할 때, 당사자들이 계속 피할 경우에는, 그 외적 상황은 훨씬 더 심각해질 수 있다. 외적 상황에 대한 문제와 아울러, 피하였던 입장에서 발생되는 문제가 더 골이 깊어지고, 최초의 갈등적 상황은 눈덩이처럼 커질 수 있다. 1 정도의 갈등이 이제는 10 정도로 느껴지는 등, 그 여파는 점점 더 큰 어려움을 야기하기도 한다. 즉, 갈등 그 자체보다는 피하는 방식 때문에 발생되는 문제점이 더욱 더 갈등을 심화시킨다는 사실을 깨달아야 한다.

한번 예를 들어 생각해 보자. 남편과 시댁 관련의 어떤 상황들 때문에 맺혀있는 감정을 가진 아내가 있다고 하자. 아내는 남편이 시부모님께 대하는 태도가 영 마음에 들지 않고 불편하기 그지없을 뿐만 아니라 부당하게 느껴진다. 남편에게 이런 심정들을 표현하였더니, 남편은 "부모님에 대한 문제만은 건드리지 마! 연세 드신 부모님 이야기를 지금 꺼내어보았자 무슨 소용이 있겠어. 그 분들 나름대로 열심히 살아오셨는데… 다른 것은 내가 다 잘할 테니 이 부분만은 앞으로 더 이상 꺼내지 마! 사실 그 분들 고생도 많이 하셨잖아!"라고 잘라서 거절한다. 속에 있는 말을 꺼내기도 전에 거절당한 아내는 정말 속이 상한다. 하지만 어쩔 수 없다고 느낀다. '그래, 이 문제만은 더 이상 어떻게 해 볼 수 없구나. 그냥 이렇게밖에 살 수 없어. 남편의 다른 부분은 다 괜찮으니 더 이상 건드리지는 말아야겠구나.'라고 다짐한다. 하지만 마음 한편에서는 여러 가지가 불편하다. 시부모님의 요구가 너무 심하고, 일방적으로 자식이 당하는 듯한 분위기가 늘 마음에 찜찜하다. 그 여파로 남편의 표정과 태도가 항상 우울하고 경쾌하지 못하고, 그것을 보는 아내는 괴롭다. 그러나 시부모님에 대한 말은 금기시되어 아예 꺼내지도 못하고, 그 갈등은 그대로 가지고 지낸다. 다른 부분은 그런대로 괜찮다고 하지만, 이 부분으로 인한 파장은 자식들과의 소통, 자질구레한 다른 일상에 대한 주고받음까지 영향을 미치며 사소한 대화를 방해한다. 제일 보기 힘든 것은 남편의 표정이 대체로 편치 않다는 사실이며, 이 어두움이 가정 분위기에 음양으로 영향을 미치고 있는 상황이다. 뿐만 아니라, 부부로서 깊이 소통되지 않는 느낌 때문에, 남들 보기에는 부족함이 없는 현실인 것 같아도 마음이 행복하지 않다.

그렇다. 갈등은 피하면 피할수록 더 심화된다. 작은 갈등을 직면하지 못하면, 작은 것은 눈처럼 부풀려지면서 그 여파는 다른 생활에까지 영향을 미친다. 왜 이렇게 우리는 갈등을 피하려고 하는 것일까! 여러 가지 개인적 심리상태에 따라서 다르겠지만, 일반적으로는 갈등에 대한 부정적 감정(예, 두려움 불안 무서움 등)의 미성숙한 처리 능력이 핵심일 것이다. 구체적인 원인의 예를 본다면, 과거 가정생활 속에서 갈등이 발생하였을 때 말다툼이 일어나고 싸움이나 폭력의 발생, 어떤 부분에 대한 이야기는 금기시한 집안 분위기, 오랫동안의 칙칙한 침묵으로 수동적 공격을 주고받았을 수도 있는 등, 갈등과 관련된 트라우마를 가지고 있기 쉽다. 그러한 트라우마로 인한 두려움, 겁, 무서움, 공포감 등이 마음에 잠재되어 있고, 더 나아가 우울감, 낙담, 절망감 등의 감정 세력들이 주요 감정으로 작용하기 때문이다. 즉 이러한 정신역동으로 인하여 화가 나고 짜증나는 감정들은 그대로 억압되어 있을 가능성도 높다. 그러므로 현재의 갈등 상황에서는 과거의 방식대로 두렵고 무서워서 피했다가, 그 갈등 외의 다른 상황에서는 억압된 분노나 화를 표출하는 식이 될 것이다. 경우에 따라서는 부모의 갈등에 대해서 자식의 입장으로 '내가 그 상황에서 어떻게 했으면 그런 갈등이 일어나지 않았을 텐데…' 하는 죄책감을 가지는 사람도 있다. 물론 적절한 죄책감은 어느 정도 가지는 것이 정상이겠지만, 타인들이 고개를 갸우뚱하는 비례적이지 못한 죄책감은 갈등을 회피하게 만드는 핵심감정이 된다. 예컨대, 부모사이의 갈등을 자녀가 자기 때문에 발생되었다고 느끼거나, 어린 자녀가 부모에게 무엇인가를 잘 해주지 못한 것이 문제라는 식으로 생각하는 것이다. 갈등과 관련된 죄책감은 분노보다 더 깊은 감정이 억압된 형태이다. 분노가 억압된 죄책감은, 시간이 흐를수록 현실적으로 발생 가능한 여러 가지 문제점으로 더욱더 드러나게 되는데, 이것을 심도 있게 인식하고 성찰하게 된다면 생활에서 불필요한 짐을 덜어내는 데 도움이 될 것이다.

갈등은, 어떤 외부 자극에 대하여 느끼기 싫은 억압된 내면의 감정을 건드리기 때문에 피하고 싶은 방어적 마음이 자동적으로 올라오는 하나의 현상이다. 정말이지 우리는 갈등 상황에서 바람직한 해결을 경험하지 못하였던 사람들이 많다. 이들은 어떻게 대처해야 하는지를 경험하지 못하였다. 갈등을 건강한 방식으로 풀어나가는 경험을 못하였던 우리네들의 가장 큰 문제점은, 그 갈등을 그대로 피한다는 것이다. 피하는 방법 이외는, 다른 방법의 모델이 없었다. 과거의 대처방식이 현재에 고스란히 전이된 셈이다.

사실상 갈등은 인간 세상에서 '더 질 높은 삶'을 위한 필연적인 파도(흐름)와 같다. 마치 때때로 비가 오고 바람이 불어야 되는 것과 같은 이치다. 갈등이 없다면 우리는 더 나은 생활의 신호를 꺼버리게 되는 셈이 된다. 갈등은 정말이지 꼭 필요하다고 본다. 문제는 그 갈등을 어떻게 잘 승화시켜 내느냐 하는 것이다. "우리 부부는 아무런 갈등이 없다!"라고 말하는 분이 있다면, 오히려 다시 한 번 생각해 보아야 한다. 물론 피하지 않는 상황에서 갈등이 없다고 느낀다는 것은, 정말 그 갈등을 내면에서 잘 소화해 내는 높은 인격을 갖추었다고 볼 수 있다. "젊었을 때 심하게 갈등을 겪었으나, 그 갈등을 겪는 과정에서 너무나 깨달은 것이 많다. 갈등 때문에 지지고 볶고 싸우면서 서로에 대한 이해심도 많아지고 사랑도 많아지고, 갈등의 해결 방법도 서로 익혀지면서 이제는 거의 갈등이 없다."라고 하시는 분들이 있다. 충분히 이해될 수 있는 말이지 않는가! 이것은 실로 갈등이 주는 선물이다. 갈등은 깨달음을 안겨주는 소중한 과정이다. 바람도 불어야 세상의 온갖 먼지들이 진공청소기를 돌린 것처럼 깨끗해진다. 비가 와야 먼지들이 씻겨 나가기도 한다. 아무리 환경이 완벽해도 먼지는 끼게 마련이다. 바람도 불어야 하고 비도 와야 한다. 각종 생물체의 생존을 위해서도 바람과 비는 필요하다. 즉, 갈등은 건강한 대화를 해 낼 수 있는 능력만 있다면, 오히려 우리에게 '정말 인간다운 인간'으로 나아갈 수 있는 길을 마련하기도 한다.

그렇다면 이 갈등 상황을 어떻게 이겨낼 수 있을까!

갈등을 해결하는 방법 중에서 핵심 관건은 건강한 대화를 해 내는 능력이다. 그러나 그보다 더 중요한 것은, 갈등이 생길 때 피하지 말아야 한다는 인식이다. 만약, 상대가 어떤 문제를 제기하였다면, 일단 그 자리에서 일어나지 않아야 한다. 자리를 피하지 말고, 가능하면 상대방을 마주보고 눈을 맞추며 이야기를 들어야 한다. 설사 약간의 언쟁이 오고가더라도 자리를 박차고 일어나지는 말아야 한다. 이것을 명심하길 바란다. 피하게 될 때 상대방이 느끼는 박탈감과 무시감은, 갈등 그 자체보다 훨씬 더 큰 문제점을 야기한다는 사실을 꼭 알아야 한다. 가만히 앉아서 상대방이 하는 이야기를 끝까지 들어보아야 한다. 상대방의 이야기를 경청하다 보면, 상대방이 무슨 이야기를 하고자 하는가를 알게 된다. 이 때 상대방의 말들을 요약해서 한번 돌려주는 '명료화 반응'을 시도해 보라. "아… 지금 당신이 하는 말은 이러이러하다는 내용이군요. 그래서 마음이 이러이러했다는 말이죠. 따라서 나에게 이러이러한 부분을 원한다는 말이군요."라는 식으로 말해보라. 즉 '경청 반응'을 제대로 시도해 보려는 태도가 필요하다.

그런 후에 그 내용에 대한 나의 생각이나 느낌을 전달해 보라. 즉 '느낌 반응'을 시도해 보라. 예컨대, "내가 미처 그것에 대해서는 생각해 보지 않아서 당황스러워 지금 당장 뭐라고 말하기는 곤란하지만, 당신이 무슨 말을 하고자 하는지를 이해하겠어요. 지금까지 그렇게 생각해 오셨군요."라든가, "아… 그것을 미처 알아차리지 못했네요. 당신이 하는 말을 처음 들어서 좀 당황되고 소화해내기가 힘이 드네요. 그렇지만 내가 좀 더 시간을 두고 생각을 해 보아야 할 점이 생긴 것 같네요. 좀 고민해 볼게요."라는 식으로 반응해 보라.

더 이상의 대화는 개인적인 사정에 따라서 이어질 수도 있고 다음 기회에 할 수도 있겠지만, 일단 이러한 반응을 하는 것만으로도 피하지 않고 그 갈등을 서로 생각해보는 계기를 가지게 되는 것이다. 만약 두 사람만의 대화로서는 힘겹다면, 전문 상담자를 만나서 함께 풀어 보기를 권한다. 피하지 않는 방식의 갈등 해결, 싸우지 않는 방식의 갈등 해결! 이것은 건강한 인간관계의 시발점이 될 것이다. 그리고 사소한 일상이 우리의 행복을 가져다주는 구체적인 계기가 될 것이다.

55. 기쁨과 즐거움도 '느끼는' 연습이 필요하다(!)

> '더 잘해야 할 것들'이 있어도 기쁘고 즐거워할 수 있는, 뭔가 고쳐야 할 것들이 있어도 행복할 수 있는, 부족한 것들이 있어도 만족할 수 있는, 의식적인 연습이 필요하다. 지금-여기에서, 기존(旣存), 기성(旣成)의 것들을 기쁘고 즐거워하지 못하는 우리의 마음상태를 깊이 바라보고 '느껴야' 할 것이다. 기쁘고 즐거워 할 것들이 없는 것이 아니라, 그것을 '느끼지' 못한다는 것이 가장 큰 과제이다.

"너희는 내가 창조하는 것을 대대로 기뻐하고 즐거워하여라"(이사 65.18).

새벽에 일어나서 이 말씀을 조용히 묵상하며 이런저런 생각을 해 본 적이 있다. 필자는 한때 늘 인상을 쓰고 다녔던 적이 있었다. 물론 그 당시에는 인상을 쓰고 다니는 줄도 몰랐다. 10대 때에는 정말 잘 웃고 친구들을 웃기고 재미있었다는 느낌이 있는데, 어느 순간 어떻게 마음이 뒤틀렸는지 친구들 말로는 필자가 20대부터는 인상을 쓰게 되었다고 했다. 남편이 "어이… 여보, 제발 인상 좀 펴지! 당신은 늘 불만 주머니가 있는 것처럼 인상을 쓰네."라고 할 때는, "내가 무슨…" 하면서 부인하고, 그러면서 또 인상 쓰고(!) 그랬던 것 같다. 같이 생활하셨던 시어머님이 그런 며느리를 매일 보면서 마음이 어땠을까를 생각하니 정말 죄송하고, 넓은 아량에 감사하기 그지없다. 세월이 흘러 언제부터인지 모르게 내가 미소를 짓기 시작하고 잘 웃고 농담도 잘하고, 심지어 남을 웃기기까지 할 정도로 회복되었으니 감회가 새롭다.

내담자를 맞이하다 보면 정말 총명하고 반짝반짝하는 사람 중에서 낮은 자존감으로 괴로워하는 사람도 있고, 많은 것을 가지고도 불평불만이 많고 꽉 막혀있는 듯한 느낌을 주는 사람도 있다. 남들보다 모든 측면에서 우수하여도 늘 인상 쓰고, 짜증이 많고, 무슨 불만거리가 가득 찬 사람마냥 까칠한 사람들을 보면 안타까울 때가 많다. 이들은 타인을 볼 때도 '꼬투리를 좀 잡아야겠군.', '남들이 좋다고 해도 못 믿겠어. 이런 것이 문제잖아. 저런 것이 잘못되었잖아.' 하는 식으로 미세한 것 하나하나를 그냥 넘기지 못하고 전부 꼬투리를 잡는다. 남들이 볼 때는 그냥 넘길 수 있는 보편적인 현상에 대해서도, '아니지. 그건 그렇게 해야 하고, 이건 이렇게 해야 하는 거야.' '내가 틀린 것이 아니잖아.' 하는 식으로 그냥 넘기지를 못한다. 자신이 가지고 있는 좋은 것들에 대한 것은 느끼지 못하고, 좋지 않은 것에 대한 느낌만 가득 차 있는 상태인 것이다.

예컨대, 스마트 폰을 손에 쥐고 식탁에서나 침대, 심지어 화장실에 가서까지 이용하는 청소년 자녀가 있을 경우, 그런 현상들이 결코 바람직하지 않다는 것은 누구나 다 알고 있지만, 그런 현상들이 요즘의 보편적인 상황이라는 관점을 결코 이해하지 않는 것이다. 사회의 보편적 현상에 대해서 부모가 자녀들에게, 혹은 학교나 사회가 청소년들에게 어떤 식으로 이것을 적절히 규제하고, 건강하게 사용하도록 도울 것인가에 대한 연구를 하는 차원이 아니라, '정말 이것은 안 돼. 잘못되었어. 큰일이야. 특히 내 자식에게는 용납할 수 없어.'라는 완고함만을 가지는 것이다. 문제가 된다는 것을 모르지 않는 청소년 자녀가 이러한 완고한 통제를 과연 받아들일 수 있을까를 생각해 보아야 할 것이다. 불만과 적개심이 내재된 통제와, 보편적인 현상이라는 이해를 바탕으로 한 통제는, 받아들이는 입장에서의 느낌은 많은 차이가 있을 것이다. 이러한 하나의 예를 볼 때, 우리는 늘 인상을 쓸 수밖에 없는

'걸리는 마음', '안 돼! 하는 거부하는 마음' 등이, 우리를 기쁘고 즐겁게 살지 못하게 하는 중요한 원인이 되지 않을까 싶다.

그런 사람들의 이야기를 들어보면, 어떤 상황에 대한 표현을 할 때, 대부분의 사람들이 느끼는 일반적 상황을 심각한 이야기인 것처럼 시작하는 경우가 있다. 내용의 옳고 그름이 문제가 아니라, 느끼는 정도가 비례적이지 않은 심각성을 가지고 있는 것이다. 이들은 사소한 일상 하나하나가 걸리기 때문에 기쁘고 즐거울 시간이 부족하다. 계속 걸리는 것들만 마음에 담겨있기 때문에, 늘 무엇인가가 부족하고, 무엇인가를 제대로 해야 할 것 같은 생각뿐이다.

아마도 그들의 정신역동, 즉 살아 숨 쉬고 있는 감정의 항아리 속에는 이런 것들이 잠재해 있을 것이다. '잘하지 않으면 안 돼! 그렇게 잘 함으로써 우리 부모님을 기쁘게 해 드리고 싶어. 잘해야만 주변인들로부터 사랑받고 인정받을 수 있어. 그것이 나의 생존과 관련될 정도로 중요한 거야. 내 존재는 바로 "잘 해야 하는 것" 자체야. 그것 없으면 나는 무엇을 하고 살아야 하지? 가만있으면 불안해. 뭔가 잘못하는 것이 있으면 안심이 안 돼. 어떤 경우라도 제대로 해야만 해.'

다시 말하면, '사랑받고 인정받으려는 욕구로 인한 불안'이 내재해 있을 가능성이 크다는 것이다. 해야 하는 일들로 머리는 복잡할 것이다. 쫓기듯 살아가는 우리는 주변의 많은 것들에 기뻐할 여유도, 즐거워할 여백도 가지지 못한 채 허덕거리며 살아갈 가능성이 높다. 무엇인가가 제대로 되지 않으면 안 된다는 불안으로만 가득 차 있을 것이다. 잠깐 그 불안을 느끼지 않기 위하여 TV나 인터넷 등의 재미있는 내용들을 접하고, 감각적으로 즐거운 일들을 찾는 등, 불안을 느끼지 않으려는 끝없는 시도를 할 뿐이다. 거의 강박적일 정도이다. 한마디로 말하면 우리는 그 불안 때문에 '지금-여기'를 기쁘고 즐거워하기가 너무 힘들다. 이미 존재하는 것들(기존; 旣存)에 만족할 수 없고, 이미 이루어진 것들(기성; 旣成)을 기뻐할 여유가 없는 것이다. 얼마나 안타까운 일인가! 하지만 마음이 그렇게 돌아가는 것을 어찌하겠는가! 어느 누구인들 기쁘고 싶지 않는 사람이 있겠는가! 이런 점은 현대를 살아가는 우리네들이 겪는 대부분의 과제로 보아야 될 만큼 만연되어 있는 불안이다.

그런데, 문제는 이것 자체로 끝나지 않고, 즐겁고 행복한 대상들을 볼 때 함께 하지 못한다는 것이다. '뭘 저렇게 좋아할까?', '저것이 과연 웃을 일인가?', '참 나 원, 저런 문제를 가지고 있는데 희희낙락하다니…', '잘못된 것을 고칠 생각은 않고 왜 저렇게 웃고 떠드는 거야?'라고 생각하는 것이다. 즉, 즐겁고 기쁜 것 자체를 불만스럽게 여기고 거부하는 것이다. 그러다 보니 외부 대상이 기뻐하는 것도 기뻐하지 못하고, 즐거워하면서 행복해 하는 것도 못 보는 것이다. 심지어 상대방의 행복과 기쁨을 부정적으로 해석하며, 비난하고 무시하는 경향까지 띠게 되며, 따뜻한 교류의 문을 닫게 만들 수도 있다. 만약 가족 중에서 이렇게 하는 사람이 있다면, 집안 분위기가 어떻게 될지 충분히 짐작될 것이다.

아마도 그 본마음에는 함께 하고 싶은 마음이 전혀 없는 것은 아닐진대, 워낙 즐겁고 기쁜 것들을 공유해 본 경험이 없어서, 쑥스럽고 이상한 느낌이 드는 것이다. 심지어 부끄럽기까지 할 것이다. 그런 감정을 느끼는 것 자체를 말이다. 늘 해 오던 것은 (그것이 부정적인 것이든, 긍정적인 것이든) 자연스럽게 받아들일 수 있지만, 경험해보지 않았던 것들은 왠지 쑥스럽고 이상한 느낌이 들 수 있지 않겠는가!

그렇다. 익숙하지 않은 것들은 우리에게 쑥스러움을 안긴다. 그러므로 그것을 몸에 익히는 반복적인 훈련이 필요하다. 좀 이상하게 들릴지는 모르지만 기쁘고 즐거워하는 연습도 필요하다. 사람들은 자기가 원하는 대로 외부가 바뀌어 질 때 비로소 기분이 좋아진다고 생각하기 쉬운데, 마음에 부족한 것이 많은 사람은 미비한 것이 고쳐지거나 채워져도, 새롭게 더 고쳐야 할 것들이 늘 등장한다는 것을 깨달아야 한다. 고치거나 채워야할 필요가 없다는 뜻이 아니라 '부족해 하는 마음' 자체를 알아차리고, 내면을 깨달아가는 작업을 해야 한다는 것이다. '더 잘해야 할 것들'이 있어도 기쁘고 즐거워할 수 있는, 뭔가 고쳐야 할 것들이 있어도 행복할 수 있는, 부족한 것들이 있어도 만족할 수 있는, 의식적인 연습이 필요하지 않겠는가. 지금-여기에서, 기존(旣存), 기성(旣成)의 것들을 기쁘고 즐거워하지 못하는 우리의 마음상태를 깊이 바라보고 '느껴야' 할 것이다. 기쁘고 즐거워할 것들이 없는 것이 아니라, 그것을 '느끼지' 못한다는 것이 가장 큰 과제이다.

인간 내면의 불안은 어쩌면 지당한 것이 아니겠는가! 끊임없이 변화하면서 어느 것도 고정된 것이 없는 유한한 생활 속에 있으니 '불안'이라는 원죄(!)는 당연하리라 본다. 그러므로 우리는 각자 추구하는 것(취미나 특기 같은 것, 명예, 부, 권력, 성취, 어떤 절대자, 종교 등)을 통하여 불안을 해소하고, 합리화하고, 방어하면서 회피한다. 아울러 더 나은 존재에게 의지하여 간구하고 기원하는 겸손함도 가지게 되는 것이리라. 많은 선각자들은 이 세상 어느 것에서도 한계가 있다는, 어느 것도 영원하지 않다는 유한성을 인정하고 변치 않는 참된 것이 무엇일까를 탐구하는 자세를 가졌다고 본다. 영원한 생명줄과 같은 진리를 갈구한다고나 할까. 그러므로 우리는 지금-여기에서, 즉 부족하거나 한계가 있는 이 자리에서 기쁘고 행복할 수 있어야 할 것이다. 완벽하게 다 채워져서 행복한 것이 아니라, 지금 여기에서의 존재 자체로서 만족함을 느낄 수 있어야 비로소 행복할 수 있다는 뜻이다.

가만히 생각해보라. 가만히 둘러보라. 우리가 이루어 놓은 것이 얼마나 많은지! 우리가 가지고 있는 것들이 얼마나 많은지! 우리가 행복할 수 있는 자연적인 것들이 얼마나 산재해 있는지! 하루하루 솟아나는 아침햇살부터 시작하여 꽃망울, 풀잎, 풀잎에 맺힌 이슬, 이슬에 반사되는 영롱한 물방울, 사라지면서 느껴지는 아지랑이 같은 것들! 어디 그것뿐이랴. 집안을 둘러보라. 우리는 우리를 행복하게 해 줄 너무나 많은 것들을 소유하고 있다. 너무나 많아서 별로 소중하게 느끼지도 못할 정도이다. 정말이지 우리는 삶이라는 여행에 필요한 가방 하나 가볍게 들고 하느님이 조건 없이 내어주신 삼라만상을 감상하고 즐기고 행복해하며 기쁘게 누릴 수 있는 인생의 여행자다. 그런 고귀한 존재가 '나', 바로 '우리'인 것이다. 그러므로 기쁘고 즐거운 일이 있어야 행복한 것이 아니라, 그 기쁨과 즐거움을 느낄 줄 알아야 행복하다는 것을 다시 한 번 생각해야 할 것이다.

56. 철없는 사람이 박는 못(상처), 그리고 치유

철없는 사람이 내게 준 것은, 상처였지 상처의 흔적은 아니다. 그 흔적은 내게 남은 여운이며 물결과 같은 것이다. “아니… 무슨 소리를 하느냐! 그 사람이 내 가슴에 못을 박지 않았으면 그 흔적이 있을 수가 없지 않느냐! 그러니까 그 흔적의 탓은 상대방이 아니냐!”라는 항변이 있을 수 있다. 이러한 항변은 이해되고 공감될 수 있는 마음이다. 하지만, 그의 탓이 있다 하더라도, 상흔의 몫은 나 자신이다. ‘탓’과 ‘몫’은 다른 것이다. 그 사람이 상처를 준 것은 사실이기 때문에 ‘탓’을 할 수 있지만, 그에 대한 감정은 ‘내 것’이기 때문에 ‘내 몫’이라는 뜻도 된다.

철없는 자식이 있었다. 어느 날 그의 어머니가 이야기하였다. “얘야, 너는 왜 이렇게 나쁜 짓만 골라서 하니? 네가 나쁜 짓을 했다고 생각할 때마다 이 기둥에 못을 하나씩 박으려무나.” 그는 재미있을 것으로 여기고 일부러 나쁜 짓을 저지르며 기둥에 못을 박았다. 세월이 흘러 더 이상 기력조차 없게 된 어머니가 말하였다. “네가 나쁜 짓을 할 때마다 기둥에 못을 박았지만, 사실 그것은 내 가슴에 박은 것이나 다름없었단다. 이제 네가 지난날을 반성하고 착한 일을 많이 한다면 어미로서 여한이 없겠구나. 이제부터는 착한 일을 할 때마다 그 못을 하나씩 빼내 주려무나.” 그제야 철이 든 자식은 눈물을 흘리며 지난날을 뉘우치고 착한 일을 하기 시작하였다. 그렇게 하여 기둥에 박혀 있던 못도 다 사라지게 되었다. 그렇지만 그 기둥에 남아 있는 못 자국, 그 상처의 흔적은 그대로 남아 있었다. (매일미사, 2013. 10.)

우리는 누구나 다 철없는 시절이 있다. 어린 나이라서 철없는 경우도 있지만, 어른이 되어서도 마음이 어린아이라서 철없는 경우도 흔히 있다. 위의 내용은 철없는 자식의 경우이지만 철없는 부모, 철없는 남편 혹은 아내, 철없는 상사 등도 얼마나 많겠는가!

우리의 내면에서는 '어린 자아'가 그대로 내재되어, 생물학적인 나이로는 어른이지만 정신적 수준에서는 '어린 자아'가 주인이 되어있는 경우가 흔히 있다. '어린 자아'를 가진 사람은 사랑을 받고만 싶고, 책임지지 않고 싶고, 본능대로 하고 싶고, 자기중심적인 사고방식과 행동을 하고 싶고, 타인보다 자기가 우선인 경우가 강하다. 즉, '자기'를 중심으로 해서 타인과 관계하고, 자기 위주의 이익이나 과업을 이루어내는 특징을 가지고 있다. 그 반대로 '어른 자아'를 가진 사람은 대인지각이 비례적으로 발달되어 타인을 생각하고, 스스로를 책임지고, 자기의 욕구를 조절 통제하여 타인의 욕구와 조화를 이루는 등의 행동 특징을 가진다.

어린 자아의 상태를 가진 철없는 사람들은 그렇게 될 수밖에 없는 이유를 가지고 있을 것이다. 어쩌면 정말 자신의 욕구를 건강하게 충족하고 만족시켰어야 할 시기에, 타인중심적인 가르침 혹은 정서적 환경적 박탈로 인하여 욕구결핍을 심하게 맛보았거나, 아니면 지나친 과잉보호를 통하여 건강한 자기욕구를 통제당한 어려움이 내재되어 있을 가능성이 있다. 이들은 철없어야 할(!) 시기에는 마치 철이 든 어른처럼 행동하며, 자신의 진정한 욕구를 억압했을 가능성도 있다. 그러다보니, 이제 자신의 힘이 생긴 어른이 되자, 그 당시에 충족하지 못하였던 억압된 욕구들을 표면화시키면서, 철 들어야 하는 어른의 시점에서 철없는 어린아이 같은 내면욕구를 드러낸다. 말하자면 어른의 시기에는 어른답게, 어린이의 시기에는 어린이답게 성장해야 하는데, 그것이 서로 엇갈리게 된 셈이다. 한 개인의 정신역동에서 발생하는 이러한 엇갈린 행동들은 인간적으로 충분히 이해할 만한 것들이 많다.

현실생활에서 이들의 행동은 주변을 불편하게 만들고, 그로 인하여 그들 스스로도 원하지 않았던 상처들을 상대방에게 주게 될 가능성이 있다. 이들은 자기 속에 갇혀 있는 셈이 되어 '대상 지각' 능력이 떨어진다. 그러다 보니, 상대에게 스스로의 행위가 불편을 주고 있는지 아닌지조차 구분이 안 되는 경우도 허다하다. "눈치가 없다.", "함께 있어도 혼자 있는 것 마냥 떨어져 있다." 등의 표현으로 이들을 설명하기도 한다. "타인에게 예사로 상처를 주면서도, 정작 본인은 주는지 주지 않는지 조차 잘 모른다." 등으로 상대방 입장에서는 불편함을 호소하기도 한다.

이들에게 받은 상처는 현실생활의 여러 측면에서 영향을 미친다. 그들이 훗날 깨우침이 있어서 후회를 하고 반성을 한다고 하면, 그들에 대한 마음은 누그러뜨릴 수 있다. 만약 그들이 스스로에 대한 깊은 통찰과 치료를 위한 노력을 한다면, 그들 역시 대상지각 능력이 현실성이 있고 성숙해질 수 있을 것이다. 이러한 성찰 노력을 한다면 가족은 정말 감사하고 고마워할 것이다. 그들이 무의식적으로 주는 피해는 주로 친근한 대상, 특히 가족이 될 가능성이 높기 때문이다. 이들이 바람직한 경로를 통하여 자신을 깊이 깨닫게 되면, 상대에게 준 상처에 대하여 용서를 빌고, 착하게(!) 살 것을 다짐하며 미안한 마음을 충분히 전달할 수 있다. 그렇게 되면 상대방 입장에서는 그들에게 상처받은 마음이 분노에서 측은지심으로, 측은지심에서 이해와 수용의 마음으로 변할 수도 있다. 즉, 그들에 대한 마음은 편안해질 것이다.

문제는 그 상처의 흔적, 상흔(傷痕)이다. 상대방에게 받은 상처의 흔적은 그리 쉽게 사라지지는 않는다. 치유가 되었다면, 이미 그 대상에 대한 감정은 편안해져서, 그를 만나도 있는 그대로 보아질 만큼 좋아진 것은 사실이다. 그러나 그 상흔이 깨끗하게 없어진 것은 아니다. 사실 상흔이 있다 할지라도 살아가는 데 불편함이 있을 수도 있고 상관없을 수도 있다. 불편하더라도 깨끗하게 정리하는 것은 그리 간단한 것이 아니다. 여기서 우리는 중대한 기로에 서 있게 된다. 이 상흔이 상대방으로부터 온 것이었기 때문에 상대방에 대한 감정이 아직 더 남아있다고 생각하고, 그 상대방을 향한 부정적 감정을 더 불러일으키는 것이다. 이렇게 되면 아물었던 마음에 새로운 상처를 만들기 시작할 수 있다. 상흔에 대한 아픔이라는 것을 잘 느끼지 못하고, '당신에 대한 나의 감정이 아직 사라지지 않은 거야.' 하면서 또 다시 그 상처들을 끄집어내어 하소연하기 시작할 수 있다. 대상에 대한 감정처리를 아직 하지 못한 것으로 스스로 생각하는 것이다.

심리치료의 장면에서 내담자들이 가장 혼돈스러워하고 어려워하는 부분이기도 하다. 예컨대, 과거의 원대상이 자신을 제대로 챙기지 못한 것에 대한 억울함, 서운함 등을 가지고 있다고 하자. 그 대상에 대한 감정은 여러 경로를 통하여 많이 풀고 정리가 되었을 수 있다. 하지만 가끔 또다시 누군가가 나를 챙겨주지 않는다 싶으면 자신도 모르게 스산하고 허한 감정이 생길 수 있다. 이 아픔은 현실적으로 볼 때 다른 사람이라도 충분히 느낄 만한 '비례적인 감정'이라고 하자. 그러한 허한 감정을 아직도 남아있는 원대상에 대한 감정이라고 부모를 원망하고, 미워하고, 서글퍼하면서 과거 속으로 무조건 들어간다면, '굴 속'으로 들어가는 것일 수 있다. 남들도 다 느끼는 감정으로서, 그리고 챙김 받지 못한 스산함의 흔적으로서, 상흔처럼 느낄 수 있는 감정은 누구나 다 느낄 수 있다. 이럴 때는 그냥 일부러 과거의 원대상에 대한 감정을 헤집어 끌어올리면, 점점 더 그 대상에 대한 불편하고 억울한 감정이 심화됨을 느낄 뿐이다. 그냥 자연스럽게 흘러가도록 두는 것이 더 나을 수 있다는 뜻이다.

여기서 우리가 깨달아야 하는 것은, 원대상에 대한 감정은 지금 현재의 대상과의 관계에서 청산해야 하는 것들이 많다. 비록 과거 원대상이 사과하지 않거나 회심하지 않는다 할지라도, 성숙한 타인의 도움으로 그에 대한 감정을 정리해 나갈 수도 있다. 하지만 그 여파로 인한 상흔은, 우리 자신이 정리해야 하는 몫이다. 다시 말하면 철없는 사람이 내게 준 것은 상처였지, 상처의 흔적은 아니라는 것이다. 그 흔적은 내게 남은 여운이며 물결과 같은 것이다. "아니… 무슨 소리를 하느냐! 그 사람이 내 가슴에 못을 박지 않았으면 그 흔적이 있을 수가 없지 않느냐! 그러니까 그 흔적의 탓은 상대방이 아니냐!"라는 항변이 있을 수 있다. 이러한 항변은 공감되고 이해될 수 있는 마음이라고 본다. 일반적으로 이럴 때 상대를 탓할 수는 있다. 하지만, 그 상흔의 몫은 나 자신이다. '탓'과 '몫'은 다른 것이다. 그 사람이 상처를 준 것은 사실이기 때문에 '탓'을 할 수 있지만, 그에 대한 감정은 '내 것'이기 때문에 '내 몫'이라는 뜻도 된다.

이런 것을 상상해보라. 작은 상처가 생겨 그 흔적이 남겨졌을 때를 가정해 보라. 그 흔적을 쥐어뜯고 피나게 하고 다시 쥐어뜯고 하면 그 상처의 흔적은 점점 더 커져가고, 새로운 상처가 덧난다. 하지만 그 상흔을 그대로 두면서, 새살이 돋게끔 몸을 잘 다스리다 보면 점점 새살이 돋아나는 것을 지켜보게 될 것이다. 처음에 새살과 상흔이 교차되어 있을 때는, 다소 흉하고 다시 뜯고 싶을 만큼 이상하게 보일 때도 있지만, 차차 상흔의 껍질은 사라져가고 새살이 돋아나는 경험을 해 보았을 것이다. 상흔들은 그 상처들이 아물어가는 하나의 과정일 뿐이다.

새살을 잘 돋게 하기 위해서는, 상흔을 심히 건드리거나 상처 입게 된 외부 자극을 원망하고 탓하고 괴로워할 필요가 없다. 그냥 새살이 돋는 것을 조용히 지켜보면서 시간이 흐르면 되는 것이다. 늘 새로운 것은 창조되고, 창조된 새로운 것들은 순간순간 '새 생명'이 되어 우리의 내면을 자동적으로 치유하고 있는 것이다. 단지 과거로 빠지거나, 들어가지 않으면 된다. 치유된 후, 또다시 '새로운 나'가 창조되고 있으니, 우리의 인생이 그 얼마나 신비한 일인가! 이 신비를 느끼지 못하고 살아가는 사람들은 '어린 자아'의 굴레에 평생을 감옥의 죄수처럼 살아가게 될 것이다. 새로운 것들을 즐기고 기뻐하지 못하고, 상처받은 것들에 집중하여 뜯고 아파하고 또 뜯고 아파하는 것은, 상흔을 결코 치유할 수 없게 만든다.

이제, 우리는 이러한 신비로운 것들을 잘 인식하여, 새롭게 창조되는 것들을 지켜보고 즐겨야 할 것이다. 우리가 유일하게 할 일은, 새롭게 창조되는 것들을 기뻐하고 감사하며 사랑하고 행복해 하는 것이다. 지금-여기에서 새롭게 발생되는 감정들을 조용히 바라보고 머무르면서 흘러가는 것을 감상하는 삶을 살면 될 것이다. 자연스럽게 과거의 상흔들이 사라져 넘어감을 느끼면 될 것이다.

57. 끝없이 일어나는 의심과 주저함

> 이것을 벗어나는 길은 새로운 경험의 저장이다. 의심이 아닌 신뢰의 경험, 주저함이 아닌 있는 그대로 드러내는 경험 등 새로운 경험이 우리의 내면에 들어가야 한다. 이것도 연습이 필요한 것 같다. 한두 번으로 그런 의심과 주저함을 깡그리 없애는 것이 아니라, 기존의 뇌 속에 박힌 부정적 경험들을 이길 수 있을 만큼의 새로운 긍정적 경험들을 연습시키고, 그 감정을 새롭게 느끼게 해야 한다.

일부러 부정적인 마음을 일으키고 싶어서 일어나게 하는 사람은 없을 것이다. 일상을 살아가는 보통 사람들은, 자신도 모르게 일어나는 무의식적인 반복적 습관으로 인하여, 잠깐이라도 여유시간만 되면(!) 이런저런 생각과 감정들이 물밀듯이 일어난다. 그중에서도 어떤 의도를 가지지도 않았는데 일어나는 불편한 감정들, 예컨대 불안, 두려움, 의심, 주저함, 자책감, 자괴감, 절망감, 분노, 흥분, 도취감 등의 감정들이 무심코 나올 수 있다. 마치 버튼만 누르면 음료수 자판기의 캔이 재빨리 미끄러지며 나오듯 약간의 자극만 받아도 튀어나온다. 전자동적으로 일어나는 우리 내면의 각종 감정들의 소용돌이는 놀라울 정도이다. 우리가 원치 않았던 감정의 늪은 마치 어둠과 같은 것이다. 우리 삶 구석구석에 깃든 어둠은 이루 말할 수 없는 정도로 만연되어 있다. 내면의 어둠이 외부의 삶으로 투사되어 보이든, 내부의 것들이 그대로 느껴지든, 그들이 만연되어 있다는 사실은 생각해볼 만한 묵상거리이다.

찰떡같이 믿었다고 생각하는 어떤 고정관념이나 대상도, 사실 한두 가지의 어려운 압력 요인을 만나면, 혹은 또 다른 새로운 개념이나 사람을 만나면, 그 오랜 시간의 믿음은 의아할 정도로 순식간에 무너지고, 두터운 불신의 벽이 고개를 내미는 경우가 있다. 그 불신은 내면에 깃든 깊은 어두움이 표면화된 것이다. 이런 경우, 자신이 굳게 믿어왔던 대상이나 개념이 잘못되었을 경우에는 오히려 득이 되기도 할 것이다. 진실되지 못한 어떤 것들을 과대 망상적으로 굳게 믿었는데, 안목이 밝은 사람의 개념을 열린 마음으로 받아들였을 경우에는 오히려 불신의 벽을 무너뜨리는 좋은 계기가 된다는 뜻이다. 빛을 만난 셈이다. 그런 경우는 '정화'의 기회를 가지게 되는 것이므로 오히려 필연적인 좋은 만남인 것으로 느껴진다.

하지만, 실로 진실한 믿음이었으나 한두 가지의 새로운 자극이 상처가 되었을 때 그 믿음이 무너질 때도 있다. 그럴 경우에는 큰 손실이 될 수도 있다. 누구라도 믿을 수 있는 어떤 대상 앞에서, 본인에게 가해진 몇몇의 어려움과 저항으로 인하여, 그간의 믿음을 깡그리 무너지게 만들고, 상대방과 등지는 경우를 말한다. 참으로 안타까운 마음이나, 그 당사자의 입장에서는 어쩔 수 없는 것이지 않겠는가!

성경에는 스승 '예수'를 배신한 제자 베드로의 이야기가 있다. 그렇게 열정적으로 스승을 사랑한다고 표현하고 행동적으로 따랐던 제자 베드로가, 자신에게 어려움이 닥치자 세 번이나 '나는 그런 사람을 모른다.'고 표현하는 인간적인 심리는 우리에게 너무나 많은 것을 생각하게 한다. '정녕 나를 사랑하느냐?!'라고 세 번이나 물으면서 그 사랑을 확인한 스승의 마음 역시, 그것이 그리 쉽지 않다는 인간 구석구석의 심리를 잘 꿰뚫고 있기 때문에 나온 물음이 아니겠는가! "진정 믿는가! 진정 사랑하는가!"라는 질문은 우리 내면의 보편적인 의심과 주저함을 잘 이해한 후에 던져진 물음이다.

우리의 경험을 한번 생각해보라. 우리는 사회적 기준으로 수없이 평가당하고, 비교당하고, 앞으로 무슨 일을 해야 하고, 무엇을 먹고 살아야하는지 우려하고 걱정하고, 통제당하고 조심해야 하고, 무시당하고, 대비해야 하고, 상처받지 말아야 하는 등, 온통 우리의 머릿속에서는 이러한 불신과 두려운 감정들이 뒤범벅되어 있다고 볼 수 있다. 아마 뇌 속에 저장되어 있는 감정들을 물질적으로 펼쳐 보일 수 있다면, 정말 시골 장날같이 복잡하고 어지러울 것이다. 물론 긍정적으로 보면 소박하고 너무나 인간적인 감정들이라고 볼 수 있다. 그래서 도시에 사는 사람들은 꿈꾼다. '아… 평화로운 곳에서 쉬고 싶어!' 푸른 정원에 있는 하얀 의자에 앉아서 조용히 공기를 마시고 바람을 느끼고 하늘을 보며 주변의 경관과 내 몸이 일치되는 그런 경험을 꿈꾼다. 우리의 내면이 너무나 복잡하고 시끄럽기 때문에, 우리의 몸은 자연스럽게 조용하고 신선한 곳을 찾고 싶지 않을까. 만약 늘 조용한 곳에 산다면, 한 번씩 복잡다단한 시골장터가 그립고 정겹게 느껴지는 것처럼…

우리 내면의 경험 저장창고 속에, '어떤 일이 일어나도 안심된 경험, 확신있게 믿는 마음, 주저함 없이 그냥 있는 그대로 나를 드러내어도 안정된 경험'이 없다면, 우리는 '과연 믿는 것이 무엇이며, 나를 있는 그대로 드러내어도 괜찮다는 것이 무엇인가!'를 잘 이해하지 못하기 쉽다. 옆에서 아무리 '뭘 그런 것 가지고 믿음이 무너지느냐!', '그냥 말하면 되지, 그 정도 가지고 주저하고 멈칫하느냐!'라고 이야기하여도, 그 당사자는 한 번도 사용하지 않았던 손으로 글을 쓰라고 하는 것과 같다. 그런 경험이 없는 사람에게 그런 행동을 시도해 보라고 하는 것은 쉬운 일이 아니다. 경험이 있는 사람에게는 자연스러운 것이, 그 반대의 사람에게는 의아하다.

우리 모두는 익숙되지 않은 것에는 저항을 한다. 나의 존재에 해가 될 것 같고 싫어서 저항하는 때도 있고, 좋은 것이라는 것을 머리는 알아도 가슴은 저항(!)하는 때도 있다. 구체적으로 나의 존재에 흠집을 내는 것은 당연히 저항하며 나를 지켜야 하는 것이므로 충분히 그럴 수 있다고 본다. 문제는 싫지 않으면서도 저항이 일어날 수 있다는 것이다. 싫어서 저항하는 것이 아니라, 불편하고 어색하고 '진짜 그럴까!' 하는 불신의 마음에서 저항할 수도 있다. 손으로만 밥을 먹었던 사람에게 젓가락질을 가르쳐 주려고 하면 불편하고 어색하여 그냥 손으로 먹고 싶어 한다. 오히려 젓가락을 왜 꼭 사용해야 하는지 의문을 가지고 주저하게 되는 것이다. 일부 문화에서는 너무나 당연한 것이지만, 다른 문화에서는 정말 이상하고 불편한 것이다.

끝없이 일어나는 의심과 주저함을 조금씩이라도 벗어나는 길은, 믿음과 당당함을 위한 새로운 경험의 저장이다. 의심이 아닌 신뢰의 경험, 주저함이 아닌 있는 그대로 드러내는 경험 등, 말하자면 새로운 건강한 경험이 우리의 내면에 들어가야 한다. 이것도 연습이 필요하다. 심리치료의 장면에서 내담자들은 수없이 같은 패턴으로 비례적이지 않은 감정을 망상적으로 느끼면서 무너진다. 무너지는 스스로에게 실망하고 자책하기도 한다. 그럴 때마다 치료 장면을 통하여 새롭게 안심하고 확인하는 기회를 가지는 경우가 많다. 한두 번으로 그런 의심과 주저함을 깡그리 없애는 것이 아니라, 기존의 뇌 속에 박힌 부정적 경험들을 이길 수 있을 만큼의 새로운 긍정적 경험들을 연습시키고, 그 감정을 새롭게 느끼게 하는 것이다. 말하자면 새로운 빛으로 어둠을 몰아내는 것이다. 과거로부터 왔던 어둠을 몰아내는 방향은, 결국 지금-여기에서 새로운 빛을 발산하는 것을 말한다. 이러한 작업이 바로 새로운 성스러운 영혼의 빛, 즉 성령(聖靈)으로 새롭게 태어난다는 뜻이 아닐까! 탁한 물이 고인 내면에 새로운 맑은 물이 들어가야 한다는 뜻이리라. "누구든지 물과 성령으로 태어나지 않으면, 하느님 나라에 들어갈 수 없다."(요한 3, 5)라는 의미를 잘 생각해보면, 우리의 의심과 주저함을 극복하는 유일한 방법은 건강한 경험을 연습하고 느끼고, 그 감정들이 우리 내면을 새롭게 태어나게 하는 것이리라.

예컨대, 스승 '예수'는 제자 베드로에게 당신께 모든 것을 걸겠다고 맹세한 스승을 배신한 죄책감과 상처를 딛고 일어설 기회를 주었고(요한 21, 15-19), 직접 보고 만지지 않고는 도저히 믿을 수 없었던 의심 많은 토마스에게 당신의 상처를 직접 만지게 함으로써 죽음을 이기는 사랑에 대한 회의에서 벗어나게 하는 기회를 주었다(요한 20, 24-29). 그냥 '의심하지 마라!', '주저하지 마라!'라는 말로 끝나는 것이 아니라, 실제로 믿고 행동하는 기회를 경험시킨 것이다. 말하자면, 유사한 자극에 대한 새로운 반응의 기회가 필요한 것 같다. '너희는 위로부터 태어나야 한다. 바람은 불고 싶은 대로 분다.'(요한 3, 7-8)는 경구는 촌철살인과 같은 명쾌함이 있다. 우리는 불고 싶은 대로 부는 바람을 수없이 붙들고 산다. 투쟁하고 도피하는 방식으로 사용하면서 바람을 붙든다. 정말이지 바람은 그냥 불고 싶은 대로 불 뿐이다. 부는 바람은 그냥 불게 두고, 우리는 그것을 그냥 바라보고 머무르기만 하면 된다. 우리가 할 일은 늘 깨어있으면서 오직 새롭게 태어나는 것이다.

어둠이 아닌 빛을 인식하면서…
위로부터의 탄생을 받아들이면서…

58. 정확한 의사표현은 치료의 중요한 도구

자신의 상태를 정확하게 전달하지 못하고 있다는 것을 인식하지 않은 채, '상대방이 나에게 왜 이렇게 하는지 모르겠다. 상대방들은 나를 이해해 주지 않는다. 상대방은 나의 말을 제대로 못 알아듣는다. 저 사람이 나에게 이러면 안 되는 것 아니냐!'는 말만 되풀이하는 것은 정말 어리석은 일이다. 왜냐하면 그것은 상대방이 듣지 못하는 문제점이 있다고 할지라도 상대방에게 맞추어 의사표현을 전달하지 못하는 나의 문제점이 있는 것인데, 하물며 정확하게 전달하지 못하는 나의 의사전달 능력으로 상대방을 오해하는 경우도 비일비재하기 때문이다. 따라서 정확한 의사표현 능력을 갖추어야 한다는 점을 명심해야 할 것이다.

상담 및 심리치료의 장면에서 내담자들이 호소하는 문제의 핵심에 들어가면 가족 내의 의사소통의 한계점을 종종 느낄 수 있다. 내담자에게 닥친 중요한 어려움들에 대하여 가족 혹은 주변 누군가와 원만하게 대화할 수만 있다면 생각보다 쉽게 해결 가능한 것이지만, 그렇지 못할 경우에는 본래의 문제보다 더 심각하게 후유증을 유발하기도 한다. 즉, '말하는 자'의 정확한 의사 표현 능력과, '듣는 자'의 건강한 경청 능력이 문제이다. 상호 의사소통의 자극-반응체계에 있어서 역기능적이고 불건강한 방식이 문제라는 것이다. 대부분의 사람들은 힘겨운 현실에 직면하면 심리적인 어려움에 봉착한다. 그러면 그 현실이 변화되기를 기대하고, 그 변화를 통하여 현재의 어려움이 사라지기를 바란다. 하지만 유사한 일들은 다시 닥치게 되고, 뜻하지 않은 일들에 직면하기도 한다. 그러므로 어떤 어려움에 봉착했을 때, 그 어려움 자체를 문제로 삼기가 쉬운데, 이럴 때일수록 과연 원만한 갈등 해결을 위한 의사소통을 할 수 있느냐를 생각해야 한다.

사람들은, 언뜻 생각하기로는 의사 표현 능력을 너무나 평범하고 누구나 할 수 있는 것으로 생각하기 쉽다. 그리고 이런 것들을 '학습'한다는 것을 간과하기 쉽다. 그런데 어릴 적부터 자신의 의견을 정확하게 전달하고, 그것을 제대로 수용 받고 자라지 못한 사람들에게는, 의사소통을 잘 한다는 것 자체가 무엇인지 알 수 없는 경우도 있다. "대화가 안 된다."라고 누군가가 하소연하면, 도대체 무슨 소리를 하느냐고 의아해 할 것이다. 상대방의 이야기를 그냥 듣는 것이지, 마음으로 듣고 반응하고 표현한다는 것이 무엇인지도 이해가 안 될 것이다. 건강하게 학습되지 않은 의사소통 능력으로 인하여 지금-현재 일상사의 문제점이 매우 다양하게 일어날 수 있다는 것을 어떻게 다 나열할 수 있을까! 진수성찬같이 차려진 음식이 있다 할지라도, 그 음식을 담는 그릇이 깨끗하지 못하고 오염되어 있을 때, 그 음식을 제대로 섭취할 수 없다. 마찬가지로 음식에 해당하는 말의 내용이 아무리 좋은 것일지라도, 그릇에 해당하는 소통 능력이 부족하면 전달되기가 어려운 것이다. 만약 오염된 그릇의 음식을 계속 먹게 된다면, 서서히 병이 걸리게도 되듯이, 의사소통 방법에 문제가 있다면 서서히 상호관계에 금이 가게 될 것이다. 다시 말하면, 차려진 음식이 '전달해야 할 내용들'이라면, 그릇은 '그 내용들을 전달해야 하는 의사소통의 능력'으로 비유해 볼 수 있을 것이다. 예컨대, 부모가 아무리 좋은 가치관과 학습내용 등을 자녀에게 전달하고 싶어도, 의사소통의 능력이 제대로 작동되지 않을 때는 일단 오염된 것이므로 내용이 전달되기가 쉽지 않다는 것이다.

대부분의 사람들은 의사소통의 중요성을 알고 있다고 말한다. 그리고 이렇게 생각할 수 있다. '누군가 나의 말을 제대로 경청해주고, 이해해주고, 공감해주며, 수용해주는 그런 대상을 만난다면 얼마나 좋겠는가!'라고. 가까운 사람들 간의 관계에서 제대로 이해 받지 못하여 발생하는 문제점이 워낙 많으므로 그렇게 생각할 수 있을 것이다. 물론 일부의 사람들은 충분히 경청할 수 있을 만큼 열려있기도 하다. 어릴 적부터 주변 인물과 원만한 교류를 경험한 사람들에게는 자연스럽게 이 능력이 키워졌기 때문이다. 우리 주변에는 이런 경청능력을 가진 사람도 꽤 있을 것이다. 하지만 대부분의 사람들은 자기 내면에서 해결되지 못한 어떤 심리적 한계로 인하여, 자기중심적으로 판단하고 생각하여 닫혀있는 경우가 많다. 우리 주변을 한번 둘러보라. 온 마음이 열려서 상대방의 어떤 말에 자기 마음을 투사하지 않고, 있는 그대로 경청해주는 사람이 얼마나 될는지를. 따라서 상대방이 나의 말을 잘 '경청'해 주지 않는다고 요구하고 기대하고 화내고 서운해 하는 마음을 가지는 것은, 그 마음은 이해될 수 있지만 상호간의 갈등을 해결하는 데 있어서는 도움이 되지는 않는다. 상대방에게 '바라는' 것으로만 문제 해결을 하고자 하는 태도는 '의존적인 자세'를 통하여 해결해 보겠다는 뜻이므로, 주체성이 드러나지 않아 반드시 어떤 한계를 가질 가능성이 높다. 즉 상대방에게 의사소통 능력을 향상시키라고 무조건 요구하는 것은 별 도움이 되지 않을 수 있다는 것이다.

그렇다면, 인간관계에서 발생하는 각종 갈등을 처리하는 데 있어서, 혹은 스스로의 심리적 문제점을 조절하기 위하여 가장 우선적으로 가져야 할 태도가 무엇일까! 그것은 상대방에게 바라는 '의존하는 자세'가 아니라, '내가 해야 하는 구체적인 노력이 무엇인가!'에 대한 '주체적인 자세'를 생각해 보자는 뜻이다. 나의 입장에서 구체적으로 해야 하는 것 중, 의사소통을 하는

데 있어서 가장 중요한 것은 '정확한 표현 능력'이다. 나의 감정, 나의 생각, 나의 상황, 나의 상태, 나의 현실, 나의 한계, 나의 능력 등… 각종 중요한 나의 입장을 정확하게 상대방에게 전달하는 능력을 갖추고 있어야 한다는 것이다. 자신의 상태를 정확하게 전달하지 못하고 있다는 사실을 인식하지 않은 채, "상대방이 나에게 왜 이렇게 하는지 모르겠다.", "상대방들은 나를 이해해 주지 않는다.", "상대방은 나의 말을 제대로 못 알아듣는다.", "저 사람이 나에게 이러면 안 되는 것 아니냐!"는 말만 되풀이 하는 것은 어리석은 일이다. 상대방이 듣지 못하는 문제점이 있다고 할지라도 상대방에게 맞추어 의사표현을 하지 못하는 나의 문제점도 있는 것인데, 하물며 정확하게 전달하지 못하는 나의 의사전달 능력으로 상대방을 오해하는 경우도 비일비재할 것이다.

의사표현을 정확하게 하지 못하는 원인은 대체로 가족관계 안에서 '의사소통의 한계'가 일어나는 환경적인 문제가 있을 가능성이 높다. 한 인간에게 최초의 대상관계에서 발생하는 자극-반응체계는 대체로 의사소통으로 인하여 발생된다. 타고난 생명체는 누구나 다 자기 나름대로의 의사표현을 한다. 각자의 선천적 성향에 따라서 다양한 방식으로 자신을 드러낸다. 처음에는 눈빛으로, 입술로, 몸으로, 옹알이로, 짧은 단어로, 문장으로, 논리적인 언어로, 감정과 이성을 조합하는 방식으로, 침묵으로, 마음 등으로 발전한다. 그러나 '표현'이라는 자극에 대한 반응의 체계가 닫혀있으면, 닫혀진 반응으로 인하여 자연스럽게 '표현능력'은 점점 쇠퇴해질 수밖에 없다. 쓰지 않는 기능은 자연적으로 쇠퇴하면서 소멸되기 때문이다.

내담자들은 가끔 이런 말들을 한다. "나는 말을 못하는 편은 아니었다. 그런데, 어느 누구도 내 말을 들어주지 않았다. 가족들이 모두 뿔뿔이 자기 할 일만 하지, 상대방의 말에 귀 기울여 줄 여유가 없었다. 그래서 나는 아예 말을 잘 안하게 되었고, 가끔 말을 한다고 해도 자신감이 없고, 하는둥 마는 둥 말을 하는 편이다."

"내가 무슨 말을 하려고 하면, 쓸데없는 소리 하지마라고 핀잔 받고, 말도 아닌 소리 하지마라 하고 무시 받고, 조그마한 것이 무슨 말이 많냐고 하면서 억눌려졌다. 그래서 마음속에서는 늘 화가 나 있었다. 그러다보니, 보통의 상황에서 말을 할 때도 늘 화를 내듯, 짜증을 내듯 하는 버릇이 생겼다."

"나는 내 의견을 좀 말하고 싶었는데, 그럴 때마다 언니 오빠들에게 통제당했다. 부모에게는 말할 것도 없고. 어디서 네가 함부로 나서느냐! 하면서 제지당했다. 그러다 보니 내 이야기를 잘 들어주는 집단 구성원을 만나면 정말 말을 잘 하는 편이지만, 통제당하는 분위기에서는 나도 모르게 그냥 입이 닫혀버리고 가슴이 두근두근해져 온다."

"하고 싶은 말이 너무 많았지만, 아무도 나에게 관심을 가져주지 않아서, 그냥 서서히 말하고 싶은 마음조차도 생기지 않았다. 지금은 그냥 별로 말을 안 하는 편이다. 그래서 그런지 몰라도 자주 우울해진다." 등등

그렇다. 우리는 누구나 다 자신을 드러내고 싶어 했고, 표현하고 싶어 했다. 그러나 건강한 표현방식을 제대로 배우기도 전에 위와 같은 환경을 맞이한 경우에는 닫혀버릴 가능성이 높다. 그래서 제대로 할 수 없게 되어버린 것이다. 그러다 보니 어떤 문제점이 일어나면 제대로 된 정확한 의사표현이 되지 않아, 항상 답답하고 갑갑하게 되면서 서서히 심리적 문제점으로 누적되게 되고, 좀 더 심해진다면 '정신적인 장애'로까지 발전되기도 한다.

만약 우리가 '정확한 의사표현'을 하는 방법을 배우고 익히게 된다면, 많은 심리적 문제점을 예방할 수 있을 것이다. 아울러 이미 발생된 심리적 어려움에 대해서도 '치료'도 가능할 것이다. 집단심리치료의 장면에서 가장 중요하게 연습하는 것이 정확한 의사표현 능력을 갖추기 위한 훈련이며,

이것은 상대방의 말을 제대로 듣게 되는 도구가 될 수 있다. 듣고 말하고, 말하고 듣고… 이러한 자극-반응 체계는, 건강한 인간관계의 가장 중요한 방법이 될 것이다. 지금부터라도 제대로 된 의사표현 능력을 기르게 된다면, 앞으로 닥쳐올 심리적 문제점을 예방할 수 있는 것은 말할 것도 없거니와, 마음의 어려움을 '치료'할 수 있는 중요한 도구도 될 것이다. 상대방이 나의 말을 제대로 듣고 이해해주기만을 기다리기보다는, 상대방에게 전달하는 나의 정확한 의사표현 능력에 대하여 꼭 점검해 보아야 할 필요가 있다.

물론 이쪽에서 아무리 정확한 의사표현을 하여도, 상대방이 꽉 막혀서 나의 이야기를 경청할 수 없는 경우도 허다하다. 사실 이 경우도 따지고 보면 어릴 적부터 정확하게 자신의 의사표현을 배울 수 없었고, 표현하여도 수용해주지 못한 주요양육자의 소통능력의 한계가 원인일 것이다. 부모가 의사표현 방법을 자녀에게 가르치고 반복 학습하였다면, 자녀는 어른이 되어서 굳이 배울 필요도 없이 자연스럽게 의사소통을 원만하게 할 것이다.

심리적으로 어려운 문제점이 발생하였다 할지라도, 아주 어릴 적부터의 부모-자녀관계에서 일어나는 원만한 소통을 상담자와의 관계에서 회복할 수 있다면 원만하게 치료되는 경우가 많다. 상담자가 아니라도 누군가가 그런 역할을 하게 된다면, 그 역시 좋을 것이다. 정확한 표현 능력을 향상시키고, 상대방의 이야기를 잘 경청하는 원만한 의사소통을 할 수 있는 관계라면, 그것이 바로 치료적 관계가 될 것으로 본다. 결국, 세상사의 모든 것은 전체적으로 '소통'되는 관계를 통하여, '통합'되는 느낌을 통하여 원만하게 굴러가게 되는 자연의 이치와 같을 것이다. '심리치료'라는 것은, 결국 '자연'적인 모습으로 상호 소통하는 것이 아닐까 싶다.

59. 거두어야 하는 습관적인 장막

현실적인 어려움뿐만 아니라, 내면의 불안을 해소해 주는 방법으로 사용한 '지식 탐구'가, 때로는 문제가 된다는 사실을 어떻게 알 수 있겠는가! 이것이 어떤 상황에서는 거두어야 할 장막이 되기도 하다. 살아가면서 '지식'으로는 도저히 해결할 수 없는 '마음'의 문제라는 것이 있을 것이다.

심리치료의 첫 장면은 내담자들이 도움 받고 싶은 '주 호소 문제'를 이야기하면서 시작된다. 이야기를 시작하는 스타일은 사람마다 각자 타고난 성향에 따라서 많은 차이가 있다. 분명한 목적을 가지고 자리에 앉자마자 바로 '어떠어떠한 문제가 있어서 왔는데, 이러이러한 도움을 받으러 왔어요!'라고 표현하는 사람도 있지만, 어떤 사람은 빙빙 주변 이야기를 하면서 매우 긴 서론을 말하는 사람도 있다. 또 어떤 사람은 '나는 아무런 문제가 없고 상대방의 문제가 이러이러합니다. 저는 그 원인도 다 알고 있어요. 상대방을 어떻게 다루어야 하는 것만 말씀해 주시면 됩니다!'는 식으로 표현하는 사람도 있지만, 어떤 사람은 '저는 별로 생각이 없었는데 엄마가 가보라고 해서 왔어요.' 혹은 '저는 아무 것도 몰라요. 저는 이것도 안 되고 저것도 안 되고 오직 선생님만 믿고 그냥 왔어요.'라는 태도를 취하는 사람도 있다. 어떤 사람은 계속 질문하면서 그 원인을 꼼꼼하게 묻는 사람도 있고, 또 어떤 사람은 감정이 북받쳐서 사실적인 정보를 말하기도 전에 계속 울기만 한다거나 화를 내는 등, 감정만 드러내는 사람도 있다. 그 어떤 경우이든, 상담자는 내담자가 가져온 어려움을 도와주기 위하여 이런저런 대화를 통하여 문제의 핵심에 접근하고, 그 원인을 분석하며, 인과관계를 깨닫도록 도와주기도 하고, 현재 어떻게 해야 하는지를 서로 협조하고 논의하며 해결책을 강구하고, 연습시켜 나간다.

이런 과정에서, 내담자의 '도움을 받는 양식'이 도움을 받기가 곤란한 경우가 더러 있다. 일종의 장막이다. 의식적으로는 도움을 받으려고 하지만, 무의식적으로는 자신도 모르게 나오는 습관화된 패턴이 '도움 받고 싶은 마음'을 가로막는 장막 역할을 하는 것이다. 장막을 치면서 나올 경우에는, 일반 사람일 경우는 말할 것도 없지만 상담자도 이러한 것을 알아채기가 쉽지 않을 뿐만 아니라, 안다고 하더라도 그 장막을 뚫기가 어려울 수 있다. 매우 뿌리 깊은 습관적 양식이기 때문이다.

사람들은 각자 타고난 기질에 의하여 느끼는 것, 생각하는 것, 행동하는 것, 인간관계에서 상대방에게 접근하는 태도, 도움 받는 태도 등… 다양한 부분에서 차이가 있다. 이러한 것은 다소 의도적으로 경계하고 고민하여 나오는 행동일 수도 있지만, 본인 스스로가 어떤 의도를 가지지 않고도 전자동적으로 행하는 하나의 패턴일 가능성도 많다. 의도를 가졌을 경우에는 상담자와의 대화를 통하여 그 의도를 풀어헤쳐서 이해받고 수용 받으면서 도움 받을 수 있다. 하지만, 무의식적으로 자동화된 패턴은 상담자가 아무리 이런저런 질문과 표현으로 도와주려고 하여도, 더 이상 대화하기 어려울 정도의 깊은 정글인 경우가 있다.

이러한 것은 자라온 과정에서 거의 학습된 양식일 수도 있으며, 학습되지 않아도 선천적인 성향에 의하여 자동적으로 행하여 오는 것일 수도 있다. 자라온 과정에서 학습된 것이든 선천적으로 타고난 것이든, 그러한 패턴은 거의 조건화된 것임에는 틀림없을 것이다. 사실 이러한 패턴은 한 인간이 자신을 지키기 위한 중요한 삶의 원동력이 될 수 있으며, 스스로의 큰 힘이 되기도 한다. 그 힘 때문에 자신이 이루어놓은 성과물이 있을 것이며, 따라서 그 성과물을 통하여 자신의 존재가치를 느끼기 때문에 이것 자체가 문제가 된다는 사실은 생각조차 할 수 없다. 혹여 어떤 이유로 성과물이 미흡하다고 할지라도, 스스로가 열심히 하지 않았기 때문에 그렇다는 자책감에 빠질 가능성도 있다. 그러므로 자기의 지금까지의 패턴을 더욱 더 열심히(!) 사용하여 뭔가를 이루려는 태도를 보일 것이다.

예컨대 '책'을 즐기고, '지식'을 흡수하여 무엇인가를 탐구하는 패턴으로, 자신의 '감정'을 억압하는 유형의 사람이 있다고 하자. 이런 사람에게 '너는 그것이 문제야. 책 그만 읽어라. 정보를 그만 검색해. 지식을 흡수하는 것은 잘못이야.'라고 말하는 사람은 거의 없을 것이다. 인간 심리에 대한 깊은 통찰력이 있는 사람을 제외하고는 말이다. 스스로도 이런 형태로 자신의 감정을 억압하고 있다는 사실조차도 모를 것이다. 오히려 이런 성격을 가진 자식을 둔 부모에게는 '자식이 공부를 열심히 하려고 해서 좋겠다. 나도 그런 자식을 좀 키워봤으면 좋겠다.'라고 할 것이다. 만약 어떤 사람이 감각적인 유희 즉 술, 게임, 음악, 운동을 즐기면서 감정을 풀어내거나 억압하는 유형이라고 하자. 어떤 부모는 이것을 매우 못마땅하게 여길 수도 있고, 특기를 더 살려줄 수도 있을 것이다. 한마디로 이러한 조건화된 패턴은 그것 자체가 '생존의 힘'으로 작용하므로 그것이 '장막'이 된다는 것을 느끼기가 쉽지 않다.

예컨대 어떤 사람이 자신이 힘들고 괴롭고 어려움이 생길 때마다 '지식'을 통하여, 그 어려움을 해결하려는 강한 욕구를 가지고 있다고 하자. 즉, '더 알아서…', '원인을 더욱 더 잘 분석하여…', '내가 몰랐던 것을 더욱 더 캐내어…'라고 생각한다. 이렇게 되면, 당연히 무엇인가를 해결할 수 있을 것이라는 관념을 가지기도 한다. 그 양식은, 자신에게 삶의 중요한 힘이 되어 왔기 때문에 본인 스스로의 입장에서는 당연한 일일 것이다. 살아오면서 그 양식으로 생존해 왔을 경우에는, 그것을 사용하지 않으면 아무것도 되지 않을 것 같아 두렵고 불안할 수 있다. 그리고 내면의 불안을 해소해주는 유일한 방법으로 '더 알아내어, 더 잘 분석하여'라고 생각할 것이다. 지금까지 살아오면서 현실적인 어려움뿐만 아니라, 내면의 불안을 해소해 주는 방법으로 사용한 '지식 탐구', '정보검색'이, 심리적인 방어 역할을 하며 때로는 문제가 된다는 사실을 어떻게 알 수 있겠는가!

당연한 것처럼 사용하였던 양식이, 어떤 상황에서는 거두어야 할 장막이 되기도 하다. 살아가면서 '지식'으로는 도저히 해결할 수 없는 '마음'의 문제라는 것이 있다. 사실 현실생활에서 감정적인 요인 때문에 발생한 어려움은 한두 가지가 아니다. 남들은 생각조차 못할 감정들이 내 안에 그대로 잠재되어 있다면, 그 감정들은 과거 생활에서 발생된 것임에도 불구하고, 내면에서 해결되지 못했을 경우에는 '현재의 감정'인 것이다. '전이감정'이다. 이 전이감정은, 결국 오랜 세월동안 내 가슴에 간직된 감정으로서, 과거의 상황에서는 매우 합리적인 것이었다 할지라도, 현재의 나의 생활에서는 맞지 않는, 즉 건강하지 못한 방식이 될 가능성이 있다. '감정 해결'을 해야 하는 문제점을 가지고 온 내담자라면, 아무리 수많은 '지식 탐구'를 하여도, 그 모든 것은 '머리'로 생각하는 차원으로밖에는 되지 않을 것이다. 웃지 못할 한 일화로, 이러한 내담자들에게 "그러그러한 것들에 대하여 느끼는 감정이 뭐죠?"라고 물으면, "더 알아내어 꼭 해결하고 싶다는 느낌이 듭니다."라고 표현한다. '해결하고 싶다'는 욕구는 이성적인 의지로서, 해결하고 싶은 본마음이 무엇인지를 모르는, 즉 감정적인 작용은 아니라는 것이다(예, 불안한 감정 때문에 해결하고 싶은 것인지, 무서운 감정 때문에 해결하고 싶은 것인지… 등등). 다시 말해 이성적인 의지를 '느낌'으로 알고 있는 것이다. '감정'을 잘 모르고 살아온 입장에서는 충분히 이해됨직한 것이다. 어떤 '부적절한 감정'을 해결해야 할 경우에, 그 '감정'을 잘 느끼고, 마음으로 깊이 깨달아야 한다. 그리고 새로운 현실적 감정을 다시 느끼고 경험하는 과정을 반복하면서, 서서히 과거의 감정에서 자유롭게 된다. 넘어서게 된다는 말이다. 하지만 '지식'으로만 해결하려는 사람들은 감정을 느끼는 것 자체를 머리로 혹은 지식으로 하려고 하니까, 늘 감정은 똑같이 내면에 가라앉아 있고, '알아도 잘 되지 않는다.'라는 자괴감만 늘어날 가능성이 높다. 그래서 '더 알아내어' 자괴감을 가지지 않으려고 또 노력(!)한다. 끝없이 노력한다. '머리'로, '지식'으로…

습관화된 장막은 유형에 따라서 다른 모양을 가지고 있을 뿐, 우리 모두는 다 가지고 있다. '지식 탐구'로, '행동화'로, '완벽에 대한 추구'로, '타인에 대한 배려'로, '예술적인 승화'로, '성취'로, '재미'로, '힘'으로, '안전에 대한 추구' 등, 우리는 각자 나름의 선천적 성격에 따라 그 장막의 색깔을 달리할 뿐이다. 성격유형 워크숍 프로그램 등을 통하여 이러한 장막들을 학습할 필요가 있다고 본다. 특히 상담자들은 이러한 장막들이, 선천적인 기질에서 오는 것인지, 과거 주변 인물로부터 온 학습된 것인지를 파악하여, 그들에게 알맞은 도움을 주어야 할 것이다.

우리 모두는 자신도 모르는 장막, 자신도 모르는 감옥, 자신도 모르는 어두움에 갇혀 살고 있는 경우가 허다하다. 아무도 그렇게 살기를 원하지는 않지만, 그냥 무의식적으로 살아올 뿐이다. 때론 삶의 힘으로, 때론 감옥으로 평생을 살아가기 쉽다. 삶의 힘으로 작용될 때는 깊이 감사하게 느끼면 좋을 것이다. 어떤 장막으로 작용될 때는 나의 습관화된 양식을 알아차리는 '관찰자' 혹은 '주시자' 연습을 하면 좋을 것이다. 필자는 고등학교 때 소설에 심취했었던 적이 있다. 어느 일요일 시험공부 한답시고 학교에 가서 종일 소설만 읽고 너무 감동하여 혼자서 벤치에 앉아 울었던 기억이 있다. 그 때 읽었던 소설 '죄와 벌'(Dostoevsky, 1866)에서, 주인공 라스콜리니코프가 자신이 굳게 지켜왔던 철학·가치관·세계관, 그로 인한 자격지심과 오만함으로 인하여, 전당포의 노파를 살해하고도 그 죄를 도저히 인정할 수 없었던 괴로움을 토하는 장면이 있었다. 주인공은 노파 살해 후 조금씩 싹트는 죄의식, 자신이 굳게 믿었던 철학에 대한 의심, 흔들리는 가치관 등, 이 모든 감옥들이 생활고 때문에 몸을 팔아야했던 가련한 '소냐'라는 한 영혼, 그녀의 낡은 서랍장에서 발견한 '신약성경'의 한 구절로 무너지기 시작하는 대목에서, 즉 '지식'이 '순수한 믿음과 영혼이 주는 사랑' 앞에 엎드리는, 한 마디로, 주인공이 구원(!)되는 감동을 느꼈던 적이 있다. 고교시절 느꼈던 감동의 색깔이 어떠했는지 정확히 가늠하기는 어려우나, 세월이 지나 생각해보면 시간과 공간을 초월한 어떤 빛 같은 것이 아니었을까 싶다. 자기를 관찰하는 힘은, 바로 자기 구원의 시작이라는 느낌이 든다.

어둠 속에서, 장막 속에서, 악의 포로 속에서 빠져나오는 하나의 통로는 '습관화된 패턴'을 알아차리고, 멈추고, 자신의 진짜 감정, 말 그대로 순수한 믿음과 영혼이 전해주는 본마음을 포착하는 것이다. 그리고 '본마음', 심지어 누구나 박수칠 수 없는 '어떤 감정'일지라도, 자신이 스스로의 감정을 깊이 존중하고 수용하고 사랑해주는 것부터 시작해야 할 것이다. 누군가가 이 과정을 함께 하면서 '존중'하고 도와줄 수 있다면 그들은 정말이지 구원될 것이다.

60. 마음이 산란하다!

어떤 외부의 사고가 날 때는, 내 안에서 이미 마음의 사고(!)가 발생하였을 때이다. 사고를 당하면 우리는 그것을 처리해야 한다. 마찬가지로, 마음의 사고를 당했을 때 그 마음을 처리(!)해야 한다. 하지만, 대부분의 사람들은 사고를 당한 '감정 상태'를, 잘 수습하거나 갈무리하지 않은 채로 덮어버리고 감정 자체를 피한다. 감정 상태를 처리하지 못하기 때문에 그 투사체로 외부의 사고가 발생하기 쉽다.

살아가다 보면 누구나 다 마음이 산란할 때가 있다. 자잘한 생활사로 인한 것도 있고, 심각한 어떤 일 때문인 것도 있다. 남들에게는 사소한 일일지라도, 막상 당사자의 입장이 되면 잠 못 이룰 정도로 마음이 힘드는 경우도 있다. 누군가 혹은 무엇인가에게 구체적인 도움을 받을 수 있는 것도 있지만, 현실적 도움 여부와 관계없이 지금-여기의 상황이 어려울 수밖에 없는 것도 있다. 특히 사랑을 주고받아야 하는 관계에서 발생되는 어려움이라든지, 경제적 정신적 타격을 입을 만한 일들이라든지, 스스로의 핵심역동에 걸려드는 중요한 일들, 기타 개별적인 특수한 상황에서는 누구라도 산란한 마음이 일어나지 않을 수 없을 것이다. 한발 떨어진 입장에서는 "다른 것도 좋은 일이 많고, 걱정할 것도 없는데, 그 정도가지고 그렇게까지 마음을 볶느냐. 뭐, 그럴 수도 있지!"라고 말할 수 있다. 그러나 당사자의 입장에서 그 상황의 회오리 속으로 들어갈 때는 어쩔 수 없는 마음, 이것은 누구라도 경험해 보았을 것이다.

대체로 산란해지는 마음의 원인 속으로 들어가면 여러 가지 개별적 이유들이 있겠지만, 크게 본다면 두 가지로 정리해 볼 수 있다. 첫째, 대상과의 욕구가 상충되었을 때, 내 뜻대로 하고 싶은 욕구가 올라와 갈등상태가 되는 경우이다. 둘째, 내 뜻과는 아무런 관계없이 닥치는, 뜻하지 않는 상황 앞에 방향을 잃고 혼란을 겪는 경우이다. 굳이 따지자면, 결국은 내 뜻대로 되지 않는 상황이 공통적이겠지만, 이 두 가지를 구분하여 생각해 볼 수 있다.

첫 번째의 경우, '내 뜻'과 상반될 때이다. 원하는 바에 대한 강력한 욕구와 그 욕구를 채워주지 않는 대상과의 부딪침이 생긴 것이다. '내 뜻이 확고하게 옳은 것인데, 내 뜻대로 하는 것이 좋을 것인데, 내 뜻대로 하지 않으면 앞으로 문제가 생길 것인데.' 하는 복잡다단한 생각 때문에, 이 뜻을 절대로 굽히고 싶지 않는 마음이 생길 수 있다. 이럴 때일수록 내 뜻이 과연 지금 이 순간의 상황에서 '옳음'인지를 객관적으로 다루어야 할 것이고, 그것이 꼭 '지금-여기'에서 이루어져야 하는 것인지를 점검할 필요가 있을 것이다. 오히려 우선은 내 뜻대로 되지 않아도, 나중에 이것은 더 큰 좋은 일을 맞이하기 위한 과정으로 생각할 수도 있다. '과정으로 생각하는 여유로움', 이것은 더 나은 길을 향한 과정으로서 인생의 참된 것을 깨닫는 데 큰 도움이 될 것으로 여겨진다.

두 번째의 경우, 내 뜻과는 아무런 관계없이 뜻하지 않는 힘듦에 봉착할 때이다. 사실 이때 닥친 문제점이 '어떤 식으로 되면 해결되어 갈 거야.'라는 희망감이 있으면 그나마 좀 쉽다. 하지만 '아, 이것 어떡하지?', '이렇게 되면 앞으로 문제가 커질 텐데.'라는 식으로 그 해답이 미궁에 빠질 때는 막막해지고 마음이 복잡해진다. 길의 통로가 막혔다고나 할까. 예컨대, 산길을 가다가, '이렇게 길을 가면 끝이 저 봉우리야!', 혹은 '저기 저 마을이 나타나겠군!'이라고 알 때는, 그 산길이 힘들어도 편안한 마음으로 올라갈 수 있다. 하지만, 갑자기 길을 잃고 어디로 가는지 모를 때는, 그때부터 마음이 매우 산란해지는 이치이다. 우리는 누구나 다 어떤 문제에 봉착하게 되는데, 그 해답이 어디에 있는지를 알 때와, 미궁에 빠질 때의 마음상태가 완전히 다르게 되는 것이다.

마음이 산란할 때, 특정한 부분에만 집중되어 있을 때는 그 '부분'이 '전부'인 것처럼 느껴진다. 남들에게는 '그 하나에만 너무 집중하지 마라!'라고 말해줄 수 있다. 그런데, 그 일이 내 자신의 것일 때는 넓게 시선을 보아야 한다는 것 자체도 생각나지 않을 정도로, '부분'이 '전체'로 지각되어 버린다. 이런 상황에 대하여 우리는 억지로 '그러지 말아야지.'라고 이성적인 제어를 하기도 한다. 가끔 일부분으로는 도움될 수 있다. 하지만 그것도 잠깐일 뿐, 어느 정도의 시간이 흘러야 마음이 가라앉을 수 있는 것들도 많을 것이다.

조금이라도 시간의 여유를 가질 수 있거나, 평소 때 '마음에 집중하는 훈련'이 되어 있다면, 우선 '부분'에 대한 감정을 조용히 느껴보는 시간을 가져보라. '외부의 탓'을 일체 중지하고, 가만히 '오직 내 감정상태가 어떠한가!'를 느껴보라. 잡다한 이야기나 외부 매체를 중지하고, 그냥 가만히 앉아 있어 보라. 마음이 힘들면 힘들수록 우리는 위로가 필요하다. 조용히 자기의 마음에 안부를 물어보듯, 스스로의 '감정'을 위로해주고 안아주어야 할 것이다. 많은 사람들은 자신이 자기 스스로의 감정, 즉 존재 자체를 위로하고 수용해주는 개념을 모르기가 쉽다. 때로는 우리의 감정은 우리 존재 그 자체이다! 내가 느끼는 어떤 것들이 옳든 그르든 맞든 틀리든, 그런 평가로는 도저히 가늠할 수 없는, 고귀한 존재 그 자체이다. 이러한 사실을 인정하지 못한다 할지라도, 인간의 존재는 '사고기능'으로는 도저히 상상할 수 없는 그 어떤 '절대적 고귀함'이 있을 것이다. 그러므로 우리는 감정을 위로하고 수용하는 사소한 일들이, 바로 우리의 존재를 사랑해주는 과정이라는 것을 알아야 한다. 감정이 행동적으로 표출되었을 때는 상대방에게 피해를 줄 수 있기 때문에 조심해야 하지만, 행동적으로 표출되지 않는 감정상태는 평가하지 않고 충분히 이해받고 위로받아야 된다는 뜻이다. 거창하게 '존재'를 논하는 것 같지만, 일상에서 자잘하게 느끼는 우리의 '정서'를 다스린다는 것, 바로 그것이 존재를 존중하는 태도가 아닐까 싶다. 순간순간 일어나는 마음이, 바로 지금 여기에서의 존재이기 때문이다.

대부분의 사람들은 갈등이나 힘겨운 상황일 때, '부분적인 어려움'을 잊으려고 외부와 접촉해 버린다. 정말이지 이것은 거의 습관적으로 하는 것이다. 자신의 감정을 방어하고, 회피하고, 남 탓을 해 버리는 등, 가능한 한 '머무르지' 않으려는 태도로 일관하기 쉽다. 외부로 에너지를 쏟으면서 힘겨움을 떨쳐버리려고 한다. 하지만 그 갈등은 우리의 전의식 혹은 무의식 속에 잠겨있으면서 떠오를 준비(!)를 하고 있다. 그러다보니, 잠깐의 여유라도 나면 다시 그 '부분'의 고통이 의식의 수면위로 떠 올라오기 마련이다. 바로 그 때, 일(!)을 저지르기 쉽다. 각자의 조건화된 방식으로 무엇인가를 하게 된다. 예컨대, 벌컥 남에게 화를 내어버린다든지, 과소비나 과식을 한다든지, 몸이 아프거나 체한다든지, 운전 중이라면 거칠게 혹은 순간적인 사고가 난다든지 등이다. 한편 어떤 사람들은 책을 읽거나 봉사를 하거나, 청소를 더 열심히 하고 남을 더 챙기는 방법을 쓰는 사람도 있다. 그 방향이 사회적으로 인정되는 것이든 그렇지 않든, 자신의 감정을 피한다는 측면에서는 마찬가지일 수 있다.

가만히 생각해보라. 외부의 사고가 날 때는, 자신 안에서 이미 마음의 사고(!)가 발생하였을 가능성이 있다. 사고를 당하면 우리는 그것을 처리해야 한다. 마찬가지로 마음의 사고를 당했을 때, 그 마음을 처리해야 한다. 하지만, 대부분의 사람들은 사고를 당한 '감정상태'를, 잘 수습하거나 갈무리하지 않은 채로 덮어버리고 감정 자체를 간과한다. 감정상태를 처리하지 못하기 때문에 그 투사체로 외부의 사고가 발생할 수 있다는 인식이 부족하다. 외부의 사고가 발생될 때 이런 일이 왜 일어났을까를 고민하다 보면, '아, 그랬었구나. 이러이러한 원인으로 이렇게 되었구나. 앞으로 이 점을 주의해야겠구나. 뭔가 배워지는 것이 있어!'라는 깨달음이 올 수 있다. 하지만, 대부분의 사람들은 "그냥 누구나 다 일어날 수 있는 일이지. 사는 게 다 그런 거지 뭐.", "나에게 이런 일이 일어나다니! 오늘은 정말 운이 좋지 않았어!" 하는 정도로만 생각한다. 그러다보니, 외부 사고에 대한 수습을 하는 데만 에너지를 쓴다. 외부 사고에 대한 수습은 당연히 해야 하며, 그 정도의 '자아기능'은 갖추어야 현실을 살아갈 수 있을 것이다. 하지만 앞으로를 위하여 더 진정한 것은, '외부 사고'가 일어나게 된 배경에 해당하는 '내부 사고'를 잘 느끼고 깨닫는 일이다. 만약 사고 후의 참된 깨달음이 반복적으로 되어간다면 성숙한 인격으로 발전될 것이고, 차후 여러 가지 문제들을 예방하여 훨씬 더 건강한 심신을 유지하며 살아갈 것이다.

보통 사람들이 사용하는 '피하는' 방식은, 사실상 그 감정자체가 우리 스스로를 너무나 힘들게 하기 때문에 그 힘듦을 느끼지 않으려는 몸부림으로 보아야 한다. 저항하는 것이다. 무엇에 대한 저항일까! 우리의 '이성'은 익숙하지 않은 '감정'을 불편해 한다. 우리 내면의 의식은 무의식에 잠자고 있는 '감정'을 두려워한다! 내면을 깊이 보게 될 때는, 오금이 저리고, 괜히 화장실에 가고 싶고, 온갖 산만한 생각들이 범벅이 되어 머리가 아프고, 몸이 들썩거리는 등, 정말이지 힘들다. 그만큼 우리는 우리 자신과 만나는 것을 피한다. 두렵고 불안한 것이다. 무섭고 괴로운 것이다. 익숙하지 않은 것이다. 피하는 것 외의 다른 방법이 있다는 것 자체를 잘 모르는 것이다.

누군가가 피할 수밖에 없는 우리 자신에게 속삭이듯 조용히 대화해 주고, 질문해 주고, 수용해 주고, 이해해주면서, 지혜로운 조언을 해 준다면 어떨까! 아마 도움의 손을 잡게 될 것이다. 혼자 힘으로는 저항하며 도망가고 싶은 것 밖에는 생각나지 않지만, 상담자 같은 사람을 만나게 된다면 자신의 내면을 차분하게 충분히 느낄 수 있도록 도와줄 것이다. 동반자가 되는 셈이다. 자신이 스스로에게 이런 역할을 할 수 있으려면, 평소에 '자신과의 대화'를 하는 연습이 되어야 할 것이다.

한번씩, 우리는 어려움에 처했을 때 '삶의 해답이 어디에 있겠는가!'라는 말을 한다. 사실 고정된 해답이라기보다는, '깨달음'을 통한 영혼의 성장이 중요하다고 본다. 자신이 가야 하는 삶의 참된 방향을 놓치고 미궁에 빠질 때 혼란스럽고 마음이 산란하기 짝이 없다. 어떻게 보면 하루하루 일상적인 것을 해결해 가면서도 마음 한쪽에서는 자주 산란함을 느낄 때가 있지 않은가. 그것은 바로 우리의 깊은 마음 안에서 진실된 삶의 길을 자주 놓치고 살기 때문이 아닐까 생각된다. 말로는 표현하지 않아도, 많은 사람들이 참된 삶에 대한 욕구를 가지고 있고, 끝없는 성장욕구를 드러내기도 한다. 이것이 무슨 뜻이겠는가! 우리의 무의식속에는, '참 자아로 향하는 길'에 대한 뜻을 품고 있다는 의미일 것이다.

"마음이 산란할 때 어떻게 할까요?"라는 위의 내용들을 정리해 보자.

첫째, 부분적인 고통이 내 삶의 전체로 느껴질 때, 우리의 마음은 순식간에 산란해진다. 부분을 부분으로 보고, 부분을 전체로 느끼지 않도록 의식해야 할 것이다. '이것은 삶의 한 부분일 뿐…'

둘째, 삶의 한 부분으로서 어쩔 수 없는 어려움이 왔을 때, 그 감정을 조용히 집중하지 못하고 피하면 피할수록 더욱 더 외부 사고(!)는 순식간에, 혹은 오랜 시간이 흐른 후에 발생한다. 우선 가만히 있어보자. 지금-여기에서의

'감정'을 피하지 말고 조용히 머무르고 깊이 바라볼 수 있다면 좋을 것이다.

셋째, 혼자의 힘으로는 한계가 많을 수 있으므로, 지혜로운 누군가와 대화를 나누어 보는 것이 좋을 것이다.

넷째, '내 뜻'이 과연 현재의 상태에서 합당한 것인지, 혹은 지금 이 자리에서 꼭 이루어져야 하는가 하는 자문을 해 볼 수 있을 것이다. 그것은 '삶은 순간순간의 과정'이라는 개념으로 한발 떨어져 사태를 '바라보는' 작업이다.

다섯째, 내 뜻대로 되지 않는 뜻하지 않은 상황에서 길을 잃고 헤매게 되므로, 이럴 때 '참된 길'은 무엇인가를 스스로에게 질문해 보자.

산란한 마음은, 외부상황으로 투사되면 외부현실이 산란해진다. 그럴 때일수록, 우리는 성장통을 겪고 있다고 생각하면 좋지 않을까 싶다. 성장통을 겪지 않고 '성장'하기를 바랄 수는 없을 것이기에, 우리는 이 성장통을 감사한 마음으로 견뎌내며 수용해야 할 것이다.

61. 죄책감과 겸손

죄책감과 겸손은 매우 비슷하게 보이지만, 전혀 다른 심리적 양상이 될 수 있다. 죄책감은 외부로 향할 감정이 자신에게로 향한 분노의 또 다른 표현이며, 겸손은 자신을 있는 그대로 보는 너그러움의 또 다른 표현인 것이다. 그래서 죄책감을 느낄 때는 마음이 괴롭고 우울해지며 힘이 빠지지만, 겸손함을 느낄 때는 편안해지고 자유로워지고 힘이 생기는 것이다.

비교적 정상적이고 착한 사람들이 흔히 하는 말과 생각이 있다. '또 내가 이런 짓을 하다니!', '이렇게 했어야 되었는데 정말 후회된다.', '아이들에게 내가 무슨 짓을 한 거야!', '이러면 안 되는데' 등. 겸손한 자세로 좋아 보일 수 있다. 사실 잘못한 것을 반성하고 회심하는 자세야말로 중요한 자기성찰의 자세가 아니겠는가! 그렇지 않은 교만한 사람들의 거만함과 대상의 탓만을 일삼는 투쟁적인 태도는 타인에게 큰 피해를 줄 것이다. 우리가 가져야 할 덕목 가운데 하나로, 우리 모두가 나약하고 부족한 '죄인'임을 고백하는 겸손한 자세를 꼽을 수 있다. 겸손하지 못한 사람들이 자칫 자기 오만과 방종으로 세상을 살아갈 때, 남들에게 가는 피해는 만만찮을 것이다. 하지만, 겸손함이 지나쳐 비례적이지 않은 자책감 속에서 살아가는 사람을 볼 때 어떤 느낌이 들었는가를 생각해 보면, 이 둘의 심리상태를 숙고해보는 것이 도움되리라 본다. 때론 죄책감을 가지는 것이 마땅한 것인지 아닌지도 모를 정도로 도덕 윤리적인 측면에서도 혼란이 오며, 가치관이나 인생관이 흔들릴 때도 있다. 그렇다면 겸손함이 '죄책감'이라는 심리적 태도와 어떤 차이가 있을까를 생각해 보자.

'죄책감'은 그것 자체가 '나쁘다 좋다.'라고 판단할 수 있는 감정은 아니라고 본다. 상황에 따라서 죄의식을 느끼는 것이 정상일 때도 있고, 때로는 죄의식이라는 감정이 비례적이지 않게 느껴질 때도 있다. 어떤 현실에 대한 '잘못'을 했을 때, 자기 내부에서 죄의식이 있다는 것은 마땅히 비례적이며, 자기의 잘못을 솔직하게 인정한다는 측면에서 바람직한 것이리라. 자라나는 청소년들이 무엇인가를 잘못했을 때 죄의식조차 가지지 않는다는 것은 오히려 심리적으로 큰 문제라는 사실은 누구나 다 알고 있을 것이다. 인격장애적 문제를 가진 일부 사람들이 자기의 잘못에 대하여 죄의식을 느끼지 못하는 성격이 되어, 대상을 자기의 망상에 의하여 판단하여 모두 '남 탓'으로 돌린다면, 이것은 얼마나 큰 문제이겠는가! 어린 시절, 대상관계에서 '건강한 교류 능력'을 상실한 사람들이 어른이 되어 '죄의식을 가지지 못하는 성격'이 될 수도 있다. 이는 아주 중대한 병리적 현상이다. 따라서, 죄책감이라는 감정이 자신을 겸손하게 느끼고, 있는 그대로 직면하는 태도로, '앞으로는 어떠어떠한 부분을 바꾸고 살아가야겠구나!'라는 선기능적인 작용을 하도록 만드는 것이 바람직하다.

하지만, 죄책감을 지니면서 자신을 학대하고 비판하고 괴롭히는 심리적 현상으로 치닫을 경우에는 문제가 발생한다. 과거의 원인에 대한 비통함을 일깨우고, 그 비통함의 원인 제공자(과거의 원대상)에 대한 원망감과 분노감을 일으켜 세우는 등, 감정의 늪 속으로 빠져 들어가는 계기가 되면 곤란하다. 이는 일종의 '신경증적 죄책감'에 해당하며, 병리적으로 작용될 가능성이 높다. 병리적 수준의 죄책감은 과거에 미처 처리되지 못하였던 억압된 감정으로 인하여 심한 우울과 불안을 야기하는 등, 다양한 측면에서 현재 생활에 영향을 끼칠 것이므로 치료적으로 도움 받아야 한다. 과거의 감정을 재경험하여 세력화된 감정을 충분히 이해받고, 공감 얻고, 수용된다든지, 지금-여기에서의 감정을 표현하는 연습, 과거와 현재를 분리해나가는 연습 등, 정화와 새로운 경험을 위한 작업이 필요할 것이다. 치료하는 가운데 발생하는 '죄책감'도 있을 것인데, 그것은 바람직한 방향으로 승화되도록 논의하며 연구해야 할 것이다. 하지만, 치료적 의미의 '직면'이 아니라 죄책감 속으로 함몰되는 것, 즉 제대로 감정처리가 되지 않은 채 괴로워만 한다면, 전문가의 도움을 받을 필요가 있다. 죄책감은 이렇게 자칫 자신을 다시금 과거의 감정 늪으로 빠져 들어가게 만들 수 있다는 점에서, 오히려 가벼워지는 것보다는 힘겨운 느낌을 떠안을 수도 있다.

특히 이 죄책감이 반성의 의미가 아니라, '내가 이것밖에 못했다니!', '나는 구제불능이야.', '난 안 돼. 정말! 난 결국 이 정도밖에 안 되는 사람이야.' 등의 상태로 확대(!)되어 갈 때는, 정말이지 어려움이 매우 크다. 즉, 이러한 죄책감은 결국 자신을 무너뜨리게 만들고, 이것이 심해지면 극심한 우울증에 시달리게 되면서 무기력하고 삶의 기쁨을 누리지 못하는 상태가 될 수 있다. 흔히 이러한 상태를 '피학증적 성격'이라고 하는데, 그 이면에는 병리적인 죄책감이 원인이 될 수 있다. 말하자면 '자신 스스로에게 벌주는 꼴'로 강박증적으로 자신을 괴롭히는 성향을 말한다. 죄책감이 많은 사람은, 사실상 억압된 분노의 감정을 자신에게 화살을 퍼붓는 셈이 된 경우가 많다. 의존대상이나 자기 스스로의 힘이 있었다면(?) 타인에게 넘겨질 분노의 감정이지만, 밖으로 내기에는 힘이 부족하여 자신에게로 그 분노의 감정이 향해 있는 것이다. 말하자면, 병리적 죄책감은 겸손을 가장한 강력한 분노의 감정인 것이다. 억압되었을 뿐이다. 그 방향은 자신에게 향한 것이나, 수동적인 공격의 형태이며 그것을 느끼는 타인에게는 어려움을 야기할 것이다.

의식하지도 못한 채 발생되는 '겸손을 가장한 병리적 죄책감'은 더욱 더 문제가 크다. 이것은 일부러 그렇게 하는 것은 아닐 것이나, 많은 사람들은 자기 스스로에게도 속을 만큼 어려운 현상일 수 있다. 겉으로는 겸손하고 얌전히 보이지만, 내면으로 들어가 보면 자신을 미워하고 싫어하며 잘 못하는 자신에게 화를 내고 있다. 진정 자신의 약함을 겸허하게 느끼는 것이 아니라, 잘 하지 못하는 자신에 대하여 못마땅하며 불평하는 것이다. 그 투사체는 가족이 될 가능성이 높다.

결국 부족한 자신을 있는 그대로 수용하고 사랑할 수 있는가, 아니면 그런 것을 지독히 미워하고 괴로워하면서 살아가느냐의 문제가 될 수 있다. 그러므로 죄책감과 겸손은 매우 비슷하게 보이지만, 전혀 다른 심리적 양상이다. 죄책감은 외부로 향할 감정이 자신에게로 향한 분노의 또 다른 표현이며, 겸손은 자신을 있는 그대로 보는 너그러움의 또 다른 표현이다. 그래서 죄책감을 느낄 때는 마음이 괴롭고 우울해지며 힘이 빠지지만, 겸손함을 느낄 때는 회심하면서 편안해지고 자유로워지고 힘이 생긴다.

자신의 어떤 감정을 차분하게 느껴본 적이 있는가! 그 '바라 봄'이 진실이라면, 얼마나 마음이 편안하게 되는지를 경험해 보신 분들은 알 것이다. 조용히 자신을 겸손되이 느낀다는 것은, 자신을 깊이 위로하고 이해해주는 의미가 있다. 처음에는 반성한다는 의미로 시작되었으나 결국 자신을 질책하고 비난하고 괴로워하는 것은, 겸손이 아니라 비례적이지 않은 죄책감으로 자신을 벌주는 태도이다. 겸손은 자신이 '그럴 수밖에 없었다!'는 이해와 아울러, 진정 앞으로 어떻게 해야 할 것인가를 기쁘게 연구하는 생산적인 힘이다. 자신을 질책하고 괴로워하는 죄책감은, 그 자체로서 사람을 무력하게 만들기 때문에 진짜 해야 할 일, 말하자면 '지금-이 순간부터 이렇게 하면 되겠구나.' 하는 의지의 힘이 부족하게 된다. 겸손함은 이런 생각들을 들게 한다. '아, 내가 이런 면이 있었구나. 이러이러한 이유로서 이렇게 행동하게 되었구나. 내 자신이 누구인지 조금 알 것 같아. 나도 모르게 타인에게 어려움을 주었겠구나! 정말 미안해. 적당한 기회를 보아서 사과를 해야겠어. 그래, 나 자신도 그럴 수밖에 없는 사정이 있었다는 것을 충분히 느끼겠어. 아울러 상대방의 심정도 정말 이해하겠어. 이제 깨달았으니 앞으로 이러이러하게 행동을 변화시켜 나가야겠지. 잘 할 수 있을 거야.'

이와 같이 겸손함은 스스로를 깊이 이해하고 수용하며 격려하는 것이다. 진정 스스로에게 힘을 주면서 앞으로 잘 해 나갈 것을 지지해주는 자세이다. '나'를 마치 '사랑하는 타인'처럼 바라보는 일은, 결국 세상을 너그럽게 바라보는 중요한 사랑의 힘이 되지 않겠는가!

겸손은 해동된 여유로움이며, 죄책감은 동결된 딱딱함이다. 겸손은 너그러운 마음에서 오는 성찰이며, 죄책감은 완고한 마음에서 오는 함몰이다. 겸손은 자기 사랑의 기쁨이며, 죄책감은 자기 미움의 슬픔이다. 겸손은 자기 포용의 힘이며, 죄책감은 자기 거부의 고통이다.

62. '저항'의 치료적 의미

> 많은 사람들의 '저항' 증상은, 가족 중 가장 약자에게 혹은 의존 대상에게 떠넘겨지므로, 대단히 주의해야 한다. 그 증상은, 그것 자체보다도 그 후유증의 처리가 더욱 더 힘들 때가 많다. 어느 누구라도 그렇게 하고 싶어서 하는 것은 아닐 것이다. 그것은 본인으로서도 어쩔 수 없었던 '미해결된 감정'이 그 주범일 가능성이 크다. 그러므로 그러한 저항을 하는 스스로를 '존재 자체'로서 볼 것이 아니라, '감정 혹은 행동 자체'로서 보아야 할 것이다.

상담 및 심리치료의 과정에서, 내담자의 주 호소 문제를 해결해나가는 데 중요한 하나의 요인이 '치료동맹'이다. 즉, 상담자와 내담자가 서로의 건강한 부분 혹은 간절한 의지와 노력, 진실성과 투신하는 자세 등 여러 가지 요인을 통하여, 내담자의 문제점을 극복해 나가는 상호 협조적 체제를 의미한다. 치료동맹과 아울러 상담과정에서 발생하는 또 하나의 중요한 요인은 '저항'이다. 저항은 치료동맹 관계를 방해하기도 하고, 더욱 더 굳건하게 맺게 되는 관계를 만들기도 한다. 저항은 어떻게 다루느냐에 따라 득실이 나누어진다. 이러한 저항을 아예 일어나지 않게끔 방어하도록 하는 치료적 방법(지지치료적 접근)도 있고, 저항을 오히려 치료적으로 잘 이용하는 방법(통찰치료적 접근)도 있다. 그 둘의 방법은, 여러 가지 상담의 조건에 따라서 장단점을 가지고 있으므로, 상담목표와 전략에 따라서 활용도가 달라진다.

저항은 내담자의 무의식적인 억압된 부정적 감정(특히, 적개심)이 상담자 혹은 상담장면에 투사되어, 상담과정에 대한 반항, 이유 없는 거부, 지금까지의 동맹 무너뜨리기, 결석과 지각 등 다양한 방법으로 드러난다. 개인상담에서는 1:1의 장면이라 상담자에게 드러나기 쉽고, 집단상담의 장면에서는 집단 리더뿐만 아니라 구성원들에게도 다양하게 표출된다. 과거 대상관계에서 미해결된 감정이 현재의 대상에게 전이되는 감정도 많다. 일종의 전이현상이라고 볼 수 있다. 현실에 걸맞는 비례적인 저항감도 있지만, 부정적인 전이감정에 의한 하나의 현상이 대체로 저항이 되기 쉽다.

상담장면에서뿐만 아니라 일반적인 인간관계에서도 저항감은 자주 발생한다. 대체로 저항감은 갈등관계를 야기하기 쉬우나, 저항이 치료적으로 어떤 의미가 있는지를 한 번쯤 깊이 고려해 본다면, 오히려 '저항' 자체가 우리의 일상생활이나 인격성장에 도움이 될 수도 있을 것 같다. 특히 부모-자식, 부부, 조직 공동체에서의 친근한 관계, 오랫동안 만나지 않을 수 없는 관계 등에서는 필연적으로 '저항'의 심리가 작용한다고 볼 때, '저항'의 성격을 좀 더 의미 있게 재고해보면 좋을 것이다. 즉, 저항의 치료적 의미를 생각해보면, '대상(자녀 혹은 배우자 등)의 공격성을 어떻게 다루어야 할 것인가!' 혹은 '상대방의 적개심에 어떻게 대처할 것인가!' 를 응용하는 데 도움이 되리라 본다.

저항을 치료적으로 다루어나가기 전에 알아두어야 할 두 가지가 있다.

첫째는, 현실적인 대상(상담장면에서는 상담자 혹은 집단 구성원)에 대한 감정이 부정적으로 일어났을 때 올라오는 거부감 · 저항감 등이 누구라도 그렇게 느낄 수 있을 만한 '비례적인' 감정일 경우이다. 둘째는, 대상에 대한 저항감이, 다른 사람(상담장면에서는 상담자 혹은 집단 구성원)이 느낄 때는 특수하게 보이는 '비례적이지' 않은 감정일 경우이다.

물론 이 경우에, 대상에 대한 정서가 비례적인지 아닌지의 여부에 있어서,

과연 진실성과 객관성이 얼마만큼 있느냐 하는 문제가 우선되어야 할 것이다. 만약 누군가로부터 확인이 필요하다면, 그 확인은 건강한 자아기능을 가진 대상들과 의논하면서, 현실 상황에 대한 정확한 인식과 판단이 요구될 것이다. 내 편을 들어줄 만한 대상에게만 논의하는 것은, 대체로 끼리끼리 모이는 관성이 있으므로 합리적인지를 살펴보아야 할 것이며, 좀 더 전문적이고 객관성이 있는 '건강한 자아기능'의 소유자들과 협의하는 것이 훨씬 더 좋을 것이다. 이러한 확인 후, 비례 여부가 구분되고 나면, 각각의 상황에 따라 치료적 의미가 달라진다.

첫째, 대상에게 느끼는 저항감이 현실적으로 '비례적'일 경우이다.

'저항'이 비례적인 것이라면, 그러한 대상에게 잘 대처하는 것을 연구해야 한다. '대처'라는 것은, 그들과 '싸우거나', '무조건 주장하거나', '뜻을 반드시 꺾어야 해.'라는 의미가 아니다. 건강하게 대처하게 되면, 그러한 저항 아래에 숨어있는 심리적 현상들을 더 많이 알게 되고, 미처 생각하지 못했던 부분들에 대하여 알아차리게 되어 서로가 성장하는 계기가 된다.

예컨대, 자녀의 저항이 지극히 비례적이라는 것을 부모가 알았다고 하자. 그렇다면, 이러한 저항은 당연히 이해되고 공감되어지면 생각보다 훨씬 빨리 수그러든다. 그 아이는 자신의 존재 혹은 능력이나 가치 등에 대한 억눌림을 당했기 때문에 자연발생적으로 저항을 하는 것이므로, 충분히 대화할 수 있어야 한다. 그 후 자녀의 생각과 감정들을 차근차근 존중해주고 이해해주면 자연스럽게 회복된다. 그렇게 될 때, 부모는 자녀에게 저항을 유발시키는 부모 자신의 태도나 말, 감정 등에 대하여 새롭게 깨닫는 계기도 된다. 그런 의미에서 저항은 매우 유익한 것이 될 수도 있다.

거꾸로, 우리 자신이 대상에 대하여 비례적인 저항감이 생길 경우에는 건강한 대처가 필요하다. 건강한 대처의 가장 기본은 아마도 '대화'일 것이다. 예컨대, "당신의 이러이러한 부분이, 나에게 이러이러한 기분이 들게 했어요."라는 '촛대와 촛불'의 '나 전달법'이 기본 태도가 될 수 있다. 하지만, 이러한 '나-전달법'은 상대방을 바꾸게 하는 것이 목적이 아니라, 나의 부정적 감정을 표현해 냄으로써, 스스로의 마음을 '위로하고 알아주어', 마음을 편히 가지자는 것이 목적이 되면 좋은 것이다. 이 말은, 전달하지 않아도 혹은 대상의 상황에 따라 전달할 필요가 없어도, 스스로 '자기감정을 잘 다스리는' 편이라면, 그것 자체로서도 좋다. 스스로의 마음이 안정되지 않는 한(그것이 비례적인 것이라 할지라도), 즉 대상에 대한 저항감을 품은 채로 어떤 말을 하게 되면, 상대방은 존재 자체에 대한 박탈과 경시감으로 인하여 쉽게 변화하기는 어려울 것이다. 이 경우 역시, 상대방에게 어떻게 내 마음을 전달하고 혹은 전달하지 않은 채 감정을 스스로 조절할 것인가를 배우는 좋은 계기가 된다.

둘째는, 대상에게 느끼는 저항감이 '비례적이지 않을' 경우이다.

이 경우의 저항은 치료장면에서는 상당히 유효하게 활용된다. 타인들이 느끼지 않는 저항감을 스스로는 당연하게(!) 느끼면서 상담자 혹은 집단 구성원들에게 투사하여, 상대방 탓을 투쟁적으로 하는 셈이 되므로, 그에 대한 분석진단이 우선 필요하다. 왜 그러한 저항감을 가지지 않을 수 없게 되었는지에 대해서 정신역동 진단이 제대로 된다면, 스스로 자신을 통찰할 수 있는 좋은 기회가 된다. 물론 상담자가 분석, 진단을 위하여 고압적인 자세나 비판적인 안목을 가지고 접근한다면 상대방에게 또 다시 처절함을 안겨주게 되므로, 내담자를 있는 그대로 느껴주는, 즉 너그러우면서도 객관적인 태도가 우선시되어야 할 것이다. 저항감뿐만 아니라 모든 감정은, 그것이 비록 긍정적인 것이라 할지라도 비례적이지 않을 경우는 자신의 삶을 한번 돌이켜 볼 필요가 있다. 무조건 나쁘다는 것이 아니라, 남들과 다른 특별한 감정에 대하여 '특별한 의미'를 생각해 보아야 한다는 뜻이다. 이 '특별한 의미'는 자신의 전체 삶을 새롭게 관조하는 데 도움이 될 것이다.

특히 집단심리치료의 장면에서는, 이 저항은 치료적으로 더 유용하게 활용된다. 저항감은, 개인적 대상에게 일어날 때는 대체로 '꼴 보기 싫다.', '무시된다.', '말해봤자 소용없다.', '상처받았다.' 등의 감정이지만, 집단 전체에게 향하면 '이런 작업이 무슨 소용 있으랴!', '지금… 이것 뭐하는 거야!', '아무 소용없어. 인생이 본래 그런 거지 뭐!', '치료자의 저런 개념과 행동은 문제가 많아.' 등의 상황으로 확산된다. 이렇게 될 때, 이 감정을 반드시 집단원 모두에게 표출하게 하는 것이 제일 중요하다. '표출'한다는 것은, 자신의 내면의 감정을 억압하지 않고 '직면'하게 한다는 뜻인데, 대부분의 사람들은 이 직면을 위험하다고 느낀다. '이런 말을 하게 되면 나를 나쁜 사람으로 보지 않을까! 공격받으면 어떡하나! 틀리다고 말하면 그건 바로 비난과 같은 거야!' 등으로 인식되기 때문이다. 하지만 치료동맹이 긍정적으로 형성된 '집단'의 구성원은, 이러한 직면은 곧바로 자기 통찰의 중요한 신호가 된다는 것을 알고 있고, 그 통찰은 현실 생활에 도움이 된다는 것을 안다. 굳건한 믿음 위에 이루어지는 '직면'은, 한마디로 말하면 '변화의 물꼬', '자기와의 만남을 통한 지금-여기의 눈뜸'이 되는 것이다. '치료' 작업의 문을 여는 셈이다. 결국, 대상과 자신과의 관계에 대한 신뢰감 형성이 관건이 될 것이다.

이 저항이라는 것은 자기의 무의식과 의식의 만남, 잠자고 있는 내면과 드러나는 현실과의 만남을 뜻한다. 무의식에 억압된 적개심이 현실의 어떤 대상을 통하여 자극을 받게 되면, 그 대상에게 투사되어 억눌렸던 적개심이 튀어나오게 되는 현상이라는 의미이다. 그러므로 직면은 바로 자기 자신과의 만남을 뜻하므로, 이 직면은 대단히 괴로우면서도, 치료적으로 꼭 필요한 것이기도 하다. 이때 이것을 거부하게 되면 아직 치료의 시기와 때를 만나지 못한 것이다. 기다려야 한다. 더 방어해야만 하는 아픔이 있어서이다.

저항을 직면하게 되면, 그러한 저항이 바로 내면에 자리 잡고 있는 '과거의 대상', '과거의 상황' 등에 대한 감정이라는 것이 밝혀지게 된다. 직면(confrontation)은 대단히 치료적으로 효과가 있는데, 그러한 저항이 유발된 과거의 미해결된 감정처리의 열쇠이기 때문이다. 열쇠로 열기 시작하면, 치료자는 충분히 그 감정에 대하여 다루어나가는 작업을 하게 되면서, 깊은 정서적 통찰 경험을 하게끔 도와준다. 그때, 미해결된 감정으로부터 서서히 마음이 편해지는 경험이 이루어지게 된다. 그 경험은 자기도 모르게 스스로를 편안하고 자유롭게 만든다. 따라서 저항은 바로 '직면'의 중요한 열쇠를 제공하며, 치료의 핵심과정으로 보아야 한다. 이렇게 직면을 하기까지는, 서로에 대한 깊은 신뢰와 협조체제에 대한 동맹이 긍정적이며, 치료에 대한 지적 개념이 확고하고 용기와 인내심 등이 요구될 것이다.

일반적인 관계에서는 전문가의 분석진단을 받을 수 없으므로, 치료적으로 이 저항을 활용하기는 그리 쉽지 않다. 대부분의 사람들은 저항을 상대방의 탓으로 돌리고, 상대방의 변화를 마땅한 시선으로 기대하며, 화를 내고 싸우거나 포기하고 괴로워하는, 즉 투쟁-도피의 반응양식으로 관계를 단절하기도 한다. 얼마나 많은 사람들이 이 저항을 통하여 단절하거나 적대적관계로서 불행해 하는지! 자기 내면을 보지 않은 채로, 상대방이 명백하게 자신을 힘들게 했다고 느끼고 있으므로 이 저항을 다루기가 어려운 것이다. 많은 사람들의 '저항'의 증상은, 가족 중 가장 약자에게 혹은 의존 대상에게 떠넘겨지므로, 대단히 주의해야 할 것이다. 그 증상은, 그것 자체보다도 그 후유증의 처리가 더욱 더 힘들 때가 많다. 어느 누구라도 그렇게 하고 싶어서 하는 것은 아닐 것이다. 그것은 본인으로서도 어쩔 수 없었던 '미해결된 감정'이 주범이 될 것이다. 그러므로 그러한 저항을 '존재 자체'로 볼 것이 아니라, '감정 혹은 행동 자체'로 보아야 할 것이다. 즉, '존재'가 저항한다는 개념보다는, '어떤 감정'이 저항을 하고 있다는 점을 객관적으로 인식하고, '미해결된 감정을 해결하면 다소 편해지겠구나!'라고 생각하면 어떨까 싶다.

특히 비례적이지 않는 저항은 우리 생활에서 너무나 많이 일어나는 심리적 현상으로서, '핵심역동'과 관련되어 있는 것이 대부분이다. 즉, '핵심적으로 작용되는 감정 세력'이다. 이것이 주요 원인이 될 가능성이 많으므로, 그러한 감정을 한발 떨어져 '바라보는' 작업이 우선되어야 한다. 전문가가 옆에 있다면, 바라볼 수 있도록 도와주겠지만, 스스로가 해야 할 경우에는 '바라보는' 연습이 되어야 한다. 이러한 바라봄은 바로 스스로와의 대면을 매우 너그럽게 하는 작업이 될 것이다. 무수한 평가와 비판 속에 살아온 우리네가, 직면을 당하는 순간 위축되고 놀라고 충격받기 쉬운데, 그 명약은 바로 '자기 스스로에 대한 너그러움'이라고 본다. 직면은 '있는 그대로 너그럽게 자신을 바라보아 주는 치료적 과정'으로 생각하면 좋을 것이다.

일상에서, 저항감이 올라올 때마다 자신을 한 번 더 깊이 생각하고 느끼는 연습을 한다면, 아마도 많은 행동의 변화가 일어날 것이다. 때로는 '하늘의 뜻'을 알게 해주는 깊은 성찰의 도구로 사용될 수도 있다. 어느 누구도 완벽한 사람은 없다. 사실 그리 완벽할 필요도 없다. 그저 있는 그대로의 우리 자신을 받아들이면 되지 않겠는가!

63. 누구나 다 가지고 있는 부분적 장애

> 우리는 이러한 내적인 장애를 나만 특수하게 가지고 있다고 여길 때는 '다름' 자체가 '비정상적'으로 받아들이기 쉽다. 그것은 '다름'일 뿐이다. 정말이지 이 외적 내적 장애는 부분적으로 가지지 않는 사람은 거의 없다고 여겨진다. 신은 인간에게 부족함과 나약함을 제공함으로써, 겸손함과 온유함, 진실된 삶의 길을 제공한다는 느낌이 든다.

우리가 일반적인 관계에서 여러 사람들을 겪다 보면 누구나 다 약간의 인간적 한계 혹은 정서적 문제점을 지니고 있다는 것을 느낄 것이다. 특히 친근해지는 관계 속으로 들어가면 대상의 반복적인 패턴으로 느껴지는 부분적 장애가 보인다. 말할 나위 없이 우리 스스로도 이러한 부분을 가지고 있다. 하지만 그 정도의 미약한 문제점을 가지고 '장애'라고 말하지는 않는다. '장애'라는 표현은, 정신보건법 혹은 정신질환의 진단 및 통계 편람(DSM-5) 등, 어떤 공식적인 조건에 의해서 정상 범주를 벗어났을 때 사용하는 용어일 뿐이다. 그래서 사람들은 '장애'라는 표현 자체를 정상적이지 않는 것과 등식을 같이 하여, 때론 이 표현 자체에 거부감을 가질 수 있다. 특히 정신과적 진료 후, 심리장애 진단을 받은 사람들을 대할 때는 '장애'라는 선입견을 가지고 대응하는 모습을 은연중에 보이기도 한다.

보통의 사람들은 전체적인 자아기능의 수준으로 볼 때, 약간의 심리적 문제점이 있다 할지라도 사회생활과 인간관계 안에서 자신 스스로를 방어하고 대처하는 보편적 태도를 가지고 있기 때문에 굳이 문제점으로 보지 않는다. 하지만, 우리가 가족 안에서의 인간관계, 혹은 가족과 다름없는 매우 가까운 관계 속으로 들어가면, '아, 저런 부분은 감당하기에 너무 힘이 들어. 한두 번이 아니라 참기 괴로운데! 한편 생각해보면, 저 사람으로서도 어쩔 수 없는 부분인 것 같긴 한데… 말하자면 저 사람 스스로도 감당하기 어려운 일종의 "장애"와 같은 것이 아닐까? 어쨌든 상대하기는 참 쉽지 않은 대상이야!'라고 생각될 때가 있을 것이다.

이처럼 '장애'라는 말이 부정적인 말로 느껴지는 사람에게는 오히려 거꾸로 생각해 보아야 할 메시지가 담겨있다고 봐야 한다. 만약 눈에 띄는 신체적 장애를 가진 사람이 있다면, 우리는 그 사람을 배려하고 싶고, 그 부분 때문에 어떤 실수를 하였을 때 바로 이해할 수 있다. 그리고 도울 수 있는 부분은 함께 할 수도 있다. 그러나 눈에 띄지 않는 사소한 심리적 장애를 가진 경우에는, 외부의 사람들은 잘 이해하지 못한다. 예컨대, '저 사람은 왜 저래? 멀쩡한 사람이!', '바깥에서는 아무렇지도 않고 괜찮은데, 집에만 들어오면 이상하게 변하는데, 정말 알 수 없네.'라면서 답답해한다. 그리고 그 장애(!)에 대하여 매우 비판적으로 비난하고 질책하고, 심지어 그들 때문에 괴로워하고 한탄하며 불행스럽게 여긴다. 눈에 띄지 않는 부분적인 내적 장애에 대해서는 매우 질타하고 거부감을 나타내는 것이다. 즉, 있는 그대로의 장애(!)로 인정하지 않는다는 것이다.

인간은 누구나 다 부분적인 상황에서 나름대로의 아킬레스건을 가지고 있다. 핵심역동에 따라서 그 아킬레스건이 다를 수도 있다. 그것은 어느 누가 바라거나 원하거나 해서 생긴 것이 아니라, 마치 운명처럼 다가온 가까운 가족, 주변 환경, 특별한 인연 등, 우주의 에너지만이 아는 어떤 부분들로 인해 발생된 '감정적인 세력들', '영혼의 작용들', '정신적 에너지들'이다. 그 흐름들 속에서 '특별하게 자신만이 느끼는 감정 항아리'를 안고 살게 된다.

이런 것을 심리치료적 접근에서는 '핵심역동'이라고 한다. 누구나 이러한 특별한 항아리를 가지고 사는데, 그 특별함은 외부의 조건에 따라서 긍정적으로도 작용하고 부정적으로도 작용할 뿐이다. 외부의 조건이라 함은 시대, 문화, 가치관, 기후, 사회 기준 등 너무나 다양한 요인들이다. 긍정 부정의 작용은 외부 요인에 따른 과정이며, 그에 따른 평가일 뿐이다. 예컨대, 조선시대에 태어났다면 특별한 가치가 되었을 것들이, 21세기에 있어서는 보편적인 가치가 될 수도 있다. 몇 십 년 전에는 상상할 수 없었던 개인 휴대폰과 같은 것들이 현재에는 지극히 일상화된 현상인 것과 같다. 그러므로 그 특별함 자체가 가지는 성격은 외부의 상황에 따라 '장애'가 될 수도 있지만, 어떤 상황에서는 '신성'과 같은 맑은 기운이 되기도 하는 것이다.

'장애'라고 느낄 수 있는 개념에 대하여 말하다 보니 다소 비약하여 설명했다. 요점은 장애를 부정적으로만 보는 것은 조심해야 하는 부분이라는 것과, 안으로 들어가서 살펴보면 부분적인 아킬레스건을 가지지 않는 사람이 거의 드물다는 것을 말하고자 함이다. 즉, 우리 모두는 겉으로 보이든 아니든, 어느 정도는 장애를 다 가지고 있으며, 전문적 평가 기준에 의한 공식적 장애가 아니라 할지라도, 부분적으로는 내적 장애를 가질 수 있다는 사실을 말하고자 함이다. 또한 그것이 눈에 보이든 보이지 않든, 그 장애에 대한 비판적인 눈을 재고해 보아야 한다는 점을 말하고자 함이다. 다시 말하면, 개별적으로 누군가를 깊이 사귀거나 가까운 관계를 하면서 살다보면, 서서히 그 사람에 대한 특정 아킬레스건을 발견하게 된다. 그 부분만을 현미경으로 들여다보듯 확대시켜 보면, 그 사람에게는 분명히 '장애'적인 부분에 해당될 수 있다. 이 말은 거의 대부분의 사람들이 자기 스스로도 어쩔 수 없는 부분이 있다는 것을 의미한다.

다섯 손가락 중 어느 특정한 손가락을 다쳐서 그 기능을 쓸 수 없을 경우를 상상해보라. 본인 스스로는 남들과 다른 손가락으로 인하여 신체적으로 불편한 것도 있을 것이지만, 시간이 흐르면 그보다는 심리적으로 더 힘들 때가 많다. 신체적으로 불편한 부분은 다른 손가락이 그 기능을 대신해 주고, 습관이 되면 자연스럽게 그것 자체의 부족한 부분은 '장애'로 인정하고 다른 손가락으로 불편함 없이 살아갈 수 있다. 하지만 그것 때문에 창피스럽고 수치스러움 등이 더 문제가 되어 스스로를 옭아맬 수 있다. 신체적인 것보다 심리적인 부분이 더 힘겨울 수 있다는 뜻이다. 당사자는 이 손가락에 대해서는 어떻게 해 볼 수 없는 것이라는 것을 이미 알고 있다. 그것을 그냥 인정하고 살아가는 데 있어서 가장 문제가 되는 것은 오히려 '마음의 장애'이다. 이미 몸은 사실 그 손가락 때문에 다른 기능이 더 왕성해질 수 있어서 크게 불편함을 느끼지 않는데 말이다. 말하자면 신체적인 장애는 그것 자체를 인정하고 받아들이면서 '마음의 장애'만 극복하면, 살아가는 데 큰 문제가 없다는 것이다.

마찬가지로, 심리적인 부분에서도 우리는 부분적으로 어떤 문제를 가지고 있는데, 이것을 장애라고 인정하고 받아들여야 하는 것들이 있다. 정말 본인으로서도 어떻게 해 볼 수 없는 트라우마(trauma)의 한계를 맞이해야 할 때가 있다.

"불안하고 싶지 않으나, 올라오는 불안을 어떻게 해 볼 수 없다!

화내고 싶지 않지만, 올라오는 화를 어떻게 해 볼 수 없다!

평가받는 것에 연연하고 싶지 않지만, 평가받는 것이 죽을 만큼 싫은 것을 어떻게 해 볼 수 없다!"

어찌해 볼 수 없는 우리의 내적인 부분은, 그냥 나의 '장애'로 받아들여야 하는 부분이라고 생각하면 어떨까! 그것을 억지로 '고쳐야 하는데… 바꾸어야 하는데… 이러면 안 되는데… 내가 왜 아직도 이러고 있나!' 등으로만 생각하는 것 자체가, 바로 더 큰 어려움을 야기한다는 말이다. 다친 손가락을 그대로 인정하고, 다른 손가락으로 아무 불편 없이 살아가듯, 어떤 특정한 심리적 영역에서 미숙한 부분이 있다 할지라도 다른 영역으로 보충하며 살아가는 데 이상이 없다는 사실이 중요하지 않겠는가. 다친 손가락을 다시 정상적인 손가락으로 회복할 수 있는 것도 있지만, 그 손가락을 다시 회복할 수는 없고 그것 자체로 인정하고 살아가야 하는 것이 있다. 다른 기능으로 그 손가락을 대신할 수 있도록 합리적 대처를 하면 현실적인 상황에서는 아무 문제없이 살아간다. 문제는 그렇게 사는 것을 불행으로 여기면서 사는가, 그대로 받아들이면서 행복하게 사는가 하는 삶의 방향이 있을 뿐이다.

우리는 이러한 내적인 장애를 나만 특수하게 가지고 있다고 여길 때는 '다름' 자체를 '비정상적'으로 받아들이기 쉽다. 그러나 그것은 '다름'일 뿐이다. 정말이지 외적인 것이든, 내적인 것이든 '장애'를 부분적으로 가지지 않은 사람은 거의 없다. 신은 인간에게 부족함과 나약함을 제공함으로써, 겸손함과 온유함, 진실된 삶의 길을 열어주는 것이 아닐까 싶다.

미국 뉴욕의 한 신체장애자 회관에 새겨진 글이다. (매일미사, 2013.10.)

"나는 하느님께 나를 강하게 만들어 주십사고 부탁했다. 내가 원하는 모든 걸 이룰 수 있도록. 그러나 하느님께서는 나를 약하게 만드셨다. 겸손해지는 법을 배우도록.

나는 하느님께 건강을 부탁했다. 더 큰 일을 할 수 있도록. 그러나 하느님께서는 내게 허약함을 주셨다. 더 의미 있는 일을 하도록.

나는 부자가 되게 해 주십사고 부탁했다. 행복할 수 있도록. 그러나 난 가난을 선물 받았다. 지혜로운 사람이 되도록.

나는 재능을 주십사고 부탁했다. 사람들의 찬사를 받을 수 있도록. 그러나 난 열등감을 선물 받았다. 하느님의 필요성을 느끼도록.

나는 하느님께 모든 것을 부탁했다. 삶을 누릴 수 있도록. 그러나 하느님께서는 나에게 삶을 선물하셨다. 모든 것을 누릴 수 있도록.

나는 내가 부탁한 것을 하나도 받지 못했지만 내게 필요한 모든 것을 선물 받았다. 나는 작은 존재임에도 하느님께서는 내 무언의 기도를 다 들어주셨다. 모든 사람 가운데에서 나는 가장 축복받은 이다."

위의 글은 우리가 허약하고 가난하고 열등하고 작은 존재라 할지라도, 그 속에는 무궁무진한 진실이 숨어있다는 것을 느낄 수 있다. 경전을 모르는 사람도 이런 글을 한 번쯤은 들었을 것이다.

"청하여라, 너희에게 주실 것이다. 찾아라, 너희가 얻을 것이다. 문을 두드려라, 너희에게 열릴 것이다." (마태오 7, 7)

그런데 이러한 글 앞에 더 중요한 글이 있다.

"내가 너에게 무엇을 해 주기를 바라느냐?" (마르 10,51)

이 물음은 예수님께서 눈먼 이를 고쳐 주시기 전에 하신 물음인데, 문을 두드리기 전에 무엇을 청하는지, 자신 스스로에게 깊이 던져야 하는 질문이라 생각된다. 내가 무엇을 하고 있는가를 아는 것…

우리 누구나 다 약간의 장애는 가지고 있지만, 과연 그 장애를 고치면서 살아야 하는 것과 고칠 수 없이 그대로 인정하면서 살아야 하는 부분을 분별해야 할 것이다. 고칠 수 있는 것이라면 현실적으로 고쳐보려는 노력이 필요할 것이다. 고칠 수 없거나 굳이 고칠 필요가 없는 것들은 그대로 인정하면서 살아가야 한다. 과연 우리 스스로에게 무엇이 필요한 것인지, 내가 원하는 것이 과연 무엇인지를 제대로 아는 것부터 시작해야 할 것이다.

그리고 그 방향에 따라서 우리는 간곡하게 스스로의 '참 자기'에게 (또는 하느님에게) 청해야 할 것이다. 무엇을 청해야 할지를 모르고 청하는 것은 혼란스럽다. 진정 나 자신이 원하는 것이 무엇인가를 아는 것부터 출발해야 할 것이다. 그리고 필요한 것을 절실하게 묵상하며 기도해야 할 것이다. 그것이 진실된 것이라면 참된 방향으로 돌아올 것이요, 거짓된 것이라면 우리의 영혼에 방해(!)가 되기 때문에 돌아오지 않을 것 같다. 돌아오는 것들을 잘 살펴보면, 우리의 바람이 거짓인지 참인지를 구별할 수도 있을 것이다. 거짓된 것들은 참된 것들로 돌아오기까지 또 다른 깊은 성찰을 요구한다. 우리가 가진 '장애'는 우리를 참과 거짓의 분별력을 깨우치게 하고, 그것이 우리의 삶에 아무런 영향을 미치지 않을 수도 있다는 고귀한 사실을 깨닫게 한다.

정말이지, '장애'의 문은 '진실'의 문을 여는 데 중요한 열쇠 역할을 하는 것 같다.

64. 죄책감, 그리고 용서(容恕)

> 스스로 잘못한 것이 있었다면, 우선 그러한 자신에 대하여 충분히 인정해야 할 것이다. 마음이 아프면 그냥 실컷 아파해야 한다. 울기도 해야 한다. 여러 가지 이유가 있을 수밖에 없었지만, 잘못한 것은 그대로 잘못한 것으로 인정하고, 괴로워하고 아파하고 울어야 한다. 충분히 묵상하며, 스스로를 용서하는 과정이 필요하다. 자기의 마음에서 잠자고 있었던 용서할 수 없었던 스스로에 대한 만남을 해야 하는 것이다.

살아가면서 우리가 남을 미워하고 탓하고 원망하면서 살아가는 일도 많지만, 자기 자신을 용서하지 못하며 괴로워하는 일도 많다. 과거에 행하였던 언행의 잘못에 대하여 용서하지 못할 정도의 죄책감을 느끼고, '내가 왜 그렇게 했을까.'라고 한탄하며 속상할 때가 있다. 아마도 어느 누구라도 지나온 세월에 대해서 완벽하게 떳떳하기는 쉽지 않을 것이다. 또한 스스로를 용서하지 못하여 죄책감만을 가지게 되면 작은 것에 대해서도 조심스러워지고 자신감이 부족해지는 등, 현실 생활에 어려움을 야기할 수 있다는 것도 알고 있다. 어쩌면 자신이 행한 것들에 대한 자책감을 느끼는 것은 어쩔 수 없는 보통 사람들의 감정일 것이다. 그렇다고 마땅히 가져야 할 죄책감을 가지지 않는 사람이 일상을 더 잘 살아간다고도 볼 수 없지 않겠는가! 겉으로는 죄책감 없이 용감하게 살아가는 것 같이 보이지만, 그것이 과연 타인의 눈에도 그렇게 비춰질 것인가를 생각해 보아야 하며, 스스로의 보다 더 깊은 속마음에서 진정 떳떳한가를 느껴보아야 할 것이다. 철없던 시절, 미숙했던 시기, 어린아이와 같은 정신 상태 등, 우리는 어른이지만 마음이 크지 않았던 시기에 불건강한 '생각과 말과 행위'를 많이 해 왔고, 현재 진행되는 경우도 많을 것이다. 서로에게 각자가 의식하지도 못하는 아픔과 상처를 많이 주고받았을 수 있으며, 현재에도 무의식적으로 그런 과정일 수 있다. 현실적으로 닥친 일들이 바쁘다 보니 이런 것을 깊이 느낄 여유가 없어서 그냥 일상처럼 지내지만, 어떤 상황에서 문득 과거의 미숙한 언행에 대한 반성이 일어날 때가 있다. 특히 마음이 점점 넓어져가는 중년 이후의 시기에는, '내가 왜 그렇게 살았는가!' 하는 죄책감과 자괴감에 시달리기도 한다. 보통의 건강한 사람들은 누구나 다, 지나간 세월 속에서 일어났던 잘못을 어느 정도 후회하고 반성하며 살아가지 않겠는가!

그렇다. 비록 바르게 살아가려고 애쓰는 사람일지라도, 대다수는 약간의 인간적 한계 혹은 정서적 문제점을 지니고 살아간다. 개인의 욕구와 욕망을 통하여 생존과 자기실현을 이루어내며 살아가는 것이 보통 사람들의 삶이라는 명제를 가진 한은, 우리는 어느 정도의 인간적 한계를 경험하지 않을 수 없다. 조금 더 심하게 이야기하면, 자신의 이익을 위하여 타인의 욕구를 무시하고 타인을 이용하고, 타인과 경쟁하며 짓누르고 시기하며 모함하고 지배하는 현실에 노출되어 있다. 그런 이익을 취득하지 않으면, 우리의 존재는 땅에 떨어지고 현실적 능력에서 낙오되고 패배자 같은 인생을 살 수 있다는 느낌 때문에 우리 모두는 두렵다. 이 사회에서 인정받지 못하고 살아간다는 것이 어떤 것인가에 대한 불안감이 의식적 혹은 무의식적으로 우리 안에 내재되어 있다. 어느 정도 스스로가 원하는 바대로 이룬 사람들은, 그러한 불안과 두려움에서 한발 떨어져서 다소 너그러워 질 수 있으나, 그렇지 못한 경우에는 여전히 걱정되고 염려된다. 자식과 자신 스스로가 동일시된다면, 다음 세대에까지 그런 마음들은 그대로 이어진다. 사실 사회적으로 무엇인가를 성취했다 할지라도, 그것을 더 유지하기 위하여 혹은 잃을까 봐 또다시 불안하기는 마찬가지가 아닐까 싶다. 그러다 보니, 우리는 스스로에게 불이익이 되는 것을 방지하기 위하여, 외부 대상들을 내 뜻에 맞추기 위한 은밀한 싸움을 늘 벌일 수밖에 없다. 차차 스스로에 대해서 다소간의 여유를 가질 때쯤 되면, 그렇게 이기적이었던 자신에 대한 죄책감이 생기게 되고, 조금 심하면 용서하지 못할 정도로 자신의 '생각과 말과 행동'이 괴로워질 때도 있다.

그나마, 이렇게 스스로에 대해서 괴로워하는 사람들은 양심적이고 착한 사람들이라고나 할까! '누구나 다 그런 거지 뭐! 그렇지 않은 사람이 어디 있어?'라면서, 스스로와 현실에 대해서 합리화하고 어쩔 수 없다는 식으로만 생각하는 경우도 제법 있을 것이다. 마땅히 인간으로서 지녀야 할 죄책감의 부재는 오히려 내면의 성숙에 방해를 가져오지 않을까 싶다. 지나친 죄책감으로 스스로를 옭아매는 것도 문제가 되지만, 스스로에 대한 겸손된 죄책감 없이 '당연하듯' 살아가는 것도 인격 성장에 방해를 가져올 것이라고 본다.

문제는 죄책감 그 이후의 방향이다. 죄책감 그 자체는 스스로에게 괴로움을 주기도 하지만, 그것이 성장에 도움이 되기도 한다. 자기성찰에 깊은 자료를 제공하고, 타인들이 당하는 아픔과 상처에 귀 기울일 수 있는 도구가 되기도 한다. 죄책감을 가진다는 것 자체가, 내 위주로 생각하였던 것에서 타인을 이해하고 배려하는 태도로 전환된다는 뜻이다. 대상이 나로 인해 발생될 수 있는 감정을 느껴보고, 내가 어떻게 해야 하는가에 대한 성찰로 이어지기 때문에, 그러한 죄책감은 긍정적인 자기발전의 기회를 제공한다. 더 고무적인 것은, 죄책감을 잘 숙고하여 깊이 머물러 깨달으면서 앞으로의 행동을 어떻게 취할 것인가에 초점을 맞춘다면, 오히려 내면을 성장시키는 계기를 만들게 될 것이라는 점이다.

죄책감 그 자체에 탐닉하고, 그 늪에 빠져서 괴로워하고 죽을 듯한 자세로 자신을 미워하는 것은 오히려 현실과 자기성장에 방해를 가져올 것이다. '나의 이러이러한 말들이 상대방에게 이런 고통을 주었겠구나. 진심으로 미안하다. 앞으로 이런 부분을 잊지 않고 저러저러하게 말과 행동을 해야겠구나.'라는 발전적인 경로로 이용해야 한다. 만약, '나의 이러이러한 태도는 남들을 괴롭혔어. 나 같은 인간은 정말 없어져야 해. 나라는 사람은 살면 안 돼. 정말 죽고 싶어. 미치겠어. 어떻게 해 볼 수 없는 구제불능이야.'라고만 생각한다면, 오히려 문제가 더 심각해진다. 즉, 결국 타인에 의해 발생된 어떤 감정으로 인하여, 자신 스스로에 대한 죄의식의 늪으로 빠져 들게 되어, 그 속에서 허우적대는 셈이 되는 것이다. 이러한 죄책감은 피학증적인 증세가 되어, 오히려 더욱 더 큰 심리적 불안을 야기하며, 점점 더 자신 스스로를 괴롭히게 된다. 이 결과는 매우 극단적으로 갈 수 있는 '자살'의 위험을 안게 되거나, '타인에 대한 극도의 분노감'으로 전이될 수도 있다. 다시 말하면, '나 같은 것은 더 이상 살면 안 돼.' 하는 극단적 도피의 한 수단으로서 반사회적인 행위를 택할 수 있으며, '날 이렇게 만든 대상은 바로 누구누구야. 그 사람(혹은, 사회구조나 상황 등) 때문에 내가 이렇게 되었어!'라고 하며, 분노의 마녀사냥이 시작될 수도 있는 것이다. 죄책감의 늪은 엄청난 문제점을 일으키므로 정말 주의해야 하는 심리적 문제라고 느껴진다.

죄책감으로부터 자유로워지기 위해서는, 결국 스스로에 대한 용서를 할 수 있느냐 그렇지 않느냐의 문제로 생각해 볼 수 있다. 다시 말하면 잘못을 인정하고 용서를 간곡하게 구하느냐, 잘못은 인정하되 결코 자신을 용서할 수 없느냐의 문제라는 것이다. 사실, 고통은 '잘못하였다.'는 '사실'보다는, '용서할 수 없다.'는 '마음'이 더 큰 문제가 되지 않겠는가! 정말이지 누구나 다 어느 정도는 잘못하는 부분이 있을 것이다. 문제는 이 잘못을 '더 나은 태도로 바꾸는 기회'로 삼느냐, 아니면 '용서할 수 없는 자신의 늪으로 빠지는 함정'이 되게 하느냐 하는 것이다.

스스로 잘못한 것이 있었다면, 우선 그러한 자신에 대하여 충분히 인정해야 할 것이다. 마음이 아프면 그냥 실컷 아파해야 한다. 슬퍼하고 괴로워하며 울기도 해야 한다. 여러 가지 이유가 있을 수밖에 없었지만, 잘못한 것은 그대로 잘못한 것으로 인정하고, 고통과 괴로움의 감정으로 느껴야 한다. 그런 과정 속에서 충분히 묵상하며, 스스로를 용서하는 시간이 필요하다. (혹시 신앙을 가진 분들은, 어떤 경우라도 하느님이 우리를 용서해주기 위한 온갖 노력을 기울이고 계신다는 것을 믿어야 할 것이다.) 자기의 마음에서 잠자고 있는, 용서할 수 없었던 스스로에 대한 만남을 해야 하는 것이다. 타인의 도움을 받아서 이러한 용서의 과정이 필요할 때도 있고, 혼자서 하는 작업도 가능할 것이다. 바쁜 일상을 살아가다 보면 스스로에 대해서 생각해 볼 겨를이 없지만, 문득 자기의 행동과 유사한 누군가를 만나게 되면, 상대방을 통하여 나 자신을 한 번 더 생각해 볼 수 있을 것이다.

관계 속에서 드러나는 나를 성찰하는 것, 이것만큼 현실적이고 구체적인 방법이 있을까! 특히 대상자가 사랑하는 가족(특히, 자녀나 배우자)이 될 때, 우리는 마음을 뜨겁게 느끼게 될 수도 있다. 예컨대, 용서할 수 없는 행동을 한 나를, 자식을 통해서 보게 될 때, 우리는 걱정되고 속상하여 화를 내고 고함을 지른다. 스스로를 용서한 경험이 없기 때문에, 자녀의 잘못에 대하여 어떻게 다루어야 할지 겁나고 두려워진 것이다. 감정의 회오리 속으로 들어가면, 무조건 상대방을 고치려고 하고, 내 뜻대로 되지 않으면 화가 나서 소리 지르는 것이다. 자기에 대한 용서가, 타인에 대한 너그러운 용서로 이어지는 것은 자명하다. 그러므로 '관계' 안에서 자기성찰을 해 나가는 작업은 너무나 중요할 것이다. 이런 의미에서 집단심리치료는 관계 안에서 발생하는 감정을 다루어낸다는 점에서 대단히 유용한 작업이라고 볼 수 있다.

용서를 구하는 작업의 필요성에 대하여 언급하면, 어떤 분들은 그 대상이 이미 돌아가셨기 때문에 용서를 받을 수 없다고 한다. 직접 원대상에게 용서를 구할 수 있으면 좋지만, 그렇지 못한다 하여도 '자기 마음과의 진솔한 만남'을 하게 되면, 그와 마찬가지가 아니겠는가! 내 마음에서 늘 담겨있는 죄책감으로부터 자유로워진다는 의미는 바로 '내 자신과의 화해', '내 자신에 대한 용서'가 될 것이다. 그 분(!)은 우리의 속마음을 다 듣고 계신다. 내 영혼은 나의 아픔을 듣고 위로한다. 내 이성은 내 마음을 속이기도 하지만, 나의 본마음은 하늘이 감응할 정도로 진실되기 때문이다. 진정 내 마음에서 깊이 용서하고 용서받는 마음이 들 때, 그것은 자동으로 하늘이 감동을 받게 될 것이다.

반면, 타인을 도저히 용서할 수 없는 경우도 만만찮게 많다. 그 대상이 한없이 무릎 꿇고 깊은 반성을 하지 않는 이상은, 결코 상대를 용서할 수 없는 분노감으로 괴로워해야 하는 일들도 있다. '밀양'이라는 영화에서 '용서'에 대한 반전의 모습이 떠오른다. 주인공이 자식을 죽인 대상에 대한 용서를 하기까지, 교회에 앉아서 분노와 미움과 비통함과 아픔과 한없는 울부짖음으로 처절한 몸부림을 쳤다. '용서할 수 없다! 용서할 수 없다!'라는 자신의 마음에 충실하였다. 시간이 흐르면서 찢어질 듯한 아픔에서부터 조금씩 벗어나는 듯하였다. 어느 날 감옥에 있는 죄인을 볼 수 있을 만큼의 용서한 자기 마음을 느끼며 그 대상을 방문하였는데, 뜻밖에 그 사람은 '하나님께서… 나를 용서하였다.'며, 환한 얼굴로 용서할 수 없어 괴로워하였던 주인공에게 아무렇지도 않는 듯 사람 좋은(!) 얼굴을 한다. 그 순간 이 주인공은 할 말을 잃고 쓰러진다. 진실된 용서는 과연 무엇일까! 대상을 용서하거나, 대상에게 용서받기 위해서는, 우리가 얼마나 처절하게 자신의 본마음과 만나야 하는지를 다시 한 번 생각하게 하는 대목이다. 종교적 혹은 지성적 합리화로 자신을 속이고 타인을 속이는 '용서'는, 오히려 큰 화를 불러일으키고, 그 후유증은 그 이전보다 더 큰 '불신'의 벽을 가지게 할 것이다.

죄책감에서 진정 자유로워지기 위해서는, 우리는 자신 속에서 일어나는 감정을 방어하지 말고 마주해야 할 것이다. 충분히 직면하면서 내 감정이 어떻게 변화하는가를 느껴야 할 것이다. 그러한 감정 변화의 흐름을 면밀하게 느낄 줄 알 때, 우리는 과연 '스스로를 용서할 수 있는가. 그렇지 않는가.'를 알 수 있게 될 것이다. 진정한 용서는 죄책감에서 우리를 자유롭게 만들고, 그것은 타인을 용서하고 포용하는 큰 힘으로 작용될 것이다. 자신의 진실된 마음에서 타인을 용서할 수 있게 되려면, 우리의 본마음을 '명료하게 알아차리는 민감성'이 있어야 할 것이다. 그러한 알아차림은, 바로 하늘이 우리를 용서해주는 힘이 될 것이다. 그리고 서서히 죄책감으로부터 우리를 자유롭게 만들 것이다.

65. 사실적 관계와 인격적 관계

> 인격적 관계를 하게 되면, 왠지 만나면 만날수록 무엇인가 모르는 생명력이 솟아나고, 이것저것 내면이 움직인다는 느낌이 든다. 속에서 뭔가가 용솟음치게 된다. 혼란과 갈등이 일어날 때도 있지만, 일어난다 하더라도 그것은 분명 어떤 발전을 위한 거름이 될 수 있기 때문에, 결국은 잘 깨닫기만 한다면 손해 볼 일은 없다. 이 관계는 우리를 '죽게' 하는 느낌이 아니라, '살아있게' 만드는 어떤 힘을 가진다.

우리의 인간관계를 가만히 보면 두 가지 측면을 생각해 볼 수 있다. 사실적 관계와 인격적 관계이다. 인간과 인간이 만난다는 것은 분명 인격적 관계라야 한다고 생각하지만, 가만히 우리의 관계를 숙고해보면 거의 사실적 관계가 되기 쉽다. 특히 바쁜 현대를 살아가는 사람들은 거의 인간적인 만남을 하지 않고, 일이나 무생물 또는 취미적 활동, 목적을 위한 만남 등, 진정한 만남이 아닌 경우가 많다. 진실된 인격적 만남은 우리의 에너지를 충전시키고 생동감 있게 만들며 기쁜 생활을 할 수 있게 하지만, 사실적 관계는 '사실' 자체가 끝나면 동시에 관계가 마감된다. 이 관계는 사실 해결 여부에 따라서 불편함을 야기하거나, 스트레스를 받게 하고, 에너지를 고갈시키는 어려움으로 나아갈 수도 있다. 다음의 구체적인 내용을 살펴봄으로써, 우리의 일상생활에서 이러한 관계가 얼마나 큰 영향을 미치는지에 대하여 생각해 보는 기회를 가져본다.

사실적 관계는, 말 그대로 사실과 사실이 접하는 관계, 즉, 우리의 감정과 마음 상태, 정신 기능, 영혼의 기능으로 만나지 않는 관계이다. 예컨대, 어떤 중요한 내용을 상대방에게 전달하고자 하는 관계라면, 전달되는 내용과 전달받는 사람의 인지적 관계이지, 내용에 담겨있는 마음과, 그 마음을 받아들이는 사람과의 관계가 아니라는 것이다. 집단 내에서, 한 구성원이 다른 사람에게 '무엇무엇을 하거라!', '무엇무엇이 좋으니 이것을 하고, 무엇무엇은 좋지 않은 것이니 저것은 하지 말거라!'라는 식의 말들은, 그 '무엇무엇'이라는 사실과의 관계에 초점을 둔 것이다. 마치 어떤 사물을 내게 필요할 때는 취하고, 필요 없을 때는 내치는 것과 다름없는 것이다. 그래서 좀 냉랭하게 느껴지고 거리감이 생기며, 차가운 느낌이 드는 것이다. 한마디로 말하면, '나'라는 것은 인격인데도 불구하고 사물처럼 되어버린 것이다. 즉, 사물과 나와의 관계이지만, 실은 사물과 사물과의 관계처럼 딱딱해진 것이다. 결국 살아있는 '나'가 무감각한 사물처럼 되어버렸다고나 할까!

이러한 사실적 관계를 계속 접하다보면, 점점 살아 움직이는 느낌보다는 뭔가 모르게 맥이 빠지고 딱딱해지는 느낌이 들 수 있다. 유동적이지 않은 관계가 오래가다 보면, 어쩐지 뭉쳐지는 기분이 든다. 이 기운은 어느덧 우리를 스트레스 상황으로 몰고 가는 기분까지 든다. 점점 힘이 빠지고 우울해지고, 생명력이 없어지는 느낌이라 할까! 급기야는 은밀한 시간을 통하여, 그 스트레스를 풀어야 하는 몸의 기운을 느끼게 된다. 인간은 그 자체가 살아있는 생명체이므로 죽은 듯한 자신의 상태를 느끼게 되면, 변화의 몸부림을 치게 되면서 다른 것을 갈구하게 된다. 예컨대, 과하게 술을 마신다든가 외도를 한다거나 퇴폐적인 모임을 갖는다거나, 책을 본다든가 운동을 한다거나 영화를 보는 등의 방법을 통하여 뭉쳐져 있던 심신의 불순물을 제거해내는 행위를 하는 것이다. 이러한 행위는 자연발생적인 형태로서, 심신의 균형을 찾기 위한 생득적인 조절기제라고 생각된다. 사람은 자신의 상태를 잘 알아차리게 되면, 무엇이 자신에게 필요한 것인지를 알게 되는 신묘한 능력을 스스로 이미 가지고 있기 때문에, 변화의 필요성을 갈구하게 되는 것이라고 본다.

물론 조절기제가 사회적으로 문제가 되면, 그 후유증으로 큰 갈등의 원인이 될 수 있다. 문제가 되는 조절기제는(예, 외도, 과음, 기타 퇴폐적 모임 등) 그 원인을 모른 채 드러나는 행위로 인한 고통이 지속되기 때문에 잘 인식하여 다른 방향으로 전환해야 할 것이다. 하지만, 그 조절기제가 사회적으로 문제가 되지 않으면(책, 운동, 영화 등) '그냥 그렇게 늘 살아가는' 생활을 하게 될 것이다. 그 조절기제의 방법이 문제가 되지 않을 때는, 오히려 원인에 대한 아무런 문제인식도 못하게 되기 쉽다. 하지만, '일상생활이 뭔가 기쁘지는 않아.', '이렇게 평생을 살아야 하나? 왠지 행복하지 않은데.', '하루하루가 그냥 무생물처럼 살아가는 것이 아닐까?' 등의 생각을 할 수 있다. 바로 이런 것들이 우리가 일상을 사실적 관계로 살아가면서 일어나는 어떤 한계라고 보아야 한다.

인격적 관계는, 사실적 관계를 한다 할지라도 그 속에 담겨있는 감정, 마음, 정신기능, 영혼의 느낌 등을 서로 나누는 관계를 말한다. 예컨대, 책을 보더라도, 그냥 그 책의 내용을 쭉 보는 것이 아니라, 그 내용에 담겨있는 정신, 영혼 등이 마음속으로 들어와서, 마치 저자가 나에게 말을 하는 듯, 그 내용이 나와 관계를 하는 듯한 느낌이 드는 것이다. 내용 그 자체를 통하여, 그 내용이 가지는 '인격'을 만난다는 뜻이다. 사람을 만날 때도 '머리'로만 말을 하는 사람을 만나면, 왠지 '사물'과 만난다는 느낌이 들 수 있다. 하지만, '가슴'으로 말을 하는 사람을 만나면, 말 그대로 '인격'을 만나는 느낌이 든다. 이때 그 사람을 '진짜 만난다.'는 느낌을 갖는 것이다. '머리'로만 말을 하는 사람은 '그 사람을 만났다.'는 느낌은 들지 않는다. 그냥 벽과 기둥을 만난 것과 다름없다고나 할까! 벽과 같은 사람의 만남을 '관계한다.'라고 말하기는 곤란할 것이다. 한마디로 '인격적 관계'를 하지 않은 것이다.

진정한 인격적 관계를 하게 되는 대상을 만난다면, 그를 접하면 접할수록 무엇인가 모르는 생명력이 솟아나고, 이것저것 내면이 움직인다는 느낌이 든다. 속에서 무엇인가 용솟음치게 된다. 혼란과 갈등이 일어날 때도 있지만, 일어난다 하더라도 그것은 분명 어떤 발전을 위한 거름이 될 수 있기 때문에, 결국은 잘 깨닫기만 한다면 손해 볼 일은 없다. 이 관계는 우리를 '죽게'하는 느낌이 아니라, '살아있게' 만드는 어떤 힘을 가진다. 예를 들어, 책(바람, 나뭇잎 등 무엇이라도)과 인격적 관계를 맺는다면 그 책의 내용은 살아있는 인격이 되는 것이다. '내용'이 인격화되어 '나'라는 존재에게 다가와, 가르침을 주고, 깨닫게 해주고, 내 안의 무엇인가를 움직이게 한다. 움직인다는 의미는 '흐름'을 뜻한다. 즉, 순간순간 흘러 변화하는 것이다. 변화는 흐르는 물이므로 계속 맑게 해준다. 고여 있지 않기 때문이다. 우리 내면의 무엇인가가 끊임없이 흘러가다 보면, 우리의 마음도, 정신도, 영혼도 새롭게 살아나게 될 것이다. 직업적인 일은 계속하고 있지만 덜 힘들고 덜 피곤하다. 마치 육체적 운동을 하여 몸의 기운을 돋우듯, 관계적 운동을 통하여 정신의 기운을 돋우는 것이다. 바로 이것은 '치료'를 의미하기도 한다. 굳게 닫혀있었던 병리적인 균들을 서서히 흘러나가게 하고, 새로운 살을 돋게 만드는 역할도 하는 것이다. 경전을 읽을 때도 그 경전이 마치 나에게 대화를 하는 듯 읽어 가면 인격적 관계가 되는 것이므로 그것은 매우 고귀한 만남이 되는 것이다. 이렇게 생각해본다면, '하느님'을 인격화시켜서 우리에게 다가오게 만드는 기도 방법은, 상당히 중요한 메시지가 있지 않겠는가 싶다. 하느님이라는 인격을 현재의 피조물에 현존하고 있는 관계로 설정하여, 우리 자신을 느껴본다는 것은 아마도 우리 내면의 변화에 도움되리라 본다. 수천 년 전의 예수님과 부처님을 인격화시켜서 지금-여기에서의 나와 관계를 맺게 하여, 우리에게 뭔가를 제공해주고 있는 기독교적 혹은 불교적 방식은, 그런 의미에서 진리에 접근하는 유효한 방식으로 느껴진다.

집단심리치료는 이러한 인격적 관계를 하는 아주 전문적인 '학습'이다. '인간은 만남으로 자란다.'는 말이 있는데, 이 만남은 물론 인격적 관계를 뜻한다. 인격적 관계도 때론 갈등과 혼돈과 저항감이 올라올 수도 있지만, 그것은 우리 내면을 움직이게 하는 작은 파도이다. 이 파도와의 '직면'은 우리를 정화시켜 주기 위한 과정이다. '직면'은 파도를 '탄다'는 뜻이기도 하다. 파도 속으로 묻혀 버려서 가라 앉아버리면 익사한다. 발버둥치고 괴로워하면서 가라앉게 될 것이다. 몸을 가만히 느끼면서 파도에 몸을 맡기면, 오히려 쉽게 파도를 탈 수 있다. 직면하여 조용히 자신의 감정과 몸을 느껴보는 것이 좋을 것이다. 파도를 타듯 나에게 오는 피드백을 만나는 것이다. 내면의 정서는 자연스럽게 파도타기처럼 흘러 또 다른 변화를 맞이하게 될 것이다. 감정의 흐름을 통하여 심신을 변화로 이끌게 된다. 핵심은 인격적 관계 속에서의 '흐름'이다. 흘러 흘러 드디어 맑은 물이 된다. 그러한 전환은 바로 인격적 관계로써 얻는 큰 소득이다. 이 관계는 '사람'을 살리는 힘으로 작용하리라 본다. 사실적 관계와 인격적 관계, 두 측면이 사람을 무기력하게 하는가, 혹은 사람을 살리게 하는가를 깊게 생각해 보아야 할 것이다.